D1687170

# Allemagne 1961 – 1974

*De la construction du Mur à l'Ostpolitik*

*volume 2/3*

La collection
**Histoire et Civilisations**
est dirigée par Michel Leymarie

Cet ouvrage est publié après l'expertise éditoriale du comité
**Temps, Espace et Société** composé de :

Bruno Béthouart (Littoral), Jean-Charles Desquiens (FUPL), Daniel Dubuisson (CNRS/Lille 3), Jean-François Eck (Lille 3), Gérard Gayot (Lille 3) , Jean Heuclin (FUPL), Michel Leymarie (Lille 3), Arthur Muller (Lille 3), François Robichon (Lille 3), Didier Terrier (Valenciennes).

Volume 1

Volume 2

Volume 3

Jean-Paul Cahn, Ulrich Pfeil

(éds)

# Allemagne 1961 – 1974

*De la construction du Mur à l'*Ostpolitik

Publié avec le soutien du
« Centre d'Études sur les littératures étrangères et comparées »
(CELEC) de l'Université Jean Monnet de Saint-Etienne
et de l'UMR 8138 « Identités, relations internationales
et civilisations de l'Europe » (Paris I, Paris IV, CNRS).

Presses Universitaires du Septentrion

www.septentrion.com

Les Presses Universitaires du Septentrion
sont une association de six universités :
- Université des Sciences et Technologies de Lille, Lille 1
- Université du Droit et de la Santé, Lille 2,
- Université Charles-de-Gaulle – Lille 3,
- Université du Littoral – Côte d'Opale,
- Université de Valenciennes et du Hainaut-Cambrésis,
- Fédération Universitaire Polytechnique de Lille.

La politique éditoriale est conçue dans les comités éditoriaux. Six comités et la collection « Les savoirs mieux de Septentrion » couvrent les grands champs disciplinaires suivants :
- Acquisition et Transmission des Savoirs
- Lettres et Arts
- Lettres et Civilisations étrangères
- Savoirs et Systèmes de Pensée
- Temps, Espace et Société
- Sciences Sociales

Publié avec le soutien
de l'Agence Nationale de la Recherche
et Conseil Régional Nord - Pas de Calais

© Presses Universitaires du Septentrion, 2009
www.septentrion.com
Villeneuve d'Ascq
France

Toute reproduction ou représentation, intégrale ou partielle, par quelque procédé que ce soit, de la présente publication, faite sans l'autorisation de l'éditeur est illicite (article L 122-4 du Code de la propriété intellectuelle) et constitue une contrefaçon.
L'autorisation d'effectuer des reproductions par reprographie doit être obtenue auprès du Centre Français d'Exploitation du Droit de Copie (CFC) 20 rue des Grands-Augustins à Paris.

ISBN 978-2-7574-0107-1
ISSN 1284-5655

Livre imprimé en France

Jean-Paul Cahn, Ulrich Pfeil (éds)
# Allemagne 1961 – 1974
De la construction du Mur à l'*Ostpolitik*

Table des matières

Introduction
*Jean-Paul Cahn, Ulrich Pfeil* ..................................................................................... 9

## I. L'Allemagne dans les relations internationales

La construction du Mur de Berlin
*Cyril Buffet* ................................................................................................................ 31

L'Allemagne au cœur du conflit Est-Ouest
*Reiner Marcowitz* ..................................................................................................... 45

Du tabou aux rapports conflictuels. Willy Brandt,
l'*Ostpolitik* et les deux États allemands
*Andreas Wilkens* ....................................................................................................... 57

Zone d'opérations Allemagne de l'Est
*Armin Wagner* .......................................................................................................... 81

Politiques et relations culturelles extérieures.
Concurrence et interdépendance entre RFA et RDA
*Corine Defrance* ..................................................................................................... 103

## II. Évolutions politiques, sociales et économiques

Les constitutions des deux Allemagnes
*Jean-Paul Cahn* ...................................................................................................... 127

1968 dans les deux Allemagnes
*Stefan Wolle* ........................................................................................................... 153

De l'anticommunisme au débat politique et intellectuel avec le communisme
*Bernard Ludwig* ..................................................................................................... 171

Divergences et convergences économiques
*Françoise Berger* .................................................................................................... 187

Planification et réformes
    *Gabriele Metzler* .................................................................................................. 217

La politique sociale et la concurrence des deux régimes allemands
    *Marcel Boldorf* ..................................................................................................... 239

# III. Identité, mémoire et culture

Les deux États allemands face au passé nazi et les enjeux de la Guerre froide
    *Franz Kuhn* ........................................................................................................... 257

« Est-Ouest : la course à l'éducation » Les systèmes scolaires des deux États allemands entre ouverture et fermeture
    *Wilfried Rudloff* ................................................................................................... 279

Querelles allemandes d'historiens : la science historique entre internationalité et pensée binaire
    *Ulrich Pfeil* ........................................................................................................... 305

« Utopie apolitique dans l'espace olympique » L'histoire de l'équipe olympique panallemande de 1956 à 1969
    *Uta Andrea Balbier* .............................................................................................. 321

Le renouveau du cinéma allemand dans les années 1960. Entre modernité et reconnaissance internationale
    *Caroline Moine* .................................................................................................... 339

Politisations du théâtre des deux côtés du Mur
    *Florence Baillet* .................................................................................................... 357

Deux fois l'Allemagne – une seule histoire ? Pour l'intégration des deux histoires allemandes d'après-guerre
    *Konrad H. Jarausch* ............................................................................................. 373

Bibliographie choisie ..................................................................................................... 391

*Les auteurs* ................................................................................................................... 401

# Introduction

Jean-Paul Cahn, Ulrich Pfeil

En 1961, l'Allemagne se trouvait au cœur du conflit Est-Ouest. Elle le fut d'autant plus que Khrouchtchev avait ravivé les tensions entre les blocs antagonistes, en novembre 1958, en déclenchant la deuxième « crise de Berlin »[1]. Le contexte international ne pouvait épargner les deux Allemagnes, tributaires des données géopolitiques, diplomatiques, économiques ou stratégiques générales, et en particulier des relations entre les deux Grands. Les Allemands de l'Ouest et de l'Est avaient conscience d'être des seconds couteaux de cette configuration internationale, mais ils savaient aussi que leur position géographique les plaçait aux premières loges. Cela leur conférait une importance surdimensionnée par rapport à leur poids respectif réel. Comme en outre les deux États allemands connaissaient, chacun de leur côté, une réussite économique qui faisait d'eux des figures de proue commerciales de leurs blocs, ils étaient loin d'être des facteurs neutres. Inversement les débats des années 1950, notamment autour du réarmement allemand, leur avaient permis de prendre conscience que leur situation les désignait comme premières victimes en cas de conflit, ce qui les incitait à vivre les crises internationales de manière particulièrement émotionnelle[2].

Berlin illustrait cette réalité avec une acuité particulière, les tensions internationales y provoquaient rapidement une grande nervosité qui s'intensifia pendant la première moitié de l'année 1961. Le nombre d'Allemands de l'Est quittant la RDA ne cessa d'augmenter, mettant en danger l'existence du régime. Face à une crise économique de plus en plus flagrante, sous l'égide de Walter Ulbricht, le SED avait accéléré la collectivisation du secteur agricole et serré les brides politiques et idéologiques. La réponse de la population fut immédiate : en 1959, 143 917 Allemands de l'Est avait quitté leur pays, 199 188 en 1960, 30 000 en juillet 1961 et encore 47 000

---

[1].- Cf. Jost DÜLFFER, *Europa im Ost-West-Konflikt 1945 – 1991*, Munich, 2004 ; Michael LEMKE, *Die Berlinkrise 1958 bis 1963. Interessen und Handlungsspielräume der SED im Ost-West-Konflikt*, Berlin, 1995 ; ID., « Die Berlinkrisen von 1948/49 und 1958 bis 1963 », in : Bernd GREINER (éd.), *Krisen im Kalten Krieg*, Hambourg, 2008, pp. 204 – 243.

[2].- Cf. Bernd STÖVER, *Der Kalte Krieg. Geschichte eines radikalen Zeitalters 1947 – 1991*, Munich, 2007.

pendant le seul mois d'août. Face à l'effet d'aimant qu'exerçaient la démocratie parlementaire de Bonn et son « miracle économique », Ulbricht devait réagir s'il ne voulait pas, selon une formule en vogue, être le dernier à éteindre la lumière en RDA[3].

Pour endiguer l'hémorragie vers la RFA, le SED décida de fermer la frontière entre Berlin-Est et Berlin-Ouest[4]. Dans la nuit du 12 au 13 août 1961, la RDA commença à poser des grillages et des barbelés autour de Berlin-Ouest divisant l'ancienne capitale du Reich pour une période de 28 ans[5]. Dans les jours et semaines suivants, sous surveillance de la police et de l'armée est-allemandes, des maçons complétèrent cette frontière par un mur de béton équipé de divers dispositifs de sécurité. Ce mur déchirait des familles et provoquait beaucoup de peine et de douleur. Un an après sa construction, le 17 août 1962, il fit sa première victime, Peter Fechter, mort sous les balles des « douaniers » est-allemands. Jusqu'en 1989, 938 personnes payèrent de leur vie, le long la frontière interallemande, leur volonté de fuir la RDA, dont 239 à Berlin[6]. Le dernier fut Chris Gueffroy le 6 février 1989, à l'âge de vingt ans.

« Rempart antifasciste » pour Berlin-Est, « Mur de la honte » pour la RFA, il fut surtout la césure la plus profonde de l'histoire allemande entre 1945/49 et 1989/90[7]. Bien que la question allemande restât à l'ordre du jour dans les années suivantes, sa construction semblait cimenter la bipartition du monde. La division allemande, consolidée par les années 1960, paraissait promise à la durée : la planète s'organisait bon gré, mal gré, en fonction d'elle.

## Unies dans la rivalité

Le constat pouvait paraître cynique, mais il reste vrai : la construction du Mur fut un premier pas vers la détente[8], qui se confirma particulièrement après que la « crise de Cuba » (1962) eût de nouveau menacé la « paix » de la Guerre froide[9]. Après avoir été au bord d'une guerre atomique, les deux superpuissances s'acordèrent sur des principes qui devaient permettre de régler leurs conflits d'intérêt selon des principes rationnels. Dorénavant, les États-Unis et l'Union soviétique essayèrent d'éviter des affrontements directs en installant des contrôles d'armement au service d'un « état de tensions contrô-

---

3.– Cf. Hermann WEBER, *Geschichte der DDR*, Munich, 1999, pp. 218 ss.
4.– Cf. Edgar WOLFRUM, *Die Mauer. Geschichte einer Teilung*, Munich, 2009.
5.– Cf. Anne-Marie LE GLOANNEC, *Un mur à Berlin*, Bruxelles, 1985 ; Bernard BRIGOULEIX, *1961 – 1989 : Berlin, les années du mur*, Paris, 2001 ; Hans-Hermann HERTLE, Konrad H. JARAUSCH et Christoph KLESSMANN (éd.), *Mauerbau und Mauerfall*, Berlin, 2002.
6.– Le chiffre exact fait encore débat ; cf. Hans-Hermann HERTLE, Maria NOOKE, *Die Todesopfer an der Berliner Mauer 1961 – 1989. Ein biographisches Handbuch*, Berlin, 2009.
7.– Cf. Werner MÜLLER, « Doppelte Zeitgeschichte. Periodisierungsprobleme der Geschichte von Bundesrepublik und DDR », in : *Deutschland Archiv*, 29 (1996) 4, pp. 552 – 559.
8.– Cf. Cyril BUFFET, « La construction du Mur de Berlin », dans le présent ouvrage.
9.– Cf. Maurice VAÏSSE (éd.), *L'Europe et la crise de Cuba*, Paris, 1993.

lées »[10] en Europe dans les années 1960. Mais l'apaisement du conflit Est-Ouest allait de pair avec l'avènement du conflit Nord-Sud, le processus de décolonisation faisant de l'Afrique, de l'Asie et de l'Amérique latine de nouvelles scènes de la Guerre froide. Les principaux acteurs internationaux devaient faire face à un nouveau scénario international plus polycentrique[11].

La Guerre froide était entrée dans une période de détente, mais la rivalité des deux blocs n'en était pas amoindrie[12]. Et n'oublions pas : nous connaissons le résultat de cette compétition, mais à l'époque l'issue de cette concurrence idéologique n'était pas prévisible. Pendant les années de l'« après choc du spoutnik », les succès technologiques indéniables de l'Union soviétique avaient inquiété le monde occidental tandis que les dirigeants communistes gagnaient en assurance, surtout après la révolution complète autour de la terre qu'avait réalisée Youri Gagarine le 12 avril 1961, quelques semaines avant la construction du Mur de Berlin[13].

Libéralisme et communisme continuaient à rivaliser dans l'opinion internationale, si l'on peut dire, à armes égales. Dans les deux blocs, on avait pris conscience de l'importance de la perception qu'avaient les autres de soi. Dans le débat idéologique, dans lequel l'image tenait une place de première importance, l'Est se fit le héraut de la paix, l'Ouest celui de la liberté[14]. Une telle affirmation d'idéaux, difficilement contestables par le message qu'ils véhiculaient, permettait de gagner des sympathies dans une lutte dont l'enjeu était en réalité l'affirmation de soi au détriment de celle de l'autre. L'analyse marxiste de la société et de l'économie avait des partisans dans les deux parties du globe, y compris parmi des intellectuels reconnus qui inclinaient à parler de « convergence » entre les deux systèmes en stipulant qu'il s'agissait dans les deux cas de société industrielle moderne qui serait soumise à des conditions et des défis semblables déterminés par les possibilités du progrès technique et la nécessité d'une organisation efficace. En restant fixés sur la technicisation et la scientifisation des deux systèmes, ils supposaient que les solutions à ces challenges seraient aussi les mêmes (la « théorie

---

10.– Hans-Peter SCHWARZ, « Fragen an das 20. Jahrhundert », in : *Vierteljahrshefte für Zeitgeschichte*, 48 (2000) 1, pp. 1 – 36, ici p. 11.

11.– Cf. Reiner MARCOWITZ, « L'Allemagne au cœur du conflit Est-Ouest », dans le présent ouvrage.

12.– Cf. Pierre GROSSER, *Les temps de la guerre froide. Réflexions sur l'histoire de la guerre froide et sur les causes de sa fin*, Bruxelles, 1995 ; John Lewis GADDIS, *Der Kalte Krieg. Eine neue Geschichte*, Munich, 2007.

13.– Cf. Gerhard KOWALSKI, *Die Gagarin-Story. Die Wahrheit über den Flug des ersten Kosmonauten der Welt*, Berlin, 1999.

14.– Corine DEFRANCE, « Politiques et relations culturelles extérieures. Concurrence et interdépendance entre les deux Allemagnes », dans le présent ouvrage.

des convergences »)[15]. Imprégné par un optimisme intact fondé sur l'espoir d'une croissance économique forte et permanente et avenir prévisible, d'éventuels doutes quant à l'efficience, voire à la viabilité des régimes est-européens étaient entravés par les arguments des partisans occidentaux de cette forme d'organisation sociale.

La rivalité trouva son apothéose dans la concurrence entre les deux Allemagnes[16]. Chacune se fit à son niveau le champion d'une pratique idéologique, Berlin-Ouest occupant une position privilégiée que désignait l'expression « vitrine de l'Ouest ». Sa situation d'« ilot » occidental (« Insel Berlin ») au cœur du monde communiste lui conférait un statut politique particulier en RFA (qui tenait compte des pouvoirs spécifiques qu'il avait fallu accorder aux autorités locales pour rendre la situation politique gérable mais compensait ces pouvoirs par diverses mesures d'équité interne – en n'accordant par exemple aux députés berlinois du Bundestag que voix consultative et non délibérative). Il fallait aussi compenser un coût de la vie et de la production plus élevé par le seul fait de l'éloignement géographique. Mais on fit davantage : la partie occidentale de la ville devait être la preuve concrète, visible, de l'efficience et de la supériorité du libéralisme en plein cœur de l'Allemagne communiste[17].

Retranchée derrière le Mur édifié dans une large passivité diplomatique occidentale, la RDA cherchait à s'affirmer et à se démarquer davantage de la RFA en faisant flèche de tout bois. Après plusieurs rattrapages, sa constitution avait consolidé le pouvoir central en lui donnant les moyens de garantir la main mise exclusive du SED sur l'ensemble des leviers du pouvoir. Cela se fit sur fond d'affirmation à la fois du caractère socialiste de la société est-allemande et de l'autonomie de l'État est-allemand face à l'Allemagne de l'Ouest, ce qui passait par la prise de distance par rapport à la nation en profilant la RDA comme un État allemand autonome et pleinement intégré au bloc qui était le sien[18].

La « coexistence pacifique » proposée par Khrouchtchev aux Américains en 1956 au XXe congrès du PCUS avait certes eu pour but de limiter l'affrontement entre les deux blocs, mais elle ne signifiait pas la fin des rivalités entre capitalisme et communisme. Elle avait déplacé les antagonismes vers d'autres champs et engendré des formes de combat plus subtiles et plus per-

---

15.– Cf. Heinz-Gerhard HAUPT, Jörg REQUATE, « Einleitung », in : ID. (éd.), *Aufbruch in die Zukunft. Die 1960er Jahre zwischen Planungseuphorie und kulturellem Wandel. DDR, ČSSR und Bundesrepublik Deutschland im Vergleich*, Weilerswist, 2004, pp. 7 – 28.

16.– Cf. Udo WENGST, Hermann WENTKER (éd.), *Das doppelte Deutschland. 40 Jahre Systemkonkurrenz*, Berlin, 2008.

17.– Cf. Michael LEMKE (éd.), *Konfrontation und Wettbewerb. Wissenschaft, Technik und Kultur im geteilten Berliner Alltag (1948 – 1973)*, Berlin, 2008 ; ID. (éd.), *Schaufenster der Systemkonkurrenz. Die Region Berlin-Brandenburg im Kalten Krieg*, Cologne, 2006.

18.– Cf. Jean-Paul CAHN, « Les constitutions des deux Allemagnes », dans le présent ouvrage.

fides. L'espionnage fut l'un de ces affrontements. Nous avons eu l'occasion de souligner à quel point les deux États allemands s'observaient continuellement[19]. En toute logique cette observation de l'autre eut aussi son volet militaire. L'Ouest a invoqué à diverses reprises au fil des ans cette vilénie qui poussait la RDA à l'espionner, et l'« affaire Guillaume » en fut l'illustration la plus connue, bien qu'elle ne fût nullement une affaire isolée. En cette matière la situation de victime est confortable, et les deux blocs rivaux s'y placèrent – que l'on songe à l'exploitation que fit Nikita Khrouchtchev de l'affaire de l'U2 de Francis Pauwels au moment de la conférence de Paris. L'addition de telles affaires, divulguées dans la période considérée et des révélations des archives de l'ex-RDA, fait que les agissements de l'Est sont désormais assez bien connus du grand public. Les actions menées par les services ouest-allemands au profit de la RFA et de l'OTAN le sont beaucoup moins. Ils sont évoqués dans ce volume[20]. Cette contribution met en évidence un fonctionnement dont l'efficacité reposait pour partie sur le passé. Les services de Reinhard Gehlen, homme d'une célébrité remarquable pour le monde de l'ombre, ne disposaient pas seulement d'un fichier important hérité du Troisième Reich, de contacts noués par l'action commune pendant la Deuxième Guerre mondiale d'hommes désormais séparés par la frontière interallemande, mais aussi d'informations venant de personnes dont l'anticommunisme se nourrissait encore de la propagande nazie. Le départ de Gehlen fut suivi d'une rationalisation des services, mais aussi de la gestion d'un contre-espionnage ouest-allemand plus efficace. Malheureusement, notre connaissance de l'emprise des services secrets sur les relations interallemandes reste lacunaire. Leur importance se montrait à la fin de la période que nous traitons dans cet ouvrage : lors de la tentative de censure constructive qu'engagea la CDU en mai 1972, et qui devait provoquer la chute de Willy Brandt, deux membres du groupe parlementaire chrétien-démocrate avaient été payés par la Stasi pour voter le maintien de Brandt de façon que l'initiative de l'opposition échoue. Mais cette même Stasi avait déjà placé l'un de ses espions dans l'entourage proche de Brandt ; il fut découvert et arrêté le 24 avril 1974. Si l'« affaire Guillaume » ne fut pas la cause de la démission de Brandt, le 6 mai 1974, elle en fut l'élément déclencheur et elle mit fin à une période clé de l'histoire de l'Allemagne d'après-guerre[21].

---

19.– Cf. Jean-Paul CAHN, Ulrich PFEIL (éd.), *Allemagne 1945 – 1961. De la « catastrophe » à la construction du Mur*, Villeneuve d'Ascq, 2008.
20.– Cf. Armin WAGNER, « Zone d'opérations Allemagne de l'Est. Espionnage militaire exercé par le Service fédéral de renseignement en RDA », dans le présent ouvrage.
21.– Cf. Monika KAISER, « Die Spionageaffäre Guillaume », in : Bernd M. KRASKE (éd.), *Pflicht und Verantwortung. Festschrift zum 75. Geburtstag von Claus ARNDT*, Baden-Baden, 2002, pp. 101 – 109 ; August H. LEUGERS-SCHERZBERG, « Herbert Wehner und der Rücktritt Willy Brandts am 7. Mai 1974 », in : *Vierteljahrshefte für Zeitgeschichte*, 50 (2002) 2, pp. 303 – 322 ; Hubertus KNABE, « Der Kanzleramtsspion », in : Wolfgang KRIEGER (éd.), *Geheimdienste in der Weltgeschichte. Spionage und verdeckte Aktionen von der Antike bis zur Gegenwart*, Munich,

## S'installer dans la division

Après le 13 août 1961, le SED pouvait profiter d'une situation plus sereine. Composer avec la réalité et le quotidien fut le mot d'ordre des Allemands de l'Est pour tirer le meilleur parti de la nouvelle situation. Certains travaillèrent davantage pour augmenter leur niveau de vie et ne pas compromettre leur ascension sociale. Cette attitude eut des conséquences positives pour l'économie et permit à la RDA de passer – lentement – d'un statut de société de travail à celui de société de consommation. Le Mur provoqua une stabilisation du régime et peut être considérée comme la véritable date fondatrice de l'État est-allemand[22]. La description de Günter de Bruyn est parlante :

> « On vivait plus tranquillement à l'ombre du Mur. Nous étions déchargés de la décision de s'enfuir ou de rester ; le provisoire avait pris des formes solides [...] et une apparence durable. Il fallait s'installer dans la durée, fonder des familles, faire des enfants, chercher un meilleur appartement et un terrain pour le weekend, adhérer au parti pour faire carrière, du moins ne pas attirer l'attention du parti d'une manière négative et peut-être aussi s'ouvrir davantage à l'idéologie parce que la vie dans une schizophrénie politique durable est difficile »[23].

Les relations entre le régime et ses citoyens semblaient s'apaiser et la RDA s'installer dans une longue période de « coexistence pacifiques ». Mais l'enfermement des Allemands de l'Est, voulu par le SED, plaçait le régime dans une obligation de résultat : tant pour l'opinion mondiale indignée que pour sa population fragilisée, il se devait d'améliorer les conditions de vie de ces « masses laborieuses » dont il se réclamait pour fonder sa légitimité.

Dans l'immédiat, le pouvoir du SED semblait consolidé et Ulbricht prit une nouvelle assurance qui renforça sa détermination à réaliser ses ambitions totalitaires. Il n'accepta pas de céder une partie de son pouvoir. Face aux acteurs culturels du XIe plénum du Comité central du SED en 1965 (« Kahlschlag-Plenum ») il réduisit au contraire à nouveau les espaces de liberté et la possibilité d'une production culturelle indépendante. Le parti élargit l'appareil de répression (la Stasi) pour infiltrer et neutraliser l'opposition[24] qui, elle aussi, était obligée de rester et risquait de constituer un vivier de contestation. Mais la violence ouverte du régime des années 1950 faisait place à des formes plus subtiles d'oppression. Au sein du bloc-Est, la RDA se profila davantage comme « État socialiste », bon élève de la classe soviétique. Son évolution économique encourageante conduisit même

---

2003, pp. 216 – 229 ; Luc ROSENZWEIG, Yacine LE FORESTIER, *Parfaits espions. Les grands secrets de Berlin-Est*, Monaco, 2007.

22.– Dietrich STARITZ, *Geschichte der DDR 1949 – 1985*, Francfort/M., 1985, p. 138.

23.– Günter DE BRUYN, *Vierzig Jahre. Ein Lebensbericht*, Francfort/M., 1996, p. 110.

24.– Jens GIESEKE, *Mielke-Konzern. Die Geschichte der Stasi 1945 – 1990*, Munich, 2006 ; ID. (éd.), *Staatssicherheit und Gesellschaft. Studien zum Herrschaftsalltag in der DDR*, Göttingen, 2007

Ulbricht à la considérer comme un modèle pour les autres « pays frères », y compris l'Union soviétique. Au début des années 1970 cette arrogance provoqua sa chute et son remplacement par Erich Honecker à la tête du parti et de l'État. Sa mort le 1er août 1973 mit définitivement fin à l'« ère Ulbricht » qui fut progressivement gommée des livres d'histoire de la RDA[25].

Pour l'opinion publique ouest-allemande, le 13 août 1961 fut un traumatisme profond : la division de l'Allemagne passa brutalement – au double sens de brusquement et par un acte de violence – du stade de réalité politique à celui de réalité militaro-policière tangible. Tout comme il s'était avéré impossible de faire l'unité dans la liberté au dix-neuvième siècle[26], une synthèse nationale n'apparaissait désormais que dans une perspective de plus en plus lointaine. Pour Konrad Adenauer qui ne comprit pas tout de suite l'ampleur de la crise en restant étrangement en retrait par rapport à Willy Brandt, alors maire de Berlin-Ouest et futur candidat du SPD à la chancellerie, le Mur de Berlin fut une désillusion pour sa politique allemande. En proclamant, dès les années 1950, que sa politique d'intégration envers les pays occidentaux devait aussi aboutir à la réunification des deux Allemagnes « dans la paix et la liberté » (« in Frieden und Freiheit »), il avait nourri de l'espoir chez les Allemands des deux côtés du rideau de fer. D'une certaine manière, le Mur fut une gifle à tous les orateurs de RFA qui avait nourri dans des beaux discours (« Sonntagsreden ») l'espoir qu'une politique dure de l'Occident par rapport au bloc-Est pourrait rapidement mener à la réunification. Pour le chancelier, la passivité des partenaires occidentaux, qui avaient « craint bien pire, en particulier un nouveau blocus, et ont considéré le Mur comme un moindre mal »[27], entrainait une perte de prestige importante particulièrement perceptible lors des élections de septembre 1961 qui fit perdre la majorité absolue au CDU. Une fin de règne s'annonça, accompagnée d'un changement de génération signalant des mutations plus profondes de la société ouest-allemande[28].

Après quelques mois de colère et d'indignation, les nouvelles réalités provoquèrent une réorientation à Bonn : on y redéfinit les rapports avec l'« autre Allemagne », que l'on avait coutume d'appeler « la zone » ou « l'autre côté » (« drüben »). Les hommes politiques de droite et de gauche entreprirent de repenser la politique allemande et par conséquent l'un des

---

25.– Cf. Monika KAISER, *Machtwechsel von Ulbricht zu Honecker. Funktionsmechanismen der SED-Diktatur in Konfliktsituationen 1962 bis 1972*, Berlin, 1997.

26.– Cf. Heinrich August WINKLER, « Du Reich à la ›République de Berlin‹ », in : Jean-Marie VALENTIN (éd.), *Le Commerce de l'Esprit*, Paris, 2005, pp. 229 – 230.

27.– Georges-Henri SOUTOU, *La guerre de cinquante ans. Les relations Est-Ouest, 1943 – 1990*, Paris, 2001, p. 394.

28.– Cf. Gabriele METZLER, « Breite Straßen, schmale Pfade. Fünf Wege zur Geschichte der Bundesrepublik », in : *Neue politische Literatur*, 46 (2001) 2, pp. 244 – 267.

objectifs principaux de la Loi fondamentale, la réunification allemande[29]. Dans son livre « Entwurf für Europa » de 1966, Franz Josef Strauß (CSU) plaida pour une européanisation de la question allemande et avoua ouvertement : « Je ne crois pas à la recomposition d'un État-nation allemand, même pas à l'intérieur des frontières des quatre zones »[30]. Force est de constater que ce furent d'abord des personnages du milieu conservateur-libéral qui suggérèrent que la RFA devait commencer à se constituer définitivement en État-nation et abandonner son caractère provisoire. Dans la revue catholique « Hochland », le journaliste Burghard Freudenfeld provoqua une controverse animée en été 1967 en jugeant le statut de « Provisorium » dangereux parce qu'il serait un mensonge et freinerait le développement d'une conscience nationale en République fédérale : « On ne peut pas vivre de substituts sans graves dommages ; l'illusion qui régit la vie publique n'est pas moins dangereuse pour les collectivités que pour les individus »[31]. Cette thèse trouva un écho favorable au sein de la classe politique ouest-allemande, dont le nouveau président du parti libéral, Walter Scheel, contesta le caractère provisoire de la RFA par rapport à une Allemagne unifiée en exigeant un regard sur l'Europe (de l'Ouest) et l'intégration[32].

Dès le milieu des années 1960, la RFA s'était engagée dans un processus d'auto-reconnaissance intellectuelle, se concevant comme démocratie occidentale sur le plan politique, sociétal et institutionnel. L'attitude politique et les normes démocratiques avaient rejoint celles des voisins occidentaux. Les changements sociaux, démographiques et structurels permettaient d'observer l'avènement d'une société citoyenne caractérisée par un comportement démocratique participatif, une grande vitalité et une pluralité jusqu'alors inconnus en Allemagne. Elle avait commencé à dépasser son statut provisoire pour devenir une « démocratie postnationale parmi les états nationaux »[33], cherchant son identité et sa légitimation dans un « patriotisme constitutionnel » (Dolf Sternberger)[34].

Helmut Schmidt, alors chef du groupe parlementaire du SPD au Bundestag, fut l'un des adversaires de ces positions ; il refusa de considérer la RFA

---

29.– Voir pour la suite Heinrich August WINKLER, *Histoire de l'Allemagne XIXe – XXe siècle. Le long chemin vers l'occident*, Paris, 2005, pp. 666ss.
30.– Franz Josef STRAUSS, *Entwurf für Europa*, Stuttgart, 1966, pp. 50s.
31.– Burghard FREUDENFELS, « Das perfekte Provisorium. Auf der Suche nach einem deutschen Staat », in : *Hochland*, 59 (1967), pp. 421 – 433.
32.– Walter SCHEEL, « Falsches Demokratieverständnis », in : *Hochland*, 60 (1967 – 1968), pp. 365 – 369.
33.– Karl Dietrich BRACHER, *Die deutsche Diktatur. Entstehung, Struktur und Folgen des Nationalsozialismus*, Cologne, 61979 [1969], p. 544.
34.– Cf. Klaus SCHÖNHOVEN, « Aufbruch in die sozialliberale Ära. Zur Bedeutung der 60er Jahre in der Geschichte der Bundesrepublik », in : *Geschichte und Gesellschaft*, 25 (1999) 1, pp. 123 – 145.

comme un *Definitivum*, soulignant que l'histoire allemande n'avais pas commencé en 1945 ou 1949 :

> « Nous devons rappeler sans trêve que nous sommes forcément coresponsables du destin politique de nos compatriotes de RDA pour la simple raison que les Allemands de RDA paient presque seuls de manière disproportionnée – et à notre place – la guerre que tous les Allemands ont perdus collectivement […]. Voilà pourquoi je m'oppose à ce qu'on se réfugie dans l'image idyllique de nation fédérale allemande »[35].

Contrairement à ce qu'a longtemps pensé la recherche, Willy Brandt n'avait pas attendu la construction du Mur pour réfléchir à une *Nouvelle Ostpolitik*[36]. L'accès à de nouveaux fonds d'archives montre que nombre de ses éléments fondamentaux étaient en place dès les années 1950. Il devait constater que les Occidentaux avaient accepté le statu quo minus et n'étaient pas disposés à risquer la paix mondiale. Pour John F. Kennedy le Mur marquait la fin de la crise de Berlin parce que celui qui construit un Mur autour de la ville n'a pas l'intention d'envahir le reste du territoire ni de forcer les puissances occidentales à se retirer.

Brandt avait compris avant d'autres que l'isolement de la RDA, objectif principal de la politique allemande d'Adenauer, ne pouvait durer éternellement. Certes, la « doctrine Hallstein » proclamée après le voyage à Moscou de septembre 1955[37] et l'intégration des deux Allemagnes à leurs blocs respectifs fut pendant quelques années un obstacle efficace à la « politique de reconnaissance » que Berlin-Est avait engagée en 1957/58. Les voisins occidentaux et la plupart des pays du Tiers-Monde avaient repoussé les demandes de la RDA et refusé d'établir des relations diplomatiques. Mais dès la deuxième moitié des années 1950, cette politique entrava les efforts des deux superpuissances en vue d'installer une détente durable. De surcroît, la RDA commença à s'affirmer au plan international, augmentant la pression sur Bonn et la forçant à s'adapter à une nouvelle situation des relations internationales.

Brandt et son conseiller Egon Bahr partaient du principe que la réunification allemande passerait par un processus de longue haleine. Ils cherchèrent donc le dialogue au lieu de la confrontation, ils demandèrent aux dirigeants de l'Est d'accepter davantage d'échanges culturels et commerciaux, arguant que l'amélioration de la situation matérielle était pour les deux Allemagnes

---

35.– Helmut SCHMIDT, « Bundesdeutsches Nationalbewußtsein ? », in : *Hochland*, 60 (1967 – 1968), pp. 558 – 562, ici pp. 561s.
36.– Cf. Peter BENDER, *Die » Neue Ostpolitik « und ihre Folgen. Vom Mauerbau bis zur Vereinigung*, Munich, ⁴1996 ; Heinrich POTTHOFF, *Im Schatten der Mauer. Deutschlandpolitik 1961 bis 1990*, Berlin, 1999.
37.– Cf. Michael W. KREKEL, *Verhandlungen in Moskau. Adenauer, die deutsche Frage und die Rückkehr der Kriegsgefangenen*, Bad Honnef, 1996 ; Werner KILIAN, *Adenauers Reise nach Moskau*, Fribourg/Br., 2005 ; Helmuth ALTRICHTER (éd.), *Adenauers Moskaubesuch 1955. Eine Reise im internationalen Kontext*, Bonn, 2007.

une condition sine qua non d'une future détente entre elles. Ils savaient aussi qu'il fallait passer par Moscou et Varsovie pour impliquer Berlin-Est dans des négociations interallemandes qui devaient aboutir à la signature du Traité fondamental (21 décembre 1972) lequel, contesté par l'opposition chrétienne-démocrate, fut confirmé par la Cour constitutionnelle fédérale[38]. On mesure difficilement, avec le recul et la connaissance que nous avons de ce qui suivit, les inquiétudes et l'hostilité que provoquèrent les projets Brandt/Bahr. Schématisons : le régime SED avait survécu à l'ignorance dans laquelle Bonn l'avait tenu depuis 1949, en fixant à bien des égards les lignes de front et de force. Lui donner la légitimité de discussions interallemandes, n'était-ce pas l'ultime capitulation face à un communisme qui, lui, ne lâchait rien ? L'*Ostpolitik* fut d'abord reçue comme une entreprise hasardeuse, l'ouverture de la boite de Pandore. L'affirmation de Brandt, qui faisait de l'Europe et de l'atlantisme le cadre d'une telle politique, n'apaisa que très modérément les craintes. Mais peu à peu l'opinion évolua et finalement, l'*Ostpolitik* ne bouleversa pas les données de la question allemande, il y eut surtout des effets pratiques, échanges humains ou commerciaux notamment. Au plan international, la question allemande perdit de son acuité, mais induisit en même temps des changements sociaux en Europe de l'Est. La reconnaissance des frontières fixées en 1975 à Helsinki, accompagnée d'une nouvelle image de l'Allemagne, fut à l'origine d'un mouvement « d'en bas » mettant d'abord en question le communisme pour finalement le vaincre[39].

## Les différences se creusent

Après que chacune des deux parties qui la composaient se fût installée dans la division, bien qu'à des degrés divers et de manière différente, on ne pouvait plus ignorer les différences entre les deux Allemagnes. Dans les années 1960, considérées dès cette époque comme des « temps dynamiques »[40], la RFA dépassa définitivement la période de reconstruction pour développer les traits d'une modernité culturelle qui détermine encore aujourd'hui son quotidien. À bien des égards, ce fut une décennie charnière : « Par sa dynamique, les années 1960 intensifièrent des tendances antérieures et elles conduisirent à une nouvelle qualité sociétale engagée »[41]. La représentation des événements de 1968 renforce l'image d'une période

---

38.– Cf. Andreas WILKENS, « Du tabou aux rapports conflictuels. Willy Brandt, l'*Ostpolitik* et les deux États allemands », dans le présent ouvrage.
39.– Cf. Karl KAISER, « Der Beitrag der sozial-demokratischen Koalition zur Vereinigung Deutschlands », in : Peter R. WEILEMANN et al. (éd.), *Macht und Zeitkritik. Festschrift für Hans-Peter Schwarz zum 65. Geburtstag*, Paderborn, 2000, pp. 293 – 307, ici pp. 298s.
40.– Cf. Hermann KORTE, *Eine Gesellschaft im Aufbruch. Die Bundesrepublik Deutschland in den Sechzigerjahren*, Francfort/M., 1987.
41.– Axel SCHILDT, Detlef SIEGFRIED, Karl Christian LAMMERS (éd.), *Dynamische Zeiten. Die 60er Jahre in den beiden deutschen Gesellschaften*, Hambourg, 2000, p. 14.

d'ébullition caractérisée par des mutations et des nouveaux départs (« Aufbruch »), mais également par la contestation et la violence[42]. Le mouvement « 68 » fut global ; il trouva ses origines dans la protestation contre la guerre au Vietnam, le synchronisant au delà des frontières[43]. 1968 fut l'année de la radicalisation : en France, les manifestations et les affrontements entre étudiants et forces de l'ordre prirent une dimension inconnue jusqu'alors, jetant la Ve République dans une crise profonde. En RFA, en dehors de la protestation contre la guerre, l'impérialisme et le capitalisme, le mouvement prit encore une coloration ouest-allemande, critiquant l'université des *Ordinarien* (professeurs titulaires de chaires, cf. le célèbre « Unter den Talaren – Muff von tausend Jahren »), la loi sur l'état d'urgence promulguée par la Grande Coalition et finalement le « deuil impossible »[44] ou la prétendue incapacité des Allemands à affronter le passé nazi de leur pays et l'absence de culpabilité qui en résultait. Le reproche de refouler le passé qu'adressaient les jeunes de 20 à 30 ans à leurs parents fit de « 68 » en RFA un conflit de générations – à la différence des autres pays[45].

Les traces que « 68 » a laissées dans la société ouest-allemande font l'objet de débats depuis des années, tout comme l'interprétation de l'année 1968 en général. Pour les uns, le déclin social et culturel commence avec 1968, pour les autres, 1968 est synonyme d'une refondation de la RFA parce que le mouvement des étudiants aurait donné à la société ouest-allemande l'occasion de s'ouvrir, permettant aux individus un meilleur épanouissement individuel. Ces discussions ont conduit les historiens à s'interroger sur « des lacunes interprétatives historiographiques »[46]. Les controverses autour de « 1968 » lors des anniversaires décennaux, en 1998 comme en 2008, démontrent aujourd'hui encore que les impressions que nous nous faisons de ces événements restent floues[47]. Trop souvent, nous constatons une propension à réduire « 1968 » à un tournant entre « une période de plomb » antérieure, caractérisée par les tendances restauratrices de l'ère Adenauer, et un après, déterminé par une libéralisation profonde de la société ouest-allemande. Mais cette interprétation ignore les changements politiques, économiques, sociétaux et culturels

---

42.– Cf. Wolfgang KRAUSHAAR, *Achtundsechzig. Eine Bilanz*, Berlin, 2008.
43.– Philippe ARTIÈRES, Michelle ZANCARINI-FOURNEL (éd.), *68, une histoire collective, 1962 – 1981*, Paris, 2008 ; Michelle ZANCARINI-FOURNEL, *Le moment 68. Une histoire contestée*, Paris, 2008.
44.– Alexander et Margarete MITSCHERLICH, *Le deuil impossible. Les fondements du comportement collectif*, Paris, 2005 [*Die Unfähigkeit zu trauern. Grundlagen kollektiven Verhaltens*, Munich, 1967].
45.– Cf. Axel SCHILDT, « Die Eltern auf der Anklagebank ? Zur Thematisierung der NS-Vergangenheit im Generationenkonflikt der bundesrepublikanischen 1960er Jahre », in : Christoph CORNELISSEN et al. (éd.), *Erinnerungskulturen. Deutschland, Italien und Japan seit 1945*, Francfort/M., 2003, pp. 317–332.
46.– SCHILDT, SIEGFRIED, LAMMERS (note 41), p. 12.
47.– Cf. Norbert FREI, *1968. Jugendrevolte und globaler Protest*, Munich, 2008.

intervenus dès la fin des années 1950. Dans ce contexte, la recherche récente comme les contributions de cet ouvrage mettent l'accent sur un processus engagé dans un certain nombre de domaines déjà avant la construction du Mur, accélérant la modernisation de la société à un rythme inconnu jusqu'alors. Par conséquent, parler d'une césure pour caractériser « 1968 » semble aujourd'hui dépassé[48]. Dès lors que l'on voit dans ces événements une radicalisation et une accumulation de tendances politiques et socio-culturelles préexistantes, les années 1960 constituent une phase de transition à plusieurs niveaux, entre une société industrielle et une société postindustrielle avec un secteur tertiaire en progrès permanent et une différenciation socio-culturelle[49], entre d'une part la « moderne classique » pendant laquelle la plupart des problèmes semblait pouvoir se résoudre grâce à une politique sociétale rationnelle et d'autre part une société « planifiée » permettant la fin de toutes les crises et un nouveau départ offrant à la société l'occasion de se pluraliser et de développer des façons d'agir autonomes[50]. Ces deux aspects se sont superposés et ils ont donné à la deuxième moitié des années 1960 ses tensions particulières inhérentes.

En Europe de l'Est les projets de réforme du socialisme, qui gravitaient autour d'une aspiration à un « socialisme à visage humain », s'inspiraient sur bien des points de pratiques occidentales. En tant que phénomène globalisé 1968 plongea le bloc communiste dans une crise profonde, provoquant une réaction violente des dirigeants. Face aux cris de liberté à Prague et dans d'autres capitales orientales, l'Armée rouge écrasa le mouvement de contestation, provoquant une terrible désillusion[51]. En RDA, certains avaient pu penser que le SED, apparemment touché par une éclaircie notamment en matière de libertés, serait susceptible d'améliorer son image internationale au prix de quelques assouplissements. Cette situation avait en effet créé un point commun inattendu entre les deux Allemagnes : de part et d'autre du Mur, des jeunes gens contestaient l'autorité et l'ordre en place – mais selon un schéma chiasmatique. Chacune de ces jeunesses allemandes réfutait au nom des valeurs de l'autre l'organisation sociale dans laquelle elle avait grandi et les références sur lesquelles cette société s'appuyait : que les con-

---

48.– Cf. Klaus SCHÖNHOVEN, « 1968 – Zeitenwende in der Geschichte der Bundesrepublik Deutschland ? », in : Beatrix BOUVIER (éd.), *Geschichtspolitik und demokratische Kultur. Bilanz und Perspektiven*, Bonn, 2008, pp. 45 – 61.
49.– Cf. Bernd FAULENBACH, « ›Modernisierung‹ in der Bundesrepublik und in der DDR während der 60er Jahre. Möglichkeiten und Grenzen eines Vergleichs. Zu den Fragestellungen », in : *Zeitgeschichte*, 25 (1998) 11/12, pp. 282 – 294.
50.– Cf. Gabriele METZLER, « Planification et réformes », dans le présent ouvrage. Voir aussi ID., « Am Ende aller Krisen ? Politisches Denken und Handeln in der Bundesrepublik der sechziger Jahre », in : *Historische Zeitschrift*, 275 (2002) 1, pp. 57 – 103.
51.– Cf. Stefan KARNER et al. (éd.), *Prager Frühling. Das internationale Krisenjahr 1968*, 2 vol., Cologne, 2008.

testataires occidentaux eussent un temps recueilli l'approbation tant du SED que des opposants de RDA n'était pas le moindre paradoxe de mouvements qui, globalement, ne manquaient pas de contradictions internes. Face aux oscillations profondes des années 1960, qui agitèrent les deux parties du monde, Berlin-Est n'eut pas vraiment le choix. L'alternative était soit de participer à la répression du « Printemps de Prague », en 1968, soit d'engager un processus d'humanisation auquel le régime n'était nullement disposé. En République fédérale comme dans l'ensemble de l'Occident la réaction fut vive et indignée, mais également prévisible, et l'Est fut en mesure de la gérer tant bien que mal. Mais à l'intérieur le SED se trouva confronté à une contestation qui dépassa les attentes. Elle fut largement le fait d'ouvriers ou de membres de longue date du parti. Un climat de suspicion générale s'établit[52]. Le ministère de la Sécurité intérieure (la Stasi) se montra très actif et les mesures de rétorsion furent nombreuses, les mesures d'intimidation s'étendirent à l'ensemble de la société. Elles montraient les limites réformatrices de l'« État SED » (« SED-Staat ») qui n'était pas prêt à un débat divergeant parce que même une ouverture modeste était considérée par les dirigeants comme une déstabilisation du système. En RFA par contre les changements des années 1960 furent le résultat d'un débat.

Ce débat fut repris par Willy Brandt qui, à partir de 1969, voulait être l'acteur de réformes et créer une « Allemagne moderne »[53]. Son élection fut liée à un espoir de renouvellement moral de la politique et de justice sociale. Son nom fut associé à une rupture avec l'ère adenauerienne encore entachée par l'héritage national-socialiste. Brandt représentait une partie de la tradition libérale continue (ce que l'on qualifiait de « ungebrochene deutsche Freiheitstradition »), dans la continuité de son combat contre les deux totalitarismes du vingtième siècle : le national-socialisme dans sa période d'émigration et le communisme en tant que maire de Berlin-Ouest (1957 – 1966)[54]. Il partait du principe que la démocratie ouest-allemande avait encore des progrès à faire : « Nous n'en sommes qu'à nos débuts ! ». Pour Brandt, la démocratie n'était pas seulement une forme d'organisation de l'État mais un élément constitutif de l'économie et de la société, elle imposait de responsabiliser les citoyens en les faisant participer davantage au fonctionnement de l'État. En 1969, Brandt avait suscité des attentes, mais en 1974, un certain nombre de ses partisans étaient déçus parce que, comme lui, ils constataient que le progrès ne se réalise trop souvent qu'avec lenteur. À la fin de son

---

52.– Cf. Stefan WOLLE, « Réforme, révolte ou contre-révolution larvée », dans le présent ouvrage.
53.– Cf. Inge MARSSOLEK, Heinrich POTTHOFF (éd.), *Durchbruch zum modernen Deutschland ? Die Sozialdemokratie in der Regierungsverantwortung 1969 bis 1982*, Essen, 1995.
54.– Cf. Gregor SCHÖLLGEN, *Willy Brandt. Die Biographie*, Berlin, 2001 ; Peter MERSEBURGER, *Willy Brandt 1913 – 1992. Visionär und Realist*, Stuttgart, 2006 ; Helga GREBING, *Willy Brandt. Der andere Deutsche*, Munich, 2008.

mandat, épuisé par la campagne électorale de novembre 1972 et les attaques de ses adversaires, Brandt ne semblait plus en mesure d'affronter les problèmes économiques et sociaux nés du choc pétrolier de 1973[55].

La RFA atteignait la fin d'une période d'évolution économique favorable et de stabilité politique, notamment en raison de la menace terroriste. L'occidentalisation en avait fait une société de consommation. Ces mutations n'étaient pas complètes, mais profondes, elles donnaient à la société ouest-allemande des traits libéraux permettant pour la première fois dans l'histoire allemande l'avènement d'une société civile digne de ce nom[56] tandis que la société de la RDA avait préservé davantage les traditions allemandes et restait sous l'emprise du SED et de ses aspirations totalitaires ; les deux sociétés allemandes continuaient à s'éloigner l'une de l'autre.

Une spécificité de la société ouest-allemande par rapport à ses voisins occidentaux fut son anticommunisme virulent, héritage du Troisième Reich, mais aussi instrument de démarcation face à l'Est. Dans les années 1960 l'anticommunisme ouest-allemand passa d'un stade largement émotionnel vers une conception plus rationnelle, plus idéologique, ce qui ne lui épargna pas une crise existentielle face aux transformations de la situation internationale, la détente en particulier. La mutation de l'anticommunisme alla de pair avec une évolution de la conception ouest-allemande de la démocratie ; en même temps elle fut dictée par la réorientation de la politique germano-allemande (*Ostpolitik*). L'adversaire idéologique étant à sa porte, l'anticommunisme fit largement consensus au sein de la société ouest-allemande et il renforça sa cohésion intérieure, mais cette peur démesurée du communisme provoqua de l'intolérance, jusqu'à conduire aux interdictions professionnelles (« Berufsverbote ») qui firent largement polémique[57].

La construction du Mur contraignit la RFA à élargir sa politique d'immigration en faisant d'elle, sans qu'elle en prît conscience[58], un pays d'immigration[59], tandis que la société est-allemande ne connaissait pas les mêmes transformations et restait plus allemande. Une autre différence fut

---

55.– Cf. Jens HOHENSEE, *Der erste Ölpreisschock 1973/74. Die politischen und gesellschaftlichen Auswirkungen der arabischen Erdölpolitik auf die Bundesrepublik Deutschland und Westeuropa*, Stuttgart 1996.
56.– Cf. Ulrich HERBERT (éd.), *Wandlungsprozesse in Westdeutschland. Belastung, Integration, Liberalisierung 1945 bis 1980*, Göttingen, 2002.
57.– Cf. Bernard LUDWIG, « De l'anticommunisme au débat politique et intellectuel avec le communisme », dans le présent ouvrage.
58.– Cf. e.a. Jean-Paul CAHN, Bernard POLONI, *Migrations et identités. L'exemple de l'Allemagne aux XIXe et XXe siècles*, Villeneuve d'Ascq, 2009, p. 11.
59.– Cf. Ulrich HERBERT, *Geschichte der Ausländerpolitik in Deutschland. Saisonarbeiter, Zwangsarbeiter, Gastarbeiter, Flüchtlinge*, Bonn, 2003 ; Hedwig RICHTER, Ralf RICHTER, « Italienische » Gastarbeiter « im Ost-West-Konflikt. Kommunistische Propaganda und Überwachung zwischen Italien, BRD und DDR in den 1960er Jahren », in : *Deutschland Archiv*, 41 (2008) 3, pp. 456 – 465.

l'activité salariale féminine : « travailler » devint un critère d'émancipation et d'intégration sociales à l'Est – critère que des mouvements féministes occidentaux firent leur au-delà des cercles proches du communisme. Mais en Allemagne de l'Ouest nombreux étaient ceux qui considéraient qu'une telle activité pouvait constituer un danger pour le développement et l'épanouissement familiaux[60]. De même, alors que les associations et autres lobbies étaient perçus en RFA comme une manière d'associer la société civile à la prise de décision législative, ce qui leur avait valu d'avoir l'oreille d'Adenauer en particulier, un peu moins de son successeur Ludwig Erhard, le SED fit des organisations de masse un instrument de sa domination sur la société[61].

Au plan économique, la RDA essaya de compenser le retard qu'elle avait pris sur la RFA, mais ni ses contraintes ni ses choix ne contribuèrent à un rattrapage, en particulier du niveau de vie. La révision des priorités industrielles initiales, après une décennie, en faveur des biens de consommation, n'avait pas suffi à donner aux « masses laborieuses » un niveau de vie satisfaisant. L'hémorragie de main d'œuvre stoppée par la matérialisation de la frontière, il fallait convaincre l'intérieur comme l'étranger du bien-fondé et de l'efficacité du socialisme. Berlin-Est entra dans une concurrence avec l'Ouest qui pesa sur ses choix économiques[62]. Dans le même temps, devenu chancelier en 1963, après le départ d'Adenauer, le par trop doctrinaire Ludwig Erhard s'enlisa en raison de son libéralisme intégriste dans les difficultés de la *Stagflation*, période de stagnation économique mâtinée de phénomènes inflationnistes. Mais la grande coalition[63], et particulièrement la collaboration des ministres Karl Schiller (SPD) et Franz Josef Strauss (CSU), permit de relancer la machine économique, si bien que l'économie ouest-allemande était plus stable que d'autres économies en Europe au moment d'affronter les chocs pétroliers en 1973. Mais en même temps, cette date marque la fin d'une époque. La foi dans l'avenir s'effaça devant la conscience de crise.

Les politiques culturelles reflétaient les différences structurelles : fortement centralisées à l'Est et étroitement contrôlées par le SED, elles échappaient pour l'essentiel à Bonn, les *Länder* (dont elle dépendait) veillant jalousement à y affirmer leurs prérogatives. Mais là ne s'arrête pas leur intérêt au regard de

---

60.– Cf. Reinhard SIEDER, *Sozialgeschichte der Familie*, Francfort/M., 41995 ; Ingeborg WEBER-KELLERMANN, *Die deutsche Familie. Versuch einer Sozialgeschichte*, Francfort/M., 1996 ; Merith NIEHUSS, *Familie, Frau und Gesellschaft. Studien zur Strukturgeschichte der Familie in Westdeutschland 1945 – 1960*, Göttingen, 2001.

61.– Cf. Marcel BOLDORF, « La politique sociale et la concurrence des deux régimes allemands », dans le présent ouvrage.

62.– Cf. Françoise BERGER, « Divergences et convergences économiques », dans le présent ouvrage.

63.– Cf. Klaus SCHÖNHOVEN, *Wendejahre. Die Sozialdemokratie in der Zeit der Großen Koalition, 1966 – 1969*, Bonn, 2004 ; Rudolf MORSEY, « Die Große Koalition. Vorgeschichte und Nachwirkungen », in : Günter BUCHSTAB (éd.), *Kurt Georg Kiesinger 1904 – 1988. Von Ebingen ins Kanzleramt*, Fribourg/Br., 2005, pp. 393 – 419.

l'histoire des deux Allemagnes. Conscients de l'importance de la culture à l'intérieur comme au plan international, la RFA et la RDA en firent un espace de concurrence en même temps que d'interdépendance[64]. En cela la rivalité culturelle reflétait bien cette relation complexe qui unissait et séparait tout à la fois Bonn et Berlin-Est. La séparation l'emporta dans le domaine du cinéma : les initiatives en vue d'une ouverture à « l'autre cinéma allemand » qui avaient marqué les années 1950 s'effacèrent devant les tensions de la décennie suivante. Sous l'influence d'une nouvelle génération les deux cinémas allemands firent essor à part. Invoquant des arguments moraux, les conservateurs du SED reprirent en main la production est-allemande, tandis qu'à l'Ouest la rénovation se dispersa. L'ouverture de la « Berlinale » à des productions d'Europe de l'Est permit cependant de récompenser en 1975 un cinéaste est-allemand marginalisé chez lui depuis près d'une décennie, Frank Beyer[65].

La rupture de la fin des années 1960 est tout aussi sensible au théâtre. En RFA elle conduisit à un spectacle plus intimiste après la période de politisation. À l'Est, où s'imposait à cette forme de culture comme aux autres, le « réalisme socialiste », la politisation de la scène répondit à la volonté d'instrumentalisation des autorités[66].

En matière de sport, levier annexe de la diplomatie et vecteur de propagande lui aussi de première importance, l'Allemagne de l'Est chercha à jouer de la position d'Avery Brundage et du CIO[67] pour valoriser des performances dont elle percevait de mieux en mieux le bénéfice politique possible.

Cette concurrence d'image s'adressait aux diverses couches sociales selon les centres d'intérêt qu'on leur prêtait – le souci d'allier sport et culture s'exprimant par exemple dans la candidature Ouest-allemande à l'organisation des Jeux olympiques de 1972. À côté des réalisations qui devaient marquer sa supériorité on s'attachait à séduire par ce que l'on était – y compris dans le domaine de gestion délicate du rapport au passé allemand. Chacun revendiqua pour son compte le meilleur de l'histoire culturelle allemande. Mais cela ne pouvait suffire. La présence dans des institutions internationales était un corollaire incontournable de la politique d'affirmation de Berlin-Est à laquelle Bonn se devait de réagir point par point. On vit les historiens des deux Allemagnes calquer leur attitude sur celle de leur gouvernement, les Allemands de l'Est cherchant à être reconnus

---

64.– Cf. Corine DEFRANCE, « Politiques et relations culturelles extérieures. Concurrence et interdépendance entre les deux Allemagnes », dans le présent ouvrage.
65.– Cf. Caroline MOINE, « Le renouveau du cinéma allemand dans les années 1960 », dans le présent ouvrage.
66.– Cf. Florence BAILLET, « Politisation du théâtre des deux côtés du Mur », dans le présent ouvrage.
67.– Cf. Uta Andrea BALBIER, « Utopie apolitique dans l'espace olympique », dans le présent ouvrage.

par le Comité international des sciences historiques au sein duquel leurs homologues allemands entendaient bien faire respecter le principe de la représentation nationale unique ; il est vrai que la place prépondérante de l'histoire dans la doctrine marxiste faisait de ce domaine un point d'affrontement particulièrement sensible[68]. Ces différents exemples nous montrent que le sentiment national avait perdu de son intensité au début des années 1970 comme l'a souligné Charles S. Maier : « On s'était arrangé dans une nation au conditionnel »[69].

## Imbrications et interdépendances

Mais une histoire de l'Allemagne entre 1945 et 1990 ne limite pas aux rivalités, divergences et éloignement, elle doit aussi considérer les imbrications, les interactions et les « ponts » au dessus d'un Mur qui ne séparait pas seulement les deux États allemands, mais les liait en même temps parce qu'il séparait les Allemands de l'Ouest et l'Est[70]. Des relations et des amitiés naissaient, qui n'auraient jamais vu le jour en RFA et qui se perdirent après la réunification. Ces liens privés peuvent paraître banals aujourd'hui, mais dans des dictatures, le privé est souvent hautement politique comme l'a souligné Peter Bender : « Les relations entre Allemands de l'Ouest et de l'Est étaient d'une grande importance. Les ›au revoirs‹ dans des gares est-allemandes, quand la visite de l'Ouest partait, étaient différents des départs de Cologne à Munich[71] ». Ce fut aussi la position de Willy Brandt qui ne pouvait pas vaincre la division par l'*Ostpolitik*, mais qui avait l'intention de percer des « trous » dans le Mur et de dépasser la séparation afin de maintenir des liens entre les Allemands. S'il devait encore y avoir une chance d'unification, il fallait qu'il restât quelque chose à unifier. Bientôt 50 ans après la construction du Mur, 40 ans après les débuts de l'*Ostpolitik* et 20 ans après la chute du Mur, l'Allemagne s'interroge toujours sur les conséquences de la scission en deux sociétés ouest- et est-allemandes qui perdurent et posent des questions sur l'identité de l'Allemagne actuelle. Les histo-

---

68.– Cf. Franz KUHN, « Les deux États allemands face au passé nazi et les enjeux de la Guerre froide » et Ulrich PFEIL, « Querelles allemandes d'historiens sur la scène internationale. La science historique entre internationalité et pensée binaire », dans le présent ouvrage.

69.– Charles S. MAIER, « The End of Longing ? », in : John S. BRADY et al. (éd.), *The Postwar Transformation of Germany. Democracy, Prosperity, and Nationhood*, Ann Arbor, 1999, pp. 271 – 285, ici p. 276.

70.– Cf. Christoph KLESSMANN, « Verflechtung und Abgrenzung. Aspekte der geteilten und zusammengehörigen deutschen Nachkriegsgeschichte », in : *Aus Politik und Zeitgeschichte*, 29/30 (1993), pp. 30 – 41 ; ID., Martin SABROW, « Zeitgeschichte in Deutschland nach 1989 », in : *Aus Politik und Zeitgeschichte*, B 39 (1996), pp. 3 – 14 ; ID. et al. (éd.), *Deutsche Vergangenheiten – eine gemeinsame Herausforderung. Der schwierige Umgang mit der doppelten Nachkriegsgeschichte*, Berlin, 1999.

71.– Peter BENDER, « Bundesrepublik oder Deutschland ? Auch ein Problem sozialer Ungleichheit », in : *Frankfurter Allgemeine Zeitung*, 24 septembre 2008.

riens se demandent s'il est encore possible d'appréhender l'histoire de l'Allemagne après 1945 comme une juxtaposition de l'histoire de la RFA et celle de la RDA[72]. Selon Hermann Rudolph, aucune réponse n'a encore été trouvée parce que les intentions des historiens étaient en général plus convaincantes que le résultat[73].

Quel rôle doit alors jouer l'histoire de l'Allemagne entre 1949 et 1990 ? S'agit-il finalement de deux histoires séparées ? Ou n'y avait-il pas trop de rapports, de points communs et surtout d'interdépendances pour pouvoir les découper ? Christoph Kleßmann opte pour une histoire intégrée de l'Allemagne, mais souligne en même temps le caractère asymétrique des relations parce que « la RDA ne pouvait exister qu'en se démarquant de son homologue, tout en étant – *nolens volens* – étroitement liée à celui-ci sur le plan historique et économique. La République fédérale pouvait aisément exister sans l'Allemagne de l'Est ». Mais pouvons-nous comprendre certaines caractéristiques de la culture politique et de l'évolution intérieure de la RFA si on néglige l'existence d'une autre Allemagne ? La réponse de Kleßmann est univoque :

> « L'existence, sur le sol allemand, d'une dictature communiste imprègne la culture politique de la République fédérale, favorise le choix de l'intégration occidentale et certaines formes de consensus intérieur ; mais elle discrédite aussi les alternatives sociales mises en avant par le mouvement ouvrier, en particulier dans les années 50 (la socialisation ou l'économie planifiée par exemple) »[74].

Dans la conclusion du présent ouvrage Konrad H. Jarausch adhère à ces réflexions et prône lui aussi l'écriture d'une histoire croisée avec ses interconnexions multiples pour comprendre la situation très particulière dans laquelle se trouvait l'Allemagne après 1945, insistant sur sa situation atypique dans l'Europe de l'après-guerre, inconnue des autres peuples[75]. À l'avenir, il sera intéressant d'observer comment l'historiographie des deux Allemagnes concilie leurs différences et leurs interdépendances. Les différentes contributions

---

72.– Cf. Corine DEFRANCE, Jörg ECHTERNKAMP, Stefan MARTENS, « Pour une histoire des sociétés allemandes d'après-guerre : une introduction », in : *Revue d'Allemagne et des pays de langue allemande*, 40 (2008) 2, pp. 179 – 188.
73.– Hermann RUDOLPH, « Eine Grätsche der Geschichte », in : *Der Tagesspiegel*, 22 septembre 2008.
74.– Christoph KLESSMANN, « L'Allemagne d'après-guerre : une histoire dédoublée et intégrée », in : CAHN, PFEIL (note 19), pp. 227 – 241. Sebastian Ullrich souligne que le milieu conservateur ouest-allemand se réconcilia plus rapidement avec le parlementarisme de la Loi fondamentale pendant les années 1950 – après les mauvaises expériences de la République de Weimar – à cause de la confrontation idéologique avec l'Union soviétique ; cf. Sebastian ULLRICH, Der *Weimar-Komplex. Das Scheitern der ersten deutschen Demokratie und die politische Kultur der frühen Bundesrepublik*, Göttingen, 2009.
75.– Konrad H. JARAUSCH, « Deux fois l'Allemagne – une seule histoire ? Pour l'intégration des deux histoires allemandes d'après-guerre », dans le présent ouvrage.

que regroupe le présent ouvrage ont pour but d'y contribuer modestement en mettant l'accent sur des aspects essentiels de la rivalité et des imbrications des deux Allemagnes dans la phase médiane de leur coexistence, entre 1961 et 1974. Si certains sujets ne se prêtent pas au respect strict des dates retenues, tous tournent autour de la consolidation des deux États. Le risque qu'a pris Pankow en termes d'image, avec la construction du Mur, s'avère payant tandis que l'érosion de la « doctrine Hallstein », mais aussi le temps qui fait son œuvre et l'acceptation progressive, par un nombre croissant d'Allemands, de la coexistence comme fait, sont autant de facteurs qui changent la donne en profondeur : au moment de la démission de Willy Brandt, la phase intermédiaire a pris fin, on est passé de rapports germano-allemands à des relations germano-allemandes qui ressemblent à des relations internationales mais n'en présentent pas pour autant les caractéristiques.

# I.
# L'Allemagne dans les relations internationales

# La construction du Mur de Berlin

Cyril Buffet

Au cours d'une chaude nuit d'été, exactement à 1 heure du matin, le dimanche 13 août 1961, plus de 10 000 policiers et miliciens des « groupes de combat » prennent position le long de la ligne de démarcation entre Berlin-Est et Berlin-Ouest. Sous leur surveillance, des unités du génie installent des barbelés et des chevaux de frise. Des scènes identiques se produisent au même moment dans différents endroits de la ville. En quelques heures, 69 des 81 points de passages entre les deux parties de la ville sont fermés ; le trafic du métro et du S-Bahn est interrompu. L'organe du SED explique que la RDA use du droit normal de « tout État souverain » de se protéger contre « les activités hostiles des forces revanchardes et militaristes d'Allemagne occidentale et de Berlin-Ouest ». Quatre jours plus tard, les barbelés commencent à être remplacés par un Mur de béton. L'opération Muraille de Chine, conçue par Ulbricht et Honecker, est exécutée avec succès. Berlin-Ouest est complètement coupé du territoire est-allemand[1].

Réclamée depuis février 1952 par les autorités est-allemandes mais rejetée à chaque fois par l'URSS, cette mesure de verrouillage est l'aboutissement d'une crise ayant commencé près de trois ans plus tôt.

---

1.– Cf. Thomas FLEMMING et Hagen KOCH, *Die Berliner Mauer. Geschichte eines politischen Bauwerks*, Berlin, 2001 ; Matthias UHL, *Krieg um Berlin ? Die sowjetische Militär- und Sicherheitspolitik in der zweiten Berlin-Krise 1958 bis 1962*, Munich, 2008 ; Bernd EISENFELD et Roger ENGELMANN, *13.8.1961. Mauerbau. Fluchtbewegung und Machtsicherung*, Brême, 2001 ; Hope M. HARRISON, *Driving the Soviets up the Wall. Soviet-East German Relations 1953 – 1962*, Princeton, 2003 ; Hans-Hermann HERTLE, Konrad JARAUSCH et Christoph KLESSMANN (éd.), *Mauerbau und Mauerfall. Ursachen – Verlauf – Auswirkungen*, Berlin, 2002 ; Rolf STEININGER, *Der Mauerbau. Die Westmächte und Adenauer in der Berlinkrise 1958 – 1963*, Munich, 2001 ; Michael LEMKE, *Die Berlinkrise 1958 bis 1963. Interessen und Handlungsspielräume der SED im Ost-West-Konflikt*, Berlin, 1995 ; John Lewis GADDIS, *We Now Know. Rethinking Cold War History*, New York, 1997 ; John P. GEARSON, *Harold Macmillan and the Berlin Wall Crisis, 1958 – 1962*, New York, 1998 ; Ann TUSA, *The Last Division : Berlin and the Wall*, Londres, 1996 ; Peter WYDEN, *Wall : The Inside Story of Divided Berlin*, New York, 1989 ; Joachim ARENTH, *Der Westen tut nichts ! Transatlantische Kooperation während der zweiten Berlin-Krise (1958 – 1962) im Spiegel neuer amerikanischer Quellen*, Francfort/M., 1993 ; Vladislav ZUBOK et Constantin PLESHAKOV, *Inside the Kremlin's Cold War. From Stalin to Khrushchev*, Cambridge, 1996 ; Patrick MAJOR, *Behind the Berlin Wall. East Germany and the Frontiers of Power*, Oxford, 2009.

## Une longue crise

En effet, le 27 novembre 1958, Khrouchtchev adresse aux trois Alliés un ultimatum qui exige la transformation, dans les six mois, de Berlin-Ouest en une « *ville libre* » démilitarisée. Passé ce délai, l'URSS conclurait un traité de paix séparé avec la RDA en lui transférant tous ses droits concernant Berlin, notamment les accès à la ville quadripartite.

Khrouchtchev déclenche la seconde crise de Berlin pour de multiples raisons, aussi bien agressives que défensives. Il vise vraisemblablement à restaurer son autorité vis-à-vis de la Chine, qui défie de plus en plus ouvertement la puissance soviétique sur la scène mondiale. Mais surtout, il juge le moment favorable pour arracher d'importantes concessions à l'Ouest, car il croit que l'URSS détient une supériorité militaire et technologique, comme le prouve l'envoi dans l'espace du premier satellite « Spoutnik ». Il est donc convaincu que l'Ouest ne risquera pas une guerre pour Berlin. Il doute de la combativité des Occidentaux et mise sur leurs contradictions internes. Entraîné par la dynamique de confrontation de la guerre froide et désireux de tester la potentialité coercitive des armements nucléaires, il veut contraindre les Occidentaux à ouvrir des négociations sur l'Allemagne et le désarmement. Il cherche à contrer l'influence grandissante de la RFA qui ambitionne de se doter de capacités atomiques, ce qui redistribuerait la donne géostratégique en Europe. Il perçoit la République fédérale comme « revancharde », s'apprêtant à lancer une offensive économique destinée à absorber une RDA soumise à de graves difficultés intérieures, au point que l'exode de ses habitants ne cesse de s'amplifier. Le maintien de Berlin-Ouest menace à brève échéance de provoquer l'effondrement de la RDA, pièce essentielle du dispositif stratégique soviétique. Si l'URSS n'est pas en mesure de garantir la sécurité de la RDA, pour laquelle Khrouchtchev éprouve du reste une affinité émotionnelle, c'est tout son empire qui risque de périr. Le Kremlin ressent donc l'urgence de stabiliser la RDA en obtenant sa reconnaissance internationale.

Durant toute la crise, Khrouchtchev développe une tactique ambivalente, se montrant tout à la fois prêt à prendre des risques et soucieux d'éviter une situation explosive. Il cherche certes à améliorer la position soviétique, mais il renonce à des actions radicales, de peur d'être entraîné dans un engrenage fatal.

Acharné à conquérir un statut égal à celui de la RFA, Ulbricht souscrit pleinement l'objectif poursuivi par Moscou. Mais au fil des mois, des divergences tactiques apparaissent entre les deux dirigeants et un renversement se produit : le Russe dirige la manœuvre jusqu'en mai 1960, puis, l'Allemand de l'Est prend progressivement les commandes. C'est que Berlin ne revêt pas la même signification pour l'un et l'autre. Khrouchtchev replace l'affaire berlinoise dans le cadre du conflit entre l'Est et l'Ouest et l'utilise comme un « levier » pour soulever la question allemande dans son ensemble, tester la solidarité occidentale, peser sur l'équilibre stratégique européen. Pour Ulbricht, il s'agit d'un problème existentiel dont le règlement conditionne dans une large mesure la survie même de la RDA. Pour parvenir à ses fins, il réussit à faire accepter par le Kremlin une politique que celui-ci rechignait à appliquer, en modifiant le rapport entre le satellite et le centre. Il sait bien que son État est dépendant de l'URSS sur les plans militaire et économique, mais il sait aussi que l'URSS est dépendante de la RDA sur les plans stratégique et idéologique, Moscou ne pouvant perdre la RDA pour des raisons de prestige et de sécurité.

De leur côté, les Occidentaux s'interrogent sur les motivations de Khrouchtchev. Durant toute la crise, ils défendent le maintien du *statu quo*, tout en acceptant le principe de discussions. Ils estiment que la position de Berlin-Ouest n'est pas militairement défendable mais que son abandon est politiquement impensable. Ils tendent cependant à diverger sur les modalités de la négociation.

Les Américains spéculent que l'URSS cherche à tester la détermination des Alliés et les forcer à reconnaître *de facto* la RDA. Convaincu que Khrouchtchev redoute autant que lui une guerre thermonucléaire, Eisenhower refuse de céder à la pression soviétique mais il ne veut pas non plus provoquer un affrontement militaire. C'est pourquoi il cherche à faire traîner les choses, tout en parant à toutes les éventualités.

Persuadé que nul n'est prêt à mourir pour Berlin et refusant par principe de céder à un « bluff » diplomatique, de Gaulle recommande une attitude de fermeté. Il se montre attentif aux inquiétudes d'Adenauer, car il y voit l'opportunité de réduire l'influence anglo-américaine sur les affaires européennes et de capter la puissance allemande pour réaliser son dessein d'un *leadership* de la France sur le continent.

Face à la crise Adenauer est sur la défensive. Comme toute sa politique consiste à empêcher la reconnaissance de la RDA (« doctrine Hallstein »), il plaide pour le maintien du *statu quo*. Il manifeste une grande suspicion à l'égard d'un processus de négociation dont il serait écarté et qui serait susceptible de porter atteinte à toute perspective de réunification et à la sécurité de son pays. Sa rigidité heurte notamment les Britanniques.

Obsédé par le risque d'un incident susceptible de dégénérer en conflit atomique, le Premier ministre britannique, Harold Macmillan, adopte une position « raisonnable » fondée sur le maintien allié à Berlin, assortie d'une éventuelle reconnaissance de la RDA qu'il juge préférable à une guerre mondiale. Il conteste ainsi la proposition américaine d'une « escalade contrôlée », destinée à souligner la détermination occidentale et à tester la volonté soviétique. Il place ses espoirs dans une diplomatie du sommet et s'attribue le rôle d'intermédiaire bienveillant entre l'Est et l'Ouest. Son attitude modérée correspond à celle de l'opinion publique britannique : seulement 16 % des Britanniques se prononcent, en avril 1959, pour le maintien coûte que coûte des Occidentaux à Berlin[2]. Le relèvement économique et le réarmement de l'Allemagne occidentale réveillent en Grande-Bretagne d'anciennes rivalités et peurs. Des journaux londoniens envisagent même l'abandon de Berlin-Ouest et la transplantation de la totalité de sa population dans une ville nouvelle en RFA. S'appuyant sur son opinion, Macmillan estime que sa mission consiste à prendre une initiative, afin de sortir de la spirale de la confrontation. C'est pourquoi il entreprend en février 1959 un « voyage de découverte » à Moscou, jugé positivement par la presse et la population, alors que la RFA le condamne sévèrement comme une démarche munichoise d'*appeasement*[3].

Auparavant, les Occidentaux avaient défini, en décembre 1958, une position commune et proposé aux Soviétiques l'ouverture de négociations sur l'Allemagne et Berlin.

## De Genève à Paris via Camp David

Le 10 janvier 1959, l'URSS présente un projet de traité de paix avec l'Allemagne fondé sur sa neutralisation et suggère la tenue d'un sommet des quatre puissances. Soumettant leur contre-projet de « plan de paix », les Alliés se contentent d'une conférence des ministres des Affaires étrangères, à laquelle participent pour la première fois des observateurs des deux États allemands. L'Est semble avoir obtenu en partie gain de cause, puisque l'Ouest accepte de négocier et admet une présence est-allemande. La conférence se déroule à Genève en deux sessions, du 11 mai au 20 juin et du 13 juillet au 5 août, dépassant ainsi le délai imparti par l'ultimatum. D'ailleurs, Khrouchtchev avoue à Ulbricht en juin 1959 qu'il s'est servi de la menace du traité de paix séparé comme d'une « épée de Damoclès », pour contraindre les Occidentaux à s'asseoir à la table des négociations. Mais c'est une menace qu'il n'a pas l'intention de mettre à exécution.

La conférence de Genève ne débouche sur aucun résultat tangible, ce qui rassure Adenauer, même s'il a dû accepter la présence d'une délégation est-

---

2.– Daniel GOSSEL, « Die Berlinkrisen 1948/49 und 1958/62. Wendepunkte britischer Deutschlandpolitik ? », in : Arnd BAUERKÄMPER (éd.), *Britain and the GDR. Relations and Perceptions in a Divided World*, Berlin, 2002, pp. 113 – 127, ici p. 113.
3.– GEARSON (note 1), pp. 121 – 123.

allemande placée sur un pied d'égalité avec la représentation fédérale. Les puissances occidentales sont satisfaites d'avoir réussi à réduire la tension, même provisoirement. Khrouchtchev estime que la reconnaissance *de facto* de la RDA constitue le préalable à une reconnaissance *de jure* qui la stabiliserait durablement. Dès lors, il cherche à gagner du temps, pour permettre à l'économie est-allemande de se fortifier et d'améliorer sa compétitivité par rapport à la RFA. Il conserve l'espoir de conclure avec l'Ouest un accord sur l'ensemble de la question allemande dont Berlin représente seulement un aspect. Sa patience semble récompensée, puisqu'il effectue, en septembre 1959, une visite officielle aux États-Unis, au cours de laquelle il est reçu à Camp David par Eisenhower qui admet le caractère « *anormal* » de la situation berlinoise et accepte l'idée d'un sommet quadriparti.

Ce sommet a lieu à Paris en mai 1960. Mais, deux semaines auparavant, un avion-espion américain U2 est abattu au-dessus de l'URSS et son pilote capturé. Khrouchtchev profite de cet incident pour faire capoter la conférence, car il se doute qu'elle est vouée à l'échec, puisque de Gaulle et Eisenhower soutiennent la position intransigeante d'Adenauer. Le dirigeant soviétique préfère désormais attendre l'élection d'un nouveau président américain, ce qui déçoit Ulbricht, confronté à des difficultés intérieures grandissantes.

## Une hémorragie mortelle

La RDA se vide de sa population. Cet exode massif est la cause principale de la crise. Entre 1949 et 1961, un habitant sur six quitte la RDA. Au total, plus de 2,6 millions de personnes émigrent ; la moitié a moins de 25 ans. Cette hémorragie condamne à terme le régime communiste. Aussi, Ulbricht est bien décidé à la juguler et notamment à colmater la brèche berlinoise.

À partir de la seconde moitié de 1957, les autorités est-allemandes restreignent drastiquement la délivrance de visas, provoquant aussitôt une nouvelle vague de départs. Elles criminalisent l'acte de partir, en instituant en décembre 1957 le délit de « fuite de la république » (« Republikflucht »), passible d'une peine de prison pouvant aller jusqu'à trois ans. En outre, les parents des fugitifs sont pénalisés, par exemple dans l'obtention d'un logement ou d'une place à l'université. La police et la Stasi multiplient les contrôles pour détecter de potentiels fugitifs. Jusqu'à la construction du Mur, elles procèdent ainsi à 50 000 interpellations, mais pour un fugitif appréhendé, six réussissent à passer. Toutes ces mesures mécontentent de larges franges de la population, ce qui a pour conséquence d'alimenter le mouvement migratoire[4].

L'exode démographique s'avère une spirale infernale : les mesures coercitives prises par le pouvoir engendrent des fuites qui accentuent les défaillances du système économique qui provoquent de nouveaux départs qui suscitent une répression accrue. Et à chaque fois que la tension monte à Berlin, le flux de départs enfle. En accélérant « la construction du socialisme », le régime s'aliène en outre certaines catégories socio-professionnelles, en particulier parmi les élites enseignantes et médicales. En conséquence, la fuite des cerveaux (techniciens, ingénieurs, étudiants, administrateurs, personnel soignant…) s'amplifie. Dans les campagnes, la collectivisation forcée entraîne maints départs de fermiers, ce qui nuit à la productivité agricole.

Ces départs massifs remettent en cause le programme de planification puisqu'il est impossible de savoir de quelle main d'œuvre disposeront l'industrie, l'agriculture et les services dans les prochaines années. Croyant que seules des considérations économiques motivent les fugitifs, le SED fait connaître en 1958 son intention de dépasser en trois ans le niveau de vie ouest-allemand, annonce qui est accueillie avec la plus grande incrédulité par la population, qui vient seulement d'être soulagée du système de rationnement en vigueur depuis la guerre.

Dans la mesure où un départ légal, c'est-à-dire muni d'un visa, devient de plus en plus difficile, Berlin reste la seule porte de sortie, susceptible d'être franchie aisément en empruntant le métro ou en traversant la rue, au point qu'à la fin de 1958, plus de 90 % des départs s'effectuent par cette ville. Le problème berlinois devient pour Ulbricht une priorité vitale et exige une solution radicale, soit le contrôle direct de Berlin-Ouest soit l'isolement des secteurs occidentaux. Il est en tout cas résolu à éliminer le foyer de perturbation que représente Berlin-Ouest. Jusqu'en 1959, il estime qu'un traité de paix reconnaissant la souveraineté de la RDA sur les accès à la ville réglerait la question. Mais le Kremlin reporte sans cesse la décision, craignant d'exacerber la tension et d'enclencher une escalade imprévisible. Par la suite, Ulbricht se focalise sur l'urgence qu'il y a à verrouiller la porte de sortie ouest-berlinoise[5]. Réalisant l'impossibilité d'un accord général sur l'Allemagne – qu'il ne souhaite pas au demeurant, car cela pourrait se faire au détriment de l'État socialiste –, il s'efforce dès lors de convaincre Khrouchtchev de la nécessité impérieuse de résoudre, rapidement et indépendamment, le problème de Berlin-Ouest dont l'annexion pure et simple

---

4.– Patrick MAJOR, « The Berlin Wall crisis. The view from below », www.history.ac.uk.
5.– LEMKE (note 1), pp. 279s.

constituerait l'objectif idéal. Dans le but d'exercer des pressions sur l'URSS, il instrumentalise la crise des réfugiés, argumentant que la RDA rencontre de si graves difficultés économiques qu'elle menace de s'effondrer, si une décision radicale n'est pas prise. Mais Khrouchtchev continue de tergiverser.

Au lendemain du sommet de Paris, le dirigeant soviétique passe par Berlin-Est où il annonce à Ulbricht qu'il vaut « *mieux attendre* ». Celui-ci développe alors une stratégie destinée à piéger Moscou à son propre jeu, en jouant sur sa peur profondément ancrée d'une perte de la RDA. De son côté, le Kremlin redoute une action unilatérale des Allemands de l'Est. Le 30 novembre 1960, Khrouchtchev informe Ulbricht qu'il s'apprête à proposer d'ouvrir une négociation au nouveau président américain qui vient juste d'être élu ; il l'assure vouloir pousser les puissances occidentales hors de Berlin-Ouest, mais « progressivement » et « sans guerre ». Ayant obtenu une promesse d'aide financière substantielle, Ulbricht consent à n'entreprendre aucune mesure unilatérale. Même s'il doute fortement de la volonté soviétique, il espère que l'URSS signera enfin un traité de paix séparé, si aucun accord n'est trouvé avec l'Ouest[6].

## Valse-hésitation à Vienne

Comme au début de la crise, Khrouchtchev pense être en 1961 en position de force. En février, l'URSS réussit l'essai d'un premier missile balistique intercontinental et, en avril, elle envoie dans l'espace le premier homme. De plus, son interlocuteur à la Maison Blanche, John F. Kennedy, promeut une « stratégie de paix », fondée sur le statu quo et la coexistence des deux systèmes. Khrouchtchev pense donc pouvoir conclure avec Kennedy un « accord mutuellement satisfaisant », d'autant qu'il perçoit un infléchissement de la politique allemande des États-Unis, ce qui n'est pas sans susciter l'inquiétude d'Adenauer. Macmillan s'interroge également sur les capacités de dirigeant de Kennedy et craint que son inexpérience cause un conflit majeur. Le désastre de la Baie des Cochons semble confirmer sa suspicion.

Mais Ulbricht se soucie de devancer une initiative soviétique. Il demande la convocation du Comité politique du Pacte de Varsovie qui se réunit les 28 et 29 mars. Certes, il n'obtient pas encore satisfaction, ses partenaires jugeant dangereuse une fermeture de la frontière interberlinoise, mais il alerte ses partenaires sur la gravité d'une situation susceptible d'avoir de sérieuses répercussions sur l'ensemble des pays de l'Est. Il place implicitement

---

[6].- Vladislav M. ZUBOK, « Khrushchev and the Berlin Crisis (1958 – 1962) », in : *Working Paper*, n° 6, CWHP, mai 1993, pp. 19s.

Khrouchtchev devant l'alternative d'obtenir vite un arrangement avec Kennedy ou d'être confronté à une mesure unilatérale.

Au retour de cette réunion, Ulbricht se sent si sûr qu'il confie à Honecker, qui est en charge des questions de sécurité au sein du Bureau politique du SED, la mission de commencer les préparatifs de l'opération « Muraille de Chine ». Pendant que la police des frontières s'occupe de stocker des barbelés et des poteaux et qu'un tiers des effectifs de la police anti-émeutes est transféré à Berlin-Est, Ulbricht renouvelle, auprès de Moscou, sa demande pressante de « fermer la porte de l'Ouest », insistant sur les effets catastrophiques de l'exode sur l'économie est-allemande. Il tend même à aggraver la crise des réfugiés, en limitant la liberté de déplacement des 50 000 frontaliers (« Grenzgänger ») qui habitent à l'Est mais travaillent à Berlin-Ouest. L'ambassadeur soviétique en RDA en conclut en mai 1961 que les Allemands de l'Est se montrent si impatients de boucler la frontière qu'ils n'hésitent pas à développer une « approche unilatérale ».

Dans ce climat tendu se déroule les 3 et 4 juin le sommet de Vienne entre Khrouchtchev et Kennedy. Informé deux mois auparavant par l'ambassadeur américain à Moscou que les Allemands de l'Est pourraient « verrouiller la frontière sectorale pour stopper le flux insupportable de réfugiés par Berlin »[7], Kennedy veut clarifier auprès de Khrouchtchev les vues américaines sur Berlin, afin que le Kremlin ne commette pas des erreurs d'appréciation. Tout en reconnaissant le caractère « anormal » de la situation locale, Kennedy cherche à le convaincre que les États-Unis ne sont pas disposés à se faire expulser de Berlin. De son côté, Khrouchtchev, cassant et brutal, déclare vouloir extirper « l'ulcère » berlinois. Il cherche à impressionner le président américain, le traitant comme « un petit garçon », selon le propre jugement de Kennedy. Celui-ci est choqué par le ton belliciste du Soviétique, même s'il décèle sa propension au bluff, comme le lui a confirmé de Gaulle quelques jours plus tôt.

La rencontre ne débouche sur aucune proposition concrète de discussion. Khrouchtchev en sort frustré, car l'espoir d'un règlement global s'évanouit. Ce nouvel échec d'un sommet ne lui permet plus de gagner du temps. Subodorant qu'il continue d'espérer néanmoins à infléchir les Alliés et à les ramener à la table de négociation, Ulbricht cherche intentionnellement à envenimer la situation pour emporter la décision. Ainsi, lors d'une conférence de presse organisée le 15 juin 1961 à Berlin-Est, il répond à une journaliste du Frankfurter Rundschau que « personne n'a l'intention de construire un mur ». Par cette déclaration, aussi fracassante que révélatrice, son dessein

---

7.– Rolf STEININGER, *Deutsche Geschichte seit 1945*, vol. 3 : 1955 – 1974, Francfort/M., 2002, p. 56.

ne peut être que d'aiguiser la tension, dans le but de persuader Khrouchtchev de l'urgence du moment : il dit en substance que si rien n'est entrepris, la chute de la RDA est imminente. Son aveu déclenche une peur collective parmi la population est-allemande qui redoute que la porte berlinoise se ferme brutalement (« Torschlußpanik »). Déjà, durant les six premiers mois de 1961, plus de 100 000 habitants avaient quitté la RDA, dont 20 000 rien qu'en juin. En juillet, ils sont 30 000 ! Et pendant les deux premières semaines d'août, 47 000 départs sont enregistrés. En même temps, la Stasi orchestre contre de soi-disant « recruteurs » des procès expéditifs dont la presse se fait largement l'écho. Par exemple, un tel « recruteur » est, le 2 août, condamné à 15 ans de prison. À cette date, la décision de construire le Mur n'est pas encore arrêtée, mais elle se précise, surtout après que les Américains se sont montrés accommodants.

Certes, Kennedy veut faire preuve de résolution, afin de ne pas susciter l'inquiétude parmi ses Alliés. Et l'opinion américaine le soutient puisque, début juillet, presque 85 % des Américains se prononcent pour la fermeté et plus de la moitié est même prête à faire la guerre au sujet de Berlin[8]. Mais le jeune président ne veut pas non plus exacerber la tension jusqu'à « un point de non-retour », d'autant qu'il estime que la division de Berlin est déjà une réalité et que les communistes en contrôlent une moitié, ce que nul ne conteste et ne veut remettre en cause. C'est pourquoi il prononce, le 25 juillet, une allocution radiotélévisée, dans laquelle il expose les trois principes fondamentaux de la politique américaine, que le Conseil atlantique avait déjà du reste énumérés au printemps : droit de présence alliée à Berlin, liberté d'accès à la ville, viabilité de Berlin-Ouest. Kennedy insiste sur sa volonté de défendre les droits alliés à Berlin-Ouest, mais il ne mentionne pas plus Berlin-Est que la liberté de mouvement entre les deux parties de la ville. Il confie peu après qu'il comprend que le problème berlinois soit, pour Khrouchtchev, « insupportable », parce que « tout le bloc de l'Est est en danger », qu'il doit faire quelque chose « pour arrêter cela – peut-être un mur » et qu'« il n'y a rien [que Kennedy] puisse faire à ce sujet »[9].

La distinction opérée par Kennedy n'échappe pas plus aux Soviétiques qu'aux Allemands, qu'ils soient de l'Est ou de l'Ouest. Porte-parole de Willy Brandt, le bourgmestre régnant de Berlin-Ouest, Egon Bahr constate amèrement que « c'est presque une invitation aux Soviétiques à faire ce qu'ils veulent avec le secteur oriental ». Cette impression est encore renforcée par la confidence de l'influent sénateur américain William Fullbright qui, le

---

8.– Lawrence FREEDMAN, *Kennedy's wars. Berlin, Cuba, Laos, and Vietnam*, Oxford, 2002, p. 68.
9.– FREEDMAN (note 8), p. 75.

30 juillet 1961, se demande « pourquoi les Allemands de l'Est ne ferment pas leur frontière » puisqu'ils en ont le droit.

## « Opération chirurgicale »

Le discours de Kennedy influence certainement la décision de Khrouchtchev d'accéder finalement à la demande d'Ulbricht qui ne cesse de lui répéter que, si la situation perdure, « l'effondrement de la RDA est inévitable ». Khrouchtchev réplique à Kennedy par une offensive d'intimidation, menaçant les États-Unis d'une « superbombe de 100 mégatonnes », ce qui déclenche une psychose de guerre en Europe. Il semble chercher à faire monter artificiellement la tension pour susciter ensuite un soulagement, dans la mesure où le Mur apparaît en définitive comme une solution moins dangereuse. Plus tard, Khrouchtchev confirme ne pas avoir voulu de conflit armé mais « seulement pratiquer une opération chirurgicale ». Dès le lendemain de l'allocution de Kennedy, il informe Ulbricht qu'il faut utiliser la tension internationale « pour encercler Berlin dans un anneau de fer ». Ulbricht accélère les préparatifs de l'opération de bouclage. Honecker établit un plan détaillé, nécessitant 485 tonnes de barbelés, en grande partie importés de Pologne et de Tchécoslovaquie, ainsi que des poteaux en béton provenant des centres pénitentiaires de Bautzen et Torgau. À partir du 1er août, des camions transportant ces matériaux de construction convergent vers Berlin.

Deux jours plus tard, le Pacte de Varsovie se réunit de nouveau et souscrit cette fois à la fermeture de la frontière sectorale. Les dirigeants polonais, tchécoslovaque et hongrois se rangent derrière Ulbricht et Khrouchtchev, parce qu'ils attendent du règlement de la question berlinoise une stabilisation de la RDA, qui mettrait un terme aux incessantes demandes est-allemandes d'aide économique. Les pays de l'Est ne sont plus prêts à sacrifier leur développement économique pour le bien de la RDA, même au risque d'un vraisemblable embargo imposé par l'Ouest comme mesure de rétorsion. Après la séance, Ulbricht discute avec Khrouchtchev des détails de l'opération qui est fixée au 13 août, un week-end de vacances où peu d'Allemands de l'Est travaillent. Khrouchtchev finit par accéder à la proposition d'Ulbricht de boucler Berlin-Ouest, car il suppose que l'Ouest ne ripostera pas par la force. Néanmoins, il veut éviter toute provocation et tout empiétement sur le territoire allié. C'est pourquoi il accepte seulement que des barbelés soient tout d'abord disposés le long de la ligne de démarcation entre les deux parties de Berlin, afin de tester la réaction occidentale. La construction d'un mur n'interviendrait que si les Alliés restent tranquilles. Et il tient à préciser à Ulbricht : « pas un millimètre de plus ». Quant aux forces soviétiques stationnées en RDA, elles seront certes mobilisées mais se contenteront initialement d'observer de loin l'évolution de la situation.

Khrouchtchev se résigne à la solution du Mur parce qu'elle garantit à la fois la viabilité de la RDA et le *statu quo* que les Occidentaux se sont montrés déterminés à préserver, même fictivement. Il opère un repli tactique, en renonçant à la revendication maximale du traité de paix séparé, afin de ne pas accentuer une tension susceptible de dégénérer en conflit armé. La fermeture de la frontière interberlinoise est du reste une éventualité envisagée par les Occidentaux, réunis à Paris du 5 au 7 août. Le ministre ouest-allemand des Affaires étrangères réclame une démonstration de force ; son homologue américain propose seulement des sanctions économiques. Aucun ne veut en fait risquer une guerre, ce que les renseignements soviétiques confirment à Khrouchtchev.

À partir du 7 août, les événements se précipitent. Ulbricht annonce la décision de fermeture devant le bureau politique. Chargé de l'exécution du plan, Honecker coordonne l'activité des ministères des Transports et de l'Intérieur. Le 11 août la Chambre du Peuple mandate le gouvernement pour appliquer les mesures décidées par le Pacte de Varsovie. La Stasi est placée en état d'alerte le 11 août, avec pour mission « d'empêcher toute manifestation négative ». Cette opération Rose, dont les préparatifs se déroulent dans le plus grand secret et qui requiert une « extrême vigilance », consiste notamment à sécuriser les bâtiments du Parti et du gouvernement et à placer les entreprises, les églises, les médias, les gares et les places publiques sous une étroite surveillance.

Le lendemain soir, Ulbricht convoque une réunion impromptue du Conseil des ministres, afin d'entériner l'opération qui se déroule comme prévue. Mise en alerte à 21h, la police populaire (« Volkspolizei ») prend position à partir d'une heure du matin le long de la ligne de démarcation ; deux heures plus tard, l'encerclement de Berlin-Ouest est achevé et, à 6 h 30, le dernier passage est fermé. Les forces concernées sont réparties en trois niveaux : d'abord, les polices des frontières et anti-émeutes qui déroulent les barbelés sous la surveillance de la police populaire et des milices (durant les deux premières semaines, 36 gardes passent à l'Ouest) ; ensuite, à 100 mètres, deux divisions motorisées de la NVA qui remplissent une fonction démonstrative ; enfin, en retrait, l'armée soviétique qui n'interviendra que si les Occidentaux renversent les barrières et pénètrent à l'Est. C'est la minutieuse application du plan élaboré dès le mois de mai entre l'URSS et la RDA.

## « L'Ouest ne fait rien »

Le verrouillage de Berlin-Ouest ne semble ni surprendre ni choquer les Occidentaux. Les Britanniques estiment qu'il s'agit d'une mesure limitée à l'Est qui ne remet pas en cause les droits alliés à Berlin-Ouest. Macmillan s'efforce de désamorcer la crise en n'interrompant pas ses vacances. Avant de partir pour un parcours de golf en Écosse, il déclare d'ailleurs aux journalistes que « personne ne se battra pour ça ». De Gaulle reste à Colombey ; son ministre des Affaires étrangères, Maurice Couve de Murville, confie à un proche : « On fait une note et puis voilà ». Kennedy part faire un tour en bateau et ne se manifeste pas publiquement pendant une semaine. Redoutant surtout une insurrection populaire comparable à celle de juin 1953, il recommande de ne rien faire qui puisse exacerber la tension. Devant ses collaborateurs il reconnaît que « ce n'est pas une jolie solution, mais un mur est sacrément mieux qu'une guerre ». Son secrétaire d'État avoue que le Mur a rendu « plus facile » le règlement de la crise, en stoppant l'hémorragie de population qui aurait provoqué l'implosion de la RDA aux conséquences dangereuses. Adenauer ne veut pas non plus « détériorer davantage la situation internationale » et s'attend à des négociations globales avec l'URSS, qui chercherait aussi à l'évincer du pouvoir à l'occasion des prochaines élections législatives de septembre et préférerait un chancelier social-démocrate jugé plus conciliant. C'est pourquoi il attend le 22 août pour se rendre à Berlin-Ouest qui lui réserve un accueil glacial.

En RFA et à Berlin-Ouest, la passivité des puissances protectrices suscite une énorme déception dont témoigne le quotidien populaire à gros tirage Bild ; entourée de fil de fer barbelé, la une du 14 août proclame en gros titres : « L'Ouest ne fait rien. Kennedy se tait. Macmillan part à la chasse. Adenauer injurie Brandt ». Pour l'ambassadeur ouest-allemand Heinrich Krone, c'est « l'heure de la grande désillusion »[10]. Rassemblés devant la mairie de Berlin-Ouest, 250 000 habitants manifestent le 16 août leur mécontentement : « Trahis par l'Ouest ? », « Où sont les puissances protectrices ? ».

Willy Brandt partage ce désenchantement. Il estime que le mutisme allié risque d'avoir de fâcheuses conséquences sur la population ouest-berlinoise qui, se sentant abandonnée, pourrait massivement déserter la ville et ainsi miner le *statu quo*, au point que l'Est pourrait être tenté de se saisir de la totalité de la ville. C'est ce qu'il écrit sans détours à Kennedy dont il veut obtenir des réassurances. Réalisant finalement le désarroi allemand, le président américain prend des mesures de réconfort. Il renforce le 18 août la garnison berlinoise d'un bataillon de 1 600 soldats qui emprunte démonstrati-

---

10.– STEININGER (note 7), p. 70.

vement l'autoroute traversant la RDA. Il dépêche également sur place le général Clay, héros du Pont aérien, ainsi que le vice-président Johnson chargé de transmettre à Brandt sa réponse, dans laquelle il réaffirme que les États-Unis ne peuvent « aller à la guerre sur ce point ».

À partir de cette date, la RDA passe à la phase II du plan, puisque l'Ouest ne bouge pas. Les barrières sont progressivement remplacées par un mur en béton de deux mètres de haut surmonté de barbelés. Le lendemain meurt la première victime identifiée du Mur ; elle se tue en sautant de son logement de la Bernauer Straße. Durant les semaines suivantes, les maisons de cette rue délimitant les secteurs soviétique et français sont condamnées et les habitants évacués de force par les autorités est-allemandes. Le 24 août est tué le premier fugitif.

En dépit d'une campagne de propagande tonitruante présentant le Mur comme un « rempart antifasciste » destiné à empêcher une agression occidentale, la majorité de la population est-allemande ne s'illusionne guère sur les motivations réelles du pouvoir. Des manifestations de protestation se produisent durant les premiers jours, notamment parmi la jeunesse. Mais la police et la Stasi interviennent brutalement. Les attroupements sont dispersés, les contestataires arrêtés. En trois semaines, plus de 3 100 personnes sont internées, dont la moitié à Berlin-Est et à Potsdam. Des jugements sommaires sont prononcés. Les procès sont abondamment commentés dans la presse, afin d'obtenir un rapide « effet préventif ». Ce sont finalement des sentiments de tristesse et de lassitude qui prédominent au sein de la population, car le Mur sépare des familles et des amis[11]. Ulbricht a réussi. Les Occidentaux n'ont pas réagi et ses concitoyens ne se sont pas rebellés. Le Parti contrôle si bien la situation que les milices sont rappelées dès le 25 août.

## Conclusion

Pour Ulbricht, le Mur présente le double avantage de boucher le trou berlinois et de tirer le rideau de fer devant la vitrine de l'Ouest. Mais il ne constitue qu'une première étape, l'objectif final restant la soumission totale de Berlin-Ouest. Or, Khrouchtchev ne partage nullement ce point de vue. Il estime, au contraire, que le Mur met fin à la crise. En octobre 1961, il renonce à l'idée de conclure un traité de paix séparé, persuadé qu'un transfert à la RDA du contrôle des accès à Berlin-Ouest provoquerait une guerre. Quatre

---

11.– MAJOR (note 1), 2009, chapitre 5 : « Walled in : 13 August 1961 ».

mois plus tard, il confirme à Ulbricht que « le 13 août, nous avons atteint le maximum de ce qui était possible »[12].

En fait, la solution du Mur permet à l'URSS de réaffirmer son contrôle sur la RDA, qui est désormais stabilisée. La consolidation de « l'État des ouvriers et des paysans » met à mal la prétention de la République fédérale à représenter l'ensemble du peuple allemand, préfigure la fin de la « doctrine Hallstein », porte en germe la Détente, l'*Ostpolitik* et la reconnaissance internationale de la RDA. Le Kremlin ne redoute plus une action unilatérale des dirigeants est-allemands et ne se laisse plus dicter sa politique par un satellite. Il neutralise l'ambition affichée par Ulbricht de vouloir se saisir de Berlin-Ouest. En outre, Khrouchtchev tient à préserver le statut berlinois hérité de la guerre, car il ne veut pas se priver d'un moyen de relancer un jour ou l'autre la négociation sur la question allemande.

Le Mur de Berlin transforme la guerre froide en Europe, en ce sens qu'il la pétrifie durablement. Il devient le symbole même de cette cimentation. Sa construction ne met pas fin au problème de Berlin, qui constitue un élément de la question allemande dont le règlement ne peut intervenir qu'avec la fin du conflit entre l'Est et l'Ouest. Le Mur matérialise la division d'une ville, d'un pays, d'un continent. Pendant 28 ans, ses victimes, au nombre de 133 d'après une étude encore provisoire, rappellent son inhumanité[13].

---

12.– Douglas SALVAGE, « The End of the Berlin Crisis », in : *Cold War International History Project*, Bulletin 11 (hiver 1998), p. 221.
13.– www.berliner-mauer-dokumentationszentrum.de

# L'Allemagne au cœur du conflit Est-Ouest

Reiner Marcowitz

Les années soixante du XXᵉ siècle sont une phase de la réorientation non seulement pour les relations Est-Ouest mais aussi pour la politique à l'égard de l'Allemagne des puissances victorieuses de la Deuxième Guerre mondiale et des deux États allemands. Ce changement sera ici présenté en trois étapes : en premier lieu nous examinerons les relations des deux « supergrands », les États-Unis et l'Union soviétique (I.) ; puis nous analyserons leurs effets sur la politique étrangère, voire la politique de l'Allemagne de la RFA et de la RDA dans les années soixante (II.) ; enfin on répondra à la question comment la « nouvelle politique envers les États de l'Europe de l'Est » (« l'*Ostpolitik* ») a vu le jour et quelles sont ses conséquences pour les relations germano-allemandes (III.). À la fin nous tirerons un bilan des évènements d'un point de vue contemporain et rétrospectif.

## Les relations entre les États-Unis et l'Union soviétique

Pendant la décennie du milieu des années soixante du vingtième siècle au milieu des années soixante-dix, les relations internationales se transforment profondément sous plusieurs rapports et avec de graves conséquences pour le rectangle Washington – Moscou – Bonn – Berlin-Est. L'un des principaux acteurs politiques à cette époque, Willy Brandt, qui exerce de 1966 à 1969 les fonctions de ministre des Affaires étrangères puis jusqu'en 1974 celles de chancelier de la RFA, a parlé « d'un passage à un nouveau paragraphe de l'histoire européenne de l'après-guerre »[1] : l'époque de l'aprèsguerre n'est pas encore définitivement terminée, mais ses structures commencent à se défaire. Les « empires »[2] de la guerre froide se déchirent, ses

---

1.– Willy BRANDT, *Erinnerungen*, Frankfort/M., 1989, p. 204. Cf. Maurice VAÏSSE, *Les relations internationales depuis 1945*, Paris, ⁴1995, pp. 66 – 103 ; Gregor SCHÖLLGEN, *Geschichte der Weltpolitik von Hitler bis Gorbatschow 1941 – 1991*, Munich, 1996, pp. 151 – 292 ; Georges-Henri SOUTOU, *La guerre de Cinquante ans. Les relations Est-Ouest*, Paris, 2001, pp. 357 – 565 ; Gottfried NIEDHART, « Ost-West-Entspannung aus amerikanischer, deutscher und französischer Sicht », in : Chantal METZGER, Hartmut KAELBLE (éd.), *Deutschland – Frankreich – Nordamerika : Transfers, Imaginationen, Beziehungen*, Stuttgart, 2006, pp. 35 – 50.

2.– John L. GADDIS, *We Know Now. Rethinking Cold War History*, Oxford, 1997, p. 26.

« traits de confrontation »[3] doivent changer sous le signe de la détente. La condition principale en est l'intérêt des « superpuissances » depuis le milieu des années cinquante à réduire la confrontation des blocs jusqu'alors absolument rigides : le choc du « spoutnik » – le lancement du premier satellite artificiel de la terre par l'URSS – en 1957 signale aux États-Unis que l'Union soviétique est maintenant capable de menacer directement le territoire américain par des fusées intercontinentales[4]. C'est pourquoi la garantie de sécurité pour l'Europe de l'Ouest est aussi remise en question. En revanche, les réorientations stratégiques américaines provoquent un sentiment d'insécurité chez les Alliés – dès 1956 quand on publie le « plan Radford » qui prévoit un retrait de troupes assez important et un renforcement de l'élément nucléaire de l'OTAN. Cela s'aggrave lors du passage de la doctrine nucléaire américaine des « représailles massives » à « la riposte graduée » dans les années soixante.

Puis la double crise de Berlin et de Cuba mène une fois encore les États-Unis et l'Union soviétique au bord de la guerre nucléaire à la fin des années cinquante et au début des années soixante. Cette expérience aide à faire triompher définitivement la tendance à la détente. À partir de ce moment-là, le désarmement devient le premier but des deux « super-grands »[5]. L'un des premiers résultats en est l'accord de Moscou sur l'arrêt des essais nucléaires dans l'atmosphère du 5 août 1963 entre les États-Unis, la Grande-Bretagne et l'Union soviétique. Il interdit des essais nucléaires dans les airs et dans le domaine sous-marin. Le « rapport Harmel » de décembre 1967, du nom du ministre des Affaires étrangères belge qui a présidé à sa rédaction, stipule aussi pour toute l'alliance occidentale que « la sécurité militaire n'est pas en contradiction avec la politique de détente mais en est complémentaire »[6]. Le premier juillet 1968, les États-Unis, la Grande-Bretagne et l'Union soviétique signent un traité sur la non-prolifération nucléaire. En même temps se déroulent des négociations sur la limitation réciproque des armements stratégiques – SALT I – qui aboutissent au traité de Moscou du 26 mai 1972. Le point culminant de cette première phase de la détente est représenté par la Conférence sur la sécurité et la coopération en Europe (CSCE) qui commence en 1972 à Helsinki et qui se termine par la signature d'un « Acte final » le premier août 1975. Celui-ci comprend un grand éventail de mesures : « des mesures destinées à inciter la confiance » dans le secteur militaire, la recon-

---

3.– Vojtech MASTNY, Gustav SCHMIDT, Norbert WIGGERSHAUS, *Konfrontationsmuster des Kalten Krieges 1946 bis 1956*, Munich, 2003.
4.– Johannes STEINHOFF, Reiner POMMERIN, *Strategiewechsel : Bundesrepublik und Nuklearstrategie in der Ära Adenauer-Kennedy*, Baden-Baden, 1992, pp. 26 – 30.
5.– Wilfried LOTH, *Helsinki, 1. August 1975. Entspannung und Abrüstung*, Munich, 1998.
6.– Helga HAFTENDORN, *Kernwaffen und die Glaubwürdigkeit der Allianz. Die NATO-Krise von 1966/67*, Baden-Baden, 1994, pp. 287 – 344, ici p. 319.

naissance de la parité de tous les États et inviolabilité des frontières, l'engagement à ne pas recourir à la force et le respect des droits de l'homme.

## Les deux Allemagnes face à la Guerre froide

Le changement des paradigmes des années soixante du vingtième siècle touche logiquement aussi la politique des deux États satellites allemands. La RFA et la RDA ne sont au début que des spectateurs de ce processus. Le gouvernement ouest-allemand – avant tout à l'époque de Konrad Adenauer, mais de fait jusqu'à l'accès au pouvoir de la coalition des sociaux-démocrates et des libéraux en 1969 – reste méfiant voire hostile[7]. Le dogme de sa politique envers les États de l'Europe de l'Est et de sa politique consacrée à la question allemande a été toujours le principe de la « détente par la réunification » : quand l'Union soviétique aura cédé et aura ouvert le chemin de l'unification allemande en ne soutenant plus le régime du SED en RDA, l'Ouest devra être prêt à offrir une politique de détente – pas avant. Mais dans l'immédiat par la nouvelle politique de détente Est-Ouest, les « super-grands » semblent se déclarer partisans du *statu quo* en Europe, c'est-à-dire que l'Ouest renonce à sa demande d'une unification des deux États allemands.

Par rapport à cela, la crise de Berlin et avant tout son point culminant, la construction du Mur le 13 août 1961, marque dans cette optique un vrai tournant dans les relations entre la RFA et les États-Unis et dans la politique étrangère ouest-allemande : la passivité des puissances de l'Ouest, y compris celle des Américains, transforme cet évènement en « heure de grande désillusion »[8] non seulement pour les Berlinois, mais aussi pour tous les Allemands de l'Ouest. Quelques années plus tôt, le chancelier. Adenauer et son parti, le CDU, prétendaient encore que le ferme ancrage à l'Ouest et l'alliance avec les États-Unis serait une garantie qu'un jour dans un avenir prochain on pourrait arracher la réunification allemande à l'Union soviétique. Maintenant ils doivent admettre que les liens avec l'Ouest ne sont guère capables d'assurer le *statu quo*. C'est pourquoi le 13 août 1961 représente l'aveu indirect d'un « grave échec politique »[9] du gouvernement ouest-allemand et de sa politique étrangère.

---

7.– Peter SIEBENMORGEN, *Gezeitenwechsel. Aufbruch zur Entspannungspolitik*, Bonn, 1990.
8.– Heinrich KRONE, *Tagebücher*, t. 1 : 1945 – 1961, Düsseldorf, 1995, p. 524. Cf. Hans-Peter SCHWARZ, *Adenauer. Der Staatsmann : 1952 – 1967*, Stuttgart, 1991 ; Hans-Jürgen GRABBE, *Unionsparteien, Sozialdemokratie und Vereinigte Staaten von Amerika 1945 – 1966*, Düsseldorf, 1983, pp. 256 – 351 ; Reiner MARCOWITZ, *Option für Paris ? Unionsparteien, SPD und Charles de Gaulle 1958 – 1969*, Munich, 1996, pp. 146 – 164 ; SOUTOU (note 1), pp. 357 – 399.
9.– Anselm DOERING-MANTEUFFEL, *Die Bundesrepublik Deutschland in der Ära Adenauer. Außenpolitik und innere Entwicklung 1949 – 1963*, Darmstadt, ²1988, p. 98.

Du point de vue de la RDA, la construction du Mur donne une impression mitigée : d'un côté, elle constitue une banqueroute morale pour le régime ; de plus, le gouvernement est-allemand n'a atteint que son but minimal, c'est-à-dire qu'à partir de ce moment-là le chemin de l'Ouest est barré aux Allemands de l'Est. Par contre Berlin-Ouest reste une vitrine occidentale pour l'Allemagne de l'Est. D'un autre côté, d'un point de vue contemporain, la construction du Mur n'est pas un échec pour le SED mais une victoire : pour la première fois la RDA a mené une politique étrangère au moins en partie indépendante et elle a poursuivi ses propres intérêts[10]. Le gouvernement soviétique a finalement dû accepter la demande du chef du SED, Walter Ulbricht, de construire le Mur de Berlin, même s'il a refusé d'exaucer son vœu excessif quant au statut de Berlin.

Dans les années qui suivent, la RDA devient l'allié le plus proche de l'Union soviétique qui jouit en comparaison avec les autres membres du pacte de Varsovie de plusieurs privilèges : plus de consultation, plus d'informations, plus de soutien matériel. En outre, la fermeture hermétique de la frontière interallemande stabilise le pouvoir du SED. C'est pourquoi les observateurs contemporains qualifient déjà le 13 août 1961 de « jour de la fondation secrète » de la RDA. À partir de cette date, le SED peut agir sans prendre d'égards envers les opposants intérieurs car ceux-ci n'ont plus la possibilité de s'enfuir. Malgré tout, à moyen et à longue terme, les dirigeants est-allemands ne peuvent pas contrecarrer le « renversement de marée »[11] global. Finalement, les deux États allemands doivent s'incliner devant la décision des « Grands » – que ce soit en faveur de la confrontation dans les années cinquante ou au profit de la coopération dans les années soixante[12].

Dès la fin de l'époque Adenauer le ministre des Affaires étrangères de la RFA Gerhard Schröder conclut des accords avec divers pays du bloc de l'Est pour un échange de représentations commerciales[13]. Par conséquent le gouvernement ouest-allemand a lui-même « sapé » la fameuse « doctrine Hallstein », qui porte le nom de l'un des secrétaires d'État au ministre des

---

10.– Michael LEMKE, *Die Berlinkrise 1958 bis 1963. Interessen und Handlungsspielräume der SED im Ost-West-Konflikt*, Berlin, 1995 ; Klaus SCHROEDER, *Der SED-Staat. Geschichte und Strukturen der DDR*, Munich, 1998, pp. 162 – 173 ; Joachim SCHOLTYSECK, *Die Außenpolitik der DDR*, Munich, 2003, pp. 19 – 22 et pp. 93 – 97 ; Hermann WENTKER, « Une politique étrangère étroitement limitée. La situation de la RDA dans le système international », in : *Allemagne d'aujourd'hui*, 169 (2004), pp. 25 – 47 ; ID., *Außenpolitik in engen Grenzen. Die DDR im internationalen System 1949 – 1989*, Munich, 2007.
11.– SIEBENMORGEN (note 7).
12.– Peter BENDER, *Episode oder Epoche. Zur Geschichte des geteilten Deutschland*, Munich, ³1997, pp. 82 – 107.
13.– Frank EIBEL, *Politik der Bewegung. Gerhard Schröder als Außenminister 1961 – 1966*, Munich, 2002 ; Torsten OPPELLAND, *Gerhard Schröder (1910 – 1989). Politik zwischen Staat, Partei und Konfession*, Düsseldorf, 2002, pp. 419 – 684.

Affaires étrangères au milieu des années cinquante, Walter Hallstein. Elle interdisait à tous les États d'entrer en relations avec la RDA s'ils ne voulaient pas risquer une rupture de leurs relations avec la RFA. Seule exception l'Union soviétique avec laquelle la RFA établit des liens diplomatiques dès 1955, lors d'une visite officielle d'Adenauer à Moscou (préalable soviétique à la libération des derniers prisonniers de guerre allemands).

La nouvelle « politique du mouvement » se poursuit et se renforce sous le gouvernement Ludwig Erhard (1963 – 1966). Schröder reste le ministre des Affaires étrangères. Sa politique vise à s'intégrer dans la politique de détente globale des gouvernements américains – sous John F. Kennedy et, après sa mort le 22 novembre 1963, sous Lyndon B. Johnson. De plus, des accords de commerce doivent établir un premier contact entre la RFA et les États satellites du bloc de l'Est tout en respectant au moins formellement la « doctrine Hallstein » car on n'entre pas en relation diplomatique avec ces États qui ont (bien entendu) reconnu la RDA depuis des années. Cette nouvelle orientation de la politique étrangère de la RFA a toujours pour but la réunification allemande : les responsables ouest-allemands espèrent soutenir les États satellites de l'Europe de l'Est même par rapport à l'Union soviétique et isoler la RDA. À la fin – tel est leur calcul – l'Union soviétique devra céder sur la question allemande.

Plusieurs traités de commerce sont effectivement conclus, conduisant à l'échange de représentations commerciales avec la Pologne (mars 1963), la Hongrie (novembre 1963) et la Bulgarie (en mars 1964)[14]. Pour la première fois la RFA est représentée par des institutions officielles en Europe de l'Est et en dehors de l'Union soviétique. Par conséquent, le contact avec l'Est n'est plus soupçonné d'être un crime de la haute trahison. Mais en juin 1964 l'URSS conclut avec la RDA un pacte d'assistance mutuelle qui postule l'intégrité territoriale de son vassal. En même temps le gouvernement soviétique interdit aux autres États satellites de signer d'autres traités séparés avec la RFA. Ainsi, un an seulement après son début, la « politique du mouvement » de Schröder s'engage dans une impasse.

C'est pourquoi les projets du sénat de Berlin-Ouest sous Willy Brandt, encore maire de Berlin-Ouest, suivent une toute autre direction. Ses membres – comme tous les Berlinois de l'Ouest – sont directement touchés par la construction du Mur et s'indignent d'autant plus de la passivité des Alliés que les sociaux-démocrates de Berlin-Ouest se sont toujours engagés en faveur de l'alliance avec les États-Unis et les autres puissances de l'Ouest qui apparaissait comme la seule defense contre la menace soviétique. Mais la construction du Mur donne à Brandt l'impression qu'on a « tiré un rideau

---

14.– Klaus HILDEBRAND, *Von Erhard zur Großen Koalition 1963 – 1969*, Stuttgart, Wiesbaden, 1984, pp. 83 – 99.

pour nous montrer une scène vide »[15]. Cet arrière-plan l'oblige, pense-t-il, à chercher un chemin « pour rendre le Mur transparent, aider à aplanir et lorsque c'est possible surmonter les soucis particulièrement hostiles à la vie »[16]. Du fait de leur comportement décevant le 13 août il ne veut plus compter ni sur les Alliés ni sur le gouvernement fédéral, préférant régler cette affaire seul par un contact direct avec la RDA. C'est pourquoi le maire de Berlin-Ouest plaide pour une « politique des petits pas »[17]. Il est prêt à faire des concessions concernant son statut au gouvernement est-allemand pour arriver aux améliorations concrètes de la vie des habitants des deux États allemands. En vertu de ce principe et en dépit de certaines réserves du gouvernement Erhard, le sénat berlinois signe plusieurs accords de laissez-passer avec le gouvernement Ulbricht afin que les Berlinois de l'ouest puissent rendre visite à leurs parents dans la partie est de la ville divisée.

En même temps Brandt et son conseiller Egon Bahr font de cette « ligne berlinoise » un large programme de détente. Au contraire de la politique étrangère du gouvernement fédéral les deux sociaux-démocrates acceptent les réalités de la politique concernant l'Allemagne et n'espèrent plus de progrès sur la voie de l'unification allemande à court ou à moyen terme mais seulement à long terme. Bahr exprime ce paradoxe de la « nouvelle politique envers les États de l'Europe de l'Est » (« l'*Ostpolitik* ») par une paraphrase dans son célèbre discours à l'académie protestante de Tutzing en juillet 1963 : « surmonter le *statu quo* en ne changeant pas le *statu quo* tout de suite »[18]. D'après lui on ne peut arriver à un tel « changement par le rapprochement » – c'est un slogan qui prête à confusion pour certains – que par un renforcement des contacts au-delà des frontières des deux blocs et non pas en maintenant leur isolement réciproque[19].

Sur ce fond même l'homme politique chrétien-démocrate Kurt Georg Kiesinger, chancelier d'une « Grande Coalition » de CDU/CSU et SPD à partir de l'automne 1966, se montre prêt dans sa première déclaration gouvernementale au dialogue direct avec le gouvernement de la RDA pour « favoriser de toutes nos forces les relations humaines, économiques et spirituelles avec nos compatriotes dans l'autre partie de l'Allemagne »[20]. En avril 1967 il soumet au gouvernement de la RDA un « Programme en 16 points ». En juin

---

15.– Willy BRANDT, *Begegnungen und Einsichten. Die Jahre 1960 – 1975*, Hambourg, 1976, p. 17.
16.– BRANDT (note 5), pp. 63s.
17.– SIEBENMORGEN (note 7), pp. 351 – 371 ; Heinrich POTTHOFF, *Im Schatten der Mauer. Deutschlandpolitik 1961 bis 1990*, Berlin, 1999, pp. 31 – 43.
18.– *Ibid.*, pp. 37s.
19.– SOUTOU (note 1), pp. 489 – 491.
20.– *Verhandlungen des Deutschen Bundestages*, 5. Wahlperiode, Stenographische Berichte 63, Bonn, 1967, pp. 3662 – 3664. Cf. Dirk KROEGEL, *Einen Anfang finden ! Kurt Georg Kiesinger in der Außen- und Deutschlandpolitik der Großen Koalition*, Munich, 1997.

il est le premier chancelier qui répond à une lettre du président du Conseil des ministres de la RDA Willi Stoph. Mais ces offres échouent à cause des demandes exagérées du SED qui aboutiraient à la reconnaissance diplomatique de la RDA – inacceptable pour la RFA car sa « Loi fondamentale » stipule que chaque gouvernement ouest-allemand doit s'efforcer de rétablir l'unité allemande. C'est pourquoi « la nouvelle politique envers les États de l'Europe de l'Est » – selon la formule par laquelle Kiesinger lui-même décrit à juste titre son changement de politique extérieure – n'aboutit qu'à des résultats assez minces : en janvier 1967, la Roumanie entre en contact diplomatique avec la RFA – sans doute un succès mais en même temps une victoire à la Pyrrhus car la Roumanie passe pour marginale dans le bloc de l'Est. En améliorant les contacts avec ce pays, on renforce involontairement la méfiance existante des autres pays de l'Europe de l'Est, avant tout de la Pologne et de la RDA.

Par conséquent, au printemps 1967, les membres du pacte de Varsovie tombent d'accord sur la « doctrine Ulbricht » : les États du bloc de l'Est ne doivent normaliser leurs relations avec la RFA que si elle reconnaît la RDA[21]. De plus, dorénavant, le SED tentera de donner à la population est-allemande une identité nationale spécifique pour lui faire oublier la division allemande. C'est pourquoi la « Chambre du peuple » adopte, en avril 1968, une nouvelle constitution qui déclare que la RDA est un « État socialiste de la nation allemande » dont l'économie repose sur la propriété socialiste de tous les moyens de production et se développe « d'après les lois économiques du socialisme »[22]. Cette nouvelle constitution remplace celle de 1949 ; c'est-à-dire que le gouvernement est-allemand renonce à son exigence concernant toute l'Allemagne. En même temps, par son approbation de la répression du « Printemps de Prague », la direction du SED signale qu'en dépit des protestations de plusieurs de ses citoyens, elle refuse la vision d'un « socialisme à visage humain » et maintient la forme bureaucratique et dictatoriale du communisme.

## Les relations interallemandes

Dès l'époque de la « Grande Coalition », les divergences entre chrétiens-démocrates et sociaux-démocrates quant à la politique envers les États de l'Europe de l'Est et quant à la politique consacrée à la question allemande apparaissent. Au contraire de la CDU/CSU, le SPD est prêt à accepter *de facto* l'existence de la RDA – mais sans la reconnaître *de jure* comme un pays étranger – si le gouvernement à Berlin-Est accepte pour sa part des accords

---

21.– SCHROEDER (note 10), pp. 189 – 197 ; Hermann WEBER, *Geschichte der DDR*, Munich, ²2000, pp. 261 – 263.
22.– *Ibid.*, pp. 187 – 189.

concrets entre les deux États allemands. Même par rapport à la frontière orientale les sociaux-démocrates sont plus flexibles que les chrétiens-démocrates en envisageant sa reconnaissance *de facto*. En même temps, depuis la fin des années soixante, il y a de plus en plus des points communs sur ces champs politiques entre le SPD et les Libéraux de la FDP dirigés par Walter Scheel. C'est là une condition importante pour la première coalition des deux partis au niveau fédéral : après les élections au Bundestag en septembre 1969 un nouveau gouvernement est formé sous la direction du chancelier Brandt et du ministre des Affaires étrangères Scheel[23]. Pendant les années qui suivent la stratégie des négociations avec l'Union soviétique et ses États satellites vise à réduire les hypothèques de la Deuxième Guerre mondiale et à établir des relations normalisées. Pour y arriver on est prêt à revaloriser le statut de la RDA, voire à ne plus empêcher sa reconnaissance internationale dans la mesure où le gouvernement est-allemand détend la situation interallemande et facilite les contacts au-delà du Mur. C'est pourquoi Brandt et Stoph se rencontrent le 19 mars à Erfurt et le 21 mai 1970 à Kassel pour mener des entretiens directs.

Mais à la demande pressante du gouvernement soviétique la RFA doit tout d'abord négocier avec l'URSS et la Pologne. Les traités qui en résultent scellent la normalisation des relations entre la RFA et les États du bloc de l'Est : dans le traité de Moscou du 12 août 1970, les deux parties s'engagent à renoncer à toute violence et à reconnaître les frontières existantes. Le dernier point était une condition *sine qua non* pour la signature du traité par le ministre des Affaires étrangères soviétique Andrej Gromyko. En contrepartie son gouvernement renonce à la reconnaissance *de jure* de la RDA. Toutefois le ministre allemand des Affaires étrangères écrit à son homologue soviétique la « lettre de l'unité allemande ». Dans ce document Scheel met l'accent sur le fait que le traité de Moscou ne suspend pas le droit de la RFA d'espérer la réunification pacifique de l'Allemagne. Comme Moscou l'accepte sans contestation, il fait partie intégrante du traité, conformément aux usages diplomatiques. Le traité de Varsovie du 7 décembre 1970 entre la RFA et la Pologne comporte également l'engagement de ne pas recourir à la force et d'accepter la ligne Oder-Neiße comme frontière occidentale existante de la République polonaise. Dans une annexe le gouvernement polonais promet de régler des questions humanitaires et se déclare prêt à faire partir des habitants d'origine allemande incontestable.

Ce n'est qu'après la ratification par le Bundestag des traités de l'Est et du traité quadripartite de Berlin du 3 septembre 1971 que les deux États allemands signent aussi un traité de circulation germano-allemande. C'est le

---

23.– Christian HACKE, *Weltmacht wider Willen. Die Außenpolitik der Bundesrepublik Deutschland*, Francfort/M., Berlin, 1993 ; POTTHOFF (note 17), pp. 73 – 120.

premier traité conclu en propre par la RDA et la RFA et non dans le cadre d'accords interalliés. Il autorise les citoyens est-allemands ayant atteint l'âge de la retraite à se rendre en Allemagne de l'Ouest pour s'occuper des affaires familiales urgentes. Le 21 décembre 1972 suit le « Traité fondamental » (« Grundlagenvertrag »), qui règle les relations interallemandes de manière définitive. Bien que ce traité renforce la RDA, le gouvernement de la RFA reste attaché à la demande de l'unification allemande. C'est pourquoi on n'échange pas d'ambassadeurs mais seulement des « représentants permanents ». Après un appel du gouvernement bavarois qui doute de la légitimité du « Traité fondamental », la Cour constitutionnelle fédérale, dans un jugement rendu en 1973, confirme l'interprétation du gouvernement fédéral. Par la suite le « Traité fondamental » permet avant tout des regroupements familiaux, un renforcement du trafic frontalier et l'accréditation de correspondants ouest-allemands auprès de la RDA.

Mais dès le 5 novembre 1973 le gouvernement est-allemand double le change minimum imposé aux visiteurs ouest-allemands en RDA ; par conséquent leur nombre se réduit d'une façon significative. De plus, en 1974 des perturbations massives du trafic de transit se produisent au point que le chancelier Brandt doit demander l'aide du gouvernement américain. Ce développement montre à quel point les relations interallemandes, en dépit de tous les accords, sont encore exposés aux tracasseries du SED. Le dégrisement qui en résulte augmente encore après la découverte de l'espion à la chancellerie allemande, Günter Guillaume, qui provoque la démission de Brandt. Dans la deuxième moitié des années soixante-dix, on assiste à nouveau un refroidissement des relations interallemandes. Cette évolution justifie ce que le principal négociateur ouest-allemand, Bahr, a déjà dit lors de la conclusion du « Traité fondamental » : « Jusqu'à présent nous n'avons pas eu de relations, maintenant nous avons au moins de mauvaises relations »[24].

## Conclusion

Tirons un bilan de « l'*Ostpolitik* » : grâce à la normalisation de ses relations avec les pays du bloc de l'Est, la RFA a gagné une nouvelle marge de manœuvre en politique internationale. Enfin la fixation presque névrotique sur la « doctrine Hallstein » et sur la non-reconnaissance internationale de la RDA disparaît. C'est pourquoi le gouvernement fédéral est dorénavant plus libre et plus indépendant dans sa politique étrangère. De plus, en dépit de certaines irritations, voire des « peurs de Rapallo » chez les Alliés, la nouvelle direction des affaires étrangères de la RFA correspond à la tendance générale de la politique internationale – celle de la détente. Retardataire au début des années soixante, la RFA se trouve dix ans plus tard en position de

---

24.– POTTHOFF (note 17), p. 118.

figure de proue de la politique de détente. Ce changement était indispensable : au cas où la RFA aurait gardé ses anciennes réserves auprès de la politique de détente de ses Alliés et où ceux-ci auraient commencé à revaloriser diplomatiquement la RDA eux-mêmes, la situation internationale de la RFA serait devenue précaire.

En même temps les concessions ouest-allemandes contraignent le gouvernement de la RDA à céder lui aussi dans l'espoir d'une plus grande reconnaissance internationale. Il accepte d'ouvrir son pays aux influences de l'Ouest. D'ores et déjà la population est-allemande n'est plus seulement influencée par la propagande du SED mais elle peut se servir aussi des médias ouest-allemands pour s'informer. Les nouvelles possibilités de contact – échange de lettres, médias, visites – renforcent ce processus. De plus elles offrent des améliorations pour les familles qui ont été séparées par la construction du Mur. Et en dépit de tous les contrôles et de toute la manipulation auxquels sont soumis les correspondants de l'Ouest en RDA, leur présence crée une plus grande transparence de la politique du SED. Le régime communiste n'est plus en mesure d'exercer la violence brute et simple. C'est pourquoi le ministre des Affaires étrangères de la RDA, Otto Winzer, qualifie à juste titre le slogan de « la nouvelle politique envers les États de l'Europe de l'Est », le « changement par rapprochement » de Bahr, d' « agression en charentaises »[25].

Bien sûr, du point de vue de Bonn, les traités avec l'Est représentent à la fois un gain et une perte : la RFA renonce *de facto* aux anciens territoires allemands à l'Est de la ligne Oder-Neiße même si on ne le dit pas ouvertement. Mais les observateurs contemporains l'ont déjà compris : les uns y sont indifférents – et ils sont de plus en plus nombreux –, les autres avec une indignation qui explique la passion des débats parlementaires sur les traités avec les États de l'Est en RFA. Enfin, l'espoir d'une réunification allemande dans un avenir proche est perdu, même si elle était déjà devenue une utopie après la construction du Mur. Ce qui pèse plus lourd est le fait que le gouvernement fédéral, par ses négociations et les traités conclus, a donné à la RDA une dimension nouvelle et par conséquent a créé la condition pour sa reconnaissance internationale. Au début des années soixante-dix, c'est inévitable, mais dans le long terme, ce n'est pas sans risques : il n'est pas exclu que le SED profite de la nouvelle situation extérieure pour renforcer son régime intérieur. De même on ne sait pas si les contacts entre l'Est et l'Ouest mèneront vraiment à la transformation espérée de la RDA, à son adaptation aux valeurs occidentales, voire à l'érosion du système socialiste. Bref, le succès du programme de Bahr n'est pas du tout certain. Peut-être

---

25.– Rolf STEININGER, *Deutsche Geschichte. Darstellung und Dokumente in vier Bänden*, t. 3 : 1955 – 1974, Francfort/M., 2002, p. 358.

l'humanisation de la division allemande n'affaiblira-t-elle pas la dictature du SED mais améliorera la situation de la population est-allemande de telle façon que celle-ci s'arrangera de plus en plus avec son système politique voire s'identifiera avec lui.

Il n'est pas justifié de répondre à ces questions du point de vue des années soixante-dix en rappelant l'unification allemande de 1990. Bien sûr Christoph Kleßmann a raison lorsqu'il écrit que « la révolution en Europe centrale et en RDA, la dissolution de l'Union soviétique et la fin du conflit Est-Ouest [...] ont profondément changées les coordonnées de l'histoire d'après-guerre. Dans les années quatre-vingts, la division de l'Europe et de l'Allemagne comme l'une des conséquences de la Deuxième Guerre mondiale apparaissait comme une constante durable, qu'on ne pouvait pas supprimer mais seulement changer par un rapprochement des blocs ; par contre du point de vue des années 1989/90, la domination soviéto-communiste se présente sous un jour tout à fait différent. [...] Les effets à long terme de la césure de l'histoire mondiale de 1945 ont changé et relativisent la rupture. Des continuités de temps avant l'expansion allemande et soviétique apparaissent sous une autre forme et encore plus fort que jusqu'ici dans le champ visuel »[26]. Mais c'est aussi à juste titre que le même auteur nous avertit d'oublier « la perspective contemporaine »[27].

En effet, depuis les années soixante-dix il semble que grâce aux brillants résultats de la RFA avant tout les Allemands de l'Ouest s'accommodent de la situation provisoire ou même la vivent très bien : en dépit d'une première dépression au milieu des années soixante, l'Allemagne de l'Ouest prospère ; si l'on pense aux changements de gouvernements et de chanceliers en 1963, 1966 et 1969 et au slogan de la coalition socio-libérale « osez plus de réformes », on constate que son système politique se présente à cette époque d'une façon flexible et réformatrice ; enfin, l'intégration à l'Ouest, avant tout en Europe de l'Ouest continue à être populaire. En outre, l'Europe intégrée devient de plus en plus une compensation nationale : pourquoi regretter la perte de l'ancien État national, une construction dont les Allemands de l'Ouest se souviennent de moins en moins, qui est accompagnée de souvenirs négatifs, c'est-à-dire de l'hypothèque des crimes nationaux-socialistes, et qui apparemment ne peut pas être rétablie dans un avenir proche. C'est pourquoi l'occidentalisation de la RFA arrive à cette époque à son apogée[28].

---

[26].– Christoph KLEßMANN, *Zwei Staaten, eine Nation. Deutsche Geschichte 1955 – 1970*, Bonn, ²1997, p. 469.

[27].– *Ibid.*

[28].– Anselm DOERING-MANTEUFFEL, *Wie westlich sind die Deutschen ? Amerikanisierung und Westernisierung im 20. Jahrhundert*, Göttingen, 1999 ; Reiner MARCOWITZ, « Im Spannungsverhältnis von Amerikanisierung, Europäisierung und Westernisierung. Die Zäsur der 1960er

En même temps on constate « l'auto-reconnaissance intellectuelle de la RFA »[29]. Dans tous les domaines politiques – extérieure et intérieure, y compris l'économie – les Allemands de l'Ouest suivent leur propre voie.

Du côté est-allemand, les choses se passent d'une autre façon. Les sentiments concernant toute l'Allemagne persistent parce qu'il manque une compensation : la RDA n'est pas aussi intéressante que la RFA et les Allemands de l'Est ne s'intègrent pas comme leurs « frères et sœurs » à l'Ouest dans le bloc idéologique auquel ils appartiennent. Toutefois, le pouvoir du SED semble devenir dans les années soixante-dix un peu plus agréable ; c'est pourquoi nombre de ses habitants, même s'ils ne sont pas attachés à la RDA, s'en accommodent : au regard de leur passé et conscients de l'inaccessibilité du modèle à succès de la RFA, les citoyens de la RDA, réagissent favorablement à partir de 1971 au nouveau secrétaire général du SED Erich Honecker et à son programme de « l'unité de la politique économique et sociale ». Enfin, la génération qui a connu l'ancien État national allemand disparaît aussi bien en RFA qu'en RDA. Bien sûr, cet arrangement ne signifie pas que tous les citoyens acceptent la RDA comme une « nation socialiste » proclamée par le gouvernement de Berlin-Est. Mais beaucoup de choses se normalisent. Même d'un point de vue est-allemand, la division de l'Allemagne est plus vivable. On peut le constater tout au moins pour les années soixante-dix malgré l'évolution des années 1989/90. Il est rare que l'histoire ne suive qu'un seul chemin, elle n'a pas une causalité unique et elle est toujours ouverte – elle est comme la vie : très souvent ambivalente, avec des tournants surprenants et difficiles à prévoir.

---

und 1970er Jahre für die transatlantische Europadebatte », in : METZGER, KAELBLE (note 1), pp. 98 – 123.
29.– Klaus SCHÖNHOVEN, « Aufbruch in die sozialliberale Ära », in : *Geschichte und Gesellschaft*, 25 (1999) 1, pp. 123 – 145.

# Du tabou aux rapports conflictuels.
## Willy Brandt, l'*Ostpolitik* et les deux États allemands

Andreas Wilkens

La « nouvelle *Ostpolitik* », conduite par le chancelier Willy Brandt, est un curieux objet de l'Histoire. Fortement controversée au début des années 1970, il ne fallut qu'une douzaine d'années pour qu'elle réunît un assez large consensus. Accusée par ses détracteurs, en politique intérieure, de consacrer à jamais la division de l'Allemagne, elle irritait parfois à l'étranger pour des raisons diamétralement opposées : au-delà de la reconnaissance de l'existence de l'autre État allemand et des frontières issues de la Seconde Guerre mondiale, ne préparait-elle pas le chemin qui devait conduire vers la « Réunification » ? Les responsables et acteurs eux-mêmes privilégiaient à cette époque un troisième discours qui mettait en avant le réalisme, la fin des illusions dangereuses, la volonté d'atténuer les effets de la division et de contribuer à la paix en Europe.

En tout cas, l'*Ostpolitik* des années 1960 et 1970 porte mal son nom : si elle concerne, d'une manière ou d'une autre, l'ensemble des pays de l'Europe de l'Est, c'est bien la « question allemande » qui est son objet principal, question qu'elle se proposait de régler pour un temps indéterminé. Pour cette raison, de toute évidence, l'*Ostpolitik* avait d'autres enjeux et d'autres visées que la politique à l'Est menée par d'autres pays européens dans la même période. Touchant au cœur de l'histoire de l'Allemagne, elle se situe à la limite entre la fin de l'après-guerre et la période d'une cohabitation organisée entre l'Est et l'Ouest en Europe qui devait trouver sa fin inopinée avec la chute du Mur.

Malgré l'intérêt que l'*Ostpolitik* a toujours suscité, son analyse par les historiens n'en est encore qu'à ses débuts. Les chercheurs disposent désormais d'une base documentaire très large qui devrait permettre, à terme, de mieux cerner les origines, la mise en œuvre et les effets de cette politique qui reste liée aux noms de Willy Brandt et de son plus proche collaborateur et conseiller, Egon Bahr. Inévitablement, la Réunification allemande, intervenue en 1989/90, l'a placée dans une perspective historique qui tend à modifier sensiblement les critères d'appréciation des politiques menées deux ou trois décennies plus tôt.

## Genèse et articulation d'une nouvelle approche de la « question allemande »

La construction du Mur de Berlin en août 1961 a été considérée, la plupart du temps, comme le point de départ de l'élaboration d'une nouvelle approche de la question allemande[1]. Il est vrai que le verrouillage brutal de Berlin-Est et de la République démocratique allemande a frappé les esprits au point que les contemporains ont pu avoir le sentiment d'une « année zéro » de la politique allemande, d'une césure au-delà de laquelle rien ne serait plus comme avant. Dans leurs présentations rétrospectives Willy Brandt et Egon Bahr ont plutôt accrédité l'idée selon laquelle les stratagèmes de leur « nouvelle *Ostpolitik* » furent conçus à la suite de et en réaction à la construction du Mur[2]. Cependant, dans ses « Mémoires » parus en 1989, Brandt consentit à introduire certaines nuances en s'appuyant sur ses appels, lancés dès 1956, à plus d'échanges entre les deux parties de l'Allemagne[3].

Des recherches récentes mettent en avant que la conception de Brandt et de Bahr plonge ses racines dans la deuxième moitié des années 1950[4]. L'analyse minutieuse des prises de position de Brandt au cours de ces années fait ressortir un cheminement progressif vers ce qui, plus tard, sera considéré comme la stratégie de la « nouvelle *Ostpolitik* ». Dès 1955, un certain nombre d'éléments constitutifs sont en place : la conviction que le règlement de la question allemande nécessite du temps et ne peut constituer que l'aboutissement d'un processus impliquant l'ensemble des pays concernés ; la disposition à négocier avec les responsables de Berlin-Est afin de mettre en place des accords visant à faciliter les échanges, tout en restant en-deçà du seuil de la reconnaissance étatique de la RDA ; enfin, l'appel aux responsables ouest-allemands à faire preuve d'initiatives et d'action au lieu de se borner à une rhétorique déclamatoire tendant à se substituer à la politique.

Une seule illustration : dans son discours du 25 novembre 1960, devant le congrès du parti social-démocrate de Hanovre, Willy Brandt évoque déjà la nécessité de procéder à une fixation du *statu quo* dans le but « d'acquérir la

---

1.– Cf. les synthèses de Peter BENDER, *Die Neue Ostpolitik und ihre Folgen. Vom Mauerbau bis zur Vereinigung*, Munich, 1995 ; Heinrich POTTHOFF, *Im Schatten der Mauer. Deutschlandpolitik 1961 – 1990*, Berlin, 1999.
2.– Willy BRANDT, *Begegnungen und Einsichten. Die Jahre 1960 bis 1975*, Hambourg, 1976, pp. 9 – 41 ; Egon BAHR, *Zu meiner Zeit*, Munich, 1996, pp. 125s.
3.– Willy BRANDT, *Erinnerungen*, Francfort, Zurich, 1989, p. 64.
4.– Wolfgang SCHMIDT, *Kalter Krieg, Koexistenz und Kleine Schritte. Willy Brandt und die Deutschlandpolitik 1948 – 1963*, Wiesbaden, 2001 ; ID., « Die Wurzeln der Entspannung. Der konzeptionelle Ursprung der Ost- und Deutschlandpolitik Willy Brandts in den fünfziger Jahren », in : *Vierteljahrshefte für Zeitgeschichte*, 51 (2003) 4, pp. 521 – 563 ; cf. aussi : Peter C. SPEICHER, *The Berlin Origins of Brandt's Ostpolitik, 1957 – 1966*, Cambridge, 2000.

liberté de manœuvre indispensable pour le dépassement politique du *statu quo* »[5]. Il dessine à cette occasion un système communiste plutôt en perte de vitesse dont l'idéologie aurait perdu tout pouvoir d'attraction, à l'intérieur comme à l'extérieur. Il entend relever le défi lancé par Khrouchtchev d'une compétition dans la « coexistence pacifique » dont – selon la conviction de Brandt – les systèmes démocratiques de l'Ouest sortiraient vainqueurs. Et de conclure avec cette affirmation étonnante : « Nous avons tous les moyens pour mener une *Ostpolitik* sûre d'elle-même »[6]. La crise de Berlin n'avait pas encore atteint son paroxysme et Brandt creusait déjà les idées qui devaient sous-tendre son discours tout au long des années 1960.

Sans doute, la réalité quotidienne dans la ville divisée et isolée, au cours des années 1950, avait-elle conduit Brandt à chercher une approche qui allait au-delà des proclamations habituelles. Bien placé pour ne pas se faire d'illusions sur les objectifs des dirigeants de Moscou et de Berlin-Est, il s'agissait pour lui de prendre en compte la réalité telle qu'elle se présentait et d'engager un processus susceptible de transformer une situation figée.

La construction du Mur de Berlin, en août 1961, achevait matériellement la division de l'Allemagne. Les conceptions dominantes des années 1950 s'étaient révélées inopérantes ou illusoires, y compris celles du courant majoritaire du SPD qui avait encore voulu croire, en 1959, en présentant son « Plan pour l'Allemagne », à une solution étroitement nationale du problème allemand[7]. Or, il était devenu évident pour Brandt et ses conseillers qu'il fallait miser sur le long terme et reconnaître qu'il ne pouvait pas y avoir de règlement isolé du problème allemand en dehors du contexte plus large des relations Est-Ouest.

L'urgence de la crise de Berlin passée, Brandt et Bahr s'employèrent à développer une conception d'ensemble qui pouvait s'appuyer, d'une part, sur des approches conçues bien avant 1961, mais qui devait, d'autre part, intégrer des expériences nouvelles, telles que la stabilisation relative de la RDA après la construction du Mur, l'issue de la crise de Cuba, la volonté de l'administration Kennedy d'entamer un dialogue avec Moscou, notamment au sujet du contrôle de l'armement nucléaire.

---

5.– Discours du 25 novembre 1960, in : Willy BRANDT, *Auf der Zinne der Partei. Parteitagsreden 1960 bis 1983*, éd. par Werner KRAUSE et Wolfgang GRÖF, Berlin, Bonn, 1984, pp. 23 – 40, ici p. 31.

6.– *Ibid.*, p. 32 (« Wir können uns eine selbstbewußte *Ostpolitik* leisten. »).

7.– Hartmut SOELL, « Die deutschlandpolitischen Konzeptionen der SPD-Opposition 1949 – 1961 », in : Erich KOSTHORST, Klaus GOTTO, Hartmut SOELL, *Die Deutschlandpolitik der Nachkriegsjahre. Zeitgeschichtliche und didaktische Ortsbestimmung*, Paderborn, 1976, pp. 41 – 61 ; Kurt KLOTZBACH, *Der Weg zur Staatspartei. Programmatik, praktische Politik und Organisation der deutschen Sozialdemokratie 1945 – 1965*, Bonn, ²1996, pp. 482 – 494.

Dans ses discours prononcés à l'université de Harvard, en octobre 1962, Brandt présenta, pour la première fois d'une manière systématique, ses considérations sur la nouvelle constellation internationale et leurs implications pour la question allemande[8]. L'année suivante, le 15 juillet 1963, Egon Bahr suscita plus d'attention et de controverses en illustrant l'application concrète de cette approche aux rapports entre les deux Allemagnes. Le porte-parole et conseiller de Brandt, on le sait, résuma la stratégie, dès cette occasion, dans la formule – non dénuée d'ambiguïté et d'autant plus efficace – du « changement par le rapprochement » (« Wandel durch Annäherung »)[9].

À la différence de Brandt Bahr ne prenait guère de précautions et s'attaquait directement aux principaux tabous de la politique allemande. Selon ses propos, il était inutile d'espérer détacher la RDA de l'empire soviétique ou de s'attendre à son écroulement prochain. Le règlement du problème allemand ne pouvait se faire ni sans ni contre l'Union Soviétique, mais seulement avec elle. La seule stratégie prometteuse pour sortir de la situation figée était – selon Bahr – de contribuer à « l'amélioration des conditions de vie » de la population est-allemande, à des « doses homéopathiques », afin de ne pas précipiter l'évolution et de ne pas provoquer des réactions violentes. Renforcer le commerce, créer des facilités pour des échanges, des rencontres, des communications constituait déjà un objectif en soi. À long terme, la multiplication de ces ouvertures devait contribuer à la transformation du régime[10].

Certes, Bahr plaçait la transformation progressive de la RDA dans la perspective d'une Réunification ultérieure, mais il ne s'agissait plus d'un « plan de Réunification » à proprement parler. L'unification étatique n'était plus considérée comme étant à la portée de la politique opérationnelle. Elle était désormais une éventualité historique au terme d'un processus dont la durée était imprévisible. Le vocabulaire utilisé donnait la préférence, au fil des discours, au « droit à l'autodétermination » dont on ne pouvait priver le peuple allemand. Le problème était ainsi situé au niveau des droits de l'homme plutôt qu'à celui des revendications historiques, juridiques ou na-

---

8.– Discours publiés dans l'ouvrage : Willy BRANDT, *Koexistenz – Zwang zum Wagnis*, Stuttgart, 1963.
9.– Cf. *Dokumente zur Deutschlandpolitik*, série IV, vol. 9/1963, pp. 572 – 575 ; cf. BAHR (note 2), pp. 152 – 161 ; dossier « Wandel durch Annäherung » dans les papiers Egon Bahr, Archiv der sozialen Demokratie der Friedrich-Ebert-Stiftung, Bonn, vol. 123/2 (désormais : AdsD) ; pour le terme, cf. aussi : Peter BENDER, « Wandel durch Annäherung. Karriere eines Begriffs », in : *Deutschland Archiv*, 33 (2000) 6, pp. 971 – 978.
10.– Pour plus de détails, cf. Andreas VOGTMEIER, *Egon Bahr und die deutsche Frage. Zur Entwicklung der sozialdemokratischen Ost- und Deutschlandpolitik vom Kriegsende bis zur Wiedervereinigung*, Bonn, 1996, pp. 59 – 79.

tionales. L'approche laissait aussi entrevoir que d'éventuels changements du *statu quo* en Europe ne concerneraient plus la frontière Oder-Neiße, mais se limiteraient aux seuls rapports entre les deux entités allemandes.

Cette conception prenait l'opinion publique ouest-allemande à rebrousse-poil. En fait, il était particulièrement difficile de faire accepter l'idée de donner au régime de Berlin-Est une certaine garantie de survie et de ne plus miser sur le mécontentement de la population pour s'en débarrasser. Ainsi, la voie était étroite, dès le départ, entre le risque d'être accusé de « complaisance » à l'égard d'un pouvoir dictatorial et une stratégie de négociation qui devait nécessairement partir d'une certaine reconnaissance des réalités politiques et territoriales.

On attribue le plus souvent à Otto Winzer, ministre des Affaires étrangères de la RDA, le mot selon lequel le « changement par le rapprochement » était en réalité une « agression en charentaises » (« Aggression auf Filzlatschen »), autre définition de la dialectique que Bahr cherchait à mettre au point[11].

La politique des « laissez-passer » peut être considérée comme une première application de la conception de Brandt et de Bahr, dans le cadre restreint de Berlin. En effet, « indépendamment des divergences politiques et juridiques », un représentant du Sénat de Berlin-Ouest et un secrétaire d'État du gouvernement de la RDA signèrent un premier accord officiel, en décembre 1963, qui permit à plus de 700 000 de Berlinois de l'Ouest de se rendre à Berlin-Est pour la période de fin d'année[12]. Certes, Walter Ulbricht, chef du SED, s'empressa de déclarer que l'accord constituait une preuve de « l'existence incontestable de la RDA, en droit international et dans les faits », mais on pouvait considérer une telle interprétation comme un prix acceptable pour des facilités humanitaires. Jusqu'en mars 1966, d'autres accords sur des laissez-passer à certaines périodes de fête ont été conclus avant que le durcissement des positions de la RDA, qui exigeait toujours plus de marques de reconnaissance officielle, ne mettent un terme à cette forme d'ouverture très partielle et unilatérale du Mur.

Dans les discours-programme de la première moitié des années 1960, le rapport avec la politique d'intégration européenne ne fut guère évoqué, comme s'il s'agissait de deux sphères nettement distinctes et sans aucune possibilité de télescopage. Sur un plan plus général Brandt ne laissait passer aucune occasion pour affirmer que l'ancrage de l'Allemagne de l'Ouest dans

---

11.– BAHR (note 2), p. 157 ; VOGTMEIER (note 10), p. 64 ; Hermann WENTKER, *Außenpolitik in engen Grenzen. Die DDR im internationalen System 1949 – 1989*, Munich, 2007, p. 238.

12.– Bon nombre de personnes s'y rendaient à plusieurs reprises et on chiffre les visites à 1,2 millions. Pour le contexte, cf. Gerhard KUNZE, *Grenzerfahrungen. Kontakte und Verhandlungen zwischen dem Land Berlin und der DDR 1949 – 1989*, Berlin, 1999, pp. 79 – 132.

les structures européennes et atlantiques était le préalable à toute politique à l'Est. Pendant la deuxième moitié des années 1960, il précisa ses considérations sur les possibles formes et conditions d'un rapprochement entre l'ensemble des deux parties de l'Europe – Est et Ouest – condition indispensable pour une certaine normalisation des relations entre les deux Allemagnes. Pour le moyen et le long terme il mettait en avant un « ordre de paix européen » (« europäische Friedensordnung »)[13]. Des accords sur la coopération au niveau européen supposaient toutefois un règlement préalable des rapports interallemands. Ainsi se profilait une conception à deux étages : la « normalisation » des rapports bilatéraux avec la RDA et les pays de l'Est devait déboucher sur une étape multilatérale au niveau européen avec pour enjeu le développement de la coopération dans tous les domaines, des mesures de *confidence building* et des négociations sur le désarmement. Une partie essentielle de l'effort de la deuxième moitié des années 1960 consista à intégrer la démarche allemande dans une approche plus largement partagée par les partenaires européens et américains.

## L'évolution contrastée des années 1960

Les années 1960 réservèrent aux conceptions de Brandt et de Bahr à la fois des conditions propices et des difficultés imprévues. Dans la première catégorie il faut sans doute compter le développement d'un certain climat de détente et la recherche de voies de négociation par d'autres gouvernements occidentaux, à leur tête ceux des États-Unis et de la France. Si le projet de Brandt ne dérivait pas, à l'origine, des desseins de Washington ou de Paris, il était néanmoins indispensable d'assurer une démarche coordonnée et si possible harmonisée entre les pays occidentaux. Il ne s'agissait pas, en cette matière, d'une question d'opportunité politique ou seulement d'un souci de prudence. L'objectif à moyen terme, la transformation des rapports Est-Ouest, ne pouvait être atteint que si les différents acteurs concernés mettaient leur poids dans la balance et contribuaient ainsi à faire basculer l'Europe dans l'ère des négociations.

Le mémorandum que Brandt, encore maire de Berlin, fit parvenir, à la date du 26 août 1964, au secrétaire d'État américain Dean Rusk, est significa-

---

13.– Willy BRANDT, « Grundvorstellungen einer europäischen Friedensordnung », interview avec le *Deutschlandfunk*, 2 juillet 1967, in : *Bulletin der Bundesregierung*, 4 juillet 1967, n° 70, pp. 604 – 607 ; Willy BRANDT, « Notre objectif : un ordre de paix européen ». Discours prononcé devant le comité directeur de la Friedrich-Ebert-Stiftung, Düsseldorf, 30 novembre 1967, in : Willy BRANDT, *Paix. Discours et publications du lauréat du Prix Nobel de la Paix 1971*, Bonn, 1971, pp. 57 – 72.

tif à cet égard[14]. Les considérations développées témoignent d'abord de l'espoir que Brandt mettait dans le processus de différentiation en Europe de l'Est, dont il croyait pouvoir déceler de nombreuses manifestations. Les cas de la Yougoslavie et de la Roumanie, de la Pologne et, un peu plus tard, de la Tchécoslovaquie ainsi que – à un autre niveau – du Parti communiste italien attiraient son attention. Le bloc de l'Est paraissait de moins en moins monolithique. En même temps, il était évident que le cas de la RDA était particulier en ce sens que le régime de Berlin-Est ne pouvaient pas se reorienter vers une histoire nationale propre susceptible de servir de base à une prise de distance par rapport à Moscou. En effet, la RDA s'efforçait de faire figure de « meilleur élève » du bloc communiste, toujours prête à dénoncer les manquements à la discipline des « pays frères ».

En tout état de cause, le plan que développait Brandt consistait à encourager et à renforcer l'évolution différenciée en Europe de l'Est à travers la multiplication des contacts, des échanges, des coopérations à tous les niveaux. Aux États et aux différentes organisations ouest-européennes ou internationales de jouer de leur côté un rôle actif dans cette politique d'ouverture, à leur tête les États-Unis et la Communauté économique européenne (CEE), mais aussi le GATT et les organisations de l'ONU. C'est dire à quel point Brandt avait tiré un trait sur toute idée de règlement isolé de la question allemande. Seul un processus global pouvait, à terme, induire le changement en Europe à partir duquel les relations entre les deux parties de l'Allemagne pourraient être améliorées.

Il allait sans dire, pour Brandt, que les organisations existantes des pays occidentaux, l'OTAN ou la CEE, n'étaient nullement à disposition, même dans une perspective à long terme. À eux d'évoluer, de s'adapter et d'apporter leur contribution au « rétablissement de l'Europe »[15] dans son ensemble. L'accent mis sur l'approche multilatérale devint même la marque de la politique de Brandt, une fois qu'il eût accédé au ministère des Affaires étrangères, en décembre 1966. Ainsi, les recommandations du « rapport Harmel » (décembre 1967) sur le double objectif de l'Alliance atlantique, la sécurité et la détente, allaient tout à fait dans ce sens[16]. Le « signal de Reykja-

---

14.– Texte in : *Dokumente zur Deutschlandpolitik*, série IV, vol. 10/1964, pp. 877 – 883 ; texte repris dans le recueil : Willy BRANDT, *Der Wille zum Frieden. Perspektiven der Politik*, Hambourg, 1971, pp. 115 – 124.

15.– L'expression est de Brandt, Mémorandum pour Rusk (note 14), p. 883.

16.– Cf. son plaidoyer pour de « nouvelles tâches » pour l'Alliance et contre « l'excès de bilatéralisme dans les relations Est-Ouest » : Willy BRANDT, « Entspannungspolitik mit langem Atem », in : *Außenpolitik*, 18 (1967), pp. 449 – 454 ; Vincent DUJARDIN, *Pierre Harmel. Biographie*, Bruxelles, 2004, pp. 637 – 657 ; Helga HAFTENDORN, « Entstehung und Bedeutung des Harmel-Berichtes der NATO von 1967 », in : *Vierteljahrshefte für Zeitgeschichte*, 40 (1992) 2,

vik », par lequel l'OTAN se déclarait prête à des négociations sur la réduction équilibrée des armements en Europe (juin 1968), devait beaucoup à l'engagement direct du ministre allemand[17]. La réforme de l'OTAN, selon la position que Brandt fit adopter par le parti social-démocrate, ne devait « pas affaiblir l'Alliance atlantique, mais contribuer à la diminution des tensions Est-Ouest »[18].

Au même moment Egon Bahr, à la tête de la « cellule prévisions » de l'Auswärtiges Amt, élaborait différents scénarios sur l'évolution possible des conditions de sécurité en Europe à très long terme. Le plus avancé de ces modèles allait jusqu'au remplacement des pactes militaires existants – l'OTAN et le Pacte de Varsovie – par un système de sécurité fondé sur des accords européens[19]. S'il s'agissait bien d'un exercice théorique, loin de la pratique politique, il est certain que Bahr, en ce moment précis, misait toujours sur une transformation de la situation européenne qui offrirait des chances au rapprochement des Allemands de l'Est et de l'Ouest.

Un facteur crucial et plutôt porteur fut l'évolution de l'opinion publique allemande. D'abord réticente car habituée aux discours de la Guerre froide et de la confrontation, elle était de plus en plus consciente de la nécessité de regarder les réalités en face et d'établir des relations pacifiées avec l'ensemble des voisins de l'Est.[20] Il était temps de régler les comptes avec le passé et de prendre acte de la situation que la Seconde Guerre mondiale avait engendrée. Ce débat – au-delà du SPD et d'une partie du parti libéral FDP – fut porté par des journaux du centre-gauche (« Die Zeit », « Frankfurter Rundschau », « Süddeutsche Zeitung », « Der Spiegel »), d'écrivains et de publicistes[21], certains universitaires[22] et aussi, dès 1965, par des instances des

---

pp. 169 – 221 ; voir aussi : Andreas WILKENS, « Willy Brandt und die europäische Einigung », in : Mareike KÖNIG, Matthias SCHULZ (éd.), *Die Bundesrepublik Deutschland und die europäische Integration, 1949 – 2000. Politische Akteure, gesellschaftliche Kräfte und internationale Erfahrungen. Festschrift für Wolf Gruner*, Stuttgart, 2004, pp. 167 – 184.

17.– Cf. le discours de Brandt à cette réunion des ministres des Affaires étrangères de l'OTAN, le 24 juin 1968, in : BRANDT (note 14), pp. 199 – 205 ; cf. aussi : BRANDT (note 2), pp. 189 – 191.

18.– Ainsi la motion adoptée par le Congrès du SPD à Nuremberg, en mars 1968, cit. d'après Klaus SCHÖNHOVEN, *Wendejahre. Die Sozialdemokratie in der Zeit der Großen Koalition 1966 – 1969*, Bonn, 2004, p. 424.

19.– Etude « Betr. : Europäische Sicherheit », 7 juin 1968, papiers Egon Bahr, vol. 396 ; reproduit in : *Akten zur Auswärtigen Politik der Bundesrepublik Deutschland* (désormais : AAPD) 1968, doc. n° 297 ; Walter F. HAHN, « West Germany's *Ostpolitik* : the Grand Design of Egon Bahr », in : *Orbis*, 16 (Winter 1972), pp. 859 – 880 ; cf. BAHR (note 2), pp. 226 – 229.

20.– Pour une vue d'ensemble : Arnulf BARING, *Machtwechsel. Die Ära Brandt-Scheel*, Stuttgart, 1982, pp. 197ss.

21.– Peter BENDER, *Offensive Entspannung. Möglichkeit für Deutschland*, Cologne, 1964.

Églises protestante et catholique[23]. Des positions, encore isolées ou minoritaires au cours de la première moitié des années 1960, recueillirent un consentement beaucoup plus large vers la fin de la décennie. Si l'on en croit les sondages, la part des Allemands de l'Ouest favorables à la reconnaissance de la frontière Oder-Neiße fit un bond considérable en très peu de temps, passant de 27 % en février 1966 à 47 % en novembre 1967[24]. Parallèlement, la réticence à l'égard d'une éventuelle reconnaissance de la RDA restait relativement stable. Jusqu'à la veille des élections législatives en 1969, moins d'un tiers des sondés s'y déclarait favorable[25]. Tout en prenant en compte cette évolution des mentalités à laquelle il avait lui-même contribué, Brandt avait soin de ne pas brusquer les choses. Son discours évoluait peu à peu au rythme de ce que l'opinion publique allemande était prête à accepter en termes de reconnaissance des réalités. Il évoluait aussi en fonction de la situation internationale.

À la vérité, les conditions d'un règlement favorable aux vues de Bonn des rapports entre les deux Allemagnes ne cessaient de se dégrader. C'était là non seulement la conviction de Brandt et de Bahr, mais également le constat que faisait l'influent secrétaire d'État à l'Auswärtiges Amt, Karl Carstens, à l'automne 1966, à la fin du gouvernement Erhard[26]. Carstens n'était pas loin de dresser un véritable constat d'échec de la « Deutschlandpolitik » de Bonn. Malgré tous les efforts, cette stratégie n'aurait pas permis de se rapprocher de l'objectif affiché, la Réunification. Pire, l'évolution vers une politique de détente internationale risquait désormais de conduire Bonn dans « un isolement croissant ». Carstens avait peu d'illusions sur l'efficacité de la « doctrine Hallstein », toujours plus difficile et coûteuse dans son application, en particulier dans le Tiers Monde et dans des instances internationales. Le secrétaire d'État faisait le constat amer que même les alliés occidentaux se montraient de moins en moins enclins à défendre la revendication traditionnelle de Bonn de représenter seule Allemagne dans son ensemble (« Allein-

---

22.– Eberhard SCHULZ, *An Ulbricht führt kein Weg vorbei. Provozierende Thesen zur deutschen Frage*, Hambourg, 1967.
23.– Martin GRESCHAT, « Protestantismus und Evangelische Kirche in den 60er Jahren », in : Axel SCHILDT, Detlef SIEGFRIED, Karl Christian LAMMERS (éd.), *Dynamische Zeiten. Die 60er Jahre in den beiden deutschen Gesellschaften*, Hambourg, 2000, pp. 544 – 581, ici : pp. 552 – 576.
24.– Chiffres de l'Institut de sondage Allensbach, cités d'après SCHÖNHOVEN (note 18), p. 394.
25.– Manuela GLAAB, *Deutschlandpolitik in der öffentlichen Meinung. Einstellungen und Regierungspolitik in der Bundesrepublik Deutschland 1949 bis 1990*, Opladen, 1999, pp. 247 – 251.
26.– Note de Carstens, 17 octobre 1966, « Die Problematik unserer Deutschland-Politik », in : AAPD 1966, doc. n° 333.

vertretungsanspruch »)[27]. Toutefois, si Carstens n'avait guère de doute quant à la révision inéluctable de la politique allemande, il s'abstint de proposer les formes et les conditions d'une approche alternative.

La RDA tendait à durcir sa position au fur et à mesure que Bonn se montrait plus souple dans son approche de la question allemande. En fait, à partir de 1967, elle érigea en préalable à toute négociation avec Bonn sa pleine reconnaissance en tant qu'État souverain. Alarmée par l'établissement des relations diplomatiques entre l'Allemagne fédérale et la Roumanie (en janvier 1967), elle exigeait désormais des « pays frères » qu'ils subordonnent toute « normalisation » de leurs rapports avec la RFA à sa propre reconnaissance par Bonn (« doctrine Ulbricht »)[28]. Ce durcissement, validé en février 1967 par les pays du Pacte de Varsovie, correspondait au souci primordial de Moscou de mettre un terme aux velléités d'autonomie à l'intérieur du camp socialiste ainsi qu'aux essais de contournement de la RDA par la diplomatie de Bonn. Selon Brandt, l'Union soviétique était également tentée, en cette période, par une stratégie de détente sélective visant à singulariser la RFA afin de mieux imposer ses conditions. Une raison de plus pour mettre l'accent sur l'intégration de la démarche ouest-allemande dans une politique coordonnée entre Occidentaux. À tous égards, la concertation « Ouest-Ouest » restait la condition indispensable pour mener une politique Est-Ouest conduisant à des résultats favorables[29].

Dans ce contexte, le facteur temps était fondamental dans la perspective ouest-allemande : si la RDA pouvait obtenir par ses propres moyens une reconnaissance internationale toujours plus large, Bonn perdait l'un de ses rares atouts, la levée du veto de fait contre l'admission généralisée de la RDA en tant que deuxième État allemand. Brandt et de Bahr étaient donc convaincus qu'il fallait engager des négociations tant que l'Est, et d'abord Moscou, trouvait encore avantage à payer un certain prix pour la reconnaissance du *statu quo* par la RFA. Des initiatives telles que la conférence sur la sécurité européenne, (re-) lancée par l'Union soviétique en juillet 1966 (dé-

---

27.– Pour une analyse critique de la « doctrine Hallstein », cf. Werner KILIAN, *Die Hallstein-Doktrin. Der diplomatische Krieg zwischen der BRD und der DDR 1955 – 1973. Aus den Akten der beiden deutschen Außenministerien*, Berlin, 2001 ; cf. aussi : William Glenn GRAY, *Germany's Cold War. The Global Campaign to Isolate East Germany 1949 – 1969*, Chapel Hill, London, 2003.

28.– Joachim SCHOLTYSECK, *Die Außenpolitik der DDR*, Munich, 2003, p. 26 ; Karl-Heinz SCHMIDT, *Dialog über Deutschland. Studien zur Deutschlandpolitik von KPdSU und SED (1960 – 1979)*, Baden-Baden, 1979, pp. 129 – 140 ; WENTKER (note 11), pp. 225ss.

29.– Intervention de Brandt devant le groupe parlementaire du SPD au *Bundestag*, 11 avril 1967, in : Willy BRANDT, *Ein Volk der guten Nachbarn. Außen- und Deutschlandpolitik 1966 – 1974*, présentation de Frank FISCHER, Bonn, 2005, pp. 126 – 129 (*Berliner Ausgabe*, vol. 6).

claration de Bucarest), tendaient de toute évidence à consolider la position de la RDA, si ce n'était pas l'un de ses objectifs majeurs.

La grande coalition entre chrétiens-démocrates et sociaux-démocrates, formée en décembre 1966, s'employa à modifier l'approche de la « question allemande »[30]. Dès son discours d'investiture, le 13, le chancelier Kurt Georg Kiesinger affirma admettre des contacts avec les autorités est-allemandes, dans la mesure où ils étaient nécessaires au le développement de relations humaines, économiques et culturelles[31]. En juin 1967, il prit sur lui de répondre, pour la première fois, à une lettre de Willy Stoph, chef du gouvernement de la RDA. Toutefois, il était hors de question d'envisager une quelconque « reconnaissance » étatique, ce qui conduisait Kiesinger à des contorsions terminologiques à l'image de cette évocation du « phénomène (« Phänomen ») avec les représentants duquel j'ai entamé une correspondance »[32].

Pour une grande partie des députés chrétiens-démocrates, les modestes signes d'ouverture allaient déjà trop loin dans l'abandon des positions traditionnelles et risquaient de miner tout l'édifice de la « Deutschlandpolitik »[33]. Il en allait ainsi du rétablissement des relations diplomatiques avec la Yougoslavie, en janvier 1968, qui revenait à une révision au moins partielle de la « doctrine Hallstein ». La crainte de déclencher un raz-de-marée international de reconnaissances de la RDA n'était pas tout à fait absurde. Il fallait beaucoup de subtilité pour expliquer pourquoi la présence de deux ambassadeurs allemands à Belgrade était désormais acceptable aux yeux de Bonn, alors qu'elle ne l'était toujours pas à New Delhi ou au Caire.

Si le chancelier ne réussit pas à imposer à la majorité de son parti une nouvelle ligne, les divergences avec Willy Brandt furent plus éclatantes encore. À plusieurs reprises, Kiesinger tenta de rappeler son ministre des Affaires étrangères à l'ordre, lorsque lui ou son entourage employaient des termes allant – à son goût – trop loin dans le sens de la reconnaissance de la RDA[34]. Pour ces mêmes raisons, il souhaitait aussi proscrire la formule selon

---

30.– Cf. Werner LINK, « Die Deutschlandpolitik der Bundesregierungen Erhard und der Großen Koalition (sowie die dazu geführte Diskussion in Parlament und Öffentlichkeit) », in : *Materialien der Enquete-Kommission ›Aufarbeitung von Geschichte und Folgen der SED-Diktatur in Deutschland‹*, tome V/2, Baden-Baden, 1995, pp. 1676 – 1743.

31.– Deutscher Bundestag, Stenographische Berichte, 5e législature, pp. 3656 – 3665.

32.– Le 13 octobre 1967 devant le *Bundestag* : Stenographische Berichte, 5e législature, pp. 63 – 60.

33.– Cf. SCHÖNHOVEN (note 18), pp. 380 – 408 ; Philipp GASSERT, *Kurt Georg Kiesinger 1904 – 1988. Kanzler zwischen den Zeiten*, Munich, 2006, pp. 580 – 592.

34.– Lettre de Kiesinger à Brandt, 22 août 1967, in : AAPD 1967, doc. n° 306.

laquelle le gouvernement de Bonn était « prêt à vivre en coexistence pacifique avec la RDA »[35].

Les transgressions terminologiques n'avaient rien d'un hasard. Dans des discussions et notes internes à l'Auswärtiges Amt, Bahr et ses collaborateurs élaboraient une conception selon laquelle la politique de renoncement à la force devait non seulement s'adresser aux pays de l'Est, mais aussi inclure la RDA, tout en marquant la spécificité de celle-ci. Dans le même esprit fut aussi développée l'idée de concevoir l'*Ostpolitik* comme un ensemble interdépendant, dans lequel l'établissement de contacts inter-allemands devait renforcer l'intérêt qu'avait Moscou à affirmer son leadership et à engager un dialogue substantiel avec Bonn[36]. Or, ces considérations dépassaient les compromis précaires sur lesquels était fondée la grande coalition. À chaque échéance de longues et laborieuses négociations internes furent nécessaires pour arrêter des positions sur les conditions du dialogue avec Moscou ou Berlin-Est qui maintenaient pour leur part des exigences maximalistes. Par ailleurs, aucune décision ne fut possible, à l'intérieur de la coalition, sur la signature du traité de non prolifération nucléaire.

L'intervention soviétique pour réprimer le « Printemps de Prague » eut relativement peu d'impact sur les conceptions de Brandt. On sait que les gouvernements occidentaux, de Washington à Paris, s'abstinrent de considérer la mise au pas de la Tchécoslovaquie comme un événement de nature à compromettre les relations Est-Ouest en Europe[37]. Bahr, qui s'était rendu dans la capitale tchécoslovaque à plusieurs reprises, n'avait pas vu venir le « coup de Prague ». Sous-estimant le danger imminent, il conseillait encore à Brandt, le 19 août 1968, de se rendre lui-même à Prague pour rencontrer Alexander Dubček[38]. Il est vrai qu'il était tentant de voir dans l'évolution en Tchécoslovaquie le signe d'une évolution possible à l'intérieur du bloc de l'Est et de la transformation d'un régime en un socialisme « à visage humain ». Toutefois, les changements avaient largement dépassé les « doses homéopathiques » que Bahr lui-même avait envisagées en 1963 afin d'éviter des contrecoups violents[39]. « L'action impérialiste » de Moscou, selon la formule de Brandt, ramenait à plus de réalisme, s'il en était besoin, et rappelait

---

35.– Lettre de Kiesinger à Brandt, 30 juin 1967, Willy-Brandt-Archiv in Archiv der sozialen Demokratie (Bonn), Außenminister, vol. 13. L'expression se trouvait dans un compte rendu des entretiens de Bahr à Prague, les 12 et 13 juin 1967.
36.– A cet égard, cf. l'étude récente de Julia von Dannenberg, *The Foundations of Ostpolitik. The making of the Moscow Treaty between West Germany and the USSR*, Oxford, 2008, pp. 115 – 117.
37.– Hans-Peter Schwarz, « Die Regierung Kiesinger und die Krise in der ČSSR 1968 », in : *Vierteljahrshefte für Zeitgeschichte*, 47 (1999) 2, pp. 159 – 186.
38.– Lettre de Bahr à Brandt, 19 août 1968, papiers Egon Bahr, AdsD, vol. 399/1.
39.– Discours de Tutzing, cf. note 9.

combien on était loin d'un « ordre de paix européen » respectueux du droit des peuples à l'autodétermination. L'orientation fondamentale vers une politique de dialogue restait pourtant juste, insista Brandt, « même si d'autres tentaient de s'y soustraire »[40].

Au niveau opérationnel Bahr tirait la conclusion qu'il s'agissait désormais, plus que jamais, « d'accorder la priorité à l'Union soviétique »[41]. Dans son analyse « L'*Ostpolitik* après l'occupation de la ČSSR » il préconisait une initiative allemande après la « consolidation » de la situation en Tchécoslovaquie qui serait d'autant plus propice qu'elle contenait la « reconnaissance de quelques éléments du *statu quo* ». La tendance était donc, d'une part, à la prise en compte des rapports de force existants. Mais, d'autre part, Bahr continuait à insister sur « l'érosion de la sphère d'intérêts soviétique » ce qui l'amenait à considérer l'objectif du dépassement du *statu quo* comme toujours valable. Brandt se montrait sensiblement plus prudent et plus sceptique. Sur la note de Bahr, il remplaçait de sa main l'expression de « dépasser le *statu quo* » par le terme, plus modeste, de « modifier » le *statu quo*[42]. Le choix des mots signale, pour une fois, une différence d'appréciation entre lui et son proche conseiller.

Pour le débat plus large, en République fédérale, l'invasion de la Tchécoslovaquie eut surtout pour effet de polariser les positions. Au printemps 1969, la grande coalition se disputa sur l'attitude à adopter face à la reconnaissance de la RDA par le Cambodge. On décida le « gel » des relations, ce qui conduisit Phnom Penh à proclamer la rupture. Les hésitations et tergiversations dont Bonn avait fait preuve à cette occasion, somme toute mineure, donnaient naissance à un néologisme : « cambodger »[43]. La grande coalition avait manifestement épuisé ses capacités d'agir politiquement.

---

40.– Cf. la déclaration de Brandt à propos des événements en Tchécoslovaquie, le 22 août 1968, in : BRANDT (note 29), pp. 160 – 165 ; cf. aussi son interview au « Spiegel » du 9 septembre 1968, *ibid.*, pp. 178 – 187, ainsi que : Willy BRANDT, « Plädoyer für die Vernunft. Deutsche Außenpolitik nach dem 21. August », in : *Der Monat*, 245 (1969), pp. 20 – 26.
41.– Note de Bahr, « *Ostpolitik* nach der Besetzung der CSSR », 1.10.1968, in : AAPD 1968, doc. n° 324.
42.– Projet pour la note citée ci-dessus, 19.9.1968, papiers Egon Bahr, AdsD, vol. 399/3. Brandt avait corrigé le terme de « Überwindung » en « Abwandlung » et le verbe de « verändern » en « abwandeln ». Cf. aussi : Gottfried NIEDHART, « Revisionistische Elemente und die Initiierung friedlichen Wandels in der neuen *Ostpolitik* 1967 – 1974 », in : *Geschichte und Gesellschaft*, 28 (2002) 2, pp. 233 – 266.
43.– BRANDT (note 2), p. 184 ; BAHR (note 2), pp. 217 – 220 ; GRAY (note 27), pp. 205 – 212.

Si la RDA, jusqu'en 1969, n'avait pas réussi sa « percée » sur la scène internationale, il ne pouvait guère y avoir de doute : une évolution irréversible était engagée et elle allait plutôt s'accélérant[44].

## La politique des traités – aboutissement et point de départ

Les documents disponibles depuis quelques années nous renseignent avec une assez grande précision sur l'analyse que l'on faisait dans l'entourage de Brandt de l'état des relations Est-Ouest au moment où il accéda au poste de chancelier, en octobre 1969. Les réflexions de Bahr sur « la politique étrangère d'un futur gouvernement fédéral », à la date du 18 septembre 1969, montrent que l'on ne s'attendait nullement à des évolutions rapides, mais à un processus de négociation difficile et semé d'embûches[45]. Bien que le pronostic fût établi que l'Union soviétique aurait à affronter des difficultés grandissantes d'ordre économique et technologique, mais aussi de cohésion de son camp, celles-ci ne devaient pas remettre en cause l'existence du régime. Pas question non plus, comme le précisa Bahr, « de s'attendre à des progrès dans le sens d'une Réunification selon les conceptions classiques de l'Ouest ».

En revanche, ce qui devait constituer l'enjeu essentiel de la politique des années à venir c'était d'amener la RDA à la signature d'un accord cadre qui devait, certes, lui apporter la reconnaissance de sa qualité d'État, mais qui devait aussi préserver l'idée de la nation allemande. La RDA ayant potentiellement le plus à perdre dans un contexte de détente et de coopération, Bahr misait sur l'intérêt qu'avait Moscou à obtenir des dirigeants est-allemands les concessions nécessaires et sur les pressions qui s'ensuivraient. Par ailleurs, des gestes appropriées (renonciation à la force au niveau européen, reconnaissance de la frontière Oder-Neiße, signature du traité de non-prolifération) devaient déloger la RDA de la « position de barrage » qu'elle détenait en raison d'une certaine solidarité des pays est-européens. Objectifs affichés de cette stratégie : empêcher l'approfondissement de la séparation des Allemands et sécuriser la situation de Berlin.

Dès sa déclaration de politique générale, le 28 octobre 1969, Brandt franchissait le cap décisif : « Même si deux États existent en Allemagne, ils ne sont pas étrangers l'un pour l'autre ; leurs relations ne peuvent que revêtir un ca-

---

44.– Jusqu'à la fin de 1969, 19 pays du monde avaient reconnu la RDA dont six au cours de l'année 1969. Sept pays allaient suivre en 1970. Pour le tableau complet, cf. Ingrid MUTH, *Die DDR-Außenpolitik 1949 – 1972. Inhalte, Strukturen, Mechanismen*, Berlin, 2000, pp. 234 – 237.

45.– Note de Bahr, « Überlegungen zur Außenpolitik einer künftigen Bundesregierung », 18.9.1969, in : AAPD 1969, doc. n° 296 (Les élections législatives ont lieu le 28 septembre, l'élection de Brandt au poste de chancelier le 21 octobre 1969).

ractère particulier »⁴⁶. Pour la première fois dans l'histoire de la République fédérale un chancelier qualifiait la RDA d'« État ». Ainsi, Brandt avait choisi d'abattre d'emblée la carte essentielle de la reconnaissance officielle tout en précisant la ligne qu'il n'entendait pas franchir : dans leurs rapports bilatéraux, les deux États se situaient désormais à un niveau d'égalité et ne se contestaient plus le droit d'agir au nom des populations respectives. En même temps, les deux États restaient dans le cadre de la nation allemande, en premier lieu par respect pour l'Histoire et sens des responsabilités pour la population est-allemande. La reconnaissance étatique restait en-deça de la pleine reconnaissance en droit international que Brandt excluait formellement.

La rapidité avec laquelle le nouveau gouvernement procédait, sur de nouvelles bases, à l'ouverture de pourparlers – d'abord avec Moscou, ensuite avec Varsovie et Berlin-Est – pouvait surprendre⁴⁷. Elle s'explique par la période de préparation qui s'était étalée sur plusieurs années et par le fait que, dans la conception allemande, ce qui était acceptable et nécessaire et ce qui ne l'était pas était assez clairement défini. Cependant, les écueils et les inconnues étaient multiples, puisqu'il fallait trouver des solutions qui seraient de nature à satisfaire à la fois les vues de Bonn sur la spécificité des relations interallemandes et la volonté de Moscou de fixer le *statu quo* de manière définitive, tout en obtenant – à l'avenir – la ratification parlementaire et l'aval de la Cour constitutionnelle en RFA. Qui plus est, les droits que les Alliés détenaient pour l'Allemagne dans son ensemble ne devaient pas être touchés et un accord sur Berlin, que seules les quatre puissances victorieuses pouvaient négocier, devait établir l'équilibre du « donnant-donnant ». Quant au fond, il s'agissait de (ré-) affirmer l'engagement de renonciation à la force et d'appliquer cet engagement, de manière explicite, aux frontières, d'abord à celle qui séparait les deux États allemands et à celle sur l'Oder et Neiße. Cette forme de reconnaissance de la « réalité existante » devait constituer la base des relations bilatérales ultérieures.

Dès le départ, l'attention se focalisa sur les négociations avec l'Union soviétique qu'Egon Bahr prit en main, à Moscou, à partir de la fin janvier 1970⁴⁸. Signe de la complexité du côté soviétique : à l'initiative du Kremlin,

---

46.– Déclaration devant le *Bundestag*, le 28 octobre 1969, in : Deutscher Bundestag, Stenographische Berichte, 6ᵉ législature, pp. 20 – 34, ici p. 21. Brandt s'était décidé au dernier moment d'employer cette formule afin de donner un signal fort, tandis que Bahr avait pensé réserver cet acte aux négociations. Cf. BAHR (note 2), p. 277.
47.– Sur le processus de décision, cf. toujours Günther SCHMID, *Entscheidung in Bonn. Die Entstehung der Ost- und Deutschlandpolitik 1969/1970*, Cologne, ²1980.
48.– Cf. les comptes rendus dans les AAPD 1970, tome 1 et 2 ; voir, en particulier, la note de Bahr du 7 mars 1970 avec les « non-papers » allemands et soviétiques du 5 et 6 mars 1970, in : AAPD 1970, n° 97 ; voir aussi : BAHR (note 2), pp. 284 – 338 ; Werner LINK, « Die Entste-

fut établi, fin 1969, un contact direct avec la chancellerie de Bonn que Brandt et Bahr pouvaient utiliser pour débloquer des situations difficiles[49]. Pour Bonn, l'objectif était d'assortir sa reconnaissance des réalités d'éléments crédibilisant l'idée selon laquelle l'évolution vers une forme d'unité allemande restait possible. D'où l'importance de ne pas qualifier les frontières d'« intangibles », comme Moscou l'aurait souhaité, mais d'« inviolables ». D'où aussi l'idée de transmettre au Kremlin, lors de la signature du traité, une « lettre sur l'unité allemande » qui affirmerait que le traité n'était « pas en contradiction avec l'objectif politique de la République fédérale d'œuvrer pour un état de paix en Europe dans lequel le peuple allemand, en se déterminant librement, recouvre son unité »[50]. Lors des entretiens – plus de 50 heures – que Bahr eut au total avec Andreï Gromyko, ministre des Affaires étrangères, et la phase finale des négociations conduites par Walter Scheel, en juillet/août 1970, d'autres demandes de la partie allemande ne purent aboutir, en particulier celle d'insérer une référence, dans le traité ou ses annexes, à la situation de Berlin[51]. Bonn insista donc dans des déclarations unilatérales sur le lien étroit qui existait à ses yeux entre le traité de Moscou, signé le 12 août 1970, et un « règlement satisfaisant » pour la ville au statut quadripartite[52]. Ce « junktim » de fait devait non seulement stimuler l'intérêt soviétique, mais aussi mettre les trois alliés occidentaux devant leur responsabilité.

Le traité de Varsovie du 7 décembre 1970 marqua une césure importante dans les relations germano-polonaises. Il était entendu qu'il placerait la reconnaissance de la frontière Oder-Neiße avant toutes les autres considérations[53]. La précision des signataires qu'ils n'avaient « pas de revendications territoriales et ne les auraient pas non plus à l'avenir » allait aussi loin que possible dans l'engagement pour la pérennité de la frontière. Dans une allocution

---

hung des Moskauer Vertrages im Lichte neuer Archivalien », in : *Vierteljahrshefte für Zeitgeschichte*, 49 (2001) 2, pp. 295 – 315 ; VON DANNENBERG (note 36), pp. 46 – 66.

49.– Wjatscheslaw KEWORKOW, *Der geheime Kanal. Moskau, der KGB und die Bonner Ostpolitik*, Berlin, 1995, pp. 47ss.

50.– Cf. le texte du traité et des documents annexes in : *Bulletin der Bundesregierung*, 17 août 1970, n° 109, pp. 1093s. Pour l'analyse détaillée : Benno ZÜNDORF, *Die Ostverträge. Die Verträge von Moskau, Warschau, Prag, das Berlin-Abkommen und die Verträge mit der DDR*, Munich, 1979, pp. 17 – 61.

51.– Cf. l'entretien Scheel-Gromyko du 6 août 1970, in : AAPD 1970, n° 375.

52.– Cf. l'évocation de la question dans l'entretien Brandt-Brejnev, le 12 août 1970, in : AAPD 1970, n° 388.

53.– Cf. l'analyse du négociateur allemand : Georg Ferdinand DUCKWITZ, « Die Wende im Osten », in : *Außenpolitik*, 21 (1970), pp. 645 – 660 ; cf. aussi l'entretien Brandt-Gomulka à Varsovie, le 7 décembre 1970, et la note de Brandt du même jour, in : AAPD 1970, doc. nos 589 et 590.

télévisée depuis Varsovie, Brandt ne laissa pas le moindre doute sur la perte définitive des anciens territoires de l'Est, appelant Polonais et Allemands à dépasser les souffrances d'un passé douloureux[54].

D'un règlement qui assurerait la sécurité et la viabilité de Berlin (-Ouest), le gouvernement de Bonn attendait la contrepartie de sa politique de « normalisation ». Quand les ambassadeurs des quatre puissances victorieuses entamèrent leurs discussions, le 26 mars 1970, dans l'immeuble de l'ancien Conseil de contrôle allié, les chances d'aboutir à un résultat favorable sur la base du statut quadripartite étaient considérées comme très limitées. Pour cette raison, Georges Pompidou s'était montré plus que réservé sur l'opportunité de lancer ces pourparlers[55]. Les Occidentaux semblaient en position de faiblesse et guère en mesure d'obtenir des améliorations. Or, avec le temps, Moscou intégrait dans ses dispositions le fait que la ratification de son traité bilatéral par le *Bundestag* se jouait à Berlin et que, de surcroît, le maintien, en pointillé, du cadre quadripartite pour l'ensemble de Berlin ne représentait pas que des inconvénients. Bonn insista en outre pour que les Américains mettent tout leur poids dans la balance. À partir du printemps 1971, des compromis décisifs furent arrêtés, dans des négociations parallèles, entre Egon Bahr et les ambassadeurs américain et soviétique à Bonn[56].

L'objectif de Bonn consistait à maintenir le principe des responsabilités quadripartites dans la mesure où elles constituaient le seul recours efficace contre la prise en otage de Berlin-Ouest par la RDA par la perturbation des voies d'accès. Bien que les Quatre s'abstinrent, dans l'accord sur Berlin signé le 3 septembre 1971, de définir leurs positions (divergentes) concernant le statut juridique de la ville, l'engagement auquel souscrivit l'Union soviétique était sans ambiguïté : le transit des personnes civiles et des marchandises entre Berlin-Ouest et la RFA serait à l'avenir « sans entraves » et même « facilité ». En outre, l'accord stipulait que les « liens » entre Berlin-Ouest et la RFA pouvaient être « maintenus et développés », même si la ville continuait à ne pas faire partie de la RFA et n'était pas gouvernée par elle[57]. Les

---

54.– Texte in : *Bulletin der Bundesregierung*, 8 décembre 1970, n° 171, p. 1814.
55.– « Note du Président de la République », 26 mars 1970, « Négociation sur Berlin », Archives nationales (Paris), 5 AG 2, vol. 1009.
56.– Sur la mise en place de ce « back channel » et l'accélération des négociations sur Berlin, cf. Foreign Relations of the United States, 1969 – 1976, vol. XL, Germany and Berlin, 1969 – 1972, pp. 492ss ; voir aussi David C. GEYER, « The missing link : Henry Kissinger and the Back-Channel Negotiations on Berlin », in : ID., BERND SCHAEFER (éd.), *American Détente and German Ostpolitik, 1969 – 1972*, Washington, 2004, pp. 80 – 97.
57.– Cf., parmi d'autres documents publiés, l'analyse de l'accord par l'*Auswärtiges Amt* du 25 août 1971, in : AAPD 1971, doc. n° 281 ; ZÜNDORF (note 50), pp. 117 – 201 ; BAHR (note 2), pp. 344 – 371 ; James S. SUTTERLIN, David KLEIN, *Berlin. From Symbol of Confrontation to Keys-*

couleuvres que la RDA dut avaler étaient de taille. Berlin-Ouest se trouvait largement conforté dans sa viabilité, en même temps que l'Union soviétique limitait la souveraineté de la RDA sur les voies d'accès à Berlin-Ouest.

À quel point Brandt et Bahr étaient-ils informés des dissensions internes entre Moscou et Berlin-Est qui se manifestèrent dès 1969 ? La réponse n'est pas aisée. Comme on pouvait s'y attendre, les dirigeants est-allemands avaient réagi à l'ouverture de Bonn en réaffirmant leurs positions maximalistes, le rejet de toute idée d'unité de la nation ou la reconnaissance de Berlin-Ouest comme « entité politique indépendante »[58]. Il semble pourtant que, sans développer de projets précis, Walter Ulbricht avait tendance à jouer sa propre partition, tout en maintenant les exigences traditionnelles[59]. Or, les dirigeants du Kremlin, à leur tête Léonid Brejnev, ne souhaitaient pas courir le risque d'interférences et entendaient garder la pleine maîtrise de l'évolution. La priorité absolue devait revenir aux pourparlers de Moscou avec Bonn et ce serait Moscou qui déciderait des concessions nécessaires. Ainsi, dès ses entretiens à Berlin-Est, le 24 février 1970, Gromyko fit comprendre à ses interlocuteurs que la reconnaissance en droit international de la RDA et de la frontière inter-allemande pourrait ne pas figurer dans le traité germano-soviétique en négociation[60].

On sait qu'à partir de la fin de l'année 1969, Erich Honecker se présenta aux dirigeants du Kremlin, avec une insistance croissante, comme alternative personnelle à Ulbricht. Si ce dernier souhaitait réagir à l'*Ostpolitik* de Bonn par des initiatives propres, Honecker offrait toutes les garanties pour appliquer les consignes de Moscou sans la moindre déviation. Dès les premières discussions au sein du *Politbüro*, le 30 octobre 1969, sur l'attitude à adopter face au nouveau cours de Bonn, Ulbricht avait prôné une « nouvelle Westpolitik » active, tandis que Honecker restait sur une ligne nettement

---

*tone of Stability*, New York, 1989 ; Julij A. KWIZINSKIJ, *Vor dem Sturm. Erinnerungen eines Diplomaten*, Berlin, 1993, pp. 233 – 251.

58.– Cf. le projet de traité, envoyé par Ulbricht au président de la RFA, Gustav Heinemann, le 17 décembre 1969, in : *Zehn Jahre Deutschlandpolitik. Die Entwicklung der Beziehungen zwischen der Bundesrepublik Deutschland und der Deutschen Demokratischen Republik 1969 – 1979. Bericht und Dokumentation*, Bonn, Bundesministerium für innerdeutsche Beziehungen, 1980, pp. 119 – 121 ; et le commentaire de Bahr du 18 décembre 1969, in : *Dokumente zur Deutschlandpolitik*, série VI, vol. 1 (21 octobre 1969 – 31 décembre 1970), n° 43.

59.– Mario FRANK, *Walter Ulbricht. Eine deutsche Biografie*, Berlin, 2001, pp. 401 – 427 ; Jochen STAADT, « Walter Ulbrichts letzter Machtkampf », in : *Deutschland Archiv*, 29 (1996) 5, pp. 686 – 700 ; ID., *Die geheime Westpolitik der SED 1960 – 1970. Von der gesamtdeutschen Orientierung zur sozialistischen Nation*, Berlin, 1993, pp. 253ss.

60.– Cf. l'analyse détaillée de SCHMIDT (note 28), pp. 228 – 246 ; pour l'ensemble, cf. WENTKER (note 11), pp. 319ss.

plus orthodoxe qui affectait de ne guère faire de différence entre l'approche du gouvernement Brandt et celle de ses prédécesseurs[61]. En 1970, tout en s'engageant elle-même dans des négociations avec Bonn, Moscou confinait Berlin-Est – s'il en était besoin – dans un rôle défensif. Dès lors, le déclin d'Ulbricht était engagé, même si son remplacement officiel par Honecker ne devait intervenir qu'au début de mai 1971[62]. En juillet 1970, Brejnev s'adressait à Honecker en des termes on ne peut plus clairs : « Il n'y a pas et il ne doit pas y avoir de processus de rapprochement entre la RFA et la RDA »[63]. C'est dire l'étroitesse de la marge de manœuvre dont la RDA disposa dans la relation triangulaire Moscou-Bonn-Berlin-Est pendant toute la phase des traités. Brandt et Bahr l'avaient anticipée. Le problème de l'*Ostpolitik* de Bonn était de trouver des ouvertures malgré la politique de « démarcation ».

Dans ce contexte, les rencontres spectaculaires entre Willy Brandt et Willy Stoph, le 19 mars 1970 à Erfurt et le 21 mai suivant à Kassel, ne pouvaient guère servir à plus qu'à marquer les positions respectives et à prendre date. Après une « pause de réflexion », les discussions reprirent avec un premier entretien entre Egon Bahr et son homologue est-allemand, Michael Kohl, le 27 novembre 1970[64]. Mais cette fois, ce furent surtout les trois alliés occidentaux qui ne virent pas d'un bon œil que la RFA et la RDA – réticente – engagent des discussions abordant aussi le sujet de Berlin. Il fallut donc attendre la signature de l'accord sur Berlin pour que Bahr et Kohl puissent officiellement négocier d'abord un complément à celui-ci (sur le « transit »), ensuite sur les problèmes de transport, avant d'entamer enfin, en juin 1972, les pourparlers sur ce qui allait être le « Traité fondamental »[65]. Comme son nom l'indique, il devait poser le cadre des futures relations interallemandes. Paraphé avant les élections au *Bundestag* (19 novembre 1972), il ne fut signé

---

61.– Ulbricht : « Wenn Brandt neue *Ostpolitik* macht, dann machen wir eine neue Westpolitik, und zwar eine, die sich gewaschen hat. Dabei soll er ins Schwitzen kommen. » Compte rendu du collaborateur d'Ulbricht, Berger, de la séance du *Politbüro* du 30 octobre 1969 à Dölln, in : *Dokumente zur Deutschlandpolitik* (note 58), n° 10 ; cf. aussi les considérations et les notes de Honecker, *ibid.*, n°s 7 et 9.

62.– Pour une perspective plus large, cf. Monika KAISER, *Machtwechsel von Ulbricht zu Honecker. Funktionsmechanismen der SED-Diktatur in Konfliktsituationen 1962 bis 1972*, Berlin, 1997, pp. 324 – 454.

63.– Compte rendu de l'entretien Brejnev – Honecker, le 28 juillet 1970, in : Peter PRZYBYLSKI, *Tatort Politbüro. Die Akte Honecker*, Berlin, 1991, pp. 280 – 288, ici : p. 283.

64.– Compte rendu in : *Dokumente zur Deutschlandpolitik* (note 58), n° 233.

65.– BAHR (note 2), pp. 381 – 428 ; cf. les extraits des entretiens principaux, y compris ceux entre Bahr et Honecker, in : Heinrich POTTHOFF, *Bonn und Ost-Berlin 1969 – 1982. Dialog auf höchster Ebene und vertrauliche Kanäle. Darstellung und Dokumente*, Bonn, 1997, pp. 194 – 275.

que le 21 décembre, après que les électeurs eurent donné une large majorité à la politique menée par Willy Brandt et son gouvernement[66].

Le Traité fondamental appliquait au cas spécifique des deux États allemands le schéma général de l'*Ostpolitik* : établissement de « relations normales de bon voisinage sur la base de l'égalité », « inviolabilité de la frontière existante », volonté de régler, au fur et à mesure de la « normalisation » de leurs relations, les questions pratiques et humanitaires[67]. Si les deux parties affirmaient avoir « des avis divergents sur des questions fondamentales, dont la question nationale », chacun pouvait se voir confirmé dans sa vision par différentes dispositions : la RDA, comme Moscou, dut accepter de recevoir la « lettre sur l'unité allemande » et se contenter de l'installation de « représentations permanentes » au lieu d'ambassades. La RFA, de son côté, consentit à l'entrée des deux États allemands à l'ONU, symbole international de souveraineté. Plus tard, dans sa décision très attendue du 31 juillet 1973, la Cour constitutionnelle de Karlsruhe devait constater ce « double caractère » du Traité fondamental, tout en concluant qu'il était « conforme » à la Loi fondamentale et en particulier à son exigence d'une politique en faveur de l'établissement de l'unité allemande[68].

L'essentiel pour Bonn étant les aspects humanitaires, les autres engagements contenus dans des échanges de lettres au sujet du regroupement familial, des visites et des voyages ou encore des facilités de travail pour des journalistes portaient l'espoir de toucher la vie réelle et de permettre le maintien ou le développement de liens malgré l'opposition persistante des systèmes.

On connaît le mot d'Egon Bahr lors de la signature du traité, en réponse à un journaliste sur ses attentes : « Jusqu'alors nous n'avions pas de relations, maintenant nous allons en avoir de mauvaises, et c'est cela le progrès »[69]. On ne peut pas dire que Bahr, à cette période, n'avait pas mis en garde contre des espérances irréalistes, concernant en particulier la liberté d'expression ou de circulation. Celles-ci seraient « incompatibles avec le caractère d'un tel

---

66.– Sur l'ensemble, cf. Mary Elise SAROTTE, *Dealing with the Devil. East Germany, Détente and Ostpolitik, 1969 – 1973*, Chapel Hill, London, 2001 ; Detlef NAKATH, *Deutsch-deutsche Grundlagen. Zur Geschichte der politischen und wirtschaftlichen Beziehungen zwischen der DDR und der Bundesrepublik in den Jahren 1969 bis 1982*, Schkeuditz, 2002, pp. 162 – 210.
67.– Cf. ZÜNDORF (note 50), pp. 211 – 310.
68.– Cf. les attendus du jugement in : *Zehn Jahre Deutschlandpolitik* (note 58), pp. 232 – 243.
69.– BAHR (note 2), p. 424.

État » et si l'on formulait de telles exigences on demandait en fait l'abolition du système[70].

En effet, après l'entrée en vigueur du Traité fondamental, le 21 juin 1973, s'ouvrit la longue phase de cohabitation conflictuelle entre les deux États allemands qui allait perdurer jusqu'à la chute du Mur. Des ouvertures partielles et limitées contrastaient avec des blocages, des stagnations et le maintien de situations inhumaines.

Au plan idéologique, Berlin-Est parachevait sans surprise sa politique de « démarcation » à l'égard de la RFA en écartant toute référence à « l'Allemagne » ou à la « nation allemande » dans la nouvelle constitution de la RDA d'octobre 1974.

En matière humanitaire et d'échanges, les facilités qui allaient être aménagées entre les deux États allemands étaient loin d'être négligeables, mais butaient aussi sur des limites. Le nombre de voyages de RFA vers la RDA était multiplié par trois entre 1969 et 1976 (de 1 107 077 à 2 923 212). Le nombre d'appels téléphoniques dans le même sens était multiplié par environ 40 entre 1969 et 1979 (de 500 000 à 20,6 millions)[71].

Dans le domaine du commerce et de l'économie, la valeur des exportations ouest-allemandes en RDA doublait entre 1969 et 1975, tout comme les exportations de la RDA dans la même période. Parallèlement, la RDA utilisait de plus en plus les facilités de crédit sans intérêts que la RFA lui accordait dans le commerce inter-allemand (« Swing »)[72]. D'autres indicateurs étaient moins reluisants, comme le nombre restreint de ressortissants (non-retraités) de la RDA autorisés à voyager en RFA (env. 40 à 60 000 par an entre 1973 et 1984), la circulation modeste de livres et d'imprimés ou encore les conditions de travail difficiles des journalistes ouest-allemands accrédités en RDA[73].

Voilà le quotidien auquel avait abouti l'ouverture à l'Est sur le plan interallemand, loin d'un bouleversement profond des structures ou d'une remise en cause des systèmes. En revanche, les conséquences humaines de la division se trouvaient atténuées. Des phénomènes inattendus, au moins dans leur ampleur, comme le captage massif de la télévision ouest-allemande à l'Est ou encore les difficultés économiques croissantes de la

---

70.– Discours de Bahr à propos du *Grundlagenvertrag*, 15 février 1973, in : *Bulletin der Bundesregierung*, 17 février 1973, n° 19, p. 168 ; cf. aussi : « Bahr : Die Flitterwochen sind vorbei », interview in : *Die Zeit*, 16 mars 1973, p. 12.

71.– *DDR – Handbuch*, éd. par le Ministerium für innerdeutsche Beziehungen, Cologne, ³1985, pp. 634 et 632.

72.– *Zehn Jahre Deutschlandpolitik* (note 58), p. 29.

73.– *Ibid.*, pp. 56 – 57, 63.

RDA qui la renvoyaient, bien involontairement, aux rapports avec l'Ouest, contribuaient à ce que l'un n'était jamais véritablement étranger pour l'autre.

Autre conséquence, et non des moindres : sur la scène internationale, les deux États allemands cessaient d'être un foyer de tensions permanentes au cœur de l'Europe. Pour la RDA toutefois la reconnaissance internationale n'eut pas l'effet attendu par ses dirigeants d'identification accrue des citoyens est-allemands avec « leur » État. Qui plus est : dans un système international plus ouvert, la RDA devait plus que jamais soutenir la comparaison avec la RFA dans tous les domaines. Les « standards » fixés dans l'Acte final de la conférence d'Helsinki, le 1er août 1975, allaient bientôt servir de référence pour des revendications en matière des droits de l'homme[74].

## Conclusion

Dans l'appréciation rétrospective de l'*Ostpolitik* de Willy Brandt, il ne faut pas commettre d'erreur de perspective ou d'anachronisme. L'essence de cette politique, au début des années 1970, était le souci de vérité et de réalisme. Il s'agissait de débarrasser la politique allemande d'illusions trop longtemps entretenues concernant les chances de Réunification, voire de retour des territoires de l'Est. L'ensemble des traités signifiait ainsi, selon l'analyse contemporaine mais toujours pertinente du politologue Richard Löwenthal, rien de moins qu'un acte d'auto-reconnaissance de la société ouest-allemande[75]. Le changement des générations aidant, la démocratie de Bonn n'était plus considérée comme un « État provisoire », mais inscrite dans la durée.

Espérer des transformations à long terme et le maintien du droit inaliénable à l'autodétermination dont il n'était pas question de priver le peuple allemand était une autre question. Les architectes de l'*Ostpolitik* étaient certainement convaincus qu'en toute hypothèse, l'Histoire n'avait pas dit son dernier mot dans la « question allemande ». « Il n'y a pas un jour qui ne créerait de nouvelles réalités », telle était une conviction bien ancrée de Brandt[76]. La constellation d'un moment n'était jamais figée ni immuable.

---

74.– Johannes L. Kuppe, « Die KSZE und der Untergang der DDR », in : *Deutschland Archiv*, 38 (2005) 3, pp. 487 – 493 ; Christian Domnitz, « Der Traum von Helsinki. Bürgerrechtler entwickeln Ideen einer neuen europäischen Ordnung », in : *Deutschland Archiv*, 40 (2007) 1, pp. 76 – 86.

75.– Richard Löwenthal, « Vom Kalten Krieg zur *Ostpolitik* », in : Id., Hans-Peter Schwarz (éd.), *Die zweite Republik. 25 Jahre Bundesrepublik Deutschland – Eine Bilanz*, Stuttgart, 1974, pp. 604 – 699, ici p. 691.

76.– Citation dans son discours « Deutsche Außenpolitik nach zwei Weltkriegen », Berlin, 6 octobre 1967, in : *Bulletin der Bundesregierung*, 10 octobre 1967, n° 109, pp. 933 – 937.

Au demeurant, l'horizon de travail était toujours « l'ordre de paix européen » dans lequel la coupure entre les deux blocs et donc entre les deux Allemagnes aurait laissé place à des rapports pacifiés et organisés. C'était déjà placer très haut l'ambition au regard des affrontements permanents et périlleux auxquels la Guerre froide avait donné lieu. Le retour à une unité étatique entre la RFA et la RDA, sous quelque forme que ce fût, paraissait tout à fait hors d'atteinte dans les années 1970, y compris pour ceux qui avaient conçu l'*Ostpolitik* et la détente à l'allemande dans le souci de sortir du blocage et d'ouvrir des perspectives d'avenir.

# Zone d'opérations Allemagne de l'Est

Armin Wagner

## Espionnage militaire exercé par le Service fédéral de renseignement en RDA

D'un point de vue historique, l'espionnage interallemand est avant tout l'histoire des rapports conflictuels entre services de renseignement opérant pour le compte de Berlin-Est et de Bonn. Au ministère de la sécurité d'État en RDA (tout à la fois police secrète, appareil d'espionnage et de contre-espionnage) et au service de renseignement, fort peu connu, de l'armée populaire nationale, faisaient pendant, en République fédérale, trois organismes compétents soit en matière de contre-espionnage soit en matière d'espionnage et sans pouvoir exécutif : l'Office de la protection de la constitution, la Direction du renseignement militaire et le Service fédéral du renseignement. L'histoire de cette confrontation illustre en même temps l'imbrication entre les deux Allemagnes durant la Guerre froide. Cette imbrication s'étend du cosmos apparemment élitiste d'agents employés à plein temps, et de leurs centrales bien isolées de Berlin-Lichtenberg et de Pullach, jusqu'au niveau des acteurs d'un espionnage quotidien de « rase-mottes » : des milliers de citoyens des deux États, dont les services adverses se servaient comme informateurs, constituaient dans la réalité un « ensemble humain de communication »[1] des services de renseignement aux multiples maillages.

De plus, les conspirations sur fond de confrontation entre la République fédérale et la RDA ne concernent pas la seule Allemagne et la relation qu'on peut en faire n'est donc pas uniquement celle d'une opposition mais encore celle d'une coopération. De même qu'il n'y a plus eu, après 1945, d'histoire militaire allemande autonome et qu'on ne peut en faire une description idoine que sous l'angle de l'intégration (et du contrôle) dans les alliances de l'OTAN et du Pacte de Varsovie, de même les services allemands du renseignement et notamment sans doute le Service fédéral du renseignement doi-

---

1.– Christoph KLESSMANN, « Verflechtung und Abgrenzung. Aspekte der geteilten und zusammengehörigen deutschen Nachkriegsgeschichte », in : *Aus Politik und Zeitgeschichte*, B 29/30 (1993), pp. 30 – 41, ici p. 39. Je remercie Matthias Uhl (Moscou), pour sa relecture attentive et ses commentaires.

vent être considérés dans le seul contexte de la coopération internationale du temps de la Guerre froide. Toutefois, les liens qui en ont résulté à l'Ouest entre les services n'ont jamais été aussi étroits que les liens de la structure militaire créée parallèlement dans le cadre du Traité de l'Atlantique Nord.

## Étude de cas : Fred L. – espionnage militaire au Mecklembourg

Au milieu des années 1960, les services secrets britanniques furent informés, par un réfugié est-allemand que des fusées étaient entreposées ou montées à Kalkstadt, au sud de Rostock (Mecklembourg) : « Whatever they had in the sheds could blow the Americans out of West Germany in a couple of hours ». Une tentative de survol et de photographie de la région au moyen d'un avion de ligne régulier ayant échoué, et ne disposant donc pas d'« imagery intelligence » (IMINT), les Britanniques décidèrent d'envoyer un agent franchir près de Lübeck la frontière interallemande pour se rendre à Kalkstadt. Le choix porta sur Fred Leiser, qui exploitait à Londres un petit garage. C'était un migrant, disposant d'une certaine expérience. Polonais de naissance, originaire de Danzig et maîtrisant la langue allemande, il avait déjà opéré comme jeune homme en Allemagne durant la Seconde Guerre mondiale au profit des services britanniques. Mais cette fois-ci, quelques années après la construction du Mur, la mission échoua : Leiser tua un garde-frontière est-allemand, commit quelques erreurs de manipulation avec son appareil radio et tomba finalement aux mains de ses poursuivants. De nombreux aspects de ce scénario ne sont pas cohérents : les avions de ligne civils, selon les informations dont on dispose aujourd'hui, n'étaient pas utilisés en règle générale pour la reconnaissance optique ; la mission confiée à Fred Leiser, « a crash operation at the border » visant à infiltrer un homme en RDA, « has scarcely been done since the war ». Au lieu d'envoyer leurs propres agents, les services occidentaux utilisèrent de préférence, durant les années 1950 et au début des années 1960, des informateurs est-allemands, recrutés par milliers : « human intelligence » (HUMINT) dans le langage des services de renseignement, ou sources. Une localité du nom de Kalkstadt ne se trouve d'ailleurs sur aucune carte d'Allemagne de l'Est, car elle est fictive tout comme le sont Fred Leiser et l'opération décrite ci-dessus. Les acteurs et l'action émanent de l'imagination de John le Carré dont le roman d'espionnage paru en 1965 « The Looking-Glass War »[2] reflète de manière réaliste la confrontation Est-Ouest d'alors. En effet, fondamentalement, la situation initiale imaginée par le Carré correspond à la perception qu'avait alors la *Community* occidentale de la politique sécuritaire, la menace que

---

2.– John le CARRÉ, *The Looking-Glass War*, New York, 1965. Les deux citations précédentes in : *ibid.*, pp. 67, 99.

faisaient peser sur l'Europe les troupes soviétiques et la reconnaissance, sur fond de conspiration, face à cet objectif. Le blocus de Berlin et la guerre de Corée favorisèrent cet espionnage militaire. La guerre en Extrême-Orient montra soudainement que la Guerre froide pouvait à tout moment devenir brûlante. Elle fit apparaître le besoin en informations militaires et confirma les priorités du renseignement face aux militaires soviétiques en Allemagne de l'Est (« reconnaissance des abords immédiats ») mais aussi en Pologne, en Tchécoslovaquie et dans les autres États du bloc oriental y compris la Yougoslavie et l'Albanie (« reconnaissance profonde ») ainsi qu'en URSS (« reconnaissance lointaine »)[3]. L'aptitude, nullement incontestée à l'origine du côté américain, de l'organisation Gehlen (créée en 1946 et remplacée en 1956 par le BND[4]) à observer les troupes soviétiques de l'autre côté du rideau de fer fut progressivement reconnue. Pendant le blocus de Berlin en 1948/49, l'armée de l'air US en Europe se fia presque exclusivement aux résultats des écoutes pratiquées par l'organisation Gehlen au niveau de presque toutes les formations de la 16e flotte aérienne soviétique stationnée en Allemagne de l'Est. Sa reconnaissance radio portait sur les communications tactiques radio des pilotes. Dès 1950, les experts allemands furent à même, par des mesures radio, de détecter les émissions radar de toutes les stations d'alerte précoce en RDA[5].

Les chefs d'état-major des forces armées du Royaume Uni durent constater, au regard de la menace que faisait peser la politique de Moscou en 1950, qu'il ne pouvait y avoir de stratégie isolée et indépendante, ni britannique ni ouest-européenne, mais seulement une pleine collaboration avec les USA « in policy and method »[6]. Ce n'était, il est vrai, pas valable uniquement pour la *special relationship* entre Washington et Londres, ni davantage pour les seules forces armées. La direction britannique de la sécurité extérieure,

---

3.– Peter F. MÜLLER, Michael MUELLER, *Gegen Freund und Feind. Der BND : Geheime Politik und schmutzige Geschäfte*, Reinbek, 2002, pp. 112 – 115.

4.– Concernant l'histoire initiale de ces services, avant leur mise sous curatelle américaine, cf. Kevin C. RUFFNER (ed.), *Forging an Intelligence Partnership : CIA and the Origins of the BND, 1945 – 49. A Documentary History*, 2 vol., CIA History Staff, Center for the Study of Intelligence, Washington D.C., 1999 ; James H. CRITCHFIELD, *Auftrag Pullach. Die Organisation Gehlen 1948 – 1956*, Hambourg, 2005 [original : *Partners at the Creation. The Men Behind Postwar Germany`s Defense and Intelligence Establishments*, Annapolis 2003] ; Jens WEGENER, *Die Organisation Gehlen und die USA. Deutsch-amerikanische Geheimdienstbeziehungen, 1945 – 1949*, Münster, 2008.

5.– Cf. Matthew M. AID, « A Tale of Two Countries. US Intelligence Community Relations with the Dutch and German Intelligence and Security Services, 1945 – 50 », in : Beatrice DE GRAAF et al. (ed.), *Battleground Western Europe. Intelligence Operations in Germany and the Netherlands in the Twentieth Century*, Amsterdam, 2007, pp. 95 – 122.

6.– Paul MADDRELL, *Spying on Science. Western Intelligence in Divided Germany 1945 – 1961*, Oxford, 2006, pp. 7, 9.

Secret Intelligence Service (ISIS), la Central Intelligence Agency américaine (CIA), les services secrets français et danois, les forces armées américaines en Europe et l'OTAN ainsi que le BND travaillaient ensemble à l'acquisition de renseignements sur la RDA et se communiquaient leurs résultats, en partie tout au moins. Ces travaux se traduisaient essentiellement, sur fond de menace militaire résultant de la Guerre froide, par une « order-of-battle-intelligence », autrement dit par une présentation des capacités militaires des pays de l'Est et de leurs intentions. Au centre se trouvaient, notamment dans les années 1950 et 1960, le groupement des troupes d'occupation soviétiques en Allemagne (GBST, 1945 – 1954), qui devint plus tard le groupement des forces armées soviétiques en Allemagne (GSSD, 1954 – 1989)[7].

Entre la fin de la guerre et le début des années 1960, le format et la mission des troupes soviétiques en zone d'occupation soviétique/RDA changèrent fondamentalement. Aux troupes d'occupation, partiellement mal équipées et peu mobiles, succédèrent des forces armées puissantes, très mobiles, animées par un esprit offensif et aptes à frapper avec force, déterminantes quant à la poursuite des intérêts militaires et sécuritaires sur le glacis de l'URSS face à l'Europe occidentale. Le GSSD n'était pas appelé seulement, comme le GSBT, à soutenir la position soviétique en RDA et en conséquence le pouvoir de la SED. Il avait en même temps pour mission d'être un instrument actif de menace militaire à l'égard de l'OTAN et surtout à l'égard de la République fédérale. À la fin des années 1960, selon les estimations du service fédéral de renseignement, le GSSG était en mesure, avec les troupes du Pacte de Varsovie, en premier échelon d'une attaque lancée à l'improviste sans les préparatifs liés à la mobilisation, de traverser la République fédérale pour atteindre en 20 jours les côtes atlantiques française, espagnole et portugaise ainsi que les côtes méditerranéennes espagnole et française[8].

## Historique du service fédéral du renseignement

« Une sorte d'institut Goethe qui observe ce qui se passe ailleurs »[9] : c'est en ces termes que Richard Meier, considérant les années qu'il avait passées au sein des services secrets ouest-allemands, qualifiait l'état du service fédé-

---

[7].– Ouvrage essentiel que celui d'Armin WAGNER, Matthias UHL, *BND contra Sowjetarmee. Westdeutsche Militärspionage in der DDR*, Berlin, ²2008 ; pour la présence militaire soviétique en Allemagne de l'Est, voir aussi Kurt ARLT, « Sowjetische (russische) Truppen in Deutschland (1945 – 1994) », in : Torsten DIEDRICH et al. (éd.), *Im Dienste der Partei. Handbuch der bewaffneten Organe der DDR*, Berlin, ²1998, pp. 593 – 632.
[8].– Cf. Bundesarchiv Koblenz (BAKo), B 206/128, Militärischer Lagebericht Ost, Jahresabschlussbericht 1967, ff. B 21 – 27.
[9].– Richard MEIER, *Geheimdienst ohne Maske. Der ehemalige Präsident des Bundesverfassungsschutzes über Agenten, Spione und einen gewissen Herrn Wolf*, Bergisch Gladbach, 1992, p. 45.

ral du renseignement (BND) aux environs de l'année 1970. Meier, qui avait été auparavant le chef du contre-espionnage de l'Office fédéral de protection de la constitution, venait de prendre la direction de la division Acquisitions (c'est-à-dire la division du contre-espionnage) du BND. « L'absence de repères » de ce service fédéral lui parut « inquiétant » ; c'était un service qui « ne disposait que de quelques sources secrètes véritables à l'étranger ». Sa propre division lui paraissait être « une voiture de course très performante, mais qui n'avait le droit d'évoluer que dans la cour »[10]. Ce blocage, que le service s'était imposé à lui-même, était dû, poursuivait Meier, à ce que l'agent double Heinz Felfe avait été démasqué en 1961. Ancien officier du « Reichssicherheitshauptamt » (RSHA, Office central de la sécurité du Reich), Felfe avait espionné au sein de la centrale du BND, à Pullach, pour le compte du KGB soviétique (« Komitet Gosudarstvennoj Bezopasnosti »). Sa haute trahison, provoquant la perte de nombreuses sources, n'eut pas seulement des effets très négatifs sur les activités des services de renseignement en RDA, elle mina la confiance des partenaires occidentaux à l'égard du service fédéral allemand et produisit un choc mental en beaucoup de collaborateurs. Les travaux se déroulèrent désormais dans un climat de méfiance plus tendu que jamais.

Les sources concernant le développement interne du service fédéral du renseignement sont encore peu abondantes. L'absence de documents n'a permis jusqu'à présent, sur la base des archives disponibles, qu'une approche de l'histoire des autorités du BND[11], et moins encore une histoire sociale documentée telle qu'elle existe depuis quelques années pour le ministère de la sécurité d'État[12]. Une approche, plus prometteuse actuellement, des études relatives à l'histoire du service fédéral du renseignement, comme histoire de l'organisation, histoire sociale ou encore histoire des mentalités, doit porter sur les activités qu'il a déployées en tant que service secret du renseignement. De même qu'une histoire du noyau même des actions militaires a contribué à la renaissance de l'histoire militaire durant la dernière décennie et demi, parallèlement à toutes les fructueuses extensions méthodiques des champs de recherche et des approches analytiques, il est de même impératif qu'une histoire des appareils d'espionnage mette en relief la

---

10.– Toutes les citations *ibid.*, pp. 44s.
11.– Important en tant qu'ouvrage de base : Herrmann ZOLLING, Heinz HÖHNE, *Pullach intern. General Gehlen und die Geschichte des Bundesnachrichtendienstes*, Hambourg, 1971 ; MÜLLER, MUELLER (note 3).
12.– Cf. Jens GIESEKE, *Die hauptamtlichen Mitarbeiter der Staatssicherheit. Personalstruktur und Lebenswelt 1950 – 1989/90*, Berlin, 2000.

profession d'espion proprement dite[13]. Non pas sous la forme du paradigme bien connu d'une histoire d'espions éminents et populaires et de grands « Spy Catcher », qui ne refléterait guère de façon adéquate l'ample réalité des activités de renseignement, mais comme histoire quotidienne des actions opératives portant sur l'adversaire, sous les aspects tant quantitatifs que qualitatifs. L'espionnage du MfS (Ministerium für Staatssicherheit, ministère de la sécurité d'État) et sa division principale « Aufklärung im Westen » (Renseignement à l'Ouest) ont déjà fait l'objet de recherches approfondies, comme aussi, mais dans une moindre mesure, les services secrets de la NVA (Armée populaire)[14]. En revanche, c'est depuis peu seulement que l'étude des archives met en lumière les opérations du BND en RDA[15].

Or le BND, plus que tous les autres services secrets occidentaux, bénéficiait avant la construction du Mur de conditions optimales pour ses activités de renseignement en RDA[16]. Il pouvait recourir à des connaissances énormes accumulées durant la guerre. Une liasse d'environ 26 000 fiches, de la division « Fremde Heere Ost » (FHO, armées étrangères Est), contenait des renseignements sur l'Armée rouge. Le chef de cette division, le colonel Gehlen, promu ensuite général de brigade, avait veillé à ce que le fichier comme aussi d'autres documents de la FHO fussent conservés à la fin de la guerre. Ce fichier ne s'arrête donc pas en 1945, les dernières fiches datent de 1965. Il a servi jusqu'à cette date de moyen d'exploitation militaire. S'y ajoute un fichier de la Poste aux armées, avec 15 000 fiches, pour la période 1940 – 1969. Il a servi pour l'enregistrement des unités soviétiques durant la guerre puis en zone d'occupation soviétique/RDA, dans la partie de l'Autriche occupée par les Soviétiques jusqu'en 1955, en Tchécoslovaquie, en Bulgarie ainsi que dans les districts militaires soviétiques de la Baltique, de Bélorussie, de Kiev, des Carpathes, de Moscou, de Transbaikal-Amur, du Turkestan, du Nord-Caucase et de l'Extreme-Orient. Une autre source sérielle importante est la source dite des garnisons de RDA. Plusieurs milliers de fiches reflètent les efforts du service de renseignement extérieur ouest-allemand

---

13.– Cf. Michael GEYER, « Eine Kriegsgeschichte, die vom Tod spricht », in : Thomas LINDENBERGER, Alf LÜDTKE (éd.), *Physische Gewalt. Studien zur Geschichte der Neuzeit*, Francfort/M., 1995, pp. 136 – 161.

14.– Parmi les nombreux travaux sur cette question, signalons particulièrement : Hubertus KNABE et al., *West-Arbeit des MfS. Das Zusammenspiel von ›Aufklärung‹ und ›Abwehr‹*, Berlin, ²1999 ; Georg HERBSTRITT, Helmut MÜLLER-ENBERGS (éd.), *Das Gesicht dem Westen zu... DDR-Spionage gegen die Bundesrepublik Deutschland*, Brême, 2003 ; Georg HERBSTRITT, *Bundesbürger im Dienst der DDR-Spionage. Eine analytische Studie*, Göttingen, 2007 ; Bodo WEGMANN, *Die Militäraufklärung der NVA. Die zentrale Organisation der militärischen Aufklärung der Streitkräfte der Deutschen Demokratischen Republik*, Berlin, ²2006.

15.– Cf. MADDRELL (note 6) ; WAGNER, UHL (note 7).

16.– Waldemar MARKWARDT, *Erlebter BND. Kritisches Plädoyer eines Insiders*, Berlin, 1996, p. 119.

visant à surveiller systématiquement, du début des années 1950 jusqu'au début des années 1970, plus de 480 garnisons des forces armées soviétiques en RDA[17]. Pullach, siège de la centrale du BND au sud de Munich et en même temps synonyme de ce même service comme par exemple Langley pour la CIA ou la Lubjanka soviétique pour le KGB, n'a donc pas lancé à partir de rien son espionnage militaire dans le bloc de l'Est peu après la fin de la guerre. Aux renseignements volumineux datant de la période de la Wehrmacht sont venus s'ajouter constamment de nouveaux renseignements dans les années 1950 et 1960[18]. Continuité et cumul ont marqué l'acquisition des informations par le service, dirigé encore par Reinhard Gehlen. Lui qui avait dirigé à partir de 1942 la division Armées étrangères Est personnifiait la continuité de la recherche du renseignement visant l'Union soviétique, comme chef de l'organisation appelée même de son nom puis comme président du BND jusqu'en 1968[19].

Outre le recours aux archives de la division FHO, les activités fructueuses de l'organisation Gehlen et du BND étaient dues également aux liens avec les compatriotes allemands dans les territoires sous occupation soviétique. À la différence de tous les autres services occidentaux, les collaborateurs de Gehlen avaient d'étroits contacts personnels derrière le rideau de fer. Ils parlaient la même langue et connaissaient la culture, la mentalité et les modes de vie de leurs compatriotes. Les motivations des citoyens est-allemands qui se mettaient à la disposition de Pullach étaient multiples et parfois réellement contradictoires : les convictions antibolchéviques, mêlées à des conceptions national-socialistes résiduelles, les incitaient à l'espionnage contre les Soviétiques autant que par ailleurs les convictions démocratiques fondamentales. Des liens personnels noués au temps de la Wehrmacht entre des chefs de réseaux d'espionnage et des sources est-allemandes, la recherche de parents, le désir de passer à l'ouest, des besoins

---

17.– Cf. BAKo, B 206/1-24 (Rote Armee-Kartei) ; B 206/25-98 (Feldpostnummernkartei) ; B 206/107-116 (Standortkartei DDR).

18.– On trouve parmi les documents que le « Bundesnachrichtendienst » a déposés au « Bundesarchiv » de Coblence depuis 2003, soumis à la règle des trente ans, les rapports mensuels et hebdomadaires du BND sur les pays du Pacte de Varsovie. On peut consulter en miroir les fonds du « Staatssicherheitsdienst » de la RDA, lesquels sont toutefois encore soumis à des règles de confidentialité particulière et ne peuvent en partie être consultés à ce jour que sur autorisation du ministère fédéral de l'Intérieur, par exemple les *Akten der Hauptabteilung II (Spionageabwehr)*, de la *Hauptabteilung III (Funkabwehr und -aufklärung)*, de la *Hauptabteilung IX (Untersuchungen und Ermittlungen)* et de l'*Abteilung M (Postkontrolle)*.

19.– Cf. sur Gehlen : Wolfgang KRIEGER, « ›Dr. Schneider‹ und der BND », in : ID. (éd.), *Geheimdienste in der Weltgeschichte. Spionage und verdeckte Operationen von der Antike bis zur Gegenwart*, Munich, 2003, pp. 230 – 247 ; Dieter KRÜGER, « Reinhard Gehlen (1902 – 1979). Der BND-Chef als Schattenmann der Ära Adenauer », in : ID., Armin WAGNER (éd.), *Konspiration als Beruf. Deutsche Geheimdienstchefs im Kalten Krieg*, Berlin, 2003, pp. 207 – 236.

financiers ou encore la cupidité incitaient les gens à s'engager contre les troupes de Moscou. Les motivations n'ont cependant pas fait jusqu'à ce jour l'objet de recherches approfondies.

## Un point fort : l'espionnage militaire

Des trois services secrets mentionnés au début, qui se sont constitués en République fédérale d'Allemagne et qui existent toujours, le service fédéral du renseignement a seul le droit de rechercher le renseignement à l'étranger[20]. À vrai dire, l'organisation qui l'avait précédé, l'organisation Gehlen, avait de haute lutte arraché ce privilège entre 1950 et 1956 au « Office Blank » (« Amt Blank »), auquel avait succédé le ministère fédéral de la Défense[21]. Le service du contre-espionnage militaire n'ayant jamais eu le droit de se livrer lui-même à l'espionnage militaire, la recherche du renseignement d'ordre politique, économique, militaire et technico-scientifique resta centralisée dans un seul organisme. La rivalité, fréquente, entre les diverses institutions compétentes, comme aux États-Unis par exemple jusqu'à ce jour, a donc pu être largement évitée après la dissolution du Service Friedrich-Wilhelm-Heinz. Le 2e Bureau de la Bundeswehr, compétent pour la présentation et l'appréciation de la situation militaire adverse, ne se consacrait pas non plus à la recherche active du renseignement en recourant à des sources HUMINT qui lui fussent propres. Il profitait néanmoins des renseignements acquis par les unités spécialisées de guerre électronique qui, au sein des forces armées ouest-allemandes, étaient à l'écoute des communications radio des troupes du Pacte de Varsovie[22].

À la fin des années 1940 et dans les années 1950, l'espionnage militaire était considéré comme la discipline phare de l'organisation Gehlen. La recherche ouest-allemande du renseignement visait notamment les structures de commandement et les garnisons des unités soviétiques. Tout aussi importante était l'observation du trafic, et plus particulièrement dans les années 1950, celle du trafic ferroviaire – « baromètre infaillible des mouvements de troupes russes »[23] – ainsi que des transports militaires comme indicateurs de

---

20.– N'ont été intégrés ni la « Abteilung Spionageabwehr beim Bundeskriminalamt », ni les documents du « polizeiliche Staatsschutz » des différents Länder, ni ceux du « Bundesamt für Sicherheit in der Informationstechnik ».

21.– Voir sur le FWH-Dienst : Susanne MEINL, « Im Mahlstrom des Kalten Krieges », in : Wolfgang KRIEGER, Jürgen WEBER (éd.), *Spionage für den Frieden ? Nachrichtendienste in Deutschland während des Kalten Krieges*, Munich, Landsberg am Lech, 1997, pp. 247 – 266.

22.– EloKa : « Elektronische Kampfführung » ; voir également Günther K. WEISSE, *Geheime Funkaufklärung in Deutschland 1945 – 1989*, Stuttgart, 2005, pp. 108 – 254.

23.– ZOLLING, HÖHNE (note 11), p. 10 ; cf. à propos de la partie du BND qu'avait repérée le ministère est-allemand de la Sécurité, Günther MÖLLER, Wolfgang STUCHLY, « Zur Spiona-

mouvements offensifs du GSBT/GSSD. On s'intéressait en outre aux usines d'armement, aux terrains d'exercice, aux dépôts de combustibles et aux centres de réparation des chemins de fer, aux ponts et aux aéroports. Les renseignements portant sur ces infrastructures pouvaient permettre aux experts militaires de déceler très tôt le passage du dispositif adverse du temps de paix à celui du temps de guerre. À la mi-juin 1953, une partie importante de la population est-allemande se souleva spontanément contre la dictature de la SED. Celle-ci ne put se maintenir au pouvoir qu'avec l'aide des forces d'occupation soviétiques, qui réprimèrent le soulèvement avec détermination et brutalement quand il apparut que l'appareil sécuritaire est-allemand n'était absolument plus maître de la situation et que se profilait déjà la chute de Walter Ulbricht. Le 17 juin fut, après le blocus de Berlin, la seconde épreuve qu'eut à subir l'organisation Gehlen et qui, comme toutes les crises, mit en lumière sans ménagement les forces et les faiblesses du Service. Tandis qu'en 1948/49 la surveillance des forces aériennes soviétiques par le « signal intelligence » (SIGINT) – l'écoute sur les fréquences radio utilisées par les pilotes des avions de combat soviétiques – avait joué un rôle primordial, ce furent les sources HUMINT est-allemandes qui furent déterminantes en 1953. Le Service de Gehlen avait été informé très tôt de l'aggravation de la situation en RDA. Dès le milieu de l'année 1952, une source essentielle, qui jouait un rôle éminent dans l'établissement du plan économique pour 1953, avait informé Pullach « que ce plan provoquerait les pires difficultés et qu'il était inapplicable »[24]. À la mi-avril 1953, les premières nouvelles tombèrent concernant des grèves dans la région de Mansfeld ainsi qu'à Hennigsdorf. Le 16 juin, à 20h00, 15 minutes après que la Radio bavaroise eut diffusé des informations à ce sujet, la centrale de Pullach reçut en provenance de ses propres sources les premières informations sur des manifestations à Berlin-Est. La plupart des collaborateurs ayant déjà quitté le service, les décisions indispensables furent reportées. Ce n'est que dans l'après-midi du 17 juin que l'organisation se mit progressivement en mouvement. La probabilité pour un service de renseignement de recueillir des informations préalables sur les manifestations était quasiment nulle, car le soulèvement du 17 juin fut un événement spontané, qui surprit aussi la direction de la SED et Moscou. Entre le 17 juin et le 5 juillet 1953, Pullach mobilisa au moins 548 sources en RDA, qui envoyèrent près de 1 300 messages. Leur exploitation permit à l'organisation Gehlen, *à posteriori*, d'obtenir

---

geabwehr (HA II im MfS) », in : Reinhard GRIMMER et al. (éd.), *Die Sicherheit. Zur Abwehrarbeit des MfS*, 2 vol., Berlin, 2002, vol. 1, pp. 431 – 558, ici pp. 497 – 499.

24.– BAKo, B 206/934, le rapport du service d'interprétation de l'organisation Gehlen : « Die Unruhen in der Ostzone » (fin juillet 1953), ff. 1 – 193, ici f. 14.

d'amples renseignements sur le soulèvement. C'était important pour l'avenir : il en résulta qu'en prévision d'un encerclement de Berlin-Ouest, qui était alors la plaque tournante et le point d'ancrage des activités visant à recueillir des renseignements sur la RDA et les troupes soviétiques qui y stationnaient, il était indispensable d'établir un réseau radio fiable. L'organisation Gehlen et le BND firent donc face dès 1953 à la menace constante d'une rupture des relations alors essentielles entre l'agent et le chef du réseau de renseignement, dont Berlin-Ouest était le lieu de rencontre[25].

Après que la crise se fut accentuée de façon dramatique au cours de l'été 1953, l'organisation montra, comme auparavant déjà, qu'elle était en mesure de surveiller avec un grand nombre d'informateurs l'ensemble des garnisons soviétiques. Le fichier des garnisons de RDA en fournit, à partir de 1951, des preuves détaillées. Le Service parvint, jusqu'en 1963/64 environ et malgré des revers au milieu des années 1950, à opérer avec succès de Suhl et de Mühlhausen jusqu'à Francfort-sur-l'Oder[26]. La recherche du renseignement visant le commandement suprême du GSBT puis du GSSD à Wünsdorf et des états-majors de leurs six armées fut certes très difficile en raison des mesures de contre-espionnage soviétiques et est-allemandes. La cause en était que le commandement suprême était relativement réduit eu égard à son importance, ce qui imposait des mesures de protection rigoureuses et les favorisait en même temps. Les états-majors de division et de brigade du GSSD, souvent implantés à côté des troupes, ne pouvaient plus être protégés aussi efficacement contre les activités des services de renseignement. Les capacités du contre-espionnage militaire soviétique et celles du ministère de la Sécurité d'État étaient notoirement insuffisantes à cet effet. Le BND, finalement, cibla principalement les garnisons du niveau régiment. La surveillance étroite de cet élément essentiel de la structure des forces armées lui permit d'établir en temps réel et de transmettre un tableau détaillé et complet des effectifs, de l'implantation, des équipements et de l'état de l'armée soviétique en RDA.

Sur la base de toutes ces informations, Pullach établit des rapports solides à l'intention des milieux décisionnels de Bonn. Les rapports de situation militaire présentés sous la forme de « finished intelligence » le confirment aussi. C'est ainsi qu'en 1960 l'exploitation des renseignements révéla la mise sur pied de deux divisions de chars lourds au sein du GSSD et leur renforcement en missiles nucléaires opératifs et tactiques. L'intensification de la formation des pilotes et le nombre annuel de 120 heures de vol par pilote

---

25.– Cf. WAGNER, UHL (note 7), pp. 87 – 93.
26.– Voir parmi les documents du BND : BAKo, B 206/107-116 ; cf. aussi ZOLLING, HÖHNE (note 11), p. 148.

n'échappèrent pas non plus aux analystes[27]. En 1958/59, les sources du BND recueillirent des informations détaillées sur le stationnement, pour la première fois, de missiles soviétiques de moyenne portée du type SS-3 Shyster à l'étranger. L'exploitation de ces renseignements à Pullach en montra l'importance au point qu'on les transmit en avril 1959 au service de renseignement américain[28]. Après la construction du mur, ce flot d'informations ne cessa pas tout d'abord, comme le montre le rapport militaire annuel de 1962, qui décrivit une nouvelle fois avec minutie, et de manière très précise sur le plan du renseignement, les forces armées du Pacte de Varsovie[29].

## La construction du Mur en 1961 et le réseau des sources du BND en RDA

Lorsque Heinz Felfe, l'espion du KGB, fut démasqué en 1961, il se peut que le BND ait été démoralisé et que Richard Meier ait cru ressentir encore les effets de cette démoralisation une décennie plus tard. L'arrestation de Felfe n'eut aucun effet immédiat et mesurable quant au volume des renseignements recueillis sur le réseau des agents qui surveillaient les garnisons et qui vivaient à proximité des garnisons soviétiques (sources externes) ou qui avaient même accès, comme personnel auxiliaire allemand, aux établissements du GSSD (sources internes). Le maintien du réseau très dense des sources de Pullach était plus problématique en raison des conséquences à moyen et à long terme de la construction du Mur cette même année.

Le service fédéral était bien préparé pour affronter la division physique de Berlin parce qu'il avait reconnu très tôt que la tendance se précisait[30]. Après une interruption plutôt brève des contacts entre le BND et ses sources en RDA, ces contacts furent rétablis en l'espace de quelques semaines par exemple en ce qui concerna la garnison de Bernau près de Berlin. À partir de l'automne 1961, le réseau de surveillance des garnisons ne fut plus aussi dense et les messages ne furent plus aussi fréquents. Le volume des messages diminua environ de moitié en 1962 et 1963. La réduction dramatique des activités de renseignement, à la suite de l'arrestation (par le MfS) ou de la « coupure » (par le BND) des sources internes est-allemandes et des agents chargés de la surveillance des garnisons, ne se produisit cependant à

---

27.– Cf. BAKo, B 206/117, *Militärischer Lagebericht Dezember 1960*, CV 3 – CVI 17ss.

28.– Cf. National Security Archive Washington, D.C., Memo : Soviet Missiles in East Germany, 22.04.1959, in : microfiches – The Berlin Crisis, 1958 – 1962, Washington D. C. 1991, Doc : 01211.

29.– Cf. BAKo, B 206/119, point de situation militaire décembre 1962.

30.– Cf. Matthias UHL, Armin WAGNER, « ›Die Möglichkeiten, aber auch die Grenzen nachrichtendienstlicher Aufklärung in besonders verständlicher Weise‹. BND und Mauerbau, Juli-September 1961 », in : *Vierteljahrshefte für Zeitgeschichte*, 55 (2007) 4, pp. 681 – 725.

Bernau qu'après 1964[31]. Le réseau des sources de RDA fut détruit progressivement et disparut au début des années 1970.

Une raison non négligeable est que la Sécurité d'État avait intensifié depuis une décennie la recherche des espions au moyen du contrôle postal. Les rencontres entre sources et agents à Berlin-Ouest étaient devenues impossibles en raison de la construction du mur, mais il convient aussi de mentionner que des codes postaux furent introduits en 1961 en République fédérale. Le contre-espionnage allemand découvrit bientôt des zones de concentration d'adresses de couverture, d'abord en Bavière puis au Bade-Wurtemberg et en Basse-Saxe, auxquelles des messages écrits des sources du BND ne cessaient d'être envoyés. Les messages aux caractères secrets étant insérés dans des lettres prédéfinies d'apparence anodine, la division principale HA II établit un fichier central au moyen duquel des spécialistes furent bientôt en mesure d'attribuer les textes anodins à des rédacteurs bien précis travaillant pour le BND[32]. La minutie scientifique des opérations de contre-espionnage visant les relations postales et aussi la surveillance du trafic de transit furent à l'évidence largement sous-estimées par le BND. L'utilisation massive de HUMINT contraignit le Service, pour des raisons économiques, à moderniser son mode de travail. Il ne pouvait y avoir, pour chaque espion militaire, des couvertures ni des instructions individualisées.

Pullach se vit obligé de modifier ses méthodes et de mettre sur pied un nouvel ensemble HUMINT. On fit appel de manière accrue, dès le milieu des années 1960, à des espions de transit ou en voyage. Les premiers étaient des citoyens d'Allemagne de l'Ouest et de Berlin-Ouest qui utilisaient les voies de transit pour traverser la RDA en voiture ou en train et se rendre à Berlin-Ouest. Les résultats furent plus probants avec des espions rendant visite à des parents ou des personnes de leur connaissance en RDA. Karl Barthels, citoyen ouest-allemand, prétextant des liens familiaux, espionna environ 110 fois entre 1963 et 1973 une caserne soviétique implantée à Ludwigslust dans le Mecklembourg. Il fut finalement arrêté, après avoir livré des informations au BND pendant dix ans.

Là encore, il était essentiel que les voyageurs n'aient pas commencé leurs activités d'espionnage à partir de rien. Ils devaient vérifier tout d'abord l'actualité des renseignements recueillis par l'Allemagne de l'Ouest jusqu'au milieu des années 1960. Il s'agissait, sur cette base, de chercher des renseignements non plus sur les structures fondamentales, les implantations et les systèmes d'armes, mais sur les modifications d'une situation générée depuis

---

31.– Cf. aussi WAGNER, UHL (note 7), pp. 102 – 107.
32.– Cf. MÖLLER, STUCHLY (note 23), pp. 519s.

des décennies. Un espionnage militaire de cette nature conduisait certes à des résultats beaucoup plus fugaces que la surveillance des garnisons soviétiques par des sources statiques, externes et internes. Cependant le risque lié à la découverte d'un lien postal ou radio disparaissait, puisque désormais la source et la centrale ne communiquaient plus qu'après avoir quitté la RDA. Le contre-espionnage du MfS, comme aussi d'importantes composantes du « groupe Mielke », se trouva sous pression dans les années 1970 et 1980 en raison de l'ouverture politique de la RDA à la communauté internationale. Cherchant à se faire reconnaître à l'échelle mondiale, la RDA d'Erich Honecker, depuis la signature du traité fondamental avec Bonn (1972), l'admission aux Nations Unies (1973) et la signature du traité CSCE (1975), devait prendre en compte les normes juridiques en vigueur[33]. La lutte contre l'espionnage du BND requérait donc nécessairement des résultats fondés en droit pour qu'il fût possible ensuite de présenter les audiences devant l'opinion mondiale comme étant celles d'un État de droit. Ce qui n'aurait pas constitué un problème pour les interrogateurs spécialisés du MfS dans les années 1950 avec des méthodes staliniennes expéditives était donc beaucoup plus difficile dans le cadre de la nouvelle situation, en particulier si les sources du BND n'emportaient pas de moyens de recherche du renseignement : « Nous devons savoir ce que l'espion constate, il l'a dans sa tête et passe ainsi la frontière pour rejoindre son théâtre d'opérations », concluait sur un ton rugueux le contre-espionnage est-allemand, s'attachant dorénavant à établir des preuves incontestables[34]. Les conditions politiques nouvelles entraînèrent un tel surcroît de tâches que la division principale II – donc sans les divisions II des administrations du MfS dans les districts de la RDA –, dont les effectifs étaient passés entre 1954 et 1970 de 156 à 216 collaborateurs, les vit ensuite faire un bond pour atteindre en 1981 le chiffre de 1 180 collaborateurs[35].

De même que la surveillance des garnisons et l'espionnage de voyage avaient fourni à Pullach beaucoup de petites pierres, qui en soi n'étaient pas spectaculaires, pour réaliser une grande mosaïque, de même, face aux espions du BND se fondant dans le grand flux des citoyens de l'ouest entrant en RDA après 1970, le contre-espionnage se révéla être un travail minutieux,

---

33.– Cf. sur ce point Jens GIESEKE, *Der Mielke-Konzern. Die Geschichte der Stasi 1945 – 1990*, Stuttgart, Munich, ²2006, pp. 84 – 90.

34.– Responsable des documents du Staatssicherheitsdienst (BStU), MfS-HA II 23430, « Einige Gedanken zu den Haupttendenzen im Vorgehen der Geheimdienste führender NATO-Staaten gegen die DDR und die anderen sozialistischen Staaten » (non daté ; ca. 1985), ff. 61 – 78, ici f. 75.

35.– Chiffres d'après Hanna LABRENZ-WEISS, *Die Hauptabteilung II : Spionageabwehr*, Berlin, ²2001, p. 31.

un puzzle. Le MfS prit des mesures, et notamment le lancement d'une action concertée contre les espions en transit. Entre 1966 et 1978, la Sécurité d'État exerça une surveillance intense ciblée sur les voyages marquants de ceux qu'elle appelait dans son jargon les « oiseaux migrateurs ». Dans le cadre d'une action sur le long terme appelée « Attaque », près de 40 espions sur un total d'environ 75 espions identifiés furent arrêtés successivement. Au cours de la seule année 1977, 14 personnes recrutées par le BND tombèrent dans les filets de la Sécurité d'État, essentiellement des espions de transit. Ces arrestations furent considérées par le MfS comme un succès. Le destin personnel des personnes condamnées à de lourdes peines de prison ne laissent guère de place à une autre appréciation. Berlin-Est dut néanmoins constater que certaines sources du BND avaient pu exercer leurs activités pendant longtemps sans être inquiétées. Au nombre des espions arrêtés entre 1977 et 1986, 23 % avaient travaillé pendant cinq à dix ans pour Pullach, et 15 % pendant plus de dix ans. L'action « Attaque » accapara pendant près d'une décennie certaines forces de la Sécurité d'État sans aboutir à un succès définitif, car le renseignement militaire du BND n'était pas écarté durablement[36].

## Stratégies du renseignement dans les années 1970 et 1980

En 1966, les sociaux-démocrates sortirent pour la première fois dans l'histoire de la République fédérale de leur rôle d'opposition pour constituer une Grande coalition avec les chrétiens-démocrates jusqu'alors dominateurs, et à partir de 1969 la SPD, allié aux libéraux fut le plus fort des deux partis de gouvernement. L'alternance politique à Bonn entraîna aussi des bouleversements et de nouvelles orientations à Pullach. Cela concerna surtout les structures du service : Reinhard Gehlen fut mis à la retraite. L'académisme et la professionnalisation s'accrurent. La politique de la carte du parti pratiquée par le SPD s'en prit aux anciennes équipes CDU. Gerhard Wessel, général de division de la Bundeswehr et transmetteur aguerri – il avait été l'adjoint de Gehlen au département des Armées étrangères Est – prit certes la tête du BND, mais l'esprit qui animait ce département en fut progressivement chassé[37]. L'intérêt que l'on manifestait à Bonn pour les informations en provenance de RDA changea de cible. Horst Ehmke exigea davantage de messages émanant de la sphère politique de Berlin-Est. La « order-of-battler-

---

36.– Cf. BStU, MfS-HA II 24300, Erkenntnisse über die Spionagetätigkeit des Bundesnachrichtendienstes der BRD auf der Grundlage der im Jahre 1977 erzielten Ergebnisse des MfS der DDR (Dezember 1977), ff. 1 – 13 ; Erich SCHMIDT-EENBOOM, *Der Schattenkrieger. Klaus Kinkel und der BND*, Düsseldorf, 1995, p. 143.
37.– Cf. sur ce point Dieter KRÜGER, « Gerhard Wessel (1913 – 2002). Der Ziehsohn Gehlens an der Spitze des BND », in : ID., WAGNER (note 19), pp. 264 – 283.

intelligence » demeura néanmoins en pratique une tâche effectuée avec zèle par le Renseignement ouest-allemand derrière le rideau de fer.

Parmi les nouveaux membres de l'instance dirigeante du BND, envoyés par Ehmke à Pullach, le chef de la division Acquisition, Richard Meier, que nous avons déjà mentionné, se révéla être le moteur réel d'une nouvelle offensive d'espionnage en RDA. Sous sa direction, de 1970 à 1975, puis sous la présidence du futur ministre des affaires étrangères Klaus Kinkel, premier civil à la tête du Service (1979 – 1982), le BND cibla de nouveaux groupes apparemment utiles pour l'espionnage militaire : d'une part les « personnes à grande mobilité en RDA »[38], c'est à dire les chauffeurs professionnels, indépendamment de leur origine est- ou ouest-allemande –, les employés de la Reichsbahn et les bateliers ouest-allemands. Au milieu des années 1980, 72 %, autrement dit presque trois quarts de toutes les « agences » BND identifiées par le MfS, émanaient du milieu des transports de marchandises transfrontaliers. Pullach contacta par ailleurs, outre les personnes retraitées ou invalides, des cadres des secteurs économique et scientifique, tout en ayant conscience de recruter des agents doubles. Le MfS cherchait ainsi à recueillir des indications sur les pratiques opératives du BND, tandis que celui-ci comptait sur la fourniture d'informations utiles et exactes que tous les « matériaux » mis en jeu par la RDA renfermaient nécessairement pour que ne fût pas trop manifeste l'abus de propagande du MfS, pris en compte au demeurant par le BND. De plus, après une longue phase de méfiance due à l'affaire Felfe, Pullach renforça de nouveau ses liens avec les services partenaires, notamment avec les USA. Les missions militaires de liaison des alliés occidentaux devinrent une source permanente et communiquaient en partie aux Allemands les renseignements qu'elles acquéraient[39].

Après qu'un diplomate de carrière, Hans-Georg Wieck (1985 – 1990) eut accédé à la présidence du BND, les procédures de la décennie écoulée furent en partie intensifiées, en partie modifiées. La Sécurité d'État nota que le Service, par-delà le GSSD, renforçait le recrutement de sources internes au sein des organismes armés de RDA qu'étaient l'armée populaire (NVA) et le MfS, mais aussi les troupes des frontières, la police populaire et les douanes, en réduisant parallèlement le recrutement massif des sources externes que

---

38.– BStU, MfS-HA II 22920, Rededisposition des Leiters der HAII : Aktuelle Erkenntnis über die Militärspionage imperialistischer Geheimdienste gegen GSSD und NVA (September 1985), ff. 1 – 49, ici f. 6.

39.– Concernant les missions de liaison et les inspections militaires de la RDA, et en l'absence d'une synthèse scientifique satisfaisante, WAGNER, UHL (note 7), pp. 52 – 59, et Sönke STRECKEL, *Lizensierte Spionage. Die alliierten Militärverbindungsmissionen und das MfS*, Magdeburg, 2008.

constituaient les voyageurs[40]. Chaque année, le MfS put identifier environ 40 tentatives de recrutement visant des citoyens de RDA qui faisaient partie de l'appareil sécuritaire et de l'appareil d'État, la moitié de ces tentatives ayant pour origine le BND[41]. Le succès en paraît douteux aujourd'hui, pour autant qu'on le sache. N'ayant cependant jamais renoncé par ailleurs à l'espionnage lié aux voyages, les analystes acquirent en outre les renseignements dont l'OTAN avait besoin pour ses mécanismes d'alerte précoce.

Dans les années 1970 et au début des années 1980, le GSSD poursuivit le renforcement de son potentiel tant nucléaire que conventionnel. L'objectif en était surtout l'accroissement des capacités offensives, par exemple par l'installation de fusées à moyenne portée, par l'implantation d'une brigade d'assaut aérienne et par l'augmentation du nombre des hélicoptères de combat. Quand l'OTAN prit sa « double décision » et que le débat sur le renforcement des armements atteignit son point culminant, les forces soviétiques en RDA se montaient à plus de 400 000 hommes, disposant d'environ 7 000 chars, 10 000 véhicules blindés, 5 000 pièces d'artillerie, 700 avions de combat, 350 hélicoptères et 220 systèmes de missiles sol-sol. Les services de renseignement de la République fédérale mais aussi d'autres pays occidentaux s'intéressaient à la fourniture de nouveaux matériels majeurs tels les chars T-72 et T-80, d'avions de combat modernes tels les MIG-25, -27 et -29 ainsi que d'hélicoptères de combat et de nouveaux missiles sol-sol, missiles antichars et antiaériens, ainsi qu'à la modernisation des systèmes existants de conduite de tir automatique, de technique radar et de transmissions. Dans la première moitié des années 1980, la Sécurité d'État identifia des attaques en matière de renseignement émanant du BND et de services américains et visant environ un quart des installations militaires du GSSD et de la NVA. Ces actions se concentraient essentiellement sur les régions situées au sud de la ligne Magdebourg-Berlin et à l'ouest de la ligne Berlin-Leipzig-Chemnitz (qui s'appelait alors Karl-Marx-Stadt). Une cible importante était constituée par la 8e armée de la Garde soviétique, en Thuringe, dont on estimait le potentiel d'attaque particulièrement important. Dans les six districts septentrionaux de Rostock, Schwerin, Neubrandenburg, Magdebourg, Francfort-sur-l'Oder et Potsdam se trouvaient 266 installations militaires importantes des troupes soviétiques, dont 104 (39 %) furent la cible d'actions de rensei-

---

[40].- Cf. BStU, MfS-HA II 22589, Information : Angriffe des BND gegen militärische Objekte der GSSD (non daté ; ca. 1988), ff. 6 – 8, ici f. 6.
[41].- Cf. Werner GROSSMANN, *Bonn im Blick. Die DDR-Aufklärung aus der Sicht ihres letzten Chefs*, Berlin, ²2001, pp. 141 – 143.

gnement identifiées par MfS dans les années 1977 à 1982[42]. Tandis que les effets de l'espionnage politique étaient manifestement limités, l'objectif du renseignement militaire en RDA fut atteint sans que l'on disposât de sources internes particulièrement bien placées.

En 1987, sous l'influence de la politique de réformes conduite par Michail S. Gorbatchev, se produisit un changement progressif de la pensée militaire, symbolisé par un changement d'appellation : le GSSD devint le « Groupe de troupes ouest » (1989). Fin 1988, le chef du Parti soviétique annonça le retrait d'Allemagne de l'Est de deux divisions blindées et d'autres unités à caractère notoirement offensif. Tandis que s'effectuait ce retrait, la RDA s'écroula, provoquant ainsi la disparition de la base du stationnement des troupes soviétiques entre l'Elbe et l'Oder. Le Groupe ouest acheva son retrait de la République fédérale unifiée durant l'été 1994. Ainsi prit fin la surveillance des troupes soviétiques opérée en Allemagne par le service fédéral du renseignement[43].

## Étude de cas : Johannes W. – espionnage militaire en Poméranie occidentale

Les stratégies, l'ampleur, les succès mais aussi les limites de l'espionnage militaire du BND visant les troupes soviétiques en RDA se précisent peu à peu. Si la base empirique réduite des recherches menées jusqu'à ce jour impose la prudence, on peut néanmoins parler d'un « order-of-battle-intelligence » très fructueux du BND en RDA. Il y eut ensuite un creux, de la deuxième moitié des années 1960 au début des années 1970, et le contre-espionnage du MfS prit le dessus. Sous la direction de Richard Meier puis des présidents Kinkel et Wieck, les stratégies du renseignement furent régulièrement complétées, et le contre-espionnage est-allemand, malgré de nombreux succès, dut affronter durant la dernière décennie de son existence des problèmes considérables.

Cette observation porte sur les actions de renseignement du BND au moyen de sources humaines en Allemagne de l'Est, et non point sur les résultats de l'espionnage technique, de questions posées aux migrants d'Allemagne de l'est et aux transfuges ou de la prise en compte de rensei-

---

42.– Cf. BAKo, B 206/144, Militärischer Lagebericht Ost, Jahresabschlussbericht 1975, ff. C 3 – 11 ; BStU, MfS-HA II 30784, Analyse bedeutsamer militärischer Objekte der GSSD und der NVA (non daté ; ca. 1982), ff. 1 – 27.

43.– Concernant l'engagement du « Bundesnachrichtendienst » contre le groupe Ouest des troupes après 1989/90, voir Norbert JURETZKO, *Bedingt dienstbereit. Im Herzen des BND – die Abrechnung eines Aussteigers*, Berlin, 2004.

gnements fournis par des services amis[44]. Pour terminer, nous illustrerons le potentiel HUMINT du BND au moyen d'une deuxième étude de cas, authentique cette fois-ci.

Johannes W., né en 1906, était le fils d'un garde forestier en chef[45]. Il passa sa jeunesse dans les environs de Stettin, devint après 1933 membre du NSDAP et de la SA puis il servit dans la Wehrmacht pendant toute la durée de la Seconde Guerre mondiale, pour finir en tant que sous-officier dans une unité antiaérienne. Après 1945, il se fit embaucher comme paysan en Poméranie occidentale et gravit peu à peu les échelons professionnels. De 1959 à 1971, il occupa divers postes d'ingénieur agronome en Poméranie occidentale. Après son départ à la retraite, il ne resta pas inactif. Il exerça sa profession d'ingénieur jusqu'en 1984 puis il fut veilleur de nuit et représentant en assurances. Au début des années 1950, il se fit enrôler sous le pseudonyme de « Gerber » par l'organisation Gehlen. W. fit rapport sur l'aménagement d'une garnison dans la région de Eggesin/Torgelow, sur le stationnement de chars dans cette garnison, le doublement de la voie ferrée unique menant à Stettin pour les transports militaires, ainsi que l'évolution de l'agriculture en RDA. Cependant le service de renseignement ouest-allemand cessa de coopérer avec lui, comme il le dit plus tard, parce qu'il ne pouvait plus fournir d'informations suffisantes. Les contacts avec le BND cessèrent au plus tard en 1958.

À partir de 1973, W. fut autorisé comme retraité à se rendre chaque année en République fédérale. Considérant avec dépit le maigre montant de sa retraite en RDA, il se rappelle avoir repris contact avec le Service et avoir collaboré sous son ancien pseudonyme. Dix ans plus tard, au printemps de 1986 et sans l'en avoir informé au préalable, Pullach mit fin à leur collaboration en prétextant l'âge avancé de « Gerber ».

Une première fois, de septembre 1964 à janvier 1971, le MfS avait fait surveiller l'espion, le soupçonnant de se livrer à des activités de renseignement, mais en vain car W., précisément à cette époque, ne travaillait pas pour le BND. Les indices, tout à fait probants, qui avaient conduit au lancement de la procédure opérative « Ingénieur » concernaient des soupçons remontant aux années 1953 – 1955. Communiqués par un parent éloigné de W., qui en avait informé le service MfS du district de Pasewalk, ces indices

---

[44].– Les études de Pullach s'avérèrent encore très fructueuses au-delà de la première crise de Berlin ; on trouve des exemples concrets dans Shlomo SHPIRO, « Israel-NATO Intelligence and Electronic Warfare Cooperation », in : DE GRAAF et al. (note 5), pp. 147 – 167, ici pp. 154, 156 – 163 ; ID., « Cold War Radar Intelligence : Operation ›Cerberus‹ », in : *The Journal of Intelligence History*, 6 (2006) 2, pp. 61 – 74.

[45].– Présentation de cette affaire fondée sur WAGNER, UHL (note 7), pp. 161 – 164.

s'étaient révélés authentiques mais ils avaient été transmis beaucoup trop tard. En raison de l'interruption des communications, les contrôles postaux, douaniers ou encore les contrôles de véhicules n'avaient pas permis de recueillir des éléments à charge. Son poste radio, contrôlé secrètement, ne pouvait pas recevoir les émissions dites omnidirectionnelles du BND. Les preuves manquaient donc. Le doute subsistait certes, mais la Sécurité d'État mit fin à l'enquête. Ce n'est qu'en 1986, quand il cessa de travailler pour le BND, que le MfS put le confondre, l'arrêter et constater l'ampleur de ses activités d'espionnage militaire. En mars 1987, trois jours seulement après le dernier interrogatoire, W. mourut à l'âge de presque 81 ans des suites d'une attaque cérébrale.

Ce retraité faisait partie de ceux qui surveillaient « de manière classique » les garnisons et auxquels Pullach pouvait avoir recours, à côté des espions de transit et de voyage, entre le milieu des années 1960 et le milieu des années 1970. Le BND l'employa surtout pour la surveillance systématique et le recueil de renseignements concernant les installations et les mouvements de troupes du GSSD et de la NVA. Pullach utilisa sa connaissance des lieux, sa liberté de mouvement en tant qu'ingénieur, les multiples contacts et le grand rayon d'action qu'il possédait avec sa voiture personnelle. « Gerber » effectuait en outre, sans en avoir reçu la mission précise, des recherches à pied et en train, mettant en œuvre toutes les possibilités imaginables pour utiliser les personnes en vue de renseignements ciblés. Il espionnait en particulier les sites de missiles antiaériens, les chantiers de la Peene à Wolgast spécialisés dans la construction de petites bateaux de guerre et la base aérienne de l'escadron d'avions de chasse n° 9 des forces aériennes de la NVA, ou encore les casernes soviétiques de Prenzlau et de Bernau, la base aérienne du régiment de bombardiers de la Garde du GSSD à Rechlin et la base de l'escadron d'hélicoptères de combat n° 5 de la NVA à Basepohl. Il communiquait ses messages au BND uniquement par voie orale à l'occasion des voyages qu'il effectuait à l'ouest comme retraité.

Combien de « Gerber » ont-ils exercé pour Pullach leurs activités de renseignement en RDA visant le GSBT/GSSD et plus tard aussi la NVA ? Dans les archives accessibles du BND, il s'agit de documents du niveau travaux et comptes rendus. Les fichiers du BND qui se trouvent dans les archives fédérales ne contiennent ni chiffres ni noms. L'estimation du nombre des espions ouest-allemands de transit et en voyage n'est donc pas possible à l'heure actuelle. Une première approche, provisoire, fait état d'environ 10 000 citoyens de RDA. Comment expliquer ce « beau chiffre rond » ?[46]

---

46.– Cf. junge welt du 26 septembre 2007, p. 4.

Deux anciens officiers du contre-espionnage du MfS ont déclaré que la Stasi a procédé, en près de 40 ans d'existence, à l'arrestation de plus de 5 000 collaborateurs des services secrets occidentaux. 80 %, soit 4 000, ont travaillé pour les services secrets de la République fédérale. 80 % de l'espionnage visaient, selon leurs indications, le potentiel militaire en RDA[47]. Ces 4 000 espions au service de la République fédérale ne se répartissent toutefois pas en citoyens est-allemands et citoyens ouest-allemands, et il ne s'agit pas seulement des espions arrêtés en RDA Sans plus de précisions Bernd Schmidbauer, qui coordonnait alors les services de renseignement à la chancellerie, devait déclarer : « Un millier des nôtres ont été incarcérés dans les geôles de l'Est »[48].

On dispose de chiffres un peu plus précis pour les années 1940 – 1950. Le conseiller de Gehlen James H. Critchfield a précisé que, fin 1948, son organisation entretenait quelque 600 sources de renseignement en Allemagne de l'Est[49]. Selon l'« Annual History Report » des quartiers généraux de l'armée américaine en Europe, l'organisation Gehlen pouvait avoir recours en 1954/55 à 4 000 espions derrière le rideau de fer, et non seulement en RDA[50]. Un simple exemple arithmétique : entre le 13 août et le 31 décembre 1961, autrement dit pendant les quatre mois et demi qui suivirent la construction du Mur, le BND reçut, pour une seule caserne dans une seule garnison, la caserne des transmissions de l'armée de l'air à Bernau, des messages émanant, immédiatement après le verrouillage de la frontière, de sept espions encore en état de communiquer. Cette valeur concerne une garnison proche de Berlin et bien gardée[51]. Si on extrapole seulement pour le quart des garnisons les mieux gardées sur les quelque 480 garnisons du GSSD, on obtient un total de 840 espions actifs pour 120 garnisons au cours de la phase critique du deuxième semestre 1961, qui n'a certainement pas constitué la période faste du réseau BND. Si l'on réalise une autre extrapolation portant sur toutes les garnisons et si l'on prend en compte la période qui va de 1946 à l'effondrement de ce réseau après 1964, avec une fluctuation indéterminée des sources, ainsi que les espions tels Johannes W. dans les années 1970 et 1980, dont le nombre était certainement nettement inférieur, le chiffre que

---

47.– Cf. MÖLLER, STUCHLY (note 23), pp. 435, 477.
48.– Cit. d'après Norbert F. PÖTZL, *Basar der Spione. Die geheimen Missionen des DDR-Unterhändlers Wolfgang Vogel*, Hambourg, ³1997, p. 250.
49.– RUFFNER (note 4), vol. 2, doc. 72, Critchfield : Report of Investigation – RUSTY (17.12.1948), pp. 45 – 123, ici p. 53.
50.– Cf. Annual History Report, Headquarters, US Army Europe, 1 July 1954 – 30 June 1955, Historical Division Headquarters, US Army Europe, 1956, p. 165, in : « http ://www.history.hqusareur.army.mil/Archives/Annual % 20Folder/ah54-55.pdf ».
51.– Cf. WAGNER, UHL (note 7), pp. 105s.

l'on évoque de 10 000 citoyens est-allemands au service de Pullach ne semble sûrement pas exagéré. Ce ne sont là toutefois, pour l'instant, que des valeurs approchées (plausibles) qu'il conviendrait de valider par l'étude des archives.

## Conclusion

Comment pourrait-on, au terme d'une période maintenant révolue, qualifier les actions d'espionnage de Pullach visant les militaires soviétiques en RDA ? Les performances concrètes ne sont pas la mesure primaire de l'évaluation historique des services secrets. La légitimité de l'espionnage ne se mesure pas seulement à la menace objective ou subjective pesant sur une collectivité, mais aussi à l'autorité politique qui en donne la mission et aux moyens mis en œuvre. Tandis que dans un État constitutionnel libéral les parlements – et les médias – exercent avec plus ou moins de succès un contrôle aussi large que possible pour la mise en application du principe juridique de proportionnalité en matière de recherche du renseignement, le contrôle législatif et les débats publics sont totalement absents dans les régimes dictatoriaux de type nationaliste ou socialiste. Un avocat général de la République fédérale, en charge de dossiers concernant la recherche du renseignement poursuivie par la RDA à l'étranger, s'est exprimé en ces termes : « L'espionnage, ce n'est pas ›l'art pour l'art‹. Il relève de l'image que chaque État a de lui-même. Il n'est donc pas le même d'un point de vue éthique partout dans le monde »[52]. De même que les vertus guerrières n'ont pas de valeur par elles-mêmes, de même l'activité des services secrets de renseignement doit toujours être mise en relation avec l'objectif politique des donneurs d'ordres. L'appréciation éthique a posteriori de l'histoire des deux appareils d'espionnage allemands et de leurs opérations les sépare politiquement l'un de l'autre, indépendamment des relations structurelles – par exemple l'expansion du contre-espionnage du MfS suite à la reconnaissance internationale de Berlin-Est et les possibilités qui en ont résulté de pénétration des services occidentaux – et indépendamment des imbrications centrées sur les acteurs. Si l'on affirme que l'espionnage de part et d'autre du rideau de fer a contribué au maintien de la paix, il n'en reste pas moins que les espions est-allemands et ouest-allemands du BND pouvaient se savoir au service d'une autre composante du mode de vie libéral, la liberté.

(Traduction : Gérard Réber)

---

52.– Joachim LAMPE, « Die strafrechtliche Aufarbeitung der MfS-Westarbeit. Fortdauernde Lehren aus einem abgeschlossenen Kapitel deutscher Justiz- und Zeitgeschichte », in : HERBSTRITT, MÜLLER-ENBERGS (note 14), pp. 359 – 366, ici p. 362.

# Politiques et relations culturelles extérieures. Concurrence et interdépendance entre RFA et RDA

Corine Defrance

Alors que la RDA bataillait pour une plus large reconnaissance diplomatique[1], qu'entravait la « doctrine Hallstein », la politique et les relations culturelles extérieures constituaient l'un des champs d'affrontement entre les deux Allemagnes où s'exprimait le mieux la rivalité entre Bonn et Berlin-Est. Plus encore que dans le domaine politique ou économique, où l'action internationale était limitée à un nombre d'acteurs assez bien circonscrit, la culture présentait un ensemble de spécificités qui rendait son maniement particulièrement délicat à l'heure de l'*Ostpolitik* et de la politique des petits pas. Car la culture est par définition portée par un grand nombre d'acteurs, et elle ne se limite pas seulement à l'échange de biens matériels. En exprimant un héritage, une vision d'avenir et de la modernité, une projection et une vision de la société, elle est intrinsèquement porteuse d'une interrogation sur les valeurs fondamentales, les idéologies, les conceptions de la liberté et des droits de la personne. Aussi, plus que tout autre secteur des relations internationales, est-elle susceptible d'affecter les lignes de démarcation entre les systèmes[2].

Dans le cas de la République fédérale d'Allemagne et de la République démocratique allemande, la configuration était particulière du fait que, malgré l'antagonisme politique et idéologique, les deux États devaient gérer une langue et un héritage culturel communs. Après avoir mis en évidence les divergences structurelles et conceptuelles des politiques culturelles extérieures de la RFA et de la RDA, et la manière dont les deux Allemagnes ont réajusté leurs positions l'une par rapport à l'autre, nous analyserons la compétition interallemande à l'œuvre tant dans la relation interallemande que dans les relations avec les pays tiers, en particulier en Europe de l'Est.

---

1.– Cf. Hermann WENTKER, *Außenpolitik in engen Grenzen. Die DDR im internationalen System 1949 – 1989*, Munich, 2007.
2.– Cf. Ulrich PFEIL, « Intersystemische Kulturbeziehungen im Ost-West-Konflikt. Die DDR und der Westen », in : Stefan BERGER, Norman LAPORTE (éd.), *The Other Germany. Perceptions and Influences in British-East German Relations, 1945 – 1990*, Augsbourg, 2005, pp. 189 – 209.

## Approche comparée : les politiques culturelles extérieures est- et ouest-allemandes

### Des structures fondamentalement différentes

La RFA et la RDA conçurent toutes deux les grandes lignes de leur politique culture extérieure respective dès le début des années 1950, mais les structures créées pour mettre en œuvre ces politiques furent profondément différentes. Les responsables ouest-allemands entendaient afficher la rupture avec le « Troisième Reich » (malgré des continuités personnelles qui perdurèrent[3]) en mettant en place une organisation démocratique de politique culturelle extérieure reposant sur le pluralisme des structures et des acteurs[4].

Le nouveau système se définit par trois caractéristiques principales. D'abord, la décentralisation, car la culture fait partie du champ de compétence des Länder, tandis que la politique extérieure revient au Bund. Ensuite, la répartition multipolaire des compétences au niveau gouvernemental : outre l'Auswärtiges Amt (la section culturelle fut reconstituée en 1952[5]) les ministères de l'Intérieur, de la Jeunesse et de la Famille, de la Recherche et, à partir de 1961, le ministère fédéral de la Coopération économique se partageaient les compétences dans ce secteur. Enfin, a été posé le principe de délégation à des organisations indépendantes de l'État mais financées et missionnées par lui[6]. Entre 1950 et 1953 de grandes organisations de médiation culturelle, furent fondées, le plus souvent refondées, comme le Deutscher Akademischer Austausch-Dienst (1950)[7] et l'Institut Goethe (1951) notamment[8]. Dans les années 1960, l'État fédéral confia des missions de poli-

---

[3].– Cf. Karl Sebastian SCHULTE, *Auswärtige Kulturpolitik im politischen System der Bundesrepublik Deutschland*, Berlin, 2000, p. 42 ; Hans-Jürgen DÖSCHER, *Verschworene Gesellschaft. Das Auswärtige Amt unter Adenauer zwischen Kontinuität und Neubeginn*, Berlin, 1995.

[4].– SCHULTE (note 3), p. 42.

[5].– Depuis 1949, la RFA avait été autorisée par les alliés à entretenir une *Verbindungsstelle des Bundeskanzleramtes* auprès de la haute commission alliée, disposant d'un *Kulturreferat* (bureau des questions culturelles), cf. Claus M. MÜLLER, *Relaunching German Diplomacy. The Auswärtiges Amt in the 1950's*, Münster, 1996 ; Victoria ZNIDED-BRAND, *Deutsche und französische auswärtige Kulturpolitik. Eine vergleichende Analyse. Das Beispiel der Goethe-Institute in Frankreich sowie der Instituts und Centres Culturels Français in Deutschland seit 1945*, Francfort/M., 1999, p. 35.

[6].– Cf. Armin KLEIN, *Kulturpolitik. Eine Einführung*, Wiesbaden, ²2005 ; Kurt-Jürgen MAASS (éd.), *Kultur und Außenpolitik. Handbuch für Studium und Praxis*, Baden-Baden, 2005.

[7].– Cf. Peter ALTER (éd.), *Der DAAD in der Zeit. Geschichte, Gegenwart und zukünftigen Aufgaben*, Bonn, 2000.

[8].– Cf. Eckard MICHELS, « Keine Stunde Null. Ursprünge und Anfänge des Goethe-Instituts », in : *Murnau – Manila – Minsk. 50 Jahre Goethe-Institut*, édité par le Goethe-Institut Inter Nationes, Munich, 2001, pp. 13 – 23 ; Eckard MICHELS, *Von der Deutschen Akademie zum Goethe-Institut. Sprach- und auswärtige Kulturpolitik 1923 – 1960*, Munich, 2005.

tique extérieure toujours plus nombreuses à ces organisations, ce qui aboutit à accroître le fossé entre le gouvernement fédéral, responsable de la conception et de la définition de la politique culturelle extérieure, et ces institutions de médiation, chargées de la réalisation[9]. Ce ne fut pas sans conséquence dans la seconde moitié des années 1960, quand le consensus sur les valeurs se désagrégea, l'Institut Goethe acceptant les tendances à la libéralisation tandis que l'Auswärtiges Amt voulait toujours présenter une image lisse de la culture allemande[10].

En RDA, la politique culturelle, conçue comme un instrument de la lutte des classes, fut organisée de façon très centralisée sous le contrôle du parti[11]. Cette soumission de la culture aux objectifs politiques et idéologiques supérieurs se répercuta sur la conception de la politique culturelle extérieure. Au double point de vue institutionnel et conceptuel, elle fut directement placée sous l'égide du bureau politique de la SED et la situation resta inchangée jusqu'en 1989. Bien qu'elle s'insérât dans un cadre idéologique strictement défini, la politique culturelle extérieure jouit d'un statut privilégié car, jusque dans la première moitié des années 1970, elle resta l'un des rares instruments du régime est-allemand pour entrer en relation avec l'Occident en dehors des milieux communistes et miner ainsi la prétention de la RFA à représenter l'Allemagne dans son ensemble. Comme l'a noté Ulrich Pfeil, « elle était pour la SED le bon outil dans son combat pour la reconnaissance internationale en tant que deuxième État allemand souverain et elle était aussi un moyen efficace pour améliorer l'image de la RDA, condition de sa reconnaissance internationale »[12]. Pour faciliter les contacts avec les pays étrangers, la SED mit sur pied au printemps 1952 la « Gesellschaft für kulturelle Verbindungen mit dem Ausland » (GfkVA), qui dépendait officiellement du ministère est-allemand des Affaires étrangères, et qui, recevait directement ses directives du comité central du parti. Sous la tutelle de cette société les premiers centres culturels est-allemands (« Kultur- und Informationszentren ») furent ouverts dans les pays frères (1956 à Prague ; 1957 à

---

[9].– Cf. Hans ARNOLD, *Auswärtige Kulturpolitik. Ein Überblick aus deutscher Sicht*, Munich, 1980, p. 21 ; Eckard MICHELS, « Zwischen Zurückhaltung, Tradition und Reform : Anfänge westdeutscher auswärtiger Kulturpolitik in den 1950er Jahren am Beispiel der Kulturinstitute », in : Johannes PAULMANN, *Auswärtige Repräsentationen. Deutsche Kulturdiplomatie nach 1945*, Cologne, 2005, pp. 241 – 258, ici p. 242.

[10].– Cf. Johannes PAULMANN, « Auswärtige Repräsentationen nach 1945. Zur Geschichte der deutschen Selbstdarstellung im Ausland », in : ID. (note 9), pp. 1 – 32, ici p. 25.

[11].– Kurt DÜWELL, « Zwischen Propaganda und Friedenspolitik – Geschichte der Auswärtigen Kulturpolitik im 20. Jahrhundert », in : MAASS (note 6), pp. 53 – 83, ici pp. 70 – 73.

[12].– Ulrich PFEIL, « Zentralisierung und Instrumentalisierung der auswärtigen Kulturpolitik der DDR. Ein anderer Aspekt der Frankreichpolitik der DDR 1949 – 1973 », in : Heiner TIMMERMANN (éd.), *Die DDR – Analysen eines aufgegebenen Staates*, Berlin, 2001, pp. 621 – 642.

Varsovie etc.) et créé en 1956 un bureau d'information pour la propagande à l'étranger (« Informationsbüro für Auslandspropaganda ») chargé des contacts avec les cercles amis dans les pays non socialistes[13]. Au tout début des années 1960, le bureau politique reconnut que cette société était insuffisante en tant qu'unique partenaire des associations d'amitié qui s'étaient fondées à l'étranger et il décida, en mars 1961, de créer la « Liga für Völkerfreundschaft der DDR », qui lui succéda et devint l'organisation fédératrice des sociétés d'amitié avec l'étranger en RDA. Elle joua un rôle fondamental dans la lutte pour la reconnaissance internationale, en particulier dans les pays de l'Europe du Nord et de l'Ouest ainsi qu'en Inde[14]. Certes, il s'agissait officiellement d'une organisation non-étatique, impliquant des citoyens est-allemands qui ne l'auraient jamais été dans le cadre strict de la politique étrangère de Berlin-Est, mais il faut noter que, dans le régime est-allemand, il n'existait pas – comme en Occident notamment – d'associations émanant de la société civile assurant une part importante de l'action culturelle avec l'étranger. Ainsi, à titre d'exemple, la « Deutsch-Französische Gesellschaft in der DDR », fondée en février 1962 dans le cadre de la Liga (comme partenaire de l'association française « Échanges Franco-Allemands », créée en 1958), était-elle sous le contrôle de l'État et du parti.

### La « culture allemande » comme objet de conflit

Dans la phase de reprise d'une politique culturelle extérieure prudente (« Haltung der Zurückhaltung »)[15], le gouvernement ouest-allemand se montra soucieux de présenter à l'extérieur une image rassurante, prouvant que la meilleure part de l'Allemagne – celle de Goethe et de Thomas Mann, de Kant et de Beethoven – avait survécu à la barbarie nazie et constituait désormais la référence culturelle[16]. L'héritage de la grande culture allemande fut constitutif de l'image de soi diffusée par la RFA à l'étranger (« kulturelle Selbstdarstellung »). Il fallait proclamer la rupture avec le passé nazi, agir avec discrétion, présenter une vitrine culturelle de très haute facture intellectuelle et artistique en se montrant à la fois classique et moderne (cf. la « Do-

---

13.– Cf. Ingrid MUTH, *Die DDR-Außenpolitik 1949 – 1972. Inhalte, Strukturen, Mechanismen*, Berlin, 2000, pp. 89s.
14.– *Ibid.*, pp. 92s.
15.– Cf. PAULMANN (note 10), p. 1 ; ID., « Deutschland und die Welt. Auswärtige Repräsentationen und reflexive Selbstwahrnehmung nach dem Zweiten Weltkrieg – eine Skizze », in : Hans-Günter HOCKERTS (éd.), *Koordinaten deutscher Geschichte in der Epoche des Ost-West-Konflikts*, Munich, 2004, pp. 63 – 78 ; ID., *Die Haltung der Zurückhaltung. Auswärtige Selbstdarstellungen nach 1945 und die Suche nach einem erneuerten Selbstverständnis in der Bundesrepublik*, Brême, 2006 ; MICHELS (note 9).
16.– *Die Auswärtige Politik der Bundesrepublik Deutschland*, édité par l'Auswärtiges Amt, Cologne, 1972, p. 94.

cumenta » de Kassel en 1955[17]). Il s'agissait d'une conception traditionnelle et élitiste de la culture. Puis, avec le « miracle économique », la RFA chercha à de ne pas être seulement perçue comme le « Volkswagenstaat »[18], aussi continua-t-elle à mettre l'accent sur la culture au sens classique du terme. Certes, elle restait stigmatisée par son passé, mais la guerre froide et la concurrence entre les blocs l'incitaient progressivement à opter pour des stratégies plus affirmatives (ouverture de centres culturels – les Instituts Goethe – à l'étranger etc.)[19].

En RDA, pendant la plus grande partie des années 1950 et 1960, les autorités prirent soin de se présenter à l'extérieur comme la meilleure des deux Allemagnes, l'Allemagne antifasciste et pacifiste, l'Allemagne de la rupture, qui entendait être l'héritière de la seule tradition humaniste et progressiste en Allemagne (« Kulturerbe »). Furent scrupuleusement choisis dans le passé allemand les personnalités et les événements dont il fallait revendiquer l'héritage. Comme l'a montré Edgar Wolfrum, « l'histoire a été utilisée comme arme entre les deux États allemands pendant la guerre froide. L'histoire constituait une ressource fondamentale dans le conflit entre les systèmes et dans le combat pour la légitimité »[20]. Jusqu'à l'édification du Mur, la Nation et la Révolution furent au cœur de l'affrontement en matière de politique de l'histoire et de construction de récits nationaux (dès 1952, la RDA fonda le « Musée d'histoire allemande » à Berlin-Est). Ainsi, à la fin des années 1940, le régime est-allemand sut-il à la fois tendre la main aux élites bourgeoises antinazies, en reconstruisant le théâtre national de Weimar pour célébrer l'année Goethe en 1949, et commémorer le centenaire de la révolution de 1848 de façon à légitimer les évolutions en cours en « zone soviétique » : on insista sur la tradition révolutionnaire, ce qui donna, par contraste, l'image (« Feindbild ») d'une République fédérale ennemie se plaçant dans la lignée du Deuxième voire du Troisième Reich, arrogante, militariste, agressive et revanchiste. La RDA se faisait le défenseur de la République allemande indivisible et du combat pour la paix, tandis que Bonn se voyait qualifier de « séparatiste »[21]. À ce moment-là, Bonn n'avait pas su tirer profit de la commémoration du 100e anniversaire du « printemps des peuples »,

---

17.– Martin SCHIEDER, « Die Documenta 1 (1955) », in : Étienne FRANÇOIS, Hagen SCHULZE (éd.), *Deutsche Erinnerungsorte*, Munich, 2001, pp. 637 – 651 ; Sabine HORN, « Documenta I (1955). Die Kunst als Botschafterin der Westintegration ? », in : PAULMANN (note 9), pp. 45 – 61.
18.– Cf. ARNOLD (note 9), p. 14.
19.– Cf. PAULMANN (note 10), p. 3 ; Corine DEFRANCE, « La politique culturelle extérieure de la RFA au service de la diffusion d'une nouvelle image de soi à l'étranger (1949 – 1969) », in : *Revue d'Allemagne et des pays de langue allemande*, 40 (2008) 3, pp. 367 – 380.
20.– Edgar WOLFRUM, *Geschichte als Waffe. Vom Kaiserreich bis zur Wiedervereinigung*, Göttingen, 2001, p. 71.
21.– WOLFRUM (note 20), p. 73.

mais en 1953, au lendemain des émeutes du 17 juin, louant, à l'instar de la comtesse Marion Dönhoff, « la première vraie révolution allemande »[22], elle retourna contre la RDA la référence aux guerres de libération dont elle s'était prétendue l'héritière. Alors que Berlin-Est brandissait l'étendard de la paix, Bonn lui faisait face avec celui de la liberté[23].

Au-delà de ces rivalités de positionnement sur l'héritage et la rupture avec la tradition et l'histoire allemandes, les autorités des deux pays s'affrontèrent autour de la représentation de la culture allemande en pays tiers. Ce conflit est indissociable de celui opposant Bonn et Berlin-Est sur la représentation de l'Allemagne à l'étranger. Au cours des premières années, jusqu'en 1955, les deux États s'étaient affrontés, prétendant chacun représenter l'Allemagne dans son ensemble (« Alleinvertretungsanspruch »), puis Berlin-Est modifia sa stratégie, affirmant d'abord la thèse de « deux États – une nation », avant de revendiquer, à partir du début des années 1970, le double statut d'État et de nation[24]. Pour sa part, Bonn en restait à la « Alleinvertretungsanspruch » et s'affirmait comme État culturel représentant à lui seul la culture allemande indivisible[25]. La captation de « la » culture allemande par la RFA avait pour objet d'attirer les pays tiers – en particulier les pays émergents – et, par le biais de la « doctrine Hallstein », de contribuer à bloquer la reconnaissance de la RDA sur la scène internationale. Même avec la détente, la RFA continua à défendre la thèse de l'unité de la culture allemande, sans cependant dénier à la RDA le fait de développer une « culture » (voir infra). Elle infléchit cependant sa thèse sur le plan politique pour en venir pratiquement à la thèse des « deux États – une nation ». Le président de la République, le social-démocrate Gustav Heinemann, prononça même un discours télévisé, en janvier 1971, à l'occasion du 100e anniversaire de la proclamation du Deuxième Reich, soulignant combien l'unité et la liberté avaient été souvent incompatibles dans l'histoire allemande, et désignant la liberté comme une valeur bien plus fondamentale. Plutôt que de s'accrocher à l'idéal illusoire de l'unité allemande, il valait mieux aider à la libéralisation de la RDA. C'était faire le choix de la « Kulturnation » de 1848 contre la « Staatsnation » de 1871. Comme l'a remarqué Edgar Wolfrum, il existait déjà une forme de « Verfassungspatriotismus avant la lettre »[26] et la RFA pouvait désormais se référer, en concurrence avec Berlin Est et au grand

---

22.– Marion Gräfin DÖNHOFF, *Die Zeit*, 25 juin 1953.
23.– WOLFRUM (note 20), p. 85.
24.– Christoph KLESSMANN, *Zwei Staaten, eine Nation. Deutsche Geschichte 1955 – 1970*, Bonn, ²1997.
25.– Cf. Hildegard HAMM-BRÜCHER, *Kulturbeziehungen weltweit. Ein Werkstattbericht zur auswärtigen Kulturpolitik*, Munich, Vienne, 1980, p. 28 ; PAULMANN (note 10), pp. 9 – 17.
26.– WOLFRUM (note 20), pp. 93s.

dam de ses dirigeants, aux mouvements de libération de l'histoire allemande[27].

Pendant ce temps, en RDA, et de manière encore renforcée après avoir obtenu la reconnaissance (en 1973/74), les dirigeants entendaient que leur pays soit représenté à l'extérieur comme une « nation », ayant son identité historique et culturelle propre. Lors des cérémonies du 25e anniversaire de la RDA, en 1974, la SED proclama : « En RDA est née une nouvelle culture socialiste et nationale. Parmi les fondements intellectuels de notre culture, dominent les idées de paix et de démocratie, de socialisme et d'internationalisme »[28]. Ce tournant fut inscrit dans la nouvelle constitution. Alors qu'en 1968, la constitution mentionnait le « sozialistischer Staat deutscher Nation » (l'État socialiste de nation allemande), la nouvelle formulation évoqua le « sozialistischer Staat der Arbeiter und Bauern » (« l'État socialiste des travailleurs et des paysans »). Ainsi, en réponse à l'*Ostpolitik* de Bonn, la « question allemande » se trouvait définitivement résolue : la RDA était un État et une nation ; elle n'était plus guère allemande (le nom d'un grand nombre d'institutions fut modifié, supprimant l'adjectif allemand au profit du complément de nom « de la RDA »[29]), mais avant tout socialiste. Ses dirigeants voulaient forger un patriotisme socialiste fondé sur des valeurs « universelles ». Comme l'a écrit Wolfrum : « Le patriotisme socialiste et l'internationalisme prolétarien allaient main dans la main et venaient parfaire le processus prévu de démarcation de la RDA par rapport à la République fédérale »[30]. Aussi la RDA développa-t-elle alors une « sozialistische auswärtige Kulturpolitik » (« politique culturelle extérieure socialiste »), totalement distincte de celle de la RFA, ce qui impliquait de dénoncer toujours plus fermement l'idée de l'unité culturelle allemande. Pour donner de la profondeur historique à cette identité culturelle, les autorités de Berlin-Est ont revendiqué un certain nombre de grandes figures intellectuelles, artistiques et même politiques, comme l'expression de leur propre patrimoine culturel, déniant même parfois à l'Ouest le droit d'en revendiquer l'héritage. Ainsi, en 1971, le ministre président de la RDA, Willi Stoph, s'empara-t-il de la figure d'Albrecht Dürer, à l'occasion du 500e anniversaire de sa naissance, auquel il conféra une place cruciale dans la constitution de la culture socialiste est-allemande, ajoutant que la RFA ne pouvait prétendre à un héritage,

---

27.– WOLFRUM (note 20), pp. 90 – 92.
28.– *Neues Deutschland*, 14 février 1974.
29.– Ainsi, à titre d'exemple, la « Deutsche Akademie der Wissenschaften » fut-elle rebaptisée en 1972 « Akademie der Wissenschaften der DDR ». Au sujet de la constitution de 1968, voir l'article de Jean-Paul CAHN dans ce volume.
30.– WOLFRUM (note 20), p. 103.

qui par les idées et les images artistiques qu'il véhiculait, traduisait déjà les idées progressistes qui étaient désormais en train de s'exprimer[31].

## Des conceptions divergentes des relations culturelles extérieures : Échanges ou démarcation ?

Dans chacun des deux États allemands la place de la politique culturelle extérieure fut subordonnée aux enjeux politiques et idéologiques fondamentaux. En juillet 1972, Kurt Hager, secrétaire pour la Culture, la Science et l'Éduction du peuple au comité central du parti déclara : « Notre politique culturelle [...] a aussi la tâche de soutenir par tous les moyens culturels l'offensive politique et idéologique du socialisme »[32]. Même si, à l'Ouest, la culture était loin d'être soumise au pouvoir comme elle l'était à l'Est – et l'État n'était pas le seul acteur des échanges culturels entre la RFA et l'étranger ! –, la politique culturelle extérieure était un instrument de la politique étrangère, devant servir l'objectif primordial d'ancrage à l'Ouest et, tant que dura la « doctrine Hallstein », faire obstacle à la reconnaissance de la RDA par les pays tiers[33]. Au fil des années 1960, avec la revalorisation et l'expansion de la politique culturelle, conçue partiellement en réponse à l'« offensive » culturelle de la RDA[34], elle fut plus qu'une auxiliaire de la diplomatie et des relations économiques[35] et devint à part entière, comme l'affirma Willy Brandt, alors ministre des Affaires étrangères, « le troisième pilier d'une politique extérieure moderne »[36]. Si la politique culturelle ouest-allemande en était longtemps restée à une conception centrée sur la projection d'une image de soi à l'étranger, elle fut fondamentalement renouvelée au début des années 1970 dans le cadre de la réforme menée par le secrétaire d'État Ralf Dahrendorf, le sociologue auteur de *Gesellschaft und Demokratie in Deutschland*[37]. Celui-ci voulut démocratiser la politique culturelle en la redéfinissant en termes d'échanges entre les sociétés et imposa alors le terme de « zwischenstaatliche Gesellschaftspolitik » – politique sociétale transnatio-

---

31.– *Sächsische Zeitung*, 14 mai 1971. Cf. Hans LINDEMANN, Kurt MÜLLER, *Auswärtige Kulturpolitik der DDR*, Bonn, Bad Godesberg, 1974, p. 24.
32.– Kurt HAGER, *Zu Fragen der Kulturpolitik der SED*, Berlin-Est, 1972, p. 9.
33.– Cf. SCHULTE (note 3), p. 45.
34.– MICHELS (note 9), p. 254.
35.– Pour l'analyse de l'action menée par Dieter Sattler, directeur de la section culturelle de l'Auswärtiges Amt de 1959 à 1966, voir Ulrike STOLL, *Kulturpolitik als Beruf. Dieter Sattler (1906 – 1968) in München, Rom und Bonn*, Paderborn, 2005.
36.– Willy BRANDT, « Bedeutung und Aufgaben der Auswärtigen Kulturpolitik. Ausführungen von Außenminister Brandt anläßlich der Veröffentlichung des Tätigkeitsberichts 1966 der Kulturabteilung des Auswärtigen Amtes », in : Presse- und Informationsamt der Bundesregierung (éd.), *Bulletin*, 71 (5 juillet 1967), pp. 613 – 616.
37.– Édité à Munich en 1965.

nale[38]. L'objectif était de passer « d'une politique étrangère des États à une politique étrangère des sociétés », ce qui s'inscrivait dans le processus plus général de démocratisation voulu par le nouveau chancelier Willy Brandt (« oser plus de démocratie »)[39].

Cette réforme impliquait en premier lieu l'élargissement du champ conceptuel de la culture, incluant toujours plus la science, la technique et le sport – comme l'illustra la volonté ouest-allemande d'organiser les Jeux Olympiques à Munich en 1972[40]. Il s'agissait aussi de mettre davantage l'accent sur les questions d'actualité pour mieux comprendre et faire connaître l'ensemble des valeurs de la société allemande contemporaine[41]. Elle entraînait ensuite l'élargissement du cercle des destinataires, bien au-delà des seules élites étrangères. Enfin, il fallait ouvrir plus largement le spectre des acteurs des échanges culturels à l'étranger aux syndicats, fondations politiques, Églises et réseaux associatifs, car les nouvelles missions devaient être entreprises prioritairement dans le domaine socio-culturel international, notamment par les échanges de jeunes et d'étudiants[42].

Le concept clé de cette « zwischenstaatliche Gesellschaftspolitik » fut le « erweiterter Kulturbegriff » – concept de culture élargi – renvoyant à l'idée que tout ce qui a trait aux réalités contemporaines d'une société fait partie de la culture[43]. Cela signifiait la mutation d'une conception « bourgeoise » de la

---

38.– Ralf DAHRENDORF, « Gesamtplan für die Auswärtige Kulturpolitik. Notwendigkeit eines wechselseitigen Verständnisses der inneren Entwicklungen der Völker. Vierte Epoche einer zwischenstaatlichen Kultur- und Gesellschaftspolitik » [discours devant le Bundestag, 28 novembre 1969], in : Presse- und Informationsamt der Bundesregierung (éd.), *Bulletin*, 147 (3 décembre 1969), pp. 1254 – 1256.

39.– Déclaration gouvernementale de Willy Brandt, 28 octobre 1969, publiée in : Klaus VOM BEYME (éd.), *Die großen Regierungserklärungen der deutschen Kanzler von Adenauer bis Schmidt*, Munich, 1979, pp. 251 – 281.

40.– Uta Andrea BALBIER, « ›Der Welt das moderne Deutschland vorstellen‹ : Die Eröffnungsfeier der Spiele der XX. Olympiade in München 1972 », in : PAULMANN (note 9), pp. 105 – 119 ; voir aussi la contribution de Uta Andrea BALBIER dans ce volume ; Ulrich PFEIL, « Die Olympischen Spiele 1972 und die Fußballweltmeisterschaft 1974. Fallbeispiele für die Verquickung von Sport, Politik und Gesellschaft », in : *Deutschland Archiv*, 39 (2006) 3, pp. 415 – 423.

41.– « Auswärtige Kulturpolitik und internationale Zusammenarbeit. Interview mit Ministerialdirektor Hans-Georg Steltzer », in : Presse- und Informationsamt der Bundesregierung (éd), *Bulletin*, 111 (20 août 1970), p. 1173.

42.– PAULMANN (note 10), p. 5 ; *Die Auswärtige Politik* (note 16), p. 97.

43.– « La politique culturelle extérieure traitera à l'avenir plus intensément qu'auparavant les problèmes culturels et civilisationnels actuels. Aussi le concept de culture doit-il être élargi. Aujourd'hui, la culture n'est plus le privilège des élites, mais une offre faite à tous. Elle est une part du processus dynamique de transformations à l'œuvre dans notre société et montre le chemin d'une coopération internationale de tous les groupes sociétaux » ; PA/AA ZA 106.216, « Leitsätze für die auswärtige Kulturpolitik », 1er décembre 1970. Au sujet de

culture, encore dominante dans les années 1950, vers une conception plus « populaire » et « sociétale » des années 1970[44]. L'objectif de cette politique sociétale transnationale restait de contribuer à la compréhension et à la paix entre les peuples, cette fois dans le cadre d'une politique de détente et d'ouverture vers l'Est qu'incarnait l'*Ostpolitik* menée par la coalition sociale-libérale. Il s'agissait aussi d'y parvenir par l'échange, c'est-à-dire en acceptant la réciprocité du processus[45].

Or, Berlin Est n'entendait pas se laisser entraîner à l'échange et développa au contraire une politique de démarcation croissante (« Abgrenzungspolitik ») à l'égard de Bonn. Si le terme de « Abgrenzung » devint le maître mot de la politique est-allemande, en réaction à l'*Ostpolitik* de Bonn, à partir de la fin des années 1960[46], il renvoie à une pratique bien rôdée du repli sur soi, observée après les émeutes du 17 juin 1953, les événements de Hongrie et de Pologne en 1956, la construction du Mur en 1961 et encore au lendemain de la répression du printemps de Prague en 1968[47]. À partir de 1969, Berlin-Est renforça sur le plan culturel cette politique du cordon sanitaire, car la coexistence pacifique entre les deux États allemands, inévitable pour parvenir à l'objectif premier de la reconnaissance, ne devait surtout pas déboucher sur une coexistence idéologique ressentie comme une menace pour les fondements mêmes du régime : « S'il devait être fait un mauvaise usage des échanges culturels afin de diffuser des idées nuisibles, alors ils ne relèveraient pas de la normalisation et ils ne pourraient avoir lieu »[48]. Au contraire, les dangers inhérents à la détente exigeaient que l'identité culturelle et idéologique des Allemands de l'Est fût encore raffermie[49]. Erich Honecker, nou-

---

l'origine du « concept de culture élargi », pratiqué dans les relations franco-allemandes dès les années 1950, voir Corine DEFRANCE, « Les relations culturelles franco-allemandes dans les années cinquante : Acteurs et structures des échanges », in : Hélène MIARD-DELACROIX, Rainer HUDEMANN (éd.), *Wandel und Integration. Deutsch-französische Annäherungen der fünfziger Jahre/Mutations et intégration. Les rapprochements franco-allemands dans les années cinquante*, Munich, 2005, pp. 241 – 256 ; ID., « ›Es kann gar nicht genug Kulturaustausch geben‹ : Adenauer und die deutsch-französischen Kulturbeziehungen 1949 – 1963 », in : Klaus SCHWABE (éd.), *Adenauer und Frankreich, 1949-1963. Stand und Perspektiven der Forschung zu den deutsch-französischen Beziehungen in Politik, Wirtschaft und Kultur*, Bonn, 2005, pp. 137–162.

44.– Cf. PAULMANN (note 10), p. 6

45.– Discours de Walter Scheel, intitulé « Ziele und Aufgaben der Auswärtigen Kulturpolitik », devant le kulturpolitischer Beirat de l'Auswärtiges Amt, 22 janvier 1971, publié in : Presse- und Informationsamt der Bundesregierung (éd.), *Bulletin*, 10 (27 janvier 1971), pp. 84 – 86, ici p. 86.

46.– LINDEMANN, MÜLLER (note 31), p. 15.

47.– LINDEMANN, MÜLLER (note 31), p. 23.

48.– *Der Morgen* [journal de Berlin-Est], 18 avril 1974.

49.– « La coexistence pacifique entre les États relevant des différents systèmes de société ne doit jamais signifier la coexistence idéologique, mais une controverse idéologique renforcée. Ce-

veau secrétaire du comité central de la SED depuis 1971, répéta inlassablement que l'État impérialiste ouest-allemand n'avait rien à voir avec la République démocratique allemande socialiste, et que ces deux États se démarquaient toujours davantage[50]. La RFA devait rester la figure de l'ennemi et le repoussoir idéologique. Ainsi Marianne Lange, professeur à l'Université Karl-Marx – université du parti – à Leipzig, commenta : « Le caractère de classe de la culture de la RDA est une partie de la culture mondiale socialiste, dans la mesure où il se démarque en même temps de la culture impérialiste dominant en République fédérale »[51].

Tandis que la RFA considérait les relations culturelles avec l'Autre Allemagne comme des relations culturelles *inter-allemandes*, ouvrant ainsi largement la voie aux liens entre sociétés au nom de la culture allemande, les dirigeants est-allemands refusaient de leur reconnaître un caractère spécifique. Car, comme le formula Dieter Kerscheck, rédacteur en chef du journal *Berliner Zeitung* [Berlin-Est], la RDA ne pouvait avoir de relations particulières qu'avec les pays frères du système soviétique. La RFA étant un pays capitaliste du bloc Ouest, les relations culturelles entretenues avec elle relevaient pleinement et exclusivement de la politique extérieure de la RDA[52].

## Approche croisée : l'interdépendance des politiques culturelles est- et ouest-allemandes

Les deux Allemagnes se sont sans cesse observées, confiant à des experts la mission d'analyser la politique menée par l'Autre. Ainsi, à la demande de la Fondation Friedrich-Ebert, sociale-démocrate, alors proche du gouvernement en place à Bonn, Hans Lindemann et Kurt Müller ont décortiqué les publications et les discours des autorités de RDA pour donner un tableau très précis des conceptions culturelles est-allemandes et de leurs évolutions, des acteurs de cette politique et des réalisations. Leur ouvrage, *Auswärtige Kulturpolitik der DDR*, paru en 1974, a été préfacé par Hans Arnold, alors directeur de la section culturelle de l'Auswärtiges Amt (1972 – 1977). De l'autre côté, des chercheurs est-allemands ont aussi analysé la politique culturelle extérieure de la République fédérale. En 1968 parut, entre autres,

---

la signifie donc qu'il nous faut aussi nous renforcer idéologiquement et culturellement sur le plan intérieur, car on ne peut ignorer la particularité de notre situation en tant que RDA : il nous faut d'abord combattre, surtout contre la RFA, pour la reconnaissance internationale officielle de notre république », Alexander ABUSCH, *Sonntag* [Berlin-Est], 46 (14 novembre 1971).
50.– LINDEMANN, MÜLLER (note 31), p. 22.
51.– *Neues Deutschland* [Berlin-Est], 30 janvier 1971.
52.– Cf. LINDEMANN, Müller (note 31), pp. 15s.

l'ouvrage de Erna Heckel, « Kultur und Expansion », issu de la thèse de doctorat qu'elle venait de soutenir en 1967 à l'« Institut für Gesellschaftswissenschaften » du comité central de la SED, consacré à la politique culturelle extérieure de Bonn dans les pays en voie de développement[53]. Puis en 1972, en réplique explicite aux directives pour la politique culturelle extérieure élaborées par l'Auswärtiges Amt l'année précédente[54], fut éditée l'étude de Erhard Hexelschneider, de l'Institut des études internationales de la Karl-Marx-Universität de Leipzig, intitulée « Koexistenz, Kulturaustausch und Bonns ›zwischenstaatliche Gesellschaftspolitik‹ », dont le but était de rechercher comment réagir de manière appropriée à cette nouvelle conception de la politique culturelle extérieure dans le cadre de la Conférence sur la Sécurité et la Coopération en Europe (CSCE)[55].

Ces travaux sont d'abord révélateurs des perceptions de la politique culturelle extérieure du voisin : ils informent sur les éléments pris en compte, qu'il s'agisse de la dimension conceptuelle, sectorielle ou géographique de ces politiques. Plus encore, ils livrent une interprétation constitutive de la réception de la politique de l'autre, qui devient à son tour un élément déterminant de l'évolution de sa propre politique. Ainsi, en RDA, la politique culturelle extérieure de Bonn était-elle toujours perçue comme un volet d'une politique expansionniste et impérialiste globale visant à miner – sans y parvenir – le système socialiste. Hexelschneider commente à ce propos :

> « Elle est une partie du programme d'expansion et l'expression de l'agressivité croissante de l'impérialisme ouest-allemand, qui cherche à imposer sa vieille politique de classe par l'infiltration et la diversion intellectuelles et culturelles après qu'elle ait échoué dans ses tentatives de faire reculer le socialisme par la force »[56].

En interprétant ainsi la politique de Bonn, la poursuite, voire l'intensification, de la « Abgrenzung » se trouvait légitimée.

Côté ouest-allemand, l'étude de Lindemann et Müller mit en relief les craintes des autorités est-allemandes face à l'ouverture et au risque d'affaiblissement idéologique par contamination des idées occidentales[57]. Le diagnostic était donc déjà posé en 1974 : « La SED, sur le plan intérieur,

---

53.– Erna HECKEL, *Kultur und Expansion*, Berlin-Est, 1968.
54.– AUSWÄRTIGES AMT, *Leitsätze für die auswärtige Kulturpolitik*, Broschüre des Presse- und Informationsamtes des Bundesregierung, novembre 1970 ; réédité in : Hans ARNOLD, *Kulturexport als Politik ? Aspekte auswärtiger Kulturpolitik*, Tübingen, 1976, pp. 257 – 265.
55.– Erhard HEXELSCHNEIDER, *Koexistenz, Kulturaustausch und Bonns ›zwischenstaatliche Gesellschaftspolitik‹*, Wissenschaftliche Zeitschrift, Gesellschafts- und Sprachwissenschaftliche Reihe, Karl-Marx-Universität Leipzig, 2 (1972).
56.– HEXELSCHNEIDER (note 55), p. 124.
57.– LINDEMANN, MÜLLER (note 31), pp. 23, 70.

n'arrive pas pour le moment à faire face à la détente » (p. 52). En repérant les points sensibles de la politique du voisin, l'analyse donne aux politiques les moyens de poursuivre leurs objectifs avec plus d'efficacité. Ainsi, dans les pays tiers – théâtre de la compétition culturelle et idéologique entre les deux Allemagnes –, la RDA accentuait particulièrement la démarcation avec la RFA afin d'affirmer plus nettement son identité culturelle nationale est-allemande. Aussi Lindemann et Müller conseillaient-ils à Bonn de répliquer par une politique culturelle « au sein de laquelle on se référera toujours aux racines et valeurs communes de la culture européenne »[58].

Au-delà de l'analyse de la politique culture est-allemande, ces deux experts se sont lancés dans l'étude de la perception de la politique culturelle ouest-allemande par les autorités est-allemandes. La deuxième partie de leur ouvrage lui est consacrée[59] et deux questions sont au cœur de l'analyse : la réaction à la prétention de Bonn à représenter la culture allemande dans son ensemble et celle relative à la « zwischenstaatliche Gesellschaftspolitik » de la coalition sociale-libérale. Ces deux éléments de la politique ouest-allemande étaient perçus en RDA comme un fer dans la plaie.

Sur le premier point, les analystes repèrent combien le discours des intellectuels ouest-allemands à l'étranger, évoquant la littérature allemande dans son ensemble et n'hésitant pas à faire des conférences sur Bertolt Brecht (1898 – 1956) ou des auteurs, tels Heinrich Mann (1871 – 1950)[60], dont l'héritage était revendiqué par la RDA, désorientait les responsables est-allemands. En effet, cette attitude décrédibilisait la thèse qu'ils présentaient à l'extérieur, selon laquelle les intellectuels ouest-allemands étaient des agents de l'impérialisme occidental. Lindemann et Müller montraient alors combien le discours de Bonn sur la politique culturelle est-allemande exaspérait Berlin-Est. Ainsi, plusieurs études sur la littérature est-allemande étaient déjà parues en RFA (la présentant comme un pan de la littérature allemande)[61], alors qu'il n'existait toujours pas de telle synthèse en RDA, bien que la consigne ait été d'affirmer l'existence d'une « culture nationale » comme élément d'une culture socialiste globale (« sozialistische Weltkultur »). Cette

---

58.– LINDEMANN, MÜLLER (note 31), p. 87.
59.– « Teil II : Die Einschätzung der auswärtigen Kulturpolitik der Bundesrepublik durch die DDR im Lichte ihrer Abgrenzungspolitik »/Partie II : l'évaluation de la politique extérieure de la République fédérale par la RDA à la lumière de sa politique de démarcation.
60.– En 1949, il avait été nommé président de l'Académie allemande des Arts de Berlin-Est.
61.– Konrad FRANKE, *Die Literatur der Deutschen Demokratischen Republik*, Munich, 1971 ; Fritz J. RADDATZ, *Traditionen und Tendenzen – Materialien zur Literatur der DDR*, Francfort/M., 1972 ; Hans Dietrich SANDER, *Geschichte der schönen Literatur in der DDR*, Fribourg, 1972 ; Werner BRETTSCHNEIDER, *Zwischen literarischer Autonomie und Staatsdienst – Die Literatur in der DDR*, Berlin, 1972.

situation fut ressentie comme embarrassante, voire humiliante, par l'écrivain est-allemand Hermann Kant[62]. Lindemann et Müller notaient qu'à certains égards, Berlin-Est regrettait le temps de la guerre froide, « car, pour la RDA, il est extrêmement difficile de maintenir de façon crédible l'image d'ennemie de la République fédérale quand les artistes et les scientifiques ouest-allemands parlent dans leurs conférences à l'étranger de manière critique mais objective des aspects culturels de la RDA »[63]. Bonn avait donc parfaitement conscience, à l'heure de la CSCE, que le discours de détente, la propension à l'échange et la mise en avant d'une culture allemande partagée était sa meilleure arme pour percer la carapace idéologique de la RDA.

À cet égard, le nouveau concept de « zwischenstaatliche Gesellschaftpolitik », indissociable de la détente puisque le but était précisément de remplacer la confrontation directe par des contacts et une discussion argumentée, fut particulièrement redoutable. Il contrecarrait la tentative de Berlin-Est de circonscrire les relations culturelles germano-allemandes dans le champ de la politique étrangère menée et contrôlée par le l'État et le parti. Bonn voulait impliquer les sociétés tout en reconnaissant qu'il s'agissait de relations entre deux États souverains (l'expérience praguoise de 1968 l'incitait au réalisme, à la prudence et à la patience)[64]. Selon Hans Arnold, il s'agissait d'établir certaines règles pour remplacer la confrontation par un « vivre ensemble » pacifié[65]. Le chef de la section culturelle de l'Auswärtiges Amt fit alors référence à un discours prononcé par Erich Honecker devant le comité central de la SED, en 1973, peu après la conclusion du Traité fondamental. La stratégie est instructive : il mit en avant les points d'accord et de convergences entre les deux Allemagnes pour mieux interpréter, en termes d'incohérence de Berlin-Est, les points de divergences. Ainsi, il approuvait le premier secrétaire du parti sur un point d'évidence : « ce ne sont ni la langue ni la culture qui ont érigé une frontière entre la RDA et la RFA, mais les structures sociales différentes et même antagonistes »[66] ; il se réjouissait ensuite que Honecker partage le point de vue de Brandt selon lequel, entre deux États relevant de systèmes différents, il ne peut pas y avoir de mélange des genres (« Mischmasch »). Puis il citait un autre de ses propos : « Ainsi, aujourd'hui, il y a deux États allemands qui incarnent la contradiction fondamentale de notre temps, la contradiction entre le capital et le travail, entre l'impérialisme et le socialisme », illustrant la confiscation par l'État est-

---

62.– *Neues Deutschland* [Berlin-Est], 15 novembre 1973.
63.– LINDEMANN, MÜLLER (note 31), p. 62.
64.– ARNOLD (note 18), p. 70.
65.– PA/AA, ZA 106.177, Hans ARNOLD, « Das kulturelle Nebeneinander der Bundesrepublik Deutschland und der DDR », 18 septembre 1973 ; ARNOLD (note 18), pp. 68s.
66.– *Ibid.*

allemand des problèmes de société et montrant, selon lui, le caractère rétrograde du système est-allemand. Arnold commentait : « Il ne resterait qu'à ajouter, que ces propos passent sous silence la différence entre une pensée nationale et étatique et l'internationalisation toujours croissante des problèmes politiques de société en Europe »[67].

Précisant que les règles du vivre ensemble (l'un à côté de l'autre – « Nebeneinander » – et non l'un avec l'autre – « Miteinander » –) impliquaient le respect du point de vue de l'autre[68], il s'empressait de reconnaître que la RDA au vu de sa situation d'alors, ne pouvait mener une autre politique que celle de la démarcation (« Abgrenzung ») et attendait en retour que la RDA respecte le point de vue ouest-allemand de l'unité de la culture allemande. La situation était en réalité dissymétrique, car la « Abgrenzung » est-allemande ne remettait pas en cause la prétention de Bonn à représenter l'ensemble de culture allemande à l'extérieur, tandis que reconnaître le point de vue ouest-allemand de l'existence d'une culture allemande unique aurait ruiné en grande partie la politique de démarcation et d'affirmation d'une identité nationale de la RDA.

## Les théâtres de la compétition culturelle germano-allemande

### Les relations culturelles interallemandes victimes de la « Abgrenzung »

Conséquence de la « Abgrenzung » pratiquée par Berlin-Est, dans les relations interallemandes en, la détente se traduisit par une très forte baisse des échanges culturels. Alors qu'un certain flux avait été maintenu dans la première moitié des années 1960, la tendance s'inversa à partir de 1966/67. Auparavant, Walter Ulbricht avait revendiqué la conclusion d'un accord culturel avec la RFA afin de faire avancer la cause de la reconnaissance diplomatique[69]. Aussi la RDA avait-elle entretenu des contacts : en 1965, 27 ensembles et plus de 200 solistes s'étaient produits en RFA ; l'année suivante, le théâtre de Leipzig y donna une dizaine de représentations. L'objectif était d'inciter la population ouest-allemande à faire pression sur son gouvernement pour la conclusion d'un tel accord interallemand. Mais ces échanges n'étaient pas sans risque. Sans même parler des « fuites à l'Ouest » toujours possibles, le discours des intellectuels ou artistes est-allemands pouvait donner lieu à des dérapages par rapport à la ligne officielle. Ainsi, en 1966, lors d'une discussion radiophonique avec Günter

---

67.– *Ibid.*, p. 70.
68.– *Ibid.*
69.– LINDEMANN, MÜLLER (note 31), p. 24.

Grass, Hans Magnus Enzensberger et Peter Weiß, l'écrivain est-allemand Stephan Hermlin parla d'une seule et unique littérature allemande, évoquant même des convergences entre les littératures contemporaines est- et ouest-allemandes. À son retour, il lui fut expliqué par les cadres de la SED qu'il y avait une littérature allemande impérialiste et une autre humaniste et progressiste[70]. Dès lors, rares furent les occasions où des intellectuels et artistes est-allemands furent autorisés à se rendre en RFA : soit il s'agissait de ramener d'importantes quantités de devises, soit de profiter d'occasions très particulières, comme les Jeux Olympiques de 1972, pour exposer à l'Ouest le prestige culturel de la RDA. Ainsi, à cette occasion, l'écrivain Hermann Kant fit plusieurs lectures de ses romans en République fédérale, le « Berliner Ensemble », le « Leipziger Gewandhausorchester », le « Berliner Sinfonie-Orchester » et le « Landestheater » de Halle firent des tournées dans plusieurs villes de RFA. Parallèlement, et de manière renforcée depuis le début des années 1970, les artistes ouest-allemandes furent toujours plus rarement autorisés à se rendre à l'Est, à l'exception de quelques personnalités jugées « amies de la RDA », comme le compositeur Hans Werner Henze. Une telle évolution se repère aussi dans le domaine des relations sportives : en 1965, on avait encore dénombré plus de 80 rencontres interallemandes, en 1973, leur nombre tomba à six[71] ! Pendant toute cette période et malgré le renforcement de la « Abgrenzung », Berlin-Est continua à réclamer la signature d'un accord culturel. Arnold expliqua alors que le paradoxe n'était qu'apparent, car un tel accord aurait servi la « Abgrenzung », dans la mesure où l'objectif était d'établir un système de contrôle et de filtrage, assurant que seul ce qui était autorisé par la SED pouvait être présenté à la population est-allemande. Cependant, après la signature du traité interallemand, qui prévoyait la conclusion future d'accords de coopération culturelle et scientifique, la RDA devait temporiser, par crainte des risques encourus, si bien que cet accord ne fut signé qu'en 1986[72] !

La « Abgrenzung » fut encore renforcée par la nécessité où se trouvait le régime est-allemand, dans la compétition interallemande, de se présenter à l'étranger avec ses propres réseaux culturels, scientifiques et sportifs. Aussi, la RDA démantela-t-elle les sociétés et organisations panallemandes qui subsistaient encore en fondant des associations et institutions exclusivement

---

70.– *Berliner Zeitung* [Berlin-Est], 28 janvier 1967 ; voir LINDEMANN, MÜLLER (note 31), pp. 24s.
71.– LINDEMANN, MÜLLER (note 31), pp. 26 – 34.
72.– Bernd LINDNER et al. (éd.), *Klopfzeichen, Kunst und Kultur der 80er Jahre in Deutschland – Mauersprünge*, Leipzig, 2002 ; ARNOLD (note 18), pp. 39ss.

est-allemandes censées lui donner les instruments nécessaires à une politique culturelle étrangère indépendante[73].

## La compétition culturelle dans les pays tiers : l'exemple de l'Europe de l'Est

Les pays tiers furent au cœur de la compétition culturelle interallemande. Schématiquement, ils se classaient en trois catégories principales : les États de son propre bloc, ou de sa propre sensibilité idéologique, où il s'agissait de limiter l'influence de l'autre en affermissant la sienne ; ceux partageant les conceptions de l'autre bloc, où il fallait tenter de prendre pied, les neutres[74] et les « non-alignés » qu'il fallait gagner à sa propre cause. En ces longues années de combat pour la reconnaissance d'une part et de « doctrine Hallstein » d'autre part, ces derniers, et en particulier les pays en voie de développement, constituèrent un terrain âprement disputé entre les deux Allemagnes. Dans certains d'entre eux, comme l'Inde, où la RDA agit avec beaucoup de finesse, en envoyant comme consul général un des meilleurs spécialistes de la culture hindoue et de l'histoire de l'Inde, parlant parfaitement l'hindi[75], Berlin-Est marqua des points. Elle sut aussi s'attirer des sympathies dans un certain nombre de pays du bloc Ouest, à commencer par la France, le moins aligné en Occident. Elle put compter sur le PCF et la CGT, mais aussi sur une partie des intellectuels et sur le soutien d'associations d'anciens résistants et déportés toujours sensibles aux sirènes de l'antifascisme. Cependant, d'un point de vue global, Berlin-Est ne parvint pas, malgré ce potentiel de sympathie, à faire accélérer la reconnaissance diplomatique (février 1973) ni à ébranler les positions de la République fédérale en France[76]. Au contraire, les responsables ouest-allemands en France surent régulièrement tirer parti de la rivalité interallemande et de la menace d'une percée est-allemande pour obtenir des moyens supplémentaires ou une libéralisation des positions. Ainsi, le directeur du bureau parisien du

---

73.– Cf. Pierre JARDIN, « Les relations culturelles entre les deux Allemagne. Première période, 1946 – 1961 », in : Jean-François SIRINELLI, Georges-Henri SOUTOU (éd.), *Culture et Guerre froide*, Paris, 2008, pp. 139 – 158, ici p. 156.

74.– Cf. Olivia GRIESE, *Auswärtige Kulturpolitik und Kalter Krieg. Die Konkurrenz von Bundesrepublik und DDR in Finnland 1949 – 1973*, Munich, 2006 ; Alexander MUSCHIK, *Die beiden deutschen Staaten und das neutrale Schweden. Eine Dreiecksbeziehung im Schatten der offenen Deutschlandfrage 1949 – 1972*, Münster, 2005 ; Seppo HENTILÄ, *Neutral zwischen den beiden deutschen Staaten. Finnland und Deutschland im Kalten Krieg*, Berlin, 2006 ; Nils ABRAHAM, *Die politische Auslandsarbeit der DDR in Schweden. Zur Public Diplomacy der DDR gegenüber Schweden nach der diplomatischen Anerkennung (1972 – 1989)*, Münster, 2007.

75.– Cf. Johannes H. VOIGT, *Die Indienpolitik der DDR. Von den Anfängen bis zur Anerkennung (1952 – 1972)*, Cologne, 2008 ; LINDEMANN, MÜLLER (note 31), pp. 78s.

76.– Cf. Ulrich PFEIL, *Die ›anderen‹ deutsch-französischen Beziehungen. Die DDR und Frankreich 1949 – 1990*, Cologne, 2004.

DAAD mit sa hiérarchie en garde contre la place qui serait laissée aux lecteurs est-allemands dans les universités françaises si l'Office allemand relâchait son effort et le responsable de l'Institut historique allemand sut faire accepter aux historiens conservateurs ouest-allemands la nécessité de coopérer avec l'École des Annales, par souci de ne pas laisser le champ libre aux historiens est-allemands[77].

Ne pouvant ici développer qu'un seul exemple pour illustrer la compétition culturelle interallemande en pays tiers, il nous a semblé qu'en ces années de l'*Ostpolitik*, celui de l'Europe de l'Est s'imposait. Alors que les relations culturelles de la RFA avec l'Europe de l'Est étaient restées très ténues, essentiellement marquées par des accords culturels avec l'Union soviétique (en 1959, bientôt dénoncé par Moscou), la Yougoslavie et la Roumanie, la présence d'instituts culturels à Belgrade et Zagreb et d'écoles allemandes à Moscou et Belgrade[78], Bonn profita de la détente pour les intensifier dans le cadre de son *Ostpolitik*[79]. La conception de l'Europe de la direction culturelle de l'Auswärtiges Amt embrassait une zone géographique s'étendant de l'Atlantique à l'Oural, comprenant la Communauté Européenne, l'ensemble des pays de l'Europe de l'Ouest et de l'Europe de l'Est, combinant donc une approche bilatérale et multilatérale[80]. Dans cette aire géographique et idéologique spécifique, les Affaires étrangères estimaient que, malgré l'indéniable déséquilibre entre les deux Allemagnes, la République fédérale ne se laissait pas enfermer dans une situation de concurrence stérile. Elle aurait même profité indirectement de la présence culturelle allemande en Europe centre et sud-orientale entretenue par la RDA et de l'intérêt spécifique suscité par la situation de division de l'Allemagne[81]. À bien des égards, la République fédérale, plus que les États-Unis, incarnait l'Occident aux yeux des Européens de l'Est[82]. Le seul fait que l'allemand ait été considéré comme langue de travail officielle par la CSCE fut interprété comme la

---

77.– Cf. Ulrich Pfeil, *Vorgeschichte und Gründung des Deutschen Historischen Instituts Paris. Darstellung und Dokumentation*, Ostfildern, 2007 ; Id. (éd.), *Deutsch-französische Kultur- und Wissenschaftsbeziehungen im 20. Jahrhundert. Ein institutionengeschichtlicher Ansatz*, Munich, 2007 ; Id., « Die Pariser DAAD-Außenstelle in der ›Ära Schulte‹ (1963 – 1972). Die Institutionalisierung der transnationalen Wissenschaftskooperation in den westdeutsch-französischen Beziehungen », in : *Francia*, 32/3 (2005), pp. 51 – 74, ici pp. 68s.

78.– Arnold (note 18), p. 60.

79.– Le 19 mai 1969, Willy Brandt, encore ministre des Affaires étrangères, le souligna : « Dans le cadre de l'*Ostpolitik*, une place particulière revient aux efforts entrepris pour renouer les liens séculaires avec les pays de l'Europe de l'Est et du Sud-Est », Presse- und Informationsamt der Bundesregierung (éd.), *Bulletin*, 64 (20 mai 1969), p. 549.

80.– Arnold (note 54), p. 171.

81.– Arnold (note 54), pp. 176 – 178.

82.– PA/AA, B 90 – 600, note de Luitpold Werz, directeur de la section culturelle de l'Auswärtiges Amt, « Drei Jahre Kulturarbeit », 18 octobre 1969.

preuve que les pays de cette zone lui reconnaissaient la valeur d'un lien à l'échelle du continent.

Pourtant, si l'on observe l'évolution du budget, force est de constater que l'investissement de Bonn en Europe de l'Est resta encore modeste (16 % des dépenses « culturelles » en Europe)[83]. Les outils de planification prévoyaient alors que ce taux passerait à 19 % en 1980[84]. L'implantation des instituts Goethe et des bureaux à l'étranger du DAAD confirmait la priorité revenant à l'Europe de l'Ouest, malgré un certain rééquilibrage[85]. Il n'y eut donc pas de bouleversement radical des priorités régionales, mais une évolution relative. Signalons enfin que cette coopération tant souhaitée au niveau politique s'avéra particulièrement difficile. Certes, à partir de 1973, de nouveaux accords culturels furent signés entre la RFA et ces pays (à commencer par l'URSS), mais ils furent immédiatement contestés par les intellectuels ouest-allemands, tels Günter Grass ou Heinrich Böll, qui estimaient que les vrais échanges ne passaient pas par des accords interétatiques[86]. L'Auswärtiges Amt répliqua qu'il s'agissait de créer une « base minimale », censée permettre le développement ultérieur d'échanges culturels et intellectuels[87], car, dans les relations avec l'Est, rien ne pouvait se faire sans l'aval des États. Selon Arnold, l'offre culturelle de la RFA ne devait pas franchir le seuil de tolérance politico-idéologique au-delà duquel l'ensemble des relations aurait été compromis. Sans compromission, il s'agissait d'agir avec prudence[88].

Cette politique culturelle de la RFA dans les pays socialistes inquiéta Berlin-Est au plus haut point, comme l'atteste le nombre très élevé de publications sur la question, notamment celles déjà citées de Erna Eckel, dénonçant la « propagande extérieure », la « guerre psychologique », « l'expansionnisme » et « l'impérialisme » ouest-allemand. Bonn était suspectée de vouloir isoler Berlin-Est des pays frères, voire disloquer le bloc Est, et il était nécessaire de les mettre en garde contre de telles intentions. Les autorités est-allemandes furent particulièrement déconcertées par le geste politique et

---

83.– ARNOLD (note 54), p. 173.
84.– PA/AA, ZA 106.864, « Gesamtplan für die auswärtige Kulturpolitik in den Jahren 1977 bis 1980 », 15 juin 1976, f. 62.
85.– Au milieu des années 1970, 43 des 112 Instituts Goethe que la RFA avait ouverts dans 60 pays étaient implantés en Europe de l'Ouest, ARNOLD (note 54), p. 174.
86.– Cf. « Günter Grass attackiert das Auswärtige Amt », in : *Frankfurter Rundschau,* 5 septembre 1973. En raison de l'affaire Soljenitsyne à Moscou, l'ambassadeur de la RFA venait de demander à Grass de reporter sa visite dans la capitale soviétique. Grass dénonça alors une politique de compromis de la part de la RFA, menant à des compromissions. Certes, partisan de la détente, il refusait une politique de la détente « à tout prix » qui se faisait aux dépens de la politique culturelle.
87.– ARNOLD (note 54), p. 179.
88.– *Ibid.,* p. 188.

symbolique d'une portée considérable du chancelier Willy Brandt venant s'agenouiller devant le mémorial de l'insurrection du ghetto de Varsovie, le 7 décembre 1970[89]. Par cet acte majeur, qui faisait pendant à l'image de De Gaulle et Adenauer à la cathédrale de Reims en 1962 et au traité de l'Élysée, la République fédérale ouvrait la voie de la réconciliation avec la Pologne. Ainsi, Bonn sapait toute une partie de la propagande de Berlin-Est qui présentait la RFA aux pays du bloc Est comme une puissance révisionniste et revancharde[90]. Ces experts est-allemands s'en prenaient particulièrement au « pluralisme culturel » en vigueur en RFA qu'ils considéraient n'être qu'une ruse pour « infiltrer » la « culture globale socialiste ». Hans Lindemann et Kurt Müller signalèrent alors combien la RDA s'isolait au sein des pays est-européens en refusant l'échange intellectuel avec la RFA et l'Ouest du continent sur l'existence d'une culture pan-européenne.

## Conclusion

Globalement, la situation de concurrence et d'interdépendance entre les politiques culturelles extérieures est- et ouest-allemandes apparaît donc tout à fait dissymétrique, tant au niveau des conceptions que des pratiques. Le régime est-allemand s'est lui-même placé sur la défensive, réagissant aux évolutions de la politique culturelle extérieure de Bonn. De façon apparemment paradoxale, la détente et la coexistence pacifique ont renforcé la concurrence idéologique entre les systèmes. Il faut cependant se rappeler que quelques années auparavant, Bonn avait compensé son ouverture à l'Est (après le voyage d'Adenauer à Moscou en 1955 et le début des relations diplomatiques) par l'établissement de la « doctrine Hallstein » et la prise de nouvelles mesures anticommunistes visant à défendre les valeurs de la démocratie ouest-allemandes. L'interdépendance entre ouverture internationale et protection de ses propres valeurs avait donc déjà été expérimentée par l'autre partie, certes dans un cadre différent[91] ! La situation singulière de la RDA au sein du bloc Est, seul État socialiste partageant une même langue et un héritage culturel avec un pays du système antagoniste, l'a conduite à pratiquer une « politique de démarcation » toujours plus intransigeante par rapport à la République fédérale, la mettant en porte à faux au sein de son propre Bloc, alors que le processus d'Helsinki était engagé. Inversement, le gouvernement social-libéral de Bonn comprit très précocement que sa nou-

---

89.– Cf. Christoph SCHNEIDER, « Der Kniefall von Warschau. Spontane Geste – bewusste Inszenierung ? », in : Gerhard PAUL (éd.), *Das Jahrhundert der Bilder. Band II : 1949 bis heute*, Bonn, 2008, pp. 410 – 417.
90.– WOLFRUM (note 20), p. 88.
91.– Voir l'article de Bernard LUDWIG dans ce volume.

velle conception de la politique culturelle extérieure, conçue comme une politique sociétale transnationale, davantage en prise avec les problèmes de société et de modernité qu'avec le souci de l'esthétique, plongeait Berlin-Est dans le plus grand embarras : car, les autorités est-allemandes, en continuant à traiter les relations culturelles interallemandes comme un élément ressortant exclusivement de la politique étrangère, et non de la société dans son ensemble, se positionnaient dans une attitude impopulaire et rétrograde. Les relations culturelles furent donc une des armes dont Bonn se servit avec circonspection (surtout après la répression du « Printemps de Prague ») pour tenter d'ébranler les bases du régime est-allemand et l'identité est-allemande que ce dernier cherchait à forger.

# II.
# Évolutions politiques, sociales et économiques

# Les constitutions des deux Allemagnes

Jean-Paul Cahn

Une contribution consacrée aux constitutions des deux Allemagnes[1] devait trouver sa place dans le volume sur la naissance des Allemagnes. Cela eut été pertinent pour la République fédérale, la Loi fondamentale ou « Grundgesetz » : en dépit de ses faiblesses, ce texte réglementa la vie politique, il conquit l'adhésion des Allemands de l'Ouest, subit des modifications ponctuelles, quoique parfois essentielles, et devint au prix d'adaptations minimales la constitution de l'Allemagne unifiée en 1990. Par contre, la constitution que se donna l'Allemagne de l'Est en 1949 ne pouvait trouver sa place dans le premier volume. Rédigée non pour réglementer la vie de l'État, mais pour masquer des intentions et préserver la liberté d'action des dirigeants, elle ne trouva sa forme véritable qu'un quart de siècle après la naissance de la RDA.

Les Allemands d'après 1945 comptaient regagner l'unité nationale. L'occupation et l'assurance de recouvrer les frontières de 1937, à laquelle il était politiquement nécessaire de croire, accélérèrent les réflexions dans le cadre d'un retour à la démocratie, fixé par les occupants. S'il avait existé dans l'immédiat après-guerre des projets visant à la partition de l'Allemagne, et bien que l'étranger s'accommodât par la suite de sa division, l'élaboration de deux constitutions pour deux États allemands séparés participa moins d'une volonté politique que des tensions internationales. Il n'est donc pas surprenant que ces constitutions aient donné lieu à des démarches opposées s'inscrivant dans des conceptions politiques rivales.

---

1.– Pour un aperçu plus vaste – et rétrospectif – on pourra utilement se reporter à Gert-Joachim GLAESSNER, *Demokratie und Politik in Deutschland*, Opladen, 1999 ; Bernard POLONI, *Histoire constitutionnelle de l'Allemagne*, Paris, 2000 ; Heinrich August WINKLER, *Der lange Weg nach Westen. Deutsche Geschichte vom ›Dritten Reich‹ bis zur Wiedervereinigung*, vol. 2, Munich, ³2002, pp. 116ss., pour la constitution de la RFA, Denis GOELDEL, *Le tournant occidental de l'Allemagne après 1945. Contribution à l'histoire politique et culturelle de la RFA*, Strasbourg, 2005, pp. 63 – 95 ; Manfred GÖRTEMAKER, *Geschichte der. Bundesrepublik Deutschland. Von der Gründung bis zur Gegenwart*, Munich, 1999, pp. 44 – 83 ; pour la RDA, voir Julia SCHULZE WESSEL, « Macht und Ohnmacht der DDR-Verfassung », in : André BRODOCZ, Christoph Olivier MAYER, Rene PFEILSCHIFTER et Beatrix WEBER (éd.), *Institutionelle Macht. Genese – Verstetigung – Verlust*, Cologne, Weimar, Vienne, 2005, pp. 438 – 452.

## Une constitution *a minima* et une constitution en trompe-l'œil

Par son ampleur, l'effondrement du Reich créait, aux plans constitutionnel et institutionnel, les conditions d'un départ sur des bases nouvelles. Contrairement à 1918 la responsabilité allemande ne faisait pas débat, l'ampleur de la défaite et de la culpabilité imposait un changement. Le naufrage d'un Reich foncièrement antidémocratique donna à la démocratie une crédibilité qui créa un terrain favorable à la volonté des occupants d'imposer cette forme de vie commune. Néanmoins les fondations des deux États furent posées sans le peuple. L'autorité était aux mains des Quatre, lesquels n'avaient pas de la « démocratie » une conception commune. À l'Est les communistes reproduisirent avec quelque prudence tactique le schéma soviétique de « démocratie populaire » ; les autres partis allemands souhaitaient majoritairement une société libérale et une démocratie plurielle.

### À l'Est : Une apparente continuité de Weimar (1945 – 1949)

Le KPD affirma en juin 1945 :

> « Nous estimons qu'imposer à l'Allemagne le système soviétique serait la mauvaise voie, car cette voie ne correspond pas aux conditions de développement actuelles de l'Allemagne. Nous estimons plutôt que les intérêts décisifs du peuple allemand imposent dans la situation actuelle une autre voie, celle de la construction d'un régime antifasciste, démocratique, une république démocratique et parlementaire incluant tous les droits et libertés pour le peuple »[2].

Dès 1946, il envisagea la formation d'un gouvernement unitaire pour un État allemand[3] et, élaborée par Karl Polak[4], une constitution fédérale pour une république allemande démocratique[5] avec la Chambre du Peuple pour organe suprême. Ce texte était suffisamment inspiré de la constitution de Weimar pour être acceptable par l'Ouest, mais il rejetait la séparation des pouvoirs. La remise de l'autorité suprême à une instance parlementaire était censée compenser la concentration du pouvoir. Ces propositions répondaient aux projets de Staline : inféodation de l'Allemagne à Moscou ou, à défaut, installation dans sa zone d'un régime inspiré par le Kremlin.

En 1948, le Deuxième Congrès du Peuple désigna un « Conseil du Peuple », dominé par le SED et chargé d'élaborer une constitution. L'on

---

2.– Cit. in Peter GRAF KIELMANNSEGG, *Nach der Katastrophe. Eine Geschichte des geteilten Deutschlands*, Berlin, 2000, pp. 117 – 118.
3.– Texte intitulé « Für die Bildung einer einheitlichen deutschen Staatsregierung ».
4.– Marcus HOWE, *Karl Polak. Parteijurist unter Ulbricht*, Francfort/M., 2002 ; voir également Jochen LAUFER, « Die Verfassungsgebung in der SBZ 1946 – 1949 », in : *Aus Politik und Zeitgeschichte*, 32/33 (1998), pp. 29 – 41.
5.– « Verfassung der demokratischen deutschen Republik ».

s'orientait vers un État indépendant de l'Ouest. Le 7 octobre 1949, le Conseil du Peuple, constitué en Chambre provisoire, vota la constitution (appelée « Verfassung der Deutschen Demokratischen Republik »). La RDA se donna une constitution libérale inspirée de celle de 1919. Elle allait au-delà en se présentant comme expression de la volonté populaire et vecteur de la souveraineté du peuple et de l'antifascisme, ce qui rendait son texte acceptable pour tous les partis Est-allemands, et, affirmait-on, le distinguait en profondeur de celle de l'Ouest qui avait été « octroyée ». En réalité ni l'une ni l'autre ne firent l'objet d'une adoption directe. Par contre, l'Est avait incité la population à participer aux débats avant son adoption. Cette consultation (encadrée) fonda une certaine confiance populaire même quand le texte subit des modifications fondamentales.

Alors que la République fédérale fonda dès sa création le vivre ensemble sur la loi et la justice, faisant de sa constitution la clé de voûte de son fonctionnement, l'Est distingua d'emblée constitution et pratique politique. La souveraineté du peuple (cf. la notion de « Volksdemokratie »), que rien ne devait entraver, devait être garantie par la constitution est-allemande. En réalité celle-ci fut conçue dès l'origine comme alibi. De fait les lois qui furent votée par la suite, et qui auraient dû en être le prolongement, la dénaturèrent parfois en profondeur. « La politique, écrit Julia Schulze Wessel, avait pris le pas sur le droit »[6]. Le pluralisme affiché devait masquer la concentration du pouvoir. Cette tromperie s'avéra une étape importante sur la voie de l'autoritarisme, de la sclérose et de l'autisme des dirigeants. La notion de « centralisme démocratique », en vigueur dans les partis communistes de cette époque (y compris le PCF), trop marquée pour ne pas inquiéter, était absente de la constitution. Par contre, l'article 92 introduisait avec le système des « blocs politiques » la participation au gouvernement des partis représentés au parlement. C'était là le moyen de travestir un monopartisme dictatorial en pluripartisme.

La concentration des pouvoirs avait été préparée, notamment, au plan de la politique partisane. Le KPD avait fusionné avec le SPD en 1946 en zone d'occupation soviétique. Ce parti, qui prit le nom de « parti socialiste unifié » (SED), donna aux communistes Est-allemands, soutenus par la SMAD, le moyen de structurer la vie politique du territoire autour d'eux. Cette fusion était nécessaire mais non suffisante. Le deuxième volet de cette évolution fut que le SED se déclara en 1948 « parti de type nouveau », parti de cadres (« centralisme démocratique ») sur le modèle stalinien. Enfin ce même SED écarta de ses propres structures ceux qui ne s'inscrivaient pas

---

6.– SCHULZE WESSEL (note 1), p. 439.

dans l'orthodoxie (purges) et il renforça son contrôle sur les « organisations de masse ».

La deuxième phase était plus délicate : prendre sous sa coupe les autres partis, d'inspiration chrétienne-démocrate ou libérale, tout en préservant l'indispensable image du pluralisme. Le SED agit progressivement : il entreprit d'y éroder toute mouvance contraire et d'y introduire ou d'y renforcer des éléments qui lui étaient favorables. La création d'un ministère de la Sécurité de l'État (entré dans l'histoire sous le nom de « Stasi »), confié à un ancien des services secrets soviétiques, Wilhelm Zaisser, marqua une étape importante, tout comme la tenue de procès-spectacles (le seul procès de Waldheim réunit 3 300 accusés, sur 31 condamnations à mort, 24 furent exécutées !)[7]. Cette démarche, parfaitement inconstitutionnelle, fut habillée en création d'un « Bloc des partis antifascistes et démocratiques ».

En matière économique aussi la constitution de 1949 reprit largement les termes de celle de 1919[8], référence à la justice sociale et à une existence digne[9]. Mais les allusions au libéralisme économique avaient disparu. Par contre, le futur État pouvait asseoir la planification dans laquelle l'économie du territoire était déjà engagée sur l'article 21 de la constitution, et les articles 24, 25 et 27 offraient les moyens de réaliser des nationalisations.

Concernant l'organisation territoriale, la RDA comportait cinq « Länder » que représentait une Chambre (« Länderkammer »). Leurs constitutions avaient donné lieu, en 1946, à des débats dans lesquels les chrétiens-démocrates n'avaient guère pu faire valoir leurs arguments face à ceux qui, défendant la ligne de l'occupant, préconisaient comme cadre étatique une république populaire garantissant le progrès social à l'intérieur et l'entente entre les peuples en politique étrangère, seule solution susceptible de rétablir l'unité allemande[10]. Là était une différence essentielle entre les deux Allemagnes en 1949. Les Trois avaient imposé à leurs zones une structure fédérale. Les constituants Ouest-allemands en firent un fondement de la

---

7.– Voir notamment sur cette question WINKLER (note 1), pp. 153ss.
8.– L'article 151 de la constitution de Weimar précisait : « Die Ordnung des Wirtschaftslebens muß den Grundsätzen der Gerechtigkeit mit dem Ziele der Gewährleistung eines menschenwürdigen Daseins für alle entsprechen. In diesen Grenzen ist die wirtschaftliche Freiheit des Einzelnen zu sichern » (« L'organisation de la vie économique doit répondre aus principes de justice afin de garantir à tous une existence digne. Il convient de garantir la liberté économique de l'individu dans ces limites »).
9.– Art. 19 de la constitution de la RDA : « Die Ordnung des Wirtschaftslebens muß den Grundsätzen sozialer Gerechtigkeit entsprechen ; sie muß allen ein menschenwürdiges Dasein sichern » (« L'organisation de la vie économique se doit de répondre aux principes de la justice sociale, elle doit garantir à tous une existence digne »).
10.– Cf. GLAESSNER (note 1), p. 49.

répartition des compétences. Ils respectèrent les constitutions que s'étaient données les « Länder », et ceux-ci purent garder des formes de démocratie de voisinage. Par contre, bien qu'elle présentât des aspects fédéraux, la constitution Est-allemande était centralisatrice. Le rôle-clef des « Länder » qu'affirmait l'article 1 (« L'Allemagne est une république indivisible ; elle s'appuie sur les « Länder » allemands ») ne se justifiait que dans la perspective d'une unité nationale : présentée sous l'angle fédéral, l'unité effrayait moins puisqu'elle relativisait la concentration des pouvoirs, et unifier des entités régionales était plus commode que réunir deux États.

### À l'Ouest : Une constitution non souhaitée

Quand bien même la dimension raciale n'en fut encore perçue qu'imparfaitement, le nationalisme tombait en discrédit dans sa forme outrancière et conquérante[11] ; pour autant l'attachement à la nation demeura et les chefs des gouvernements régionaux (« Ministerpräsidenten ») accueillirent sans enthousiasme les documents de Francfort par lesquels les Trois leur imposaient la mise en place d'un État sur une partie seulement de la nation. Pour eux le naufrage du national-socialisme avait entraîné la fin du Troisième Reich, pas celle de l'Allemagne. Créer un État partiel hypothéquait, durablement craignaient-ils, le retour à l'unité. Ils proposèrent divers artifices pour marquer le caractère provisoire de la constitution à laquelle ils ne pouvaient se soustraire. On joua sur les mots : un « conseil parlementaire » constitué de délégués élus à la proportionnelle par les « Landtage »[12]) vota une « loi fondamentale » et non une constitution, laquelle ne fut pas soumise au suffrage universel mais adoptée par les parlements régionaux, à

---

11.– Cf. e.a. Hans Mommsen, « Die unerhörten Zerstörungen, die verbrecherische Politik und die moralische Verwüstung, welche von der nationalsozialistischen Gewaltherrschaft ausgegangen waren, bewirkten eine tiefgreifende Ernüchterung der Nation und die endgültige Abkehr von früheren imperialistischen Illusionen » (« Les destructions inouïes, la politique criminelle et la dévastation morale qu'avait entraînées le règne violent du national-socialisme furent à l'origine d'une prise de conscience profonde de la nation et son détournement des illusions impérialistes antérieures ») Hans MOMMSEN, « Die Bundesrepublik Deutschland : Kontinuität und Neubeginn », in : Eckard CONZE, Gabriele METZLER (éd.), *50 Jahre Bundesrepublik Deutschland. Daten und Diskussionen,* Stuttgart, 1999, p. 14.

12.– 65 délégués, dont quatre femmes ; 27 chrétiens-démocrates et 27 socialistes, 5 libéraux, deux représentants du « Zentrum » catholique, deux de la « Deutsche Partei », parti conservateur, et deux communistes. S'y ajoutaient quatre représentants de Berlin, lesquels ne disposaient cependant que de voix consultatives. Le chrétien-démocrate Konrad Adenauer fut élu président du Conseil parlementaire, Carlo Schmid, juriste réputé, membre du parti social-démocrate, prit la présidence de la commission de synthèse (« Hauptausschuss »). Le Conseil travailla essentiellement par commissions ad hoc, la commission de synthèse veillant à la cohérence de l'ensemble. Les décisions étaient prises en séance plénière.

la majorité des deux tiers – ce qui permit à la Bavière de se dispenser de voter le texte.

La naissance en 1949 de deux Allemagnes qui n'avaient ni souveraineté ni légitimité propres fut ainsi marquée par deux constitutions distinctes, élaborées sous le contrôle des occupants, qui donnaient réalité à la division même si nul n'imaginait qu'elle allait durer quatre décennies.

## L'impératif démocratique

L'Allemagne de l'après-guerre était perçue comme une puissance arrogante et une nation belliqueuse que l'étranger n'était pas pressé de voir se réunifier. Le recouvrement d'un rôle international passait par la consolidation de la démocratie, vers laquelle poussaient également des considérations intérieures. Il fallait éviter le retour à la dictature et à la barbarie – possibilité que n'excluaient ni Adenauer ni Schumacher, ni bien d'autres. Or, en arrière-plan des travaux des « pères de la constitution », la crise de Berlin (depuis fin juin 1948) rappelait que l'Allemagne n'était pas à l'abri d'une nouvelle dictature ni de nouveaux camps – comme le notait le maire social-démocrate de Berlin-Ouest Ernst Reuter le 9 septembre à propos de l'Est : « Les camps de concentration sont les mêmes, à la seule différence près que le marteau et la faucille ont pris la place de la croix gammée »[13]. Aussi les constituants placèrent-ils les droits de l'Homme au début, pour donner le ton et orienter la lecture de l'ensemble du texte, « La dignité de l'Homme est intangible. Toute puissance étatique a obligation de la respecter et de la protéger », inversant la relation individu – société des années 1933 – 1945[14]. Suivaient dix-huit articles qui énuméraient avec soin et garantissaient les libertés fondamentales, auxquels on donna un caractère inaliénable.

La place de l'individu au cœur de la démocratie s'imposa dans la pratique – notamment par les décisions de la Cour constitutionnelle fédérale[15]. Elle s'inscrivait dans le cadre de l'« ordre fondamental libéral et démocratique » qui visait, à travers le respect des droits de l'Homme, la séparation

---

13.– Cit. in Albert H.V. KRAUS, « ›Projekt Europa‹ – brachte Freiheit, Sicherheit und Wohlstand », *Bergmannskalender*, Sarrebruck, 2008, p. 124.

14.– Cette idée s'exprimait plus clairement encore dans la formulation retenue dans le cadre des réflexions de Herrenchiemsee : « Der Staat ist um des Menschen Willen da, nicht der Mensch um des Staates willen » (« L'État existe au service de l'homme et non l'homme au service de l'Etat »), cité par Walter PAULY et Martin SIEBINGER, « Der deutsche Verfassungsstaat », in : Thomas ELLWEIN, Everhard HOLTMANN (éd.), *50 Jahre Bundesrepublik Deutschland. Rahmenbedingungen – Entwicklungen – Perspektiven*, Opladen, Wiesbaden, 1999, pp. 79 – 90, ici p. 83 ; voir aussi Michael F. FELDKAMP, *Der parlamentarische Rat, 1948 – 1949. Die Entstehung des Grundgesetzes*, Göttingen, 2008 ; Christian BOMMARIUS, *Das Grundgesetz. Eine Biographie*, Berlin, 2009.

15.– Voir infra.

des pouvoirs, l'indépendance judiciaire ou le pluralisme politique, à garantir la liberté et l'égalité individuelles et à éviter l'autoritarisme. Cette « freiheitlich-demokratische Grundordnung » était d'une importance telle que l'article 87a de la « Loi fondamentale » autorisait même le recours à la force pour la défendre ou la rétablir (« wehrhafte Demokratie »).

La séparation des pouvoirs était elle aussi conçue comme composante de l'Allemagne en tant qu'« État fondé sur le droit ». Seul un rapport d'endiguement, d'équilibre et de contrôle entre les trois pouvoirs avec des organes responsables pouvait garantir le fonctionnement démocratique des institutions.

L'article 79,3 disposa qu'aucune révision constitutionnelle ne pouvait remettre en cause « les principes énoncés à l'article 1 et à l'article 20 » afin d'éviter que ne fussent « dénatur[és] l'esprit et la lettre [...] à l'image de ce qui s'[était] produit sous Weimar »[16], montrant que, si la constitution elle-même était provisoire, les principes qui la fondaient devaient être pérennes.

L'équilibre des pouvoirs fut également conçu pour éviter une nouvelle dérive weimarienne. On chercha à allier stabilité politique et complémentarité des pouvoirs. On remédia au risque d'instabilité gouvernementale en introduisant le vote de méfiance constructif[17] et l'on fit en sorte que le président de la République ne puisse pas congédier le chancelier. Le président, premier personnage de l'État, vit ses pouvoirs fortement restreints. On s'attacha également, le traumatisme de l'expérience Hindenburg aidant, à relativiser sa légitimité en ne lui donnant plus l'onction d'une élection au suffrage universel, mais en confiant (en grande partie à l'initiative de Carlo Schmid[18]) le choix à des grands électeurs.

Souci d'équilibre aussi au parlement – à travers la représentation du peuple et de la confédération. Le rétablissement du bicamérisme permit, dans la première chambre, une représentation de la carte électorale – la loi électorale faisant que le vote majoritaire uninominal qui résulte des circonscriptions soit pondéré par des élections sur listes régionales – et une représentation des « Länder » dont la configuration politique change avec la cons-

---

16.– POLONI (note 1), p. 117.
17.– Art. 67 GG : « Le Bundestag ne peut exprimer sa défiance envers le chancelier fédéral qu'en lui élisant un successeur à la majorité de ses membres et en demandant au président de la République de le révoquer ». Cette disposition, destinée à éviter la vacance du pouvoir, a fait preuve d'une efficacité remarquable : au plan fédéral le chancelier Schmidt en fut la première victime en 1982. Au plan régional également elle stabilisa les exécutifs.
18.– Carlo Schmid avait fait valoir qu'un suffrage indirect « n'aurait assurément pas conduit à l'élection du maréchal Hindenburg, ce qui aurait peut-être évité à nous et au monde un chancelier Adolf Hitler » ; cit. in : KRAUS (note 12), p. 127.

titution des gouvernements à l'issue des élections aux « Landtage ». Les deux chambres disposent depuis l'origine d'un droit de proposition et d'une large maîtrise de leur calendrier.

## Choix de société

L'effondrement du Reich suscita aussi des projets en matière économique et sociale. Chrétiens-démocrates et sociaux-démocrates n'avaient ni l'un ni l'autre de religion monochrome dans ces domaines. L'idée l'emportait au SPD que le laisser-faire n'était pas une solution, mais il maniait étatisation, nationalisation ou planification avec prudence. La planification avait des partisans influents. L'un des principaux conseillers de Kurt Schumacher, Viktor Agartz, plaidait pour une « économie socialiste planifiée dans un État de droit démocratique »[19], perception qu'Erik Nölting, qui établissait une distinction nette entre « socialisation » et « étatisation », tendait à relativiser en pondérant son importance par d'autres leviers économiques, tels par exemple la cogestion (au sens allemand de « Mitbestimmung »). Richard Löwenthal se prononçait en faveur d'une planification contrôlée par les syndicats, les conseils d'entreprises et les associations de consommateurs. On espérait agir indirectement sur le marché pour que l'économie profite à tous. Le plein emploi était un objectif majeur, afin de rompre avec cette réserve de main d'œuvre que constituaient les chômeurs pour le capitalisme sauvage, et de parvenir à un meilleur niveau de vie pour l'ensemble de la société. Les tenants du « socialisme libéral », Hans Ritschl ou Gerhard Weisser, intégraient la diversité sociale dans leur conception d'une régulation de l'économie, et Rudolf Zorn plaidait ouvertement pour un libéralisme avec des espaces de régulation[20]. L'orthodoxie n'ayant pas pu s'imposer (Paul Fröhlich etc.) et les idées de Keynes exerçant quelque attrait, le parti se prononça pour une planification qui se situait aux antipodes de la ligne centralisatrice et collectiviste dans laquelle la SMAD avait engagé l'Allemagne de l'Est après la guerre et qui trouva en particulier sa concrétisation dans l'article 9,3 de la constitution de la RDA.

Né sous forme atomisée le parti chrétien-démocrate n'eut d'abord pas de réelle identité. L'échec de la tentative de Bad Godesberg (1947) de lui donner une direction commune, fit perdurer cette situation. En zone soviétique, en partie afin de trouver un modus vivendi avec la SMAD, Jakob Kaiser et Ernst Lemmer s'engagèrent en faveur d'un « socialisme de responsabilité

---

19.– Helga GREBING, « Ideengeschichte des Sozialismus in Deutschland. Teil II », in : Walter EUCHNER et al. (éd.), *Geschichte der sozialen Ideen in Deutschland. Sozialismus, Katholische Soziallehre, Protestantische Sozialpolitik*, Essen, 2000, p. 372.
20.– *Ibid.*, pp. 389 – 398.

chrétienne », savant mélange de planification et de libéralisme. Leur mise à l'écart tint d'ailleurs moins à leurs conceptions économiques qu'à leur position en faveur de l'acceptation du Plan Marshall et surtout à leur rejet de la frontière Oder-Neiße.

Comme dans la plupart des partis chrétiens-démocrates occidentaux une tendance libérale et une tendance socialisante cohabitèrent d'abord. Konrad Adenauer et la réforme monétaire de 1948 changèrent la donne. Sous l'influence de Ludwig Erhard, qui n'était pas membre du parti, la CDU s'orienta vers l'« économie sociale de marché », ligne à forte dominante néolibérale inspirée d'hommes qui étaient pour une large part philosophes, Wilhelm Röpke, Walter Euken, Friedrich August von Hayek, Alexander Rüstow ou les chrétiens-démocrates Franz Böhm et Alfred Müller-Armack, l'initiateur du concept. Or, l'ordo-libéralisme, précurseur de l'économie sociale de marché, avait avant tout pour fonction de faire barrage au socialisme en atténuant les excès du libéralisme absolu (capitalisme sauvage) par l'introduction d'éléments sociaux dans le respect de la liberté individuelle d'entreprendre. Le rôle de l'État était limité pour l'essentiel à éviter par sa politique économique et sociale la paupérisation de certaines couches sociales d'une part, la formation de cartels de l'autre, dans le respect de la propriété individuelle.

Les schémas défendus par la CDU et le SPD étaient inconciliables. Or ils comptaient chacun 27 députés au Conseil parlementaire sur 65 au total, la lutte fut âpre et déboucha sur des dispositions constitutionnelles suffisamment vagues pour que le premier chancelier puisse orienter l'économie fédérale. Le chapitre « Finances » donna lieu à bien des contestations par la suite.

Les articles 20 et 28 définissaient la République fédérale comme un « État social ». Dans la pratique, la constitution s'avéra adaptée à la politique économique de Ludwig Erhard, largement orientée vers un interventionnisme étatique réduit au minimum. Le contexte économique des années 1950 – 1960 favorisa une croissance qui, en apportant aux Allemands de l'Ouest confort et prospérité, consolida la République fédérale. Comme l'a souligné Alfred Grosser, ses succès, sa croissance et sa stabilité gouvernementale légitimèrent la RFA, y compris dans ses institutions, alors que la Première République allemande n'avait pas trouvé de légitimité.

Si la Loi fondamentale a fait l'objet d'une quarantaine de modifications – à la majorité des deux tiers des chambres – celles-ci ont consisté avant tout en des adaptations du texte aux réalités et évolutions sociales ; tel fut le cas en 1954 et 1956 quand il s'agit d'adapter la République fédérale à la création d'une armée allemande. Mais elles n'ont pas modifié l'esprit du texte, contrairement à ce qui se passa à l'Est.

## Stabilité et consolidation *versus* adaptation

### La mise en place de la Loi fondamentale

La constitution Ouest-allemande constituait un appel permanent à la Réunification. Elle fonda l'exigence de représentation exclusive puis la « doctrine Hallstein » : les gouvernements Adenauer dénièrent toute légitimité au régime d'Allemagne orientale, non élu démocratiquement et, conformément à l'esprit du Préambule de sa Loi fondamentale, Bonn se posa en représentant y compris de la partie du peuple que les circonstances privaient de leurs droits démocratiques. On évita jusqu'au terme de « République Démocratique », parlant de « zone soviétique », expression qui soulignait que la RDA devait son existence à la volonté de l'occupant.

Mais si la « Grundgesetz » telle qu'elle avait été votée le 23 mai 1949 avait délibérément renoncé à certains atours des constitutions, sa dimension démocratique avait été l'objet des plus grands soins, signifiant par là que ce texte était destiné à être effectivement appliqué et à jouer son rôle de garant de la démocratie. Et de fait la vie politique de la nouvelle République fédérale d'Allemagne se structura à partir et autour de la constitution, la mise en place de ses institutions en témoigna au point que Dolf Sternberger put parler de « patriotisme constitutionnel ».

### La Cour constitutionnelle fédérale

La Cour constitutionnelle fédérale (« Bundesverfassungsgericht » – BVG) en est une illustration. Elle traduit bien la différence d'approche entre les deux Allemagnes. Mentionnée dans la Loi fondamentale, elle fut créée en 1951. À travers elle la notion d'« État fondé sur le droit » prit sa pleine expression – justice comme lieu privilégié du règlement des conflits. Surtout, à travers elle s'exprima la réalité de la séparation des pouvoirs, ce qui a contribué à la fois à son acceptation par l'opinion (voire à une certaine fierté), et, au-delà d'elle, à l'acceptation de la démocratie. Dès les premières années de son existence elle nourrit la conviction qu'il existait un garde-fou contre de possibles abus de l'exécutif et même d'un pouvoir législatif trop soumis à l'exécutif[21].

---

21.– Contrairement au Conseil constitutionnel français qui émet des « avis », le « Bundesverfassungsgericht » est un tribunal : ses jugements ont force de loi ou capacité à annuler une loi en la déclarant inconstitutionnelle. Créé par la constitution de la Cinquième République, le Conseil constitutionnel français a, entre autres, pour fonction de se prononcer sur la constitutionnalité des lois et de certains règlements. Conformément à la volonté de De Gaulle, qui estimait que la légitimité venait du peuple et ne voulait pas d'un « gouvernement des juges », il n'est cependant pas une cour suprême (rôle qui incombe au Conseil d'État et à la Cour de cassation). Son inféodation au pouvoir participe de sa composition même : ses

Instance décisionnelle ultime en matière juridique, la Cour constitutionnelle fédérale devait être protégée afin de garantir son indépendance et sa liberté de décision. Les dispositions la concernant la placèrent d'emblée à double titre en position extérieure au monde politique : d'une part parce que, étant élus par les deux Chambres et non nommés par quelque potentat, ses juges ne doivent de merci à personne ; d'autre part elle se prononce par un jugement à l'issue d'une procédure judiciaire, et ce jugement prime toute autre autorité. La pratique a démontré que, loin d'être un « gouvernement des juges », la BVG constitue un contre-pouvoir – au sens d'élément d'équilibre entre les pouvoirs.

Tout citoyen peut en appeler à elle une fois qu'il a épuisé toutes les voies du droit. L'opposition parlementaire y recourt lorsqu'elle estime qu'une loi porte à faux par rapport à la constitution. Pour ne citer que deux exemples restés célèbres : en 1954, le parti social-démocrate, jugeant certaines dispositions des accords de Paris sur la Sarre inconstitutionnels, s'en est remis à Karlsruhe. Quelques années plus tard, les chrétiens-démocrates, opposants à leur tour, ont soumis les « accords fondamentaux » interallemands à son examen. Les juges de Karlsruhe ont aussi fréquemment à se prononcer sur des questions de société – en six décennies leurs décisions ont dépassionné maint débat.

## L'évolution constitutionnelle de la RDA

Le parti qui prit les rênes de la République démocratique allemande fit d'emblée peu de cas de la constitution. Le modèle soviétique, absent du texte, était bien présent dans la réalité. La *vox populi* ne tarda d'ailleurs pas à qualifier le SED de « parti des Russes », expression qui ne traduisait pas qu'un état de fait politique.

### La constitution-paravent de 1949

La réalité était autre que constitutionnelle : la RDA devait se construire à partir d'une centralisation géographique et institutionnelle dans le cadre de laquelle on attribuait un rôle fondamental à la Chambre du Peuple[22]. En

---

membres sont nommés, par tiers, par le président de la République, le président de l'Assemblée nationale et celui du Sénat. Il en va différemment en Allemagne depuis 1951. Méfiants par expérience envers les dérives plébiscitaires, les Allemands de l'Ouest ont rejeté dans l'après-guerre le référendum et ils lui ont préféré la solution judiciaire.

22.– Cf. par exemple art. 98,1 : « Der Ministerpräsident bestimmt die Richtlinien der Regierungspolitik nach Maßgabe der von der Volkskammer aufgestellten Grundsätze. Er ist dafür der Volkskammer verantwortlich » ; alinéa 2 : « Innerhalb dieser Richtlinien leitet jeder Minister den ihm anvertrauten Geschäftszweig selbständig unter eigener Verantwortung

théorie le schéma était plus subtil : la Chambre du Peuple étant l'expression de la volonté du peuple, « authentique parlement populaire [« Volksparlament »] immédiatement issu de la volonté du peuple » selon la formule d'Otto Grotewohl[23], son rôle pouvait légitimement être étendu. Elle n'était pas seulement le lieu de l'élaboration des lois, elle était chargée d'interpréter la constitution et elle tenait le rôle d'instance ultime d'appel, fonctions qui revenaient à l'Ouest à la Cour constitutionnelle. La création d'un « Bloc antifasciste », ouvertement dominé par le SED, préempta *de facto* toute indépendance du parlement. Tous les groupes parlementaires contribuant à la formation du gouvernement[24], et l'article 6,2 de la constitution prévoyant des mesures contre « l'incitation au boycottage »[25], toute opposition parlementaire se trouvait de fait exclue. Comme en outre les organisations de masse, la presse ou la culture étaient aux mains du SED, et le marxisme-léninisme idéologie officielle, la place des droits fondamentaux, proclamés dans la constitution, était ténue. Enfin le Bureau politique du SED imposait souvent à la Chambre, de manière inconstitutionnelle mais réelle, les décisions qu'elle devait prendre. Si bien que, contrairement à ce qui se passait en RFA, il n'exista jamais en RDA d'instance d'appel indépendante. À la Chambre du Peuple l'appel restait aux mains des députés qui avaient voté les lois sans opposition ; le juge était aussi partie, et en fin de compte n'existait aucun recours contre le pouvoir.

La césure entre apparence constitutionnelle et réalité fut également illustrée par la disparition des « Länder » et leur remplacement par des « Be-

---

gegenüber der Volkskammer » (Le *Ministerpräsident* [chef du gouvernement du Land] définit les lignes directrices de son gouvernement en conformité avec les principes élaborés par la Chambre du peuple. Il en est responsable devant la Chambre du peuple ; plus loin : dans le cadre de ces lignes directrices chaque ministre dirige le domaine qui lui est confié en responsabilité propre devant la Chambre du peuple).

23.– Cit in SCHULZE WESSEL (note 1), p. 450.
24.– Aucun groupe parlementaire n'a jamais fait usage de la disposition qui lui permettait de ne pas participer à la formation du gouvernement.
25.– « Boykotthetze gegen demokratische Einrichtungen und Organisationen, Mordhetze gegen demokratische Politiker, Bekundung von Glaubens-, Rassen-, Völkerhass, militaristische Propaganda sowie Kriegshetze und alle sonstige Handlungen, die sich gegen die Gleichberechtigung richten » (« L'incitation au boycottage des structures et des organisations démocratiques, l'appel au meutre d'hommes politiques démocrates, l'affirmation de la haine à l'encontre de convictions, races ou peuples, propagande militariste et incitation à la guerre de même que toute autre action dirigée contre l'égalité des droits ») étaient déclarés crimes d'État (« Staatsverbrechen ») ; voir Klaus SCHRÖDER, « Verfassung der DDR », in : Michael BEHNEN (éd.), *Lexikon der deutschen Geschichte 1945 – 1990*, Stuttgart, 2002, pp. 95 et 616. Cet article fut utilisé contre des opposants dans les situations les plus diverses, ce qui lui valut le sobriquet d'« article caoutchouc » (« Gummiparagraph »).

zirke »[26], au nom de la « construction du socialisme », en 1952. Cette modification structurelle essentielle de la république ne donna pas lieu à la moindre modification constitutionnelle. Inversement la création de la « Nationale Volksarmee », en 1955, fut l'occasion d'une modification constitutionnelle avec la réécriture, le 26 septembre 1955, de l'article 5,4 : « Le service de la protection de la Patrie et des acquis des travailleurs est un devoir honorable des citoyens de la République Démocratique allemande ». Certes, cette modification n'introduisait pas le service militaire obligatoire. Celui-ci fut créé en janvier 1962, dans la continuité de la construction du Mur de Berlin, par une « loi sur le service militaire obligatoire ». Dans d'autres domaines la dissolution des parlements régionaux (1958) ou encore l'institutionnalisation du Conseil de l'État en furent également l'occasion. En 1960, à la mort du président de la République Wilhelm Pieck, le SED décida de le remplacer par un « Staatsrat » conçu sur le modèle du Soviet suprême de l'URSS. Walter Ulbricht, Premier secrétaire du Comité central du SED et du Conseil national de Défense, en fut le premier président. Ses successeurs furent Willi Stoph puis Erich Honecker, et enfin, pour quelques mois, Egon Krenz[27]. Les premières modifications que connut la constitution de 1949 eurent donc pour objet le renforcement du pouvoir central, sa soviétisation.

Quand bien même la formule n'est que partiellement exacte, on peut dire que la constitution de la RDA changea tandis que celle de la RFA se consolidait. Dans les deux Allemagnes, le pouvoir s'établit après avoir pris à l'Est la forme centralisée et autoritaire de la « démocratie populaire » dominée par le parti, à l'Ouest, et sous l'influence du gouvernement Adenauer, celle d'une démocratie plurielle dont la clef de voûte était le chancelier.

À l'Est, le renoncement à appliquer la constitution de 1949 créa une dichotomie entre le texte et la réalité constitutionnels. Le pouvoir, que la constitution n'entravait guère, substitua à son application la proclamation de grands idéaux (paix, construction du socialisme, soutien aux peuples qui se libéraient du joug colonial, etc.) ; les arguties des constitutionnalistes devaient faire le reste, obtenir l'adhésion populaire.

Dans un premier temps l'idée de reconstruction d'une république et d'une économie en devenir eut un effet mobilisateur : les survivants parlent encore de cette époque comme d'une période d'enthousiasme autour de cette reconstruction et des améliorations qu'elle apportat. Mais les soulèvements de 1953, qui virent les revendications professionnelles se muer en

---

26.– Brandenburg (1952 Bezirke Cottbus, Frankfurt/Oder, Potsdam), Mecklenburg (1952, Rostock, Schwerin, Neubrandenburg), Sachsen (1952 Dresden, Leipzig, Chemnitz), Sachsen-Anhalt (1952 Halle, Magdeburg), Thüringen (1952 Erfurt, Gera, Suhl).
27.– SCHRÖDER (note 23), p. 616.

exigences démocratiques, allaient souligner la distance séparant les ouvriers d'un pouvoir qui se légitimait en se réclamant d'eux. La reprise en main fut brutale et elle permit de faire taire l'opposition pour un temps. Mais la nécessité d'une adaptation constitutionnelle ne se fit pas sentir. Par contre, les soubresauts que connut le Bloc soviétique dans la deuxième moitié des années 1960, l'expérience Alexander Dubček en particulier, ne furent pas étrangers à l'évolution constitutionnelle de l'Allemagne de l'Est.

## La constitution de 1968

La première constitution soumise à adoption populaire, à la suite d'une procédure préparatoire telle qu'elle se pratiquait dans les pays socialistes, vit le jour en 1968. Elle avait été précédée par deux étapes importantes. Au plan idéologique, le parti avait constaté que le passage du capitalisme au socialisme était devenu réalité depuis le début des années 1960 ; s'il convenait d'engager la marche vers la phase du communisme, il était possible d'enregistrer ce progrès. Ulbricht le fit en septembre 1967, qualifiant la RDA de « communauté humaine socialiste »[28]. D'autre part, au plan juridique, l'adoption en janvier d'un nouveau code pénal avait en quelque sorte préemptée les conditions d'application des nouveaux principes constitutionnels. En se donnant un nouveau code pénal la RDA ne faisait pas preuve d'originalité : à cette même époque la RFA procédait aussi au toilettage d'un pan du droit qui remontait en grande partie à la période wilhelminienne. Berlin-Est s'orienta dans le sens d'un durcissement, en particulier dans le domaine des délits politiques – alors que la République fédérale adoucissait ce domaine. Si la rétroactivité disparaissait, si le sursis gagnait en importance, « le droit pénal politique draconien de la RDA était préservé [...], de nombreux faits de nature politique exposaient à de longues peines de privation de liberté ou même de mort »[29]. Les délits ou crimes répertoriés allaient de ceux qui seraient commis « contre la souveraineté de la RDA, la paix, l'humanité et les droits de l'Homme » (art. 85 à 95), en passant par « le recueil d'informations » (art. 98), « le sabotage » (104), à une « agitation antié-

---

28.– La phrase complète était : « Die Klassen und Schichten in der DDR identifizieren sich mit dem Sozialismus, weil sich auch ihre Interessen mit dem Sozialismus vereinigen. Das ist die Basis für die immer enger werdenden Beziehungen der Klassen und Schichten und ihres Zusammenwachsens zur sozialistischen Menschengemeinschaft » (« Les diverses classes et couches de la société s'identifient au socialisme car leurs intérêts se confondent avec ceux du socialisme. Là est la base des liens de plus en plus étroits des classes et groupes sociaux et de leur réunion en une communauté humaine socialiste ») ; cit. in : Christoph KLESSMANN, *Zwei Staaten, eine Nation. Deutsche Geschichte 1955 – 1970*, Bonn, 1997, p. 340.

29.– Hermann WEBER, *Geschichte der DDR*, Munich, 2006, p. 353.

tatique » définie de manière si vague qu'elle pouvait couvrir toute manifestation d'opposition[30].

Destinée à mettre la constitution en adéquation avec la réalité politique, en particulier en ancrant dans le texte la situation du pouvoir, la constitution de 1968 s'inspirait de celle que Staline avait donnée à l'URSS en 1936 et affirmait dans son article premier le rôle moteur du parti. Dans son commentaire de la nouvelle constitution Klaus Sorgenicht, membre du Comité central du SED et du « Staatsrat », écrivait : « La concrétisation du rôle moteur de la classe ouvrière exige qu'à sa tête se trouve le parti marxiste-léniniste. En RDA ce parti est le SED »[31].

La RDA devenait un « État socialiste de nation allemande » (art. 1), elle se référait encore expressément à la nation allemande, ouvrant son préambule sur ces mots :

> « Porté par la responsabilité de montrer à l'Allemagne tout entière la voie vers un futur de paix et de socialisme, au vu du fait historique que l'impérialisme a, sous la conduite des États-Unis et en accord avec des cercles du capital monopoliste Ouest-allemand, divisé l'Allemagne afin de faire de l'Allemagne de l'Ouest une base de l'impérialisme et de la lutte contre le socialisme, ce qui va à l'encontre des intérêts vitaux de la nation allemande, le Peuple de la République Démocratique allemande […] s'est donné la présente constitution socialiste ».

Ce même préambule affirmait que la constitution du 6 avril 1968 prolongeait « l'esprit » de celle de 1949 et ne voyait de retour à l'unité nationale que dans le cadre du socialisme, la foi dans le matérialisme historique et la condamnation de l'impérialisme occidental. L'allusion au « Peuple de la République Démocratique » témoignait d'une démarcation vis-à-vis de la RFA et faisait de la RDA la seule Allemagne légitime, marquant le souci de s'affirmer, ce dont témoignait au demeurant la course engagée par le parti dominant pour dépasser le rival allemand au plan économique et social.

La constitution d'avril 1968 était marxiste-léniniste. Elle enregistrait un état de la société – tel que le percevaient et le voulaient ses dirigeants. La concentration des pouvoirs, l'unité d'une société prétendument exempte de conflits d'intérêts, les alliances (avec l'URSS et les pays du Bloc soviétique), etc. se trouvaient affirmées. L'article 1 stipulait :

> « La République Démocratique allemande est un État socialiste de nation allemande. Elle est l'organisation politique des travailleurs de la ville et de la campagne qui réalisent ensemble le socialisme sous la direction de la classe ouvrière et de son parti marxiste-léniniste ».

---

30.– KLESSMANN (note 28), p. 369.
31.– Cit. in : WEBER (note 29), p. 354.

Simultanément des droits fondamentaux disparaissaient du texte, le droit de résister (art. 4,1), celui d'émigrer (14,1), celui d'élire les comités d'entreprises (17,2), etc.[32]. Ces nouveautés furent maintenues en 1974. D'autres droits apparurent dans leur dimension purement rhétorique. Ainsi lisait-on à l'article 27 : « Tout citoyen de la République Démocratique allemande a le droit, conformément aux principes énoncés dans la présente constitution, d'exprimer librement et publiquement son opinion. […] Nul ne peut subir de préjudice pour avoir fait usage de ce droit ». La formulation était dénuée d'ambiguïté – mais, comme le montre Heinrich August Winkler, « Ce qu'il en était dans la pratique, de nombreux citoyens, surtout parmi la jeunesse, sympathisants du « Printemps de Prague » et qui protestèrent après le 21 août, l'apprirent en été et en automne 1968 »[33].

Il est vrai que l'expérience Alexander Dubček et l'espoir d'un « socialisme à visage humain » n'avaient pas suscité des espérances qu'à l'Ouest, vrai également que la RDA avait déjà condamné dès les années 1950 des réformateurs porteurs de cette même exigence. Mais l'hostilité ouverte de Berlin à l'entreprise tchécoslovaque dès le début de l'ère Dubček, accusé de « sacrifier le socialisme à la contre-révolution »[34], puis la participation de troupes Est-allemandes à la répression, aux côtés de soldats soviétiques, polonais, hongrois et bulgares, ne marquèrent pas seulement la distance qui séparait Berlin de Prague, elles montrèrent à quel point il était vain d'attendre quelque évolution de la part de Walter Ulbricht et des chefs du SED.

## La constitution de 1974

La constitution de 1974 fut préparée, dès 1972, par la dernière grande vague de nationalisations que connût la RDA. Pour résoudre les difficultés économiques persistantes le pouvoir comptait sur une intensification et une rationalisation de la production industrielle, ce qui conférait dans la logique du SED une importance croissante à la planification. Le successeur d'Ulbricht, Erich Honecker, avait décidé de favoriser l'adhésion des citoyens au régime par une politique sociale généreuse, sous le label lancé en 1971, d'« unité de la politique économique et sociale ». Entre 1971 et 1974 le salaire moyen passa de 755 à 860 Mark, le prix des produits de base restant à peu près constant[35]. La RDA affirmait la préséance de son niveau de vie dans le

---

32.– GLAESSNER (note 1), p. 53.
33.– WINKLER (note 1), pp. 276s.
34.– Cit. in WEBER (note 29), p. 355.
35.– Chiffres chez WEBER (note 29), p. 389.

Bloc soviétique. Cette constitution se situa donc dans une période vécue comme faste.

Elle introduisait une nouveauté de taille : la constitution faisait de la RDA « un État socialiste des ouvriers et des paysans »[36], mentionnant cette fois le « centralisme démocratique » (art. 47,2) qu'elle érigeait en principe du fonctionnement de l'État. Une élite, avant-garde de la classe ouvrière, devait conduire celle-ci vers la révolution. Cette élite était légitimée par des élections de la base vers le sommet – en cela le processus était « démocratique ». En retour elle exerçait alors un pouvoir accepté par les niveaux inférieurs. Ce système était toutefois perverti dès sa première étape (électorale) par l'obligation faite aux candidats d'être « confirmés » par l'instance supérieure, ce qui permettait au parti de contrôler la phase démocratique ; le risque électoral était insignifiant. Par contre, le volet décisionnel fonctionnait à plein régime : la concentration des pouvoirs entre les mains du SED s'appuyait sur le centralisme démocratique[37]. En cela, la constitution de 1974 n'innovait pas plus que celle de 1968 : elle inscrivait dans le texte une pratique politique et institutionnelle déjà dominante. La société ne pouvait évoluer vers l'établissement du socialisme, mission historique de la classe ouvrière, que sous la direction d'un pouvoir fort.

Les droits et devoirs qu'elle rétablissait se situaient dans ce contexte, liberté de pensée et de conscience, égalité homme – femme, liberté d'opinion, liberté de réunion, d'association, de circulation « à l'intérieur du territoire », droit à la formation, au travail et aux loisirs, à la santé et à l'assistance sociale, au logement et à la protection de la famille etc.[38]. A ces droits individuels s'ajoutaient, cela n'était pas innocent, des droits et devoirs des collectivités (entreprises, communes, communautés de communes, etc. se voyaient reconnaître une responsabilité : « dans le cadre de l'administration centrale de l'État et de la planification », elles étaient appelées à « garantir et à défendre les intérêts fondamentaux des citoyens, une corrélation efficace entre intérêts des individus et de la société ainsi qu'une existence sociale, politique, intellectuelle et culturelle variée »). Pour cela elles étaient placées « sous la protection de la constitution »[39]. Dans la conception marxiste-léniniste les intérêts et les impératifs collectifs l'emportaient sur les intérêts individuels.

---

36.– « ein sozialistischer Staat der Arbeiter und Bauern ».
37.– Voir entre autres Wilhelm BLEEK, « Demokratischer Zentralismus », in : Dieter NOHLEN (éd.), *Wörterbuch Staat und Politik*, Bonn, 1993, pp. 82 – 85.
38.– GLAESSNER (note 1), pp. 53ss.
39.– Article 41.

Ces articles confortaient une politique sociale généreuse et efficace. La surveillance de la grossesse, l'appareil de santé, notamment au travail, connurent un réel essor – largement masqué en 1989 par les critiques que valut à la médecine de la RDA le dopage des sportifs. Plus ambigu, un vaste programme pour la jeunesse, scolarisation, accès à l'enseignement supérieur, etc., s'accompagna, dans le cadre de la troisième « loi sur la jeunesse », d'un endoctrinement accru : il ne s'agissait pas seulement de faire du jeune Allemand de l'Est un « homme nouveau », un « homme socialiste », mais aussi de développer en lui les capacités militaires. Parallèlement, il appartenait à la justice de gérer les droits individuels dans le sens des intérêts sociaux. Rappelons que l'ascension de l'homme dont le nom reste plus que tout autre attaché à la « Stasi », Erich Mielke, s'accéléra après l'arrivée à la direction du SED d'Erich Honecker, lui-même ancien membre du Secrétariat du Comité Central aux Questions de Sécurité, et que dans la période qui sépare les constitutions de 1968 et 1974 le MfS connut un développement considérable[40].

La référence à la nation allemande n'apparaissait plus. Alors que la constitution de 1949 évoquait l'Allemagne sous la forme d'une « république démocratique indivisible », la mention de l'« État socialiste des ouvriers et des paysans » se substituait désormais à ce qui avait été une étape intermédiaire, « un État socialiste de nation allemande »[41]. Il ne s'agissait plus de se démarquer par rapport à l'autre Allemagne, mais d'affirmer une identité propre.

L'allusion à la nation allemande ne subsistait que dans le nom de l'État. L'attachement à l'Union soviétique fut affirmé avec plus de vigueur : l'article 6 ne disait plus : « La République Démocratique allemande, fidèle aux inté-

---

40.– Pour la période 1964 – 1975, Ulrich MÄHLERT cite le passage du nombre des « collaborateurs inofficiels » de la « Stasi » de 100 000 à 180 000 ! ID., *Kleine Geschichte der DDR*, Munich, $^3$2001, p. 121. le nombre des fonctionnaires de ce ministère atteignit les 91 000, doublant pratiquement sous Honecker.

41.– Article 1 de la constitution, version ancienne : « Die Deutsche Demokratische Republik ist ein sozialistischer Staat deutscher Nation. Sie ist die politische Organisation der Werktätigen in Stadt und Land, die gemeinsam unter der Führung der Arbeiterklasse und ihrer marxistisch-leninistischen Partei den Sozialismus verwirklichen » (« La République démocratique allemande est un État socialiste de nation allemande. Elle est l'organisation politique des travailleurs de la ville et de la campagne qui réalisent ensemble le socialisme, sous la conduite de la classe ouvrière et de son parti marxiste-léniniste ») ; formulation nouvelle (1974) : « Die Deutsche Demokratische Republik ist ein sozialistischer Staat der Arbeiter und Bauern. Sie ist die politische Organisation der Werktätigen in Stadt und Land unter Führung der Arbeiterklasse und ihrer marxistisch-leninistischen Partei » (« La République démocratique allemande est un État socialiste des ouvriers et des paysans. Elle est l'organisation politique des travailleurs de la ville et de la campagne sous la conduite de la classe ouvrière et de son parti marxiste-léniniste ») ; cf. Hermann WEBER (éd.), *DDR. Dokumente zur Geschichte der Deutschen Demokratischen Republik 1945 – 1985*, Munich, $^3$1987, p. 345.

rêts du peuple allemand et à l'obligation internationale de tout Allemand, a éradiqué de son territoire le militarisme allemand et le nazisme, et elle conduit une politique extérieure au service de la paix et du socialisme, de l'entente entre les peuples et de la sécurité »[42] ; la RDA était « pour toujours et irrévocablement l'alliée de l'Union des Républiques socialistes soviétiques »[43].

Deux remarques s'imposent ici.

Dans la question nationale la constitution de 1974 marquait un aboutissement. Au début des années 1950, Berlin-Est avait proposé à plusieurs reprises à Bonn des entretiens interallemands sur la question nationale, propositions traitées par le mépris par Adenauer qui y voyait un moyen pour la RDA d'obtenir en catimini sa reconnaissance par la République fédérale. Les événements de 1953 n'interrompirent pas ces tentatives. Leurs effets, tout comme ceux de la césure de 1955 (souveraineté des deux États allemands), ne furent pas immédiats : à six reprises, lors des jeux olympiques, de 1956 à 1964[44], l'Allemagne fut représentée par une équipe unique avant que Berlin-Est obtînt, en 1965, une reconnaissance autonome par le CIO ; le drapeau fut le même pour les deux Allemagnes jusqu'en 1959, quand la RDA y introduisit les armes qui traduisaient son orientation idéologique, les épis de blé pour les paysans, le marteau pour les ouvriers, et le compas pour les « travailleurs intellectuels » ; les Églises (catholiques et protestantes) restaient organisées au plan national ; les échanges que l'on appelait encore « interzones » étaient loin d'être négligeables[45] et Bonn, fidèle à son exigence de représenter l'Allemagne, s'engagea lors des négociations qui devaient conduire au traité de Rome pour que ces échanges soient considérés comme « commerce intérieur ». N'oublions pas enfin que le nombre des départs vers l'Ouest déclencha la crise de Berlin et la construction du Mur en 1961.

Néanmoins 1953 et 1955, puis l'obligation dans laquelle s'était trouvé le pouvoir Est-allemand de verrouiller la république populaire, avaient ébranlé certaines certitudes. 1953 et 1961 avaient mis en évidence, quel que fût l'usage qu'en fit la propagande, un déficit de légitimité du pouvoir Est-allemand en une période dans laquelle s'affirmait l'adhésion des Allemands de l'Ouest à la RFA, à ses institutions et à sa constitution. Conformément à la méthode Ulbricht cela avait d'abord conduit à un durcissement à l'intérieur.

---

42.– Cf. WEBER (note 41), p. 345.
43.– « Für immer und unwiderruflich mit der Union der Sozialistischen Sowjetrepubliken verbündet », art. 6,2.
44.– Cortina d'Ampezzo et Melbourne en 1956, Squaw Valley et Rome en 1960, Innsbruck et Tokio en 1964. Voir la contribution d'Uta Andrea BALBIER dans le présent volume.
45.– GRAF KIELMANNSEGG (note 2), p. 504.

Mais il fallut prendre acte de l'impossibilité de l'emporter sur l'Ouest sur le terrain de la légitimité. L'échec de la conférence de Genève des ministres des Affaires étrangères incita Nikita Khrouchtchev à concevoir dès 1955 la question allemande sous l'angle de la coexistence de deux États souverains différents aux plans politique et social. Ainsi se dessinait une évolution qui conduisit Berlin-Est à renoncer à la référence nationale en faisant sienne en décembre 1970 la notion brejnevienne d'une RDA « nation socialiste ». Honecker reprit cette expression héritée d'Ulbricht pour démarquer clairement la République Démocratique allemande de la République Fédérale. Lors du huitième Congrès du SED il déclara :

> « Contrairement à la RFA, dans laquelle la nation bourgeoise se perpétue et dans laquelle la question nationale est déterminée par l'irréconciliable opposition de classe entre la bourgeoisie et les masses laborieuses [...] se développe chez nous, en République Démocratique allemande, dans l'État socialiste allemand, la nation socialiste »[46].

En 1972, il eut cette formule plus explicite : « [...] la RFA est un pays étranger, et davantage encore, un pays étranger impérialiste »[47]. Contextuellement, cette opposition de deux nations allemandes, foncièrement distinctes d'un point de vue idéologique, visait à contrecarrer la thèse de Willy Brandt d'une nation unique séparée *de facto* en deux États.

Toute l'ambiguïté de Berlin-Est face aux accords interallemands du 21 décembre 1972 apparaissait dans la constitution de 1974. D'une part, contre la mention « en dépit des conceptions différentes de la République fédérale d'Allemagne et de la République Démocratique allemande sur des questions fondamentales, parmi lesquelles la question nationale », la RDA avait obtenu l'introduction dans le texte de notions telles qu'« égalité des droits », « intégrité territoriale », « intangibilité des frontières » ou encore « relations de bon voisinage », elle avait imposé le renoncement de Bonn à son exigence de représentation exclusive. Les accords de 1972 avaient globalement marqué l'aboutissement de la théorie des deux États allemands. Affirmer son statut d'« État socialiste » revenait ainsi à revendiquer un statut plus autonome encore par rapport à la RFA. Willy Brandt, s'en tenant à son refus de considérer les relations entre les deux Allemagnes comme des relations internationales, les avait réduites (notamment par la lettre sur l'Allemagne dont il avait obtenu l'adjonction au traité) à un accord de voisinage entre deux États existant de facto, et il avait refusé de considérer le « Grundlagenvertrag » comme un traité international ; c'est pourquoi Berlin ne pouvait considérer que son but était pleinement atteint. Cette situation

---

46.– WINKLER (note 6), p. 294.
47.– *Ibid.*, p. 294.

permettait toutefois de souscrire aux « principes de la coexistence pacifique d'États dont l'organisation sociale diffère »[48] : en se posant en « État socialiste » la RDA pouvait admettre leur existence sans avoir autrement à en souffrir.

Il n'en demeure pas moins que la comparaison entre les constitutions de 1968 et de 1974 montre, notamment dans la question nationale, que la constitution ne déterminait pas l'action politique ou diplomatique de la RDA mais que c'était bien l'inverse, elle rattrapait la réalité. Par contre, les efforts de la RFA en vue de prendre en compte les Allemands qui vivaient à l'Est et d'engager un processus dialectique qui conduirait à terme à l'unité nationale, en passant par l'étape de la reconnaissance, étaient conformes aux exigences de la Loi fondamentale. L'insuccès de la politique d'ignorance du régime communiste telle que l'avait engagée Adenauer, les risques que la « doctrine Hallstein » faisait peser sur la diplomatie Ouest-allemande, la leçon des « three essentials » de Kennedy lors de la crise de 1961 (puis de celle de Cuba) avaient montré que l'équilibre du monde reposait sur le respect des sphères d'influence. Ce principe de non-ingérence qu'appliquaient les deux Grands avait fait apparaître la nécessité de recourir à d'autres moyens pour aller vers la Réunification.

Dans le même temps, et c'est la deuxième question, la référence à l'alliance avec l'URSS signifiait que Berlin-Est ne considérait pas le problème national comme résolu. Cela ressortait de la reformulation de l'alinéa 3 de l'article 8 : la formule par laquelle elle disait vouloir mettre en place et entretenir « des relations normales […] entre les deux États allemands sur la base d'une égalité en droits » ainsi que la référence à « la division de l'Allemagne imposée par l'impérialisme de la nation allemande », formulation dont le maintien s'avérait difficile dès lors que des accords étaient signés avec Bonn, cédait la place à la reprise, mot pour mot, de la fin de l'alinéa 1 de ce même article dans son ancienne formulation : « La République Démocratique allemande n'entreprendra jamais de guerre de conquête ni n'engagera ses troupes contre la liberté d'un autre peuple ». Ainsi autonomisée, l'image d'une RDA pacifique se trouvait formellement renforcée. Simultanément on proclamait son attachement à l'URSS. Alors que l'ancienne formulation, plus brève, de l'art. 6,2 (« la coopération et l'amitié avec l'Union des Républiques socialistes soviétiques et les autres États socialistes »[49]), n'établissait qu'une différence hiérarchique modérée entre pays de l'Est, cette fois l'URSS était clairement mise en avant, qui plus est dans sa dimension militaire, puis-

---

48.– Article 6,3 ; cf. WEBER (note 41), p. 346.
49.– *Ibid.*, p. 345.

qu'on lisait : « L'alliance étroite et fraternelle avec elle [l'URSS] garantit au peuple de la République Démocratique allemande d'autres progrès sur la voie du socialisme et de la paix »[50]. La ligne de fidélité au Kremlin qui avait valu à Honecker de remplacer Ulbricht était ainsi ancrée dans la constitution.

Les références à la fois à l'alliance avec l'URSS et aux États capitalistes avaient aussi une dimension contextuelle. En cette période de détente paradoxale la RDA avait besoin d'une caution démocratique dans le cadre de la Conférence sur la sécurité et la coopération en Europe (ce qui allait devenir l'acte final de la conférence d'Helsinki, juillet 1975). Mais dans le même temps la politique du Kremlin, plus favorable à Bonn que ne le souhaitait Berlin-Est[51], ainsi que les tensions Moscou – Washington (que l'on se souvienne de la guerre du Kippour, de 1973) imposaient l'affirmation solennelle de ce qui était un état de fait depuis 1949 et que rien n'incitait à remettre en question, la fidélité au « grand frère soviétique ». Depuis l'éviction d'Ulbricht les autorités Est-allemandes se réclamaient fréquemment de l'exemple moscovite comme modèle de « socialisme réel » et Erich Honecker qualifiait l'amitié avec l'URSS de « nécessité vitale »[52].

Jusqu'en 1989 ce texte n'allait plus guère être modifié. Alors des articles sensibles disparurent, celui notamment qui affirmait le leadership du SED. Mais il était trop tard, comme pour bien d'autres leviers de la domination du SED le fossé entre la constitution et la population Est-allemandes s'était bien trop creusé pour que l'on pût attendre le moindre effet de telles dispositions.

## Conclusion

Les pères de la constitution fédérale avaient espéré en une « réunification » dans des délais raisonnables. Quatre décennies plus tard l'idée prévalait que la division s'était installée dans la durée. La Réunification, au sens où l'on avait longtemps entendu ce terme, ne vint pas, qui aurait impliqué le retour au territoire du Reich dont on se considérait comme l'héritier ; Bonn dut renoncer par exemple aux territoires situés à l'Est de la frontière Oder-Neiße. Mais l'unité se fit de manière surprenante et rapide dès lors que les opposants au régime de Berlin, qui demandaient l'instauration d'un socialisme à visage humain, furent dépassés par ceux qui aspiraient à partager

---

50.– *Ibid.*, p. 345.
51.– Voir sur ce point Georges-Henri SOUTOU, *La guerre de Cinquante ans. Les relations Est-Ouest 1943 – 1990*, Paris, 2001, pp. 549 – 551.
52.– WEBER (note 41), p. 392.

cette prospérité de l'Ouest dont ils rêvaient. La constitution allemande fit naufrage avec la RDA, dans l'indifférence.

Que la Loi fondamentale, qui n'avait cessé de s'affirmer provisoire et qui, chose exceptionnelle en matière constitutionnelle, prévoyait la fin de sa propre validité (art. 146), fût le cadre retenu pour servir de constitution à l'Allemagne tout entière une fois l'unité nationale faite, constitua une surprise. Contrairement aux prévisions de 1949 cette unité se fit sur la base de l'art. 23, pensé pour réintégrer la Sarre : un parlement Est-allemand élu selon les règles du pluralisme demanda l'intégration à la zone de validité de la Loi fondamentale[53].

Cette pérennité de la Loi fondamentale fut le fruit d'une nécessité : l'instabilité générale à l'Est, alors que l'unification ne pouvait se faire sans l'approbation des Quatre – et donc de Moscou – obligea à éviter toute perte de temps en 1989 et 1990. Elle fut aussi celui de calculs politiques dont certains étaient de peu d'élévation – la peur par exemple de Helmut Kohl de voir l'opposition socialiste Ouest-allemande s'allier à des représentants de l'Est pour donner fondement constitutionnel à une politique sociale plus généreuse.

Quoi qu'il en soit : ce qui avait été provisoire pour une république partielle se trouva confirmé et inscrit dans la durée par et pour l'Allemagne entière. Même en matière constitutionnelle l'histoire est capable d'ironie.

Les deux États allemands avaient vu le jour dans le cadre de la partition du monde et de la guerre froide dont leur création séparée avait largement été le fruit. Ils s'étaient placés dans la perspective d'un retour (proche) à l'unité nationale. La même ambition de faire cette unité autour de soi avait eu sur leurs constitutions des effets opposés. Au service des ambitions du Kremlin, celle de l'Est ne devait ni effrayer, ni empêcher le régime allemand de conférer l'ensemble des pouvoirs au SED. La chose n'alla qu'au prix d'une dissociation, manifeste dans les faits, entre le texte et la réalité constitutionnels. La constitution de l'Allemagne orientale se trouva ainsi confinée dès les premières années dans un rôle d'alibi démocratique.

Afin de marquer le caractère provisoire de leur république, les Allemands de l'Ouest se livrèrent eux aussi à un exercice malaisé : élaborer une constitution provisoire tout en donnant aux principes qu'elle énonçait un caractère pérenne. En outre, ce texte fut élaboré dans des conditions difficiles, le pluripartisme réel favorisant le jeu des groupes de pression, les occupants surveillant de manière sourcilleuse les travaux du Conseil parle-

---

53.– Quelques domaines firent l'objet d'exceptions – la loi sur l'interruption de grossesse, beaucoup plus libérale, fut maintenue provisoirement en RDA.

mentaire. Il s'ensuivit un texte apparemment plus fragile que celui que se donna l'Est.

Mais la République fédérale, qui entendait appuyer son fonctionnement sur le droit, se construisit dans le respect et en application de la Loi fondamentale. Là était la supériorité de sa constitution sur celle qui resta lettre morte : elle fut appliquée. Et dès lors elle bénéficia des succès de la RFA. : la stabilité institutionnelle, la croissance économique, la protection qu'offrait au citoyen la démocratie Ouest-allemande consolidèrent l'acceptation de la constitution. Avec l'adhésion des Allemands de l'Ouest à l'État de droit, incarné de plus en plus par la Cour constitutionnelle, et à une société qui garantissait à la fois les libertés politiques et un niveau de vie en croissance, s'imposa une forme nouvelle du vivre ensemble et du sentiment d'appartenance, le « patriotisme constitutionnel ». La conséquence en fut qu'en raison de sa place centrale la constitution de la RFA subit des adaptations à l'évolution de la société, au fil des ans, sans que jamais elle ne fût modifiée dans son esprit. La « Grundgesetz » de 1989 était la constitution de 1949 modernisée.

En RDA, on procéda par à-coups. Levier du pouvoir, l'appareil constitutionnel y évolua en fonction des besoins. La RDA se donna plusieurs constitutions, en fonction de l'évolution de deux critères : la manière dont elle se concevait en tant qu'État socialiste et sa façon d'appréhender la question nationale. Dans les deux cas, l'influence soviétique s'avéra déterminante.

En 1968, le critère prépondérant fut celui de la nature de la société. Il s'agit de mettre en avant l'Allemagne orientale en tant qu'État socialiste et le rôle central du SED. La rupture était de nature essentielle : la constitution de 1968 prenait acte de ce qu'étaient devenus l'État et la société. La modification constitutionnelle de 1974 par contre entérina une conception de la nation en rupture avec celle à laquelle on se référait en 1949, à un moindre degré, celle de 1968. Estimant s'être imposée comme État allemand autonome, la RDA y inscrivait son ambition de devenir nation socialiste. Bien que l'on ait coutume de rapprocher ces deux textes, la rupture était d'une importance telle que, dans les faits, celle de 1974 était bel et bien une nouvelle constitution.

La différence fondamentale entre les deux Allemagnes ne tint pas aux textes. Au fil de quatre décennies de coexistence l'adhésion à la loi fondamentale fut la traduction de l'adhésion à la République fédérale, à sa stabilité politique, à son mode de vie social, à son développement économique. En un processus inversé les constitutions Est-allemandes ne furent pas adoptées dans sa vie quotidienne par une population qui n'adhérait pas à l'État – lequel n'avait lui-même guère le souci de les respecter. Les restrictions aux libertés et la surveillance des individus par un pouvoir incapable de développer une économie florissante et des conditions de vie correctes, les dysfonctionnements d'une planification autiste, le délabrement des villes et des usines, furent des causes directes du naufrage sans gloire de la RDA. Outil de dirigeants qui gouvernaient sans le peuple tout en se réclamant de sa légitimité, qui ne concevaient les rapports au sein de l'État qu'en termes de domination, la constitution Est-allemande resta en marge d'un peuple qui avait pourtant été disposé à la faire sienne, mais à qui elles n'apportaient rien. Quand les dirigeants en prirent conscience, il était trop tard pour que des mesures de toute manière trop pusillanimes pussent produire le moindre effet. Une dernière fois la constitution est-allemande fut adaptée à une réalité dûment constatée – entérinant la fin de la domination du SED après avoir servi son pouvoir. En cela l'histoire des deux constitutions allemandes est aussi le reflet de l'histoire des deux Allemagnes.

# 1968 dans les deux Allemagnes

Stefan Wolle

Les années séparant la construction du Mur de Berlin du printemps de Prague furent, en RDA, marquées par d'étranges contradictions internes. Dans l'histoire de la République Démocratique Allemande, longue de quarante ans, aucune période ne se soustrait plus fortement aux formules simples que ces sept à huit ans au terme desquels on trouve le printemps de Prague[1]. Ce fut une époque de renouveau où, pour finir, rien ne changea. Depuis 1962/63, il régnait dans le pays une soif fiévreuse de réformes qui entraîna mainte modernisation. Ce faisant, les dirigeants, Walter Ulbricht à leur tête, misèrent entièrement sur les sciences, les techniques et la recherche. De généreux investissements étaient censés consolider la formation et les capacités de la recherche. Cela s'avérait absolument nécessaire, mais échoua souvent devant la réalité du quotidien. Une réforme de l'enseignement supérieur et une réforme de l'université firent grand bruit et chassèrent sans aucun doute même plus d'une « moisissure millénaire ». Pourtant, au terme de la phase de transformation, la bureaucratie, le centralisme et la mainmise idéologique se virent renforcés.

On restructura l'économie. La planification devait céder la place à l'auto-responsabilité, l'idéologie du tonneau à des produits appropriés au marché, l'économie de commandement à une gestion comptable de l'économie, les directives centrales à l'auto-responsabilité et à un « système de leviers matériels ». Un travail bien fait devait également être rentable pour l'individu. Mais les réformes provoquèrent au sein de l'économie dirigée centraliste davantage de confusion que de succès éclatants.

Il régnait un incontestable plaisir à discuter ainsi qu'une ouverture aux idées neuves. C'était en même temps l'apogée d'un dogmatisme suivi au pied de la lettre. La théorie révolutionnaire de Marx et d'Engels avait fait place à une scolastique soutenant l'État. Les dirigeants du SED prenaient très au sérieux l'art et la littérature, et il n'était pas rare que les instances suprêmes du parti se penchassent sur des pièces de théâtre, des films et des livres. Et malgré cela – ou justement pour cette raison –, les artistes furent,

---

1.– Voir Stefan WOLLE, *Der Traum von der Revolte. Die DDR 1968*, Berlin, 2008.

au plus tard à partir de la onzième assemblée plénière du Comité central du SED en décembre 1965, placés sous tutelle jusqu'à ce que cela en soit ridicule. Dans la presse du SED, il ne cessait d'être question d'intervention et de participation des citoyens. Et, comme le montra le débat sur la nouvelle Constitution de 1968, c'était là tout à fait ce que souhaitait le régime. Toutefois, on ne desserra que peu les vis d'airain de la répression. Juste après le 21 août 1968, de nombreux citoyens de RDA durent payer en détentions et discriminations leur critique de l'« assistance aux États frères »[2].

Même les dirigeants du SED, sous Walter Ulbricht, étaient conscients du fait qu'il était impossible de diriger une société moderne uniquement avec les méthodes d'un État policier. Elle avait besoin de la créativité, souvent invoquée, de la jeunesse ainsi que de l'intelligence active. Elle se mit à faire des offres à ses propres citoyens. L'un des slogans courants à cette époque était : « Le socialisme est ce que nous en faisons ». Cela sonnait bien. C'était une invitation à la participation, à la coresponsabilité, à la mise en forme de la société. Wolf Biermann réduisit cela à l'expression suivante : « Pour lutter contre le socialisme, il n'existe qu'un moyen : avancer vers le communisme ».

Pourtant, la RDA ne connut pas que des revers au cours des années soixante. Lentement mais sûrement, même le niveau de vie s'éleva. Certes, elle restait très éloignée du niveau de consommation de l'Ouest, mais, même à l'Est, les machines à laver et les réfrigérateurs, les postes de télévision, les radios stéréo ainsi que d'autres appareils relevant de la technique ménagère et de l'électronique du foyer firent leur entrée dans les ménages. Avoir une voiture à soi ne constituait plus, en dépit de longues attentes et de prix élevés, un désir irréalisable pour un budget moyen.

Cette évolution entraîna bien sûr aussi des conflits. Une nouvelle génération avait émergé. « Né en 1945 » était le titre d'un des films de la DEFA issus de la production interdite de 1965. Quasiment à la façon d'un documentaire, le film dépeint quelques jours de la vie d'un jeune homme moyen. La misère de la guerre et de l'après-guerre, il ne la connaissait plus que parce qu'on la lui avait racontée. Le pathos des années de reconstruction lui était devenu étranger, la constante exigence de renoncement en se référant à un avenir radieux lui semblait mensongère. Les personnes de vingt ans voulaient être jeunes, s'habiller à la mode, écouter de la musique entraînante, aller danser sans, continuellement, qu'on leur tienne la bride et qu'on leur fasse la leçon. Bien des jeunes mesuraient la réalité à l'aune des grands mots

---

2.– Cf. aussi Christoph KLESSMANN, « 1968 in Ost und West. Historisierung einer umstrittenen Zäsur », in : *Osteuropa*, 58 (2008) 7, pp. 17 – 30.

avec lesquels ils avaient grandi. Cet esprit du temps utopique, qui, dans le monde entier, poussait les jeunes gens à descendre dans la rue, on pouvait le percevoir tel un souffle doux même dans le pays situé derrière le Mur de Berlin. La nouvelle politique de la jeunesse du SED en tenait compte depuis 1963. Au prix d'une participation fondamentale à la nouvelle société, on devait lui offrir quelque chose : une grande utopie et une once de liberté. Ce n'étaient pas les pires qui pensaient qu'il fallait prendre le parti au mot. À la fin des années soixante, deux tendances se rencontrèrent en RDA : l'idée du socialisme démocratique, qui se répandait dans tout le bloc de l'Est, et une révolte anticapitaliste qui mobilisait une partie de la jeunesse dans le monde entier. Les théories se contredisaient en partie et se complétaient en partie. Mais habituellement, elles formaient une unité au sein de la perception publique. Il était facile d'omettre que les étudiants qui manifestaient à Varsovie et à Prague aspiraient précisément à cette liberté civique que les jeunes rebelles anti-autoritaires raillaient à l'Ouest en la réduisant au rang d'aveuglement réformiste. Les nouvelles formes de protestation et la soif de provocation trouvèrent, même à l'Est, un terrain fertile. Elles s'associèrent sans contrainte à l'exigence de liberté et au rejet des bureaucrates politiques du SED. Le conflit des générations des années soixante était en RDA, de même que dans les autres pays communistes, chargé d'explosifs idéologiques dangereux.

## Entre l'Est et l'Ouest

Le monde fabuleux de la propagande communiste était divisé soigneusement entre le bien et le mal. Sur les affiches et sur les caricatures qui paraissaient chaque jour, les impérialistes portaient des hauts-de-forme et des pantalons à rayures. Avec leurs longs nez crochus, ils étaient assis sur des sacs d'argent frappés du symbole du dollar ou pataugeaient dans le sang des peuples opprimés. Les ultras de Bonn, une espèce particulièrement détestable, portaient les casques d'acier de l'armée nazie, et on les reconnaissait à leurs croix gammées ainsi qu'à leurs runes SS. Ils étaient avides de prendre leur revanche pour la guerre perdue et tendaient leurs maigres doigts semblables à des araignées vers l'Est. Si l'on utilisait la langue de la propagande, on dirait qu'il n'existait qu'une différence tactique entre la dictature fasciste et la forme faussement démocratique de l'impérialisme privilégiant le monopole de l'État. La RDA, pour sa part, acquerrait sa légitimité par l'Histoire. Le premier État pacifique allemand était le résultat d'un long combat des classes progressistes contre la réaction. Elle était le terme et l'apogée provisoire de cette Histoire. Inversement, le SED écartait la légitimation démocratique de la République fédérale en la considérant comme manipulée et il tentait de présenter l'État de Bonn comme le prolongement du Reich nazi.

## L'APO et le SED

À partir du milieu des années soixante, il se passa des choses étonnantes à Berlin-Ouest ainsi que dans quelques villes universitaires ouest-allemandes[3]. En tant que partie d'une « révolution mondiale des étudiants », selon l'expression par laquelle le « Spiegel » désigna le phénomène en mars 1968, une gauche anti-autoritaire se forma également en République fédérale. Un petit groupe fit – tout à fait au sens de Karl Marx – valser les rapports sociaux. Le nouveau mouvement n'avait que peu de points communs avec les idées traditionnelles d'un parti de gauche, voire d'un parti ouvrier. Si tant est qu'il y ait des points de rattachement dans l'Histoire allemande, il faut les chercher du côté de la bohème anarchiste autour de 1900 ou des cercles d'artistes d'extrême gauche des années 1920. Les jeunes révolutionnaires choquaient par leurs vêtements peu soignés, leurs barbes hirsutes et leur libertinage sexuel. Ils se donnèrent eux-mêmes le nom d'opposition extraparlementaire, et la presse inventa en outre l'abréviation APO (« Außerparlamentarische Opposition »), d'usage aisé. Ils protestaient contre la société bourgeoise, les idées morales surannées, contre la guerre au Vietnam, contre l'oppression raciale en Amérique, la misère en Amérique latine, le schah de Perse, contre les carences du système éducatif, l'armement atomique, les lois d'urgence, l'interdiction du KPD et les anciens nazis occupant de hautes fonctions dans l'État d'Adenauer. Ils l'œil rivé sur la misère du monde entier et ne voyaient pas – ce qui leur fut souvent reproché – les injustices qui avaient lieu devant leur propre porte. Ils ne protestèrent ni contre l'oppression de la liberté en RDA ni contre le Mur de Berlin, bien qu'une partie des protestataires, comme Rudi Dutschke et Bernd Rabehl, fussent originaires de l'Est.

Les sujets étaient ramassés de tous côtés, de même que les mots d'ordre. On se servait chez Marx et Engels, Lénine, Trotski et Mao, mais aussi chez Siegmund Freud et Wilhelm Reich, en particulier chez l'École de Francfort et chez Herbert Marcuse, qui apparut tel une comète dans le ciel de la révolte pour ensuite, tout aussi vite, disparaître à nouveau. Mais plus intéressantes que les sujets et les thèses, généralement peu originaux, étaient les formes de protestation. Les protestataires mettaient en scène leurs actions comme s'il s'agissait d'événements médiatiques, utilisant précisément ces médias bourgeois dont ils ne se lassaient pas de dénoncer la manipulation. Ils contrôlaient les manchettes et même les premières pages des journaux illustrés. Avec Rudi Dutschke, les rebelles anti-autoritaires disposaient d'un chef de

---

3.– Cf. Norbert FREI, *1968. Jugendrevolte und globaler Protest*, Munich, 2008 ; Ingrid GILCHER-HOLTEY (éd.), *1968. Vom Ereignis zum Mythos*, Francfort/M., 2008 ; Wolfgang KRAUSHAAR, *Achtundsechzig. Eine Bilanz*, Berlin, 2008.

file à l'autoritarisme prononcé. Avec son blouson de cuir élimé et son pull tricoté, Dutschke devint le symbole de la révolte, la star des médias bourgeois et l'objet de la haine de la presse à la solde de Springer. L'emprunt de symboles politiques appartenant au mouvement communiste faisait aussi partie des provocations ciblées. Lorsque des étudiants venus de Berlin-Ouest, arborant des drapeaux rouges et les portraits de Rosa Luxemburg, Karl Liebknecht, Lénine et Hô Chi Minh, se mirent à traverser le Kurfürstendamm, nombreux furent-ceux, à Berlin-Ouest, qui considérèrent que la limite absolue était atteinte. Et, même à l'Est, l'étonnement fut grand.

Même les plus obstinés d'entre les dogmatiques du SED avaient abandonné l'idée qu'une révolution prolétarienne pourrait se produire en République fédérale dans un proche avenir. Quand ils faisaient une conférence sur la misère des masses actives en Allemagne de l'Ouest, ils récoltaient des ricanements ironiques, même auprès d'auditeurs d'habitude bienveillants. Car l'Est traînait désespérément la patte derrière l'Ouest précisément en matière de niveau de vie. La « victoire légale du socialisme à l'échelle mondiale » subsistait comme but historique à atteindre, mais, dans la réalité, on l'avait reportée à un avenir flou. On attendait plutôt d'autres victoires de mouvements de gauche dans les pays des « États, exploités sur un plan colonial et néocolonial, d'Afrique, d'Amérique latine et d'Asie », comme on appelait à l'époque, de manière un peu trop minutieuse, le tiers monde en RDA. Cet espoir ne correspondait pas tout à fait aux maximes tirées de manuels du marxisme-léninisme, d'après lesquelles le prolétariat des nations industrielles dominantes devrait prendre le pouvoir. Cependant, maint idéologue communiste espérait que la révolution mondiale se fraierait pour ainsi dire un chemin jusqu'à l'étage magnifique du capitalisme de monopole en passant par l'arrière-cour du tiers monde. Le fait que la révolte de gauche se fût depuis longtemps installée dans le salon raffiné avait été oublié à l'Est.

Et soudain des coups de feu mortels tirés sur Benno Ohnesorg et Rudi Dutschke, des combats de rue, des voitures en feu, des drapeaux rouges ainsi que les portraits familiers des dirigeants du mouvement ouvrier, cloués sur des manches à balai dans les rues de Berlin-Ouest. En RDA, on se frottait les yeux, éberlués, d'autant plus qu'à l'Est, même parmi les permanents zélés, devoir cheminer en tête du bloc en marche avec une telle icône sur le manche passait plutôt pour une sanction.

La perception de la révolte d'extrême gauche par l'Est était toutefois aussi hétérogène et contradictoire que la société de la RDA Trois façons parfaitement opposées de voir le glissement à gauche dans le monde occidental jouaient un rôle en RDA. Elles étaient toutes les trois sujettes à un changement considérable, se recoupaient, menant à un contact extrêmement étrange entre les oppositions.

Les dirigeants du SED étaient enchantés de cet allié inespéré dans le combat contre l'impérialisme. Face aux égarements idéologiques des jeunes rebelles, ils montrèrent tout d'abord une tolérance qu'ils n'avaient jamais pratiquée dans leurs propres rangs. Reste à savoir si le SED croyait véritablement pouvoir nourrir ses ambitions panallemande de la révolte anti-autoritaire. Au plus tard à partir de la mort de Benno Ohnesorg, le 2 juin 1967, les médias de RDA relatèrent de façon extraordinairement détaillée les actions de l'APO, ce qui se renforça eu égard aux manifestations anti-Vietnam, à l'attentat commis sur Rudi Dutschke et aux combats de rue qui suivirent.

Mais, dès l'été 1968, les dogmatiques du SED pointèrent de nouveau leur index idéologique. À l'évidence, le parti estimait que le risque de confusion dans ses propres rangs était supérieur aux possibilités de déstabiliser durablement Berlin-Ouest.

Pour les intellectuels critiques de RDA, en revanche, leur propre situation se reflétait dans la révolte anti-autoritaire des hommes de gauche à l'Ouest. Pour eux, les jeunes gens qui descendaient dans la rue à Berlin-Ouest et ailleurs étaient des alliés dans le combat à mener contre les courtisans politiques et les apparatchiks des deux côtés du mur. Wolf Biermann a exprimé cela d'une manière souvent parfaite dans ses vers et sa prose. Nombreux étaient les jeunes en RDA qui reprenaient le pathos révolutionnaire, le radicalisme verbal et la joie de vivre non conformiste des gens de gauche à l'Ouest, mais tout en visant leurs propres autorités qu'ils ressentaient comme saturées, embourgeoisées et petites-bourgeoises. Les participants aux actions de protestation contre l'invasion de la République socialiste tchécoslovaque étaient – j'anticipe sur ce point – presque tous issus de cet environnement intellectuel. Des traces de cette attitude de pensée s'étaient répandues jusque dans les rangs des permanents de la FDJ et des jeunes camarades du SED. Et les drapeaux rouges et les voitures de livraison en feu du groupe Springer rappelaient même agréablement à certains vieux camarades déçus du SED leurs rêves de jeunesse communistes.

Au bout du compte, par-delà tous les débats théoriques, de nombreux jeunes gens auraient tout simplement aimé se retrouver là où battait le cœur de la vie, c'est-à-dire, concrètement, de l'autre côté du Mur de Berlin. La révolte, la musique et l'action formaient un conglomérat dont la puissance de séduction n'était pas mince. Comme leurs contemporains à l'Ouest, ils aspiraient à l'amour, à la paix et au soleil. Des époques compliquées produisent des réponses simples.

Toutefois, une majorité apparemment nette de citoyens de RDA partageait le rejet des citoyens de R.F.A. et des habitants de Berlin-Ouest vis-à-vis des « politiques polygames » (« Politgammler »), selon le surnom que les journaux à la solde de Springer avaient donné aux partisans de l'APO. Ils considéraient les rebelles comme des fils de bourgeois gâtés dont le fond de pantalon méritait une fessée. C'étaient les gens simples qui montraient peu de compréhension face à des étudiants qui sapaient cette société à laquelle ils devaient leur liberté et leur prospérité. Ils souhaitaient de tout cœur une douche froide aux protestataires en voyant sur leurs petits écrans les images télévisées de l'intervention des canons à eau pour repousser les manifestants.

C'est dans ce triangle de modèles de perception que fut accueillieen RDA la révolte de gauche ouest-allemandeLes fronts intellectuels s'étaient complètement embrouillés.

## Printemps de Prague et Berlin-Est

En janvier 1968, en Tchécoslovaquie, le conflit entre la dictature communiste et le socialisme démocratique, qui couvait depuis 1917, devint réalité politique. Les antécédents de ces événements dramatiques remontaient à 1956. À cette époque, les dirigeants communistes du pays s'étaient refusé à accomplir une déstalinisation plus que formelle. Tous les problèmes non résolus éclatèrent au grand jour à la fin de 1967.

Tout d'abord, le changement de pouvoir à Prague se fit entièrement dans le cadre de la relève de la garde communiste des époques antérieures. Le « Neues Deutschland » publia le 6 janvier 1968, sans de commentaire, le « communiqué sur le Congrès du Comité central du parti communiste tchécoslovaque (KPČ) ». Concernant l'élection d'Alexandre Dubček, on pouvait lire : « En sa personne se trouve maintenue la continuité de la direction du parti et se trouve exprimée la considération vis-à-vis des expériences acquises au cours de longues années de travail fourni par le parti. »[4] Le lendemain, l'organe central publia la biographie, jusque-là officieuse, ainsi qu'une photo d'archives du nouveau secrétaire général du parti frère.

Au plus tard en mars 1968 toutes les sonnettes d'alarme furent tirées à Berlin-Est. On pouvait lire dans une lettre d'information interne adressée aux directeurs des services du comité central du SED le 12 mars 1968 :

> « Nous devons hélas constater que, actuellement, des conceptions de plus en plus révisionnistes, voire ouvertement bourgeoises, dominent au sein d'organes décisifs de la formation de l'opinion publique, dans la presse, à la radio, à la télévision, au cinéma, conceptions qui sont dirigées contre les

---

4.– *Neues Deutschland*, 6 janvier 1968.

principes marxistes-léninistes sur le rôle du parti, le pouvoir socialiste et la société socialiste en général »[5].

Et, plus loin :

« Il faut dire franchement que l'ennemi impérialiste accentue ses efforts pour prendre de l'influence, par le biais de tous les canaux et contacts possibles, sur l'activation des forces antisocialistes et bourgeoises en République socialiste tchécoslovaque et prendre lui-même en charge leur organisation. L'étendue de l'harmonie intellectuelle entre les mots d'ordre de ces forces petites-bourgeoises et antisocialistes au sein de la République socialiste tchécoslovaque d'une part et l'idéologie impérialiste d'autre part ressort en particulier du mot d'ordre défendu par des écrivains et des artistes : transformer la République socialiste tchécoslovaque en une ›société ouverte‹. Mais tout le monde sait que les notions de ›société ouverte », de ›société pluraliste‹ ou de ›grande société‹ sont directement empruntées à l'arsenal intellectuel de l'impérialisme »[6].

Trois jours plus tard, on put lire dans un rapport du MfS destiné à la direction du parti :

« Dans les circonscriptions de RDA, on discute actuellement dans toutes les couches de la population des événements de Varsovie et de République socialiste tchécoslovaque. Ce sont en particulier les expressions d'opinion sur les phénomènes en République socialiste tchécoslovaque qui, de par leur envergure et leur intensité, sont considérées comme en augmentation »[7].

À partir de mi-mars 1968 les rapports du MfS adressés aux dirigeants du parti deviennent plus précis. Au cours des mois suivants, les rapports sur les discussions au sein de la population devinrent presque quotidiens.

Ce qui se passait depuis janvier 1968 en Tchécoslovaquie intervenait fondamentalement dans la situation en RDA et dans les autres États communistes d'Europe de l'Est. Ce sont sans doute les détenteurs du pouvoir eux-mêmes qui l'ont vu le plus clairement. Ils furent placés à longue échéance devant le choix de mettre un terme par la violence à l'expérience tchécoslovaque ou de mettre le cap sur la démocratisation. Malgré toutes leurs différences, tous les États du Comecon avaient un problème commun. Le système économique pourri ne pouvait être modernisé que si cela s'accompagnait d'une transformation en profondeur de la société. Les idées de renouvelle-

---

[5].– MfS, bureau du ministre, ZAN, lettre du 12 mars 1968 aux directeurs des services du comité central, ci-joint : Lettre d'information sur la situation actuelle en République socialiste tchécoslovaque, 14 p., citation : p. 11.

[6].– *Ibid.*, p. 13.

[7].– MfS, ZAIG, Z 1564, Lettre d'information séparée 301/68 du 15 mars 1968 sur la réaction de la population de RDA aux événements en République socialiste tchécoslovaque et en République populaire de Pologne : 8 p. et 1 p. d'annexe, citation : p. 1.

ment ne pouvaient pas se développer derrière les portes closes des « commissions stratégiques » de Walter Ulbricht, elles avaient besoin de liberté, d'un débat public et d'une décision démocratique. Il est bien possible que cette sorte de liberté aurait balayé le régime d'Ulbricht. Cependant, elle était sans alternative sur le plan historique.

Le nouveau modèle de socialisme à visage humain était conçu comme l'exemple à suivre pour le monde entier, et les personnalités éminentes du mouvement le disaient d'ailleurs en toute franchise : « Le moment est venu pour notre patrie, après des siècles, de redevenir un berceau d'espoir », écrivirent des intellectuels tchécoslovaques dans une lettre adressée au Comité central. « Le moment est venu de pouvoir prouver au monde que le socialisme représente la forme suprême de la civilisation. Nous attendions que cela soit salué avant tout au sein de la communauté socialiste... »[8].

Les dirigeants communistes de l'Union Soviétique et de ses fidèles satellites étaient placés devant le choix de continuer à porter à plus long terme la politique de transformation et de démocratisation ou d'éradiquer l'expérience par la violence. Après avoir, semble-t-il, épuisé toutes les possibilités d'une « solution intérieure », ils optèrent pour la solution militaire.

## Protestations

Dans la nuit du 20 au 21 août, les divisions blindées du pacte de Varsovie écrasèrent la Tchécoslovaquie. Militairement, on pouvait considérer cette action comme un succès ; politiquement, c'était une catastrophe. L'effet produit par la nouvelle de l'invasion des troupes du pacte de Varsovie en Tchécoslovaquie fut, pour beaucoup de gens, bouleversant. Malgré les expériences de 1953 en RDA et de 1956 en Hongrie, la plupart des compatriotes n'avaient plus cru possible que l'Union Soviétique réagirait d'une manière aussi martiale. En outre, les nouvelles des jours précédents avaient signalé une détente plutôt qu'une aggravation de la situation.

Tout homme doué de raison était conscient que le socialisme ne résoudrait aucun de ses problèmes en faisant intervenir des divisions blindées. Sur ce point, l'invasion n'était pas seulement une violation éclatante du droit international et de la fraternité, si souvent invoquée, mais aussi un coup porté au bon sens. Reste à savoir si chaque citoyen de RDA souhaitait pour son propre pays un socialisme à la Dubček et le croyait possible. Mais ce que les Tchèques avaient mis sur pied depuis janvier 1968 semblait si parfaite-

---

8.– Alfred KURELLA, « Der Frühling, die Schwalben und Franz Kafka », in : *Sonntag*, 31 (1963), reproduit in : *Kritik der Zeit. Literaturkritik der DDR 1945 – 1975*, vol. 1, Halle, Leipzig, 1978, pp. 380ss.

ment sensé et intelligent que, à l'annonce de la nouvelle de l'invasion, beaucoup furent saisis d'une indignation farouche. Contre toute sagesse, ils se laissèrent entraîner à exprimer ouvertement leur opinion, ce qui eut des conséquences parfois lourdes. Contre toute raison pragmatique, ils se mettaient à leur machine à écrire pour rédiger des lettres de protestation ou partaient pendant la nuit, armés de pinceaux et de peinture, écrire des slogans sur les murs des maisons.

Un rapport de la Stasi à l'administration générale berlinoise du MfS donne les chiffres de ces actions pour la période située entre le 21 août et le 8 septembre 1968 : « À 389 endroits de Berlin, 3 528 tracts ont été diffusés en tout et, à 212 endroits, 271 slogans provocateurs ont été griffonnés »[9]. Voici le rapport sur le déroulement des faits :

> « Les méthodes de fabrication et de diffusion des tracts et le griffonnage de slogans ne témoignent pas de méthodes particulièrement raffinées. On a surtout jeté les tracts dans des lieux publics et dans les rues, à la différence de la diffusion habituelle où l'on introduit plutôt les tracts dans les boîtes aux lettres des maisons. Les coupables étaient pour la plupart prêts à courir un plus grand risque. Cela n'a, en aucun cas, eu d'effet sur les masses, étant donné que les tracts épars ont été immédiatement rassemblés et les slogans griffonnés rapidement effacés »[10].

Cette appréciation devrait, en tout point, correspondre à la réalité. Concernant le contenu des tracts et des slogans, le rapport du MfS faisait remarquer la chose suivante :

> « Avec leurs slogans et leurs tracts, les coupables s'en prenaient essentiellement aux mesures des pays frères et exigeaient, dans la plupart des cas, le retrait des troupes. En deuxième position en termes de fréquence d'apparition, on trouve des professions de foi en faveur de Dubček ou plus exactement en faveur de la voie révisionniste empruntée par les dirigeants du parti et de l'État tchécoslovaques. Seule une petite partie des coupables prenait ouvertement parti pour la contre-révolution ».

Les coupables étaient presque exclusivement de jeunes âgés de 17 à 21 ans.

> « L'impression que de nombreux auteurs des écrits haineux aient été des jeunes âgés de moins de 16 ans ou en partie des gens primitifs sur le plan intellectuel ne se manifesta pas au cours de la période indiquée. Les coupables se composent presque sans exception de personnes qui savaient ce qu'elles voulaient obtenir par leurs actions »[11].

---

9.– BStU, MfS, administration générale de Berlin, A 1140/2, Lette d'information séparée 56/68 du 26 septembre 1968 sur l'estimation des propos haineux consignés par écrit contre l'État entre le 21 août 1968 et le 8 septembre 1968, p. 1.
10.– *Ibid.*, pp. 1ss.
11.– *Ibid.*, p. 2.

La Stasi fut en mesure d'annoncer, le 26 septembre 1968, que toutes les actions de quelque importance avaient été tirées au clair. D'après ses dires, on avait découvert les auteurs de 63 % des tracts ; concernant les « slogans haineux », le taux d'élucidation s'élevait alors à 12 %.

La vague de protestations prit des dimensions considérables dans toute la RDA Du 21 août au 27 novembre 1968, les unités de recherche du MfS engagèrent des procédures d'enquête contre 506 personnes qui avaient été « surprises en train de travailler en lien avec des attaques menées contre les mesures d'aide prises par les cinq pays frères socialistes ». On y trouvait 383 procédures pénales pour propos haineux dirigés contre l'État, conformément à l'article 106 du code pénal, 64 procédures pour calomnie envers l'État conformément à l'article 220, quatre procédures pour vandalisme et attroupement, 33 pour franchissements de frontière illégaux, ainsi que 12 pour d'autres crimes politiques et 10 pour de prétendus délits criminels.

D'après les rapports adressés par le service principal n° IX, responsable du déroulement des enquêtes, au Groupe Central d'Information et d'Exploitation (« Zentrale Auswertungs- und Informationsgruppe » : ZAIG), jusqu'au 24 septembre 1968 en tout 429 mandats d'amener avaient été concrétisés par le MfS et 578 par la police populaire allemande (« Deutsche Volkspolizei »). Le service principal n° IX élaborait quotidiennement depuis le 25 août 1968 une « vue d'ensemble des mandements et incarcérations de personnes ayant été en lien avec des actions hostiles aux mesures prises pour préserver la situation favorable au socialisme dans la République socialiste tchécoslovaque ».[12] Le moment fixé était toujours cinq heures du matin. À part les chiffres, les rapports quotidiens contenaient aussi des appréciations générales sur les groupes de coupables et leurs mobiles, sur des cas individuels typiques ou particulièrement graves.

Les rapports quotidiens évoquent plusieurs cas de franc sabotage. Dans diverses parties de la RDA des individus isolés ou des groupes sectionnèrent des câbles de renseignements de l'armée soviétique et de l'armée nationale populaire (« Nationale Volksarmee » : NVA). Un tel cas de figure est dépeint dans le message journalier du 28/29 août 1968 : le 25 août 1968, un câble de renseignements de l'armée soviétique avait été sectionné à Heidenau (sur le canton de Pirna) à l'aide d'un objet tranchant. Les coupables n'avaient pu être retrouvés.

---

12.– BStU, MfS, voir surtout p. 629/70, vol. 6a, Vue d'ensemble des approvisionnements et incarcérations de personnes ayant été en lien avec des actions hostiles aux mesures prises pour préserver la situation favorable au socialisme dans la République socialiste tchécoslovaque.

## Débats au sein du SED

La situation intérieure de la RDA était loin d'être aussi critique que le 17 juin 1953 ou en août 1961, mais, d'une certaine manière, l'effraction psychologique était plus profonde. À cette époque, il était clair que l'on connaissait l'identité de l'ennemi : les revanchards de Bonn et quelques citoyens égarés de RDA, qui avaient été abusés par leurs slogans. Mais l'ennemi principal était le parti communiste du pays voisin. L'image lumineuse des « émetteurs impérialistes de propos haineux », c'était Alexandre Dubček, secrétaire général du parti frère, avec lequel Ulbricht avait encore échangé des accolades fraternelles une semaine plus tôt. Écrire son nom sur le Mur était un crime d'État, suspendre à la fenêtre le drapeau tchécoslovaque une provocation politique. La situation ne pouvait guère être plus confuse, d'autant plus que les journaux du 22 août 1968 lancèrent une grande campagne contre la contre-révolution. Mais les insultes restaient parfaitement anonymes ou dirigées contre des intellectuels isolés.

Les forces d'occupation s'attendaient sûrement aux larmes de crocodile des gouvernements occidentaux, et leur machine de propagande était prête à les repousser d'un rire sarcastique. Mais même une grande partie des communistes du monde entier récusait le recours à la violence. Ce fut amer, ou du moins très fâcheux. Les partis communistes français, italien et espagnol, grands et influents, condamnaient très durement l'intervention militaire. Dieu soit loué, le parti communiste du Luxembourg resta fidèle à la ligne politique de l'Union Soviétique. C'est ainsi que l'on entendit dorénavant beaucoup parler dans les médias de RDA du parti d'avant-garde du prolétariat du petit Grand-Duché.

Plus encore que dans les premiers jours après l'invasion, au cours des semaines suivantes, apparurent les lignes de faille du mouvement international communiste. Depuis belle lurette une opposition insurmontable s'était fait jour entre le communisme dogmatique soviétique et le socialisme démocratique. Ce front idéologique traversa aussi le SED, même si les rapports de force y étaient très clairs. Ceux qui doutaient de la justesse de la ligne du parti n'avaient le choix qu'entre la rupture avec le parti et le repli dans un silence appelé à durer, en règle générale, très longtemps.

Le parti soumettait ses membres à une discipline stricte jusque dans la sphère privée. Même les problèmes familiaux, les relations amoureuses, les crises conjugales, les problèmes d'alcool, les délits criminels ou les difficultés scolaires des enfants étaient débattus au sein du parti et, le cas échéant, la direction prenait des « mesures éducatives ». Les statuts du SED comprenaient comme sanctions l'avertissement, le blâme, le blâme aggravé et l'exclusion. En guise de compromis, les statuts prévoyaient la « radiation » de la liste des membres. Cette solution fut adoptée dans des cas moins graves.

En revanche, l'exclusion du parti était un acte solennel relevant d'une sombre mystique. Elle représentait l'éloignement vis-à-vis d'une communauté de conjurés, la perte d'une patrie psychique et intellectuelle. Au plan professionnel, l'exclusion était synonyme de stigmatisation lourde. Elle était souvent liée à une perte d'emploi ou à un déclassement officiel. Elle représentait une « tache noire » dans le dossier du cadre, que l'on ne pouvait plus guère effacer. Ainsi « quitter le parti » était-il également inacceptable, bien que cela ait été expressément prévu par les statuts. La déclaration d'un membre du SED indiquant qu'il souhaitait quitter le parti était ressentie comme un tel blasphème que le parti y répondait la plupart du temps par une procédure inquisitoriale et une exclusion en bonne et due forme.

Dans une lettre d'information aux dirigeants du SED de décembre 1968 sur « les débats avec des membres et des candidats du parti menés en lien avec les mesures d'aide militaires prises par les cinq pays frères socialistes le 21 août 1968 », on peut lire : « D'après la vue d'ensemble établie à ce jour, des débats ont été menés avec 3 358 membres et candidats au sein de quelque 2 500 organisations du parti et organisations des services du parti (y compris les organismes armés) pour cause de conceptions floues, de comportements indécis, d'actes ayant nui au parti et d'actions hostiles à ce dernier. Jusqu'ici, le parti a prononcé 522 sanctions. Parmi elles, on trouve 223 exclusions, 55 radiations, 109 blâmes aggravés et 135 blâmes. 297 membres et candidats ont reçu des avertissements et des blâmes. Pour 2 017 camarades, les explications et éclaircissements politico-idéologiques ont été clos au sein des organisations du parti sans qu'aient été prises de mesures pédagogiques relatives au parti »[13]. Face aux quelque 1 800 000 membres que comptait le SED en 1968, on ne peut pas parler de tremblement de terre politique, mais de nettes secousses sismiques.

Sur 2 883 débats, on disposait, d'après le rapport d'information, d'indications précises sur les personnes. Là aussi la prédominance des ouvriers saute aux yeux. Les statistiques ont classé 1 148 des personnes concernées, donc près de quarante pour cent, comme ouvriers. Seuls 26 des camarades rappelés à l'ordre étaient des artistes, 23 des scientifiques, 17 des étudiants, 132 des enseignants, 28 des médecins et 216 des ingénieurs. L'image des intellectuels qui auraient eu une attitude critique vis-à-vis du parti est démentie – comme déjà dans le cas des délits politiques – par les

---

13.– SAPMO-BArch, DY 30/IV/A2/4/5, Lettre d'information du 12 décembre 1968 sur les débats avec des membres et des candidats du parti menés en lien avec les mesures d'aide militaires prises par les cinq pays socialistes le 21 août 1968 : pp. 1ss.

statistiques. C'est d'autant plus remarquable que, contrairement à la théorie, la part des membres du parti au sein des ouvriers était relativement faible.

De toute évidence, 1968 a marqué pour de nombreux « vieux camarades » le terme d'une relation longue et conflictuelle au parti. « Dans le passé déjà, en raison de sérieuses fluctuations, le parti avait dû se pencher sur le cas d'une grande partie de ses membres, dorénavant exclus ou à qui l'on demandait des comptes à l'aide d'une autre sanction émanant du parti. Ainsi ne trouve-t-on à Dresde, parmi les camarades à qui le parti a demandé des comptes, que 13 personnes à qui le parti avait dû demander des comptes dès 1953, 1956 ou 1961 dans des situations de combat systématiquement aggravées »[14].

## Déclarations de consentement

En RDA, la formule perfide de « contre-révolution larvée » circulait. Chacun en était suspect. Les « personnes susceptibles de saper le régime » pouvaient être partout. Même un dossier de cadre immaculé, une ardente activité sociale et un bon point de vue de classe dans le passé ne garantissaient pas que la personne concernée ne serait pas contaminée par l'esprit du libéralisme. Effectivement, ces métaphores traîtreusement biologistes réapparaissaient encore plus que de coutume. Même dans le « Neues Deutschland », il était sans cesse question des « forces vives » de la République socialiste tchécoslovaque. Les discussions critiques étaient considérées, de façon diffamatoire, comme des « phénomènes malsains » et les esprits sceptiques comme « contaminés sur le plan intellectuel ». Chacun était susceptible d'attraper un tel germe pathogène. Les expériences polonaise et tchécoslovaque avaient montré que même des camarades expérimentés avaient fléchi à l'heure du danger. Ainsi les permanents, porteurs du pouvoir de l'État, rivalisaient-ils de radicalité. Le « libéralisme paresseux », formule que l'on entendait souvent à l'époque, pouvait être pris pour un indice de ses propres fluctuations internes.

Fin août et début septembre 1968 des permanents du SED et de la FDJ parcoururent le pays pour faire des discours énergiques, écraser l'opposition et, en cas de doute, faire des signalements à la Stasi. Des rassemblements eurent lieu dans des entreprises, des institutions, des écoles et des organismes universitaires. Si possible, deux ou trois représentants du collectif devaient de vive voix exprimer leur indignation face aux machinations de l'ennemi et donner leur assentiment sans réserve aux mesures d'aide prises par les cinq pays frères. Ce rôle incombait aux permanents du parti ou aux

---

14.– *Ibid.*, p. 5.

organisations de masse. Puis tous devaient, en apposant leur signature, signaler qu'ils condamnaient la contre-révolution. Là où avaient eu lieu des événements particuliers – des arrestations ou des rappels à l'ordre de collègues, de camarades d'école et d'études –, on attendait que l'on prenne unanimement ses distances vis-à-vis de tels éléments hostiles à l'État.

Le pouvoir voulait intimider les citoyens, il lui fallait de plus faire des exemples, et il avait besoin de coupables. Nombreux étaient ceux qui se demandaient si, en s'opposant franchement, on ne jouait pas un jeu dont les règles avaient été fixées par l'autre partie. En outre, c'était un jeu dont on connaissait déjà au préalable les vainqueurs et les vaincus. « S'opposer, c'est collaborer », devait déclarer plus tard l'écrivain Gert Neumann à propos de ces événements, portant ainsi l'opposition à son point culminant[15].

Mais les choses n'étaient pas si simples. Le but des campagnes de signature n'était pas de convaincre, mais d'humilier. Sur ce point, le moindre geste de refus était une victoire de la dignité humaine sur le pouvoir. En outre, le délire d'unanimité inversa dangereusement le mécanisme de l'exercice du pouvoir. Une autorité légitimée par la démocratie peut vivre malgré des voix contraires à concurrence de 49 % des suffrages. Pour une dictature, l'opposition de l'individu est insupportable. Le pouvoir absolu bute sur sa propre revendication d'absolu, revalorisant ainsi de façon disproportionnée chaque voix hostile.

## L'année de Walter Ulbricht ?

En 1968, Walter Ulbricht était au zénith de son pouvoir. Il avait prouvé qu'il était en mesure de maintenir la paix et l'ordre dans l'État. Et rien n'était plus important pour l'Union Soviétique que la stabilité à sa frontière militaire occidentale. La RDA n'avait pas à rougir de ses performances économiques. Au moins les statistiques officielles annonçaient-elles de grands succès. En politique allemande, aucune solution ne pouvait faire abstraction de la revendication d'Ulbricht d'une reconnaissance étatique de la RDA Parmi les dirigeants du SED il était pour le moment incontesté.

Reste la question de savoir si Ulbricht était un réformateur caché. S'était-il rendu compte sur ses vieux jours que le socialisme ne pourrait être sauvé que par un renouvellement fondamental de sa tête et de ses membres ? Ne voulait-il pas, par d'autres moyens, atteindre la même chose qu'Alexandre Dubček en Tchécoslovaquie, un système économique efficace, qui aurait été de taille à se mesurer au capitalisme ? En 1968, le monde considérait Walter Ulbricht et Alexandre Dubček comme des antipodes. C'est ce qu'ont aussi

---

15.– *Berliner Morgenpost*, 27 juin 1999.

corroboré les pièces des archives du SED, entre-temps devenues accessibles. C'est ce que l'on peut également lire dans les mémoires de Dubček :

> « En Tchécoslovaquie, c'était l'homme d'État étranger le plus impopulaire en dehors de Brejnev. […] [S] e mettre d'accord sur quelque chose avec Ulbricht, […] exigeait une tolérance toute particulière. Ulbricht était un dogmatique qui, un jour, s'était fossilisé au temps de Staline, et je le trouvais, personnellement, repoussant »[16].

Il existe toutefois un étrange enchevêtrement renversé entre Ulbricht et Dubček. Ces deux hommes croyaient fermement à la supériorité du socialisme dans l'histoire universelle, tout en considérant le système d'alors comme devant être rénové. Tous deux pensaient aussi pouvoir donner l'exemple à l'Union Soviétique, maîtresse du jeu, par leur modèle,. La loyauté à l'égard du grand frère constituait le fondement de leur vie politique, mais était mêlée dans les deux cas à un certain patriotisme.

Ulbricht était-il un réformateur qui aurait échoué ? Bien des contemporains de cette époque commencèrent à le croire dès la fin des années 1980 et tentèrent, au cours des années qui suivirent la fin de la RDA, de redorer l'image de l'ère qui porte son nom. Après le lamentable échec du système du SED, le regard se porta derechef sur la quête de moments historiques au cours desquels il y avait eu une chance de renouvellement. Les années soixante ne tardèrent pas à faire l'objet d'une réinterprétation. N'existait-il pas alors de nombreuses amorces justes que l'on avait écartées sans réfléchir au temps d'Erich Honecker ?

Effectivement, on ne tenta plus, après l'interruption stricte des réformes économiques en 1970/71, de moderniser radicalement la société. Au lieu des investissements nécessaires dans les domaines de la recherche, des sciences et des techniques, il y eut trop peu de cadeaux sociaux contrefinancés. Toutes les réformes structurelles furent gelées. Au lieu de cela, c'était le règne de la stagnation, de l'indifférence, du repli dans la sphère privée.

Il est certain qu'Ulbricht a pressenti que ce ne seraient pas des slogans, mais la dureté de la réalité économique qui trancherait la « rivalité pacifique des systèmes ». Pour gagner la course contre l'Ouest et exercer un jour une influence sur l'ensemble de l'Allemagne, il avait besoin d'idées neuves et des méthodes progressistes pour diriger les processus de production compliqués. Pour prendre ses décisions, il finit par demander conseil à des scientifiques compétents plutôt qu'à des permanents du parti. Ce fils d'ouvriers de Leipzig avait un immense respect pour la culture et le savoir. Mais l'homme politique réformateur Ulbricht avait un ennemi invincible : l'homme poli-

---

16.– Alexandre DUBČEK, *Leben für die Freiheit*, Munich, 1993, p. 253.

tique avide de pouvoir Ulbricht. Il personnifiait depuis 1945 la volonté inconditionnelle de pouvoir absolu du parti dont a découlé, presque par la force des choses, l'autocratie du secrétaire général. La destitution d'Ulbricht aurait dû figurer au début d'un processus de réformes crédible. Seuls des hommes nouveaux auraient pu défendre une nouvelle politique.

## L'échec, un succès

Les soixante-huitards de l'Ouest rêvaient de révolution et ils ont provoqué une évolution du système. Ils ont prouvé par leur biographie ce qu'ils avaient voulu réfuter : la capacité à se réformer de la société bourgeoise. Liberté et égalité n'étaient aucunement des paroles en l'air, comme l'avaient pensé les « anars de 1968 », mais les fondements d'une évolution moderne. Ainsi ne fut-il nullement étonnant que de nombreux protagonistes de la révolte de 1968 embrassassent des carrières bourgeoises et y obtinssent même beaucoup de succès. La « longue marche à travers les institutions » fut un franc succès. Elle a transformé les institutions, mais elle n'a pas épargné les colonnes en marche.

Les soixante-huitards de l'Est, en revanche, comptaient réformer le socialisme et ils ont, avec 21 ans de retard, et en partie contre leur gré, déclenché une révolution qui conduisit à l'abolition du système socialiste. Ils traînèrent avec eux leurs rêveries socialistes jusqu'à la révolution d'automne pacifique.

La révolte avortée de 1968 ne put être rattrapée en RDA C'est ainsi que s'accomplit en Allemagne, sur un plan historique, un double échec qui s'annula réciproquement. L'Est et l'Ouest se retrouvèrent ensemble dans une société dont ils avaient souvent pronostiqué l'échec, mais dans laquelle il faisait apparemment bon vivre.

Le dénominateur commun entre la révolte anti-autoritaire à l'Ouest et la discussion sur les réformes à l'Est ambitionnait de rompre avec la logique de la guerre froide et la quête de nouvelles voies, par-delà les systèmes établis. C'est ainsi que résulta de deux perspectives différentes une projection virtuelle, née de racines différentes mais unies dans la négation de la société réellement existante. Le modèle positif s'appelait, faute d'un meilleur concept, socialisme démocratique. Cela cachait l'utopie d'une société dépourvue d'exploitation économique et de violence politique. Malgré son échec, cette utopie reste d'actualité. Elle renaît à chaque génération.

(Traduction : Marc LACHENY)

# De l'anticommunisme au débat politique et intellectuel avec le communisme

Bernard Ludwig

Une « ligne de sang »[1]. Telle était encore, en 1960, la vision, certes très partisane, de l'anticommunisme pour Kurt Hirsch, dont l'analyse allait de la République de Weimar à la fin des années 1950. Un peu plus d'une décennie plus tard, l'histoire de l'anticommunisme semblait même s'être allongée, puisqu'un autre ouvrage, marxiste, l'étudiait « du procès des communistes à Cologne en 1852 aux interdictions professionnelles aujourd'hui »[2]. Pendant cette décennie de toutes les transformations[3], rien n'avait-il changé pour l'anticommunisme ? Le risque de publier un tel livre, que l'éditeur de Hirsch disait prendre, était-il toujours aussi réel ? L'évolution des relations internationales – la détente et l'ouverture vers l'Est – n'avait-elle pas désamorcé l'anticommunisme ? Et la démocratisation des années 1960 n'avait-elle pas touché aussi l'anticommunisme ? À moins que ce ne fût l'inverse ?

Cerner le phénomène dans les années 1960 suppose néanmoins, d'abord, de coller à une chronologie propre et de mettre en perspective le tournant que constitue le bloc déterminant formé par les années 1955 et 1956. Il porte en germe et déclenche d'une certaine façon une crise de l'anticommunisme. Enfin, tant la question allemande que les accusations croissantes à son égard contribuent à l'intégration de l'anticommunisme dans des normes plus tolérables pour la démocratie.

## Le tournant (1955/56)

Ce ne furent pas seulement les événements capitaux de l'année 1956, XXe Congrès du PCUS et interdiction du parti communiste ouest-allemand notamment, qui initièrent la crise et les mutations l'anticommunisme, mais bien leur surimposition à des évolutions en cours depuis 1955.

---

1.– Kurt Hirsch, *Die Blutlinie. Ein Beitrag zur Geschichte des Antikommunismus in Deutschland*, Francfort/M., 1960.
2.– *Anti-Kommunismus. Vom Kölner Kommunistenprozeß 1852 zu den Berufsverboten heute*, Francfort/M., 1972.
3.– Matthias Frese et al. (éd.), *Demokratisierung und gesellschaftlicher Aufbruch, Die sechziger Jahre als Wendezeit der Bundesrepublik*, Paderborn, 2005 (2003).

En mai 1955, l'accession de la RFA à la souveraineté et son intégration dans l'OTAN poussèrent Bonn à revoir, si ce n'est à élaborer, sa politique de guerre froide. Le défi était de ne pas remettre en cause l'équilibre relatif auquel la guerre froide semblait être parvenue en Europe tout en profitant de la nouvelle situation juridique et internationale de Bonn. Celle-ci paraissait élargir la marge de manœuvre de la RFA, d'autant que sa sécurité et son intégration au monde occidental étaient acquises. Face à ces contraintes et suivant la stratégie américaine, la coordination de la propagande anticommuniste et de la guerre psychologique devint, dès février 1955, voire octobre 1954 pour les premiers projets gouvernementaux, un des axes de réflexion, notamment du ministère des Affaires pan-allemandes[4]. Mais la création d'un « état major de la Guerre froide » ainsi qu'un nouveau souffle anticommuniste étaient également réclamés, dès le début de l'année 1955, par des fractions de la société civile, qu'il s'agisse d'individus comme l'industriel Ernst Richard Funke[5] ou de réseaux comme celui au cœur duquel se trouvait le publiciste Joseph C. Witsch[6].

Ce sont néanmoins le voyage d'Adenauer à Moscou, début septembre 1955, et l'établissement de relations diplomatiques avec l'Union soviétique qui marquèrent un réel point de rupture et aboutirent à des mesures concrètes[7]. À Bonn, où on avait hésité à se rendre à Moscou et où les relations avec l'ambassade soviétique restèrent longtemps purement protocolaires, ce « voyage au pays des Soviets » était autant un défi qu'un motif d'inquiétude, « un voyage vers l'inconnu »[8]. La nécessité de répondre aux attentes de l'opinion – faire rentrer les prisonniers de guerre et ne pas hypothéquer les possibilités d'unification – risquait d'ouvrir la porte aux Soviétiques en Allemagne occidentale et d'imposer au gouvernement de Bonn une politique d'équilibriste vis-à-vis de la RDA. De fait, l'anticommunisme et la peur des Soviétiques demeuraient : 49 % des Allemands pensaient alors que les démocraties occidentales et le communisme à l'Est ne pourraient pas, à terme,

---

4.– Bundesarchiv Koblenz [BAKo], B 137, vol. 16428.
5.– Cf. les lettres d'Ernst Richard Funke au ministre des Affaires panallemandes (2 février, 17 août, 1er et 20 septembre 1955) dans BAKo, B 137, vol. 1343 et B 106, vol. 15829.
6.– BAKo, B 106, vol. 3275-2 et plus généralement sur Witsch cf. Klaus KÖRNER, « SBZ von A – Z. Die sieben Verlage des Berend von Nottbeck 1950 – 1990 », in : Aus dem Antiquariat, 1999, pp. A188 – A213.
7.– Werner KILIAN, Adenauers Reise nach Moskau, Fribourg/Br., 2005 ; Helmut ALTRICHTER (éd.), Adenauers Moskaubesuch 1955, Bonn, 2006 ; Susanne SCHATTENBERG, « ›Gespräch zweier Taubstummer‹ ? Die Kultur der Außenpolitik Chruščevs und Adenauers Moskaureise 1955 », in : Osteuropa, 7 (2007), pp. 27 – 46.
8.– Hans-Peter SCHWARZ, « Eine Reise ins Unbekannte », in : Historisch-Politische Mitteilungen, 12 (2005), pp. 173 – 192.

vivre côte à côte en paix[9], car, pour plus d'un sur deux (56 %), les Soviétiques n'avaient pas abandonné leur objectif de « bolcheviser l'Allemagne » ou même « avaient toujours pour objectif principal de communiser l'ensemble du monde » (54 % en juillet)[10]. Le chancelier, lui-même, ne déclara-t-il pas, quelques jours après son retour, que « le grand affrontement idéologique entre le matérialisme dialectique et l'Occident chrétien [était] encore à venir » ?

Aussi, les contre-mesures aux nouveaux liens diplomatiques dominèrent-elles bientôt largement l'apaisement que semblait signifier un geste tel que celui du voyage à Moscou. Elles rappelèrent que la politique de Bonn était encore marquée en grande partie par l'anticommunisme. En outre, sur le long terme, elles laissent entrevoir quelques similitudes avec la tension qui régnait en Allemagne depuis 1918 : antibolchevisme à l'intérieur et coopération extérieure avec l'Union soviétique, que ce soit dans le cadre de « la politique de Rapallo » de la République de Weimar ou même chez certains responsables de la politique anticommuniste du régime national-socialiste. Le mémorandum envoyé, à l'automne 1955, aux ministères de l'Intérieur et à celui des Affaires pan-allemandes par Paul Schmidt/Carell, ancien national-socialiste et chef du service de presse de l'Auswärtiges Amt de 1938 à 1945, était par exemple significatif à cet égard était : « Réflexions sur la propagande anticommuniste après Moscou »[11]. Au niveau diplomatique, afin d'anticiper les paradoxes de cette ouverture vers Moscou, les premiers jalons de la doctrine visant à isoler la RDA – la « doctrine Hallstein » – furent ainsi posés dans l'avion du retour. Mais plus généralement, les *cold warriors* allemands étaient surtout persuadés que l'« offensive du sourire » et le climat de détente n'étaient qu'une manœuvre et non un changement idéologique. Pour y répondre, et à l'unisson des réflexions du cercle autour de Witsch, il fallait, selon le secrétaire d'État du ministère de l'Intérieur, Ritter von Lex, « fortement intensifier le combat intellectuel contre le communisme », surtout à l'Intérieur – non en dépit de la reprise des relations diplomatiques, mais précisément à cause d'elles[12]. C'était en effet parce que « le danger idéologique du communisme était de plus en plus sous-estimé » que « la volonté

---

9.– Archiv für Christlich-Demokratische Politik der Konrad-Adenauer-Stiftung [ACDP], NL O. Lenz, Nr. 39, IfD, *Die Stimmung im Bundesgebiet. Nr. 218 : Moskau-Reise verbessert Adenauers Position*, Vertraulich, septembre 1955.

10.– ACDP, NL O. Lenz, Nr. 39, IfD, *Die Stimmung im Bundesgebiet. Nr. 209 : Zur Koexistenz*, Vertraulich, juillet 1955.

11.– BAKo, B 106, vol. 3275-2, *Gedanken zur antikommunistischen Aufklärung nach Moskau*, 20 septembre 1955, confidentiel ; BAKo, B 137, vol. 16428. Cf. aussi Wigbert BENZ, *Paul Carell. Ribbentrops Pressechef Paul Karl Schmidt vor und nach 1945*, Berlin, 2005.

12.– BAKo, B 137, vol. 16428, *Protokoll einer Besprechung zur Frage der Intensivierung des geistigen Impulses gegen den Kommunismus im BMI am 20. Oktober 1955*.

de résistance de la population, jusqu'alors ferme, menaçait de diminuer »[13]. Von Lex proposa donc, en octobre 1955, la création d'un institut fédéral pour l'étude du marxisme-léninisme et du matérialisme dialectique, afin d'acquérir les « outils scientifiques nécessaires pour combattre cette doctrine ». Ce fut chose faite en 1961 à Cologne. C'était là une rupture importante par rapport au début des années 1950, même si le combat idéologique avait déjà été mené par certains cercles intellectuels comme le Congrès pour la liberté de la culture. Le déplacement de la focale vers l'idéologie indiquait que l'on quittait peu à peu le terrain de la seule diabolisation et qu'on accordait presque, de façon induite et non souhaitée, une sorte de légitimation au communisme. Ainsi, dans les notes officielles, et même si les déclinaisons du terme « bolchevique » restaient très courantes, celle d'« anticommunisme » était le plus souvent remplacé par l'expression « débat politico-intellectuel avec le communisme » (« geistig-politische Auseinandersetzung mit dem Kommunismus »)[14]. Deux groupes de travail interministériels portant ce nom furent même mis en place – l'un au niveau des secrétaires d'États, l'autre au niveau des conseillers des ministères concernés.

Par ailleurs, ces évolutions trouvèrent aussi leur traduction sur le terrain de la politique anticommuniste. Jusqu'alors, outre les mesures répressives, l'État avait largement délégué sa lutte contre le communisme à des associations semi-privées, chapeautées, pour l'essentiel, par le ministère des Affaires pan-allemandes[15]. Or, à partir de 1955, on assista, en la matière, à une reprise en main par l'État. Le ministère de l'Intérieur s'y impliqua alors particulièrement, notamment par le biais de la « Bundeszentrale für Heimatdienst » (BZH), office d'éducation politique créé en 1952 et placé sous sa responsabilité[16]. Dès 1956, l'anticommunisme devint un de ses domaines d'action favoris. Il multiplia les projets de lutte contre le communisme, notamment en interrogeant systématiquement sur ce point les postes diplomatiques occidentaux, mais aussi en envoyant un fonctionnaire en voyage d'étude sur ce thème aux États-Unis en 1957[17]. Pour autant, son action se cantonna, pour l'essentiel, au soutien et à la distribution de publications relatives au communisme ou encore à l'organisation de séminaires

---

13.– *Ibid.*
14.– Il est intéressant de noter l'ambiguïté du terme « Auseinandersetzung », qui signifie autant « l'affrontement » (verbal ou physique) que « le débat » dans le sens d'un processus intellectuel. Considérant l'évolution en cours, la préférence est ici donnée à ce second sens.
15.– Stefan CREUZBERGER, *Kampf für die Einheit, Das gesamtdeutsche Ministerium und die politische Kultur des Kalten Krieges 1949 – 1969*, Düsseldorf, 2008 ; ID. « Das BMG in der frühen Bonner Republik », in : *Aus Politik und Zeitgeschichte*, 1/2 (2009), pp. 27 – 33.
16.– Benedikt WIDMAIER, *Die Bundeszentrale für politische Bildung, Ein Beitrag zur Geschichte staatlicher politischer Bildung in der Bundesrepublik Deutschland*, Francfort/M., 1987.
17.– BAKO, B 106, vol. 21611.

d'éducation politique. L'adjonction, en novembre 1957, d'un « collège Est » (« Ostkolleg ») destiné à l'étude et à la diffusion du savoir sur le monde communiste – une sorte d'« école anticommuniste » essentiellement pour les fonctionnaires ouest-allemands[18] – pérennisa encore son rôle en la matière.

Tout cela était symptomatique. Un anticommunisme plus « rationnel » – fruit d'une réflexion sur la sécurité intérieure, sur la lutte contre l'extrémisme et la protection de la constitution – semblait prendre le pas sur un anticommunisme émotionnel et patriotique, voir nationaliste. Conséquence de la démocratisation du régime de Bonn mais aussi, sans doute, de l'impasse dans laquelle conduisait la seule répression, l'éducation tendait à se substituer à la contre-propagande. C'est ce qu'on résumait parfois par la formule « protection positive de la Constitution » (« positiver Verfassungsschutz »). On admettait progressivement que le débat avec le communisme devait être politique, car comme le remarquait un journal très proche du gouvernement : « l'anticommunisme n'est pas une profession et pas une vision du monde (« Weltanschauung ») en soi »[19]. De fait, un cas concret accompagnait ces évolutions ; il en était autant un révélateur qu'un accélérateur, une cristallisation assurément. La principale organisation de propagande anticommuniste, créée en août 1950, l'Association populaire pour la paix et la liberté (« Volksbund für Frieden und Freiheit – VFF »)[20] était sur la sellette. La biographie de son fondateur et membre dirigeant, Eberhard Taubert[21], ancien responsable de l'antibolchevisme et de la section Est du ministère de la Propagande national-socialiste, posait désormais problème. Un article de l'hebdomadaire « Der Spiegel », (qui lui avait pourtant déjà consacré un article[22] dans les tout premiers mois d'existence du VFF), donna de l'ampleur à l'affaire et déclencha l'émoi dans l'opinion[23]. Certes, la campagne, en février et en août 1955, avait très certainement été orchestrée par les services est-allemands (en mettant à disposition les documents accusateurs), sans doute afin de fragiliser la RFA pendant la ratification des accords de Paris et avant le voyage d'Adenauer à Moscou. Mais, même les

---

18.– WIDMAIER (note 16), p. 48.
19.– G.S., « Wodka in Bonn », *General Anzeiger*, 22 – 23 octobre 1955.
20.– Mathias FRIEDEL, *Der Volksbund für Frieden und Freiheit (VFF). Eine Teiluntersuchung über westdeutsche antikommunistische Propaganda im Kalten Krieg und deren Wurzeln im Nationalsozialismus*, St. Augustin, 2001 ; Bernard LUDWIG, « La propagande anticommuniste en Allemagne fédérale. Le « VFF » pendant allemand de « Paix et Liberté », in : *Vingtième Siècle*, 80 (2003), pp. 33 – 42.
21.– Klaus KÖRNER, « Von der antibolschewistischen zur antisowjetischen Propaganda : Dr. Eberhard Taubert », in : Arnold SYWOTTEK (éd.), *Der Kalte Krieg – Vorspiel zum Frieden ?*, Münster, 1994, pp. 54 – 68.
22.– « Antikomintern. Taube nagt am Kohlstrunk », in : *Der Spiegel*, 18 octobre 1950, p. 15.
23.– « Propaganda. Es hat sich nichts geändert », in : *Der Spiegel*, 17 août 1955, pp. 11 – 13.

délégués régionaux du VFF convinrent qu'il fallait placer le combat contre le communisme sur le terrain de la démocratie, tant au niveau des hommes que des structures ou des méthodes. La démocratisation de la société ouest-allemande atteignait maintenant l'idéologie fondatrice, l'identité même de la République fédérale. Non sans paradoxe, cette démocratisation s'était en partie construite à partir de l'anticommunisme.

## Crise de l'anticommunisme ?

Ces mutations poussèrent l'anticommunisme dans ce qui pouvait apparaître comme une crise. L'année 1956 ne fut pas sans contradictions. La déstalinisation du XX$^e$ Congrès du PCUS, en février, et la coexistence pacifique proclamée par Khrouchtchev formalisaient la détente amorcée en 1955 et renforçaient la nécessité de se confronter au communisme sur le terrain des idées. En RFA, l'interdiction du parti communiste[24] par la Cour constitutionnelle, en août 1956, semblait renouer avec une autre époque, celle où, en novembre 1951, le gouvernement avait requis cette interdiction et la criminalisation des communistes. Ainsi, la polarisation de l'anticommunisme ouest-allemand se renforça. D'une part, les anticommunistes libéraux et « démocratisés » étaient hostiles à l'interdiction d'un parti politique, qui n'avait plus que 70 à 80 000 adhérents et n'était plus représenté au Bundestag depuis 1953. Son contrôle en deviendrait d'autant plus difficile, estimaient-ils par ailleurs, que l'on savait que le KPD se préparait depuis longtemps à une existence illégale. Enfin, ils rappelaient qu'on ne pouvait opposer au communisme des réponses exclusivement juridiques et policières au détriment du débat politique. Pour leur part les anticommunistes radicaux insistaient sur le cheval de Troie de Moscou que représentait le KPD. L'argument principal restait l'infiltration communiste qui inquiétait même certains parlementaires au point d'interroger le gouvernement à ce sujet[25]. Bien que divisé face à la décision de la Cour, le gouvernement reprit à son compte cet argu-

---

24.– Cf. Josef FOSCHEPOTH, « Rolle und Bedeutung der KPD im deutsch-deutschen Systemkonflikt », in : *Zeitschrift für Geschichtswissenschaft*, 56 (2008) 11, pp. 889 – 909 ; Till KÖSSLER, *Abschied von der Revolution. Kommunisten und Gesellschaft in Westdeutschland 1945 – 1968*, Düsseldorf, 2005 ; Patrick MAJOR, *The death of the KPD. Communism and anti-communism in West-Germany, 1945 – 1956*, Oxford, 1997 ; Wolfgang ABENDROTH, « Das KPD-Verbotsurteil des Bundesverfassungsgerichts : Ein Beitrag zum Problem der richterlichen Interpretation von Rechtsgrundsätzen der Verfassung im demokratischen Staat », in : *Zeitschrift für Politik*, 3 (1956), pp. 305 – 327 ; Alexander VON BRÜNNECK, *Politische Justiz gegen Kommunisten in der Bundesrepublik Deutschlands 1949 – 1968*, Francfort/M., 1978 ; Diether POSSER, *Anwalt im kalten Krieg. Ein Stück deutscher Geschichte in politischen Prozessen 1951 – 1968*, Munich, 1991 ; Rolf GÖSSNER, *Die vergessenen Justizopfer des kalten Krieges*, Hambourg, 1994.
25.– BAKo, B 137, vol. 1343, *Kleine Anfrage 234 der Abgeordneten Dr. Rinke, Schneider (Hamburg) und Genossen*, 5 mars 1956.

ment et renforça la propagande : il fallait plus que jamais immuniser la société allemande. En écho à cette victoire des partisans d'une ligne dure, les poursuites à l'encontre des communistes se multiplièrent même à la fin des années 1950[26].

À l'automne 1956, la répression de l'insurrection hongroise redonna, temporairement, quelque souffle aux militants anticommunistes. À leurs yeux, elle montrait une nouvelle fois que l'agressivité et l'impérialisme du communisme, toujours dénoncés comme consubstantiels, n'avaient pas disparu et que la détente n'était qu'un leurre. C'est pourquoi dans la propagande du VFF se multipliait le thème, assez traditionnel, de la nécessité de démasquer les communistes[27]. Les excès se multiplièrent : pacifistes, intellectuels critiques, militants anti-nucléaires, la plupart des mouvements d'opposition émergeant de la société civile, l'APO, se voyaient discrédités au nom d'un lien plus ou moins ténu avec une obédience communiste.

Néanmoins les anticommunistes, qui, peu ou prou, avaient perdu leur ennemi, tant à l'intérieur qu'à l'extérieur, semblaient désorientés par cette absence. Le sociologue américain, proche de l'école de Francfort, Norman Birnbaum, décela cette crise avec beaucoup de justesse, en juillet 1962[28]. Pour lui, la crise de l'anticommunisme en tant qu'idéologie était le reflet de la crise de l'anticommunisme comme système politique. La bipolarisation politique entraînée par la guerre froide s'accordait mal des mutations du communisme (déstalinisation et détente, changements générationnels, polycentrisme, évolution des intellectuels communistes). De même, l'équilibre de la terreur menait l'anticommunisme actif dans une impasse alors même que le bien-être matériel et une certaine indifférence politique avaient déjà immunisé en partie les sociétés occidentales. Enfin, l'anticommunisme était en crise car, toujours sur la défensive, il avait été incapable de se doter d'un contenu positif, et, pire encore, il avait suscité la crainte des réformes et de l'expérimentation. Tout cela créait même un vide politique, « une période de désorientation ».

En pratique, la crise de l'anticommunisme se manifesta par la fin de la plupart des organisations de combat. Au début des années 1960, le VFF était

---

26.– KÖSSLER (note 24), p. 364.
27.– Le meilleur exemple est la brochure, conçue par Paul Schmidt/Carell, « Entlarvter Kommunismus » de 1955, réimprimée et diffusée par la BZH, sans doute à 700 000 exemplaires, en 1956, et réédité dans une version modifiée sous le titre « Sie haben sich demaskiert » en 1957. À cause de leur désaccord avec l'interdiction du KPD, le SPD et le FDP ne participèrent pas à la diffusion de cette dernière, pourtant éditée à 300 000 exemplaires par la BZH. Cf. BAKo, B 106, vol. 3275.
28.– Norman BIRNBAUM, « Die Krise des Antikommunismus », in : *Frankfurter Hefte*, 7 (1962), pp. 433 – 437.

bien l'une des dernières agences de la guerre froide, presque un reliquat de la guerre chaude. Enfant du blocus de Berlin, le Groupe de combat contre l'inhumanité (« Kampfgruppe gegen Unmenschlichkeit » – KgU)[29] qui était pourtant assez largement issu d'un anticommunisme antitotalitaire, fut dissout en mars 1959. Ses activités d'agence de renseignement et d'opérations clandestines – notamment au profit de la CIA – avaient pris le pas sur les activités de résistance et de propagande, et le discréditaient. Ces accusations formulées depuis longtemps par la RDA[30] correspondaient de plus en plus à la réalité, au point que Berlin-Est s'était permis de dénoncer, en 1957, sur plus de trois cent pages : « l'inhumanité comme système »[31]. De son côté, la Commission d'enquête des juristes libres (« Untersuchungsausschuß freiheitlicher Juristen » – UfJ)[32], créée à l'automne 1949, elle aussi cible des attaques de Berlin-Est, ne survivait que péniblement et se retrouva sous la tutelle officieuse du ministère des Affaires pan-allemandes. Néanmoins, son activité de recensement des crimes, puis (aussi) des violations des droits de l'homme, commis par les autorités est-allemandes fut institutionnalisée par la création à Salzgitter, fin 1961, de l'agence judiciaire centrale (ZES)[33]. C'était là à nouveau une étatisation de l'anticommunisme, tout autant que la réaffirmation de l'antitotalitarisme de la RFA puisque l'agence de Salzgitter était plus ou moins le pendant de celle de Ludwigsburg, créée en 1958 pour enquêter sur les crimes nationaux-socialistes. Enfin, les « bureaux Est » (« Ostbüros ») des partis politiques[34], chargés autant d'aider les militants réfugiés à l'Ouest que d'animer des réseaux de soutien voire de résistance, de renseignement et de propagande en RDA, connaissaient une sérieuse crise. L'« Ostbüro » de la SPD, par exemple, un des plus actifs en matière de propagande anticommuniste, était en sursis depuis qu'en juillet 1958, le futur ministre des Affaires pan-allemandes, Herbert Wehner réfléchissait à son avenir. Plus révélateur encore, le ministre en fonction, Ernst Lemmer, proposa même en 1960 la cessation de leurs activités.

---

29.– Kai-Uwe MERZ, *Kalter Krieg als antikommunistischer Widerstand. Die Kampfgruppe gegen Unmenschlichkeit 1948 – 1959*, Munich, 1987 ; Bernd STÖVER, *Die Befreiung vom Kommunismus. Amerikanische Liberation policy im Kalten Krieg 1947 – 1991*, Cologne, 2002.
30.– Cf. la brochure éditée par Berlin-Est en 1955 : « Kalte Krieger gehen unter. Dokumentarisches Material über die verbrecherische Tätigkeit der Kampfgruppe gegen Unmenschlichkeit ».
31.– « Unmenschlichkeit als System. Dokumentarbericht über die Kampfgruppe gegen Unmenschlichkeit ».
32.– Frank HAGEMANN, *Der Untersuchungsausschuss Freiheitlicher Juristen 1949 – 1969*, Francfort/M., 1994.
33.– Guillaume MOURALIS, *Une épuration allemande. La RDA en procès 1949 – 2004*, Paris, 2008, pp. 241s.
34.– Wolfgang BUSCHFORT, *Das Ostbüro der SPD. Von der Gründung bis zur Berlin-Krise*, Munich, 1991 ; ID., *Parteien im Kalten Krieg. Die Ostbüros von SPD, CDU und FDP*, Berlin, 2000.

## La question allemande : clé pour la survie de l'anticommunisme

Que cette crise, en partie identitaire, ne fut pas fatale, tint incontestablement à la question allemande. Depuis 1949, anticommunisme et question nationale, voir nationalisme, étaient intimement liés, mais depuis le milieu des années 1950, le repli sur cette dernière était très sensible. Face à la disparition du KPD et au climat de détente, la matérialisation de l'ennemi semblait particulièrement nécessaire. La division de l'Allemagne incarnait, au plus près, dans les cœurs et dans l'espace allemands, les dangers du communisme – notamment son expansionnisme – et justifiait à la fois la vigilance et la poursuite de la lutte.

Désormais le VFF multipliait les visites guidées à la frontière interallemande ou à Berlin-Ouest. La mise en avant des systèmes de sécurité avait pour avantage de symboliser la violence de la répression du système communiste. Les jeunes et les garants de la frontière – l'armée et le service de protection des frontières (« Bundesgrenzschutz ») – furent les principales cibles de cette propagande qui incorporait, de plus en plus, des séminaires théoriques sur le communisme ou la question allemande. Dans le même esprit, et dans celui de son principal mécène, le ministère des Affaires pan-allemandes, l'association resserra ses activités vers ses fidèles, les réfugiés et expulsés. Exposer l'expansionnisme soviétique et le règne de non-droit dans les territoires annexés par le communisme permettaient de maintenir vivace autant l'anticommunisme que « l'esprit pan-allemand ». Si la projection commentée de films effaçait presque les affiches et les tracts du début des années 1950, ces orientations maintenaient l'anticommunisme dans sa ligne dure et dans l'amalgame avec le nationalisme. La lutte pour le retour aux frontières de 1937 en était le fer de lance.

Une même volonté de sensibiliser à la question allemande par le biais de la lutte contre le communisme se manifesta en direction de l'étranger. À cet égard, il est notable que le VFF prit, en avril 1957, la présidence de l'organisation européenne puis internationale Paix et Liberté[35]. Rebaptisée Comité international d'action sociale (CIAS) en 1956, elle devint un véritable instrument de politique extérieure, financée en partie par le ministère des Affaires étrangères. Ainsi, en pleine crise de Berlin, elle invita par exemple

---

35.– Bernard LUDWIG, « Le Comité européen et international ›Paix et Liberté‹ (1950 – 1970). ›Internationale‹ ou réseau de l'anticommunisme ? », in : *Bulletin de l'Institut Pierre Renouvin*, 20 (2004) (http://ipr.univ-paris1.fr/spip.php?article240).

des industriels italiens en avril et français en juin 1959 à se rendre compte sur place de la réalité de la guerre froide[36].

Par ailleurs, la marginalisation latente de la question allemande relança les réflexions autour de la guerre psychologique. En 1957, tout d'abord, le CIAS sollicita à nouveau l'OTAN dans ce domaine, mais échoua[37]. Au gouvernement le pétulant ministre de la Défense, Franz Josef Strauss relança la question en 1958 : la coordination interministérielle mise en place en 1955 commençait à s'essouffler et le lancement réussi par les Soviétiques, fin 1957, du premier satellite – le Spoutnik – avait produit en RFA un véritable « choc ». Arrivé jusque dans les sphères parlementaires, le projet suscita cependant de nombreuses réserves de l'opposition libérale et social-démocrate qui craignait, comme par le passé, que la propagande anticommuniste ne tourne rapidement à une propagande pro-gouvernementale et ne fut dirigée contre l'opposition démocratique. Seules les réunions interministérielles sur l'affrontement politico-idéologique avec le communisme redémarrèrent et continuèrent sur un rythme bi-mensuel à partir de 1959. La Bundeswehr renforça, parfois avec l'aide du VFF, ses actions et ses unités de guerre psychologique (PSK). Ces dernières, relayant certaines officines de guerre froide, envoyaient des fusées en cartons ou des ballons remplis de tracts anticommunistes vers la RDA[38]. Dans l'ensemble, le ministère des Affaires pan-allemandes estimait, en octobre 1958, le budget annuel consacré au débat intellectuel avec le communisme à près 2,6 millions de DM, dont presque le quart était dépensé en subventions au VFF, le reste en séminaires, voyages à Berlin et conférences[39]. Enfin, la crise de Berlin permit, elle aussi, de relancer la question de la guerre psychologique, à l'OTAN notamment, au printemps 1960[40]. Le Mur, nouveau symbole de l'oppression communiste, fit temporairement renaître le combat anticommuniste[41]. L'ancien dirigeant de la KgU, Rainer Hildenbrandt, créa, en 1963, un Comité de travail 13 août (« Arbeitsgemeinschaft ›13. August‹ ») et un centre de documentation à côté du « Checkpoint Charlie ». Quand bien même, le Mur exprima aussi une

---

36.– BAKo, B 137, vol. 2617 et B 136, vol. 4426.
37.– BAKo, B 137, vol. 2614.
38.– Dirk SCHINDELBECK, « Propaganda mit Gummiballons und Pappraketen. Deutsch-deutscher Flugblattkrieg nach dem Bau der Mauer », in : Gerald DIESNER, Rainer GRIES (éd.), *Propaganda in Deutschland. Zur Geschichte der politischen Massenbeeinflussung im 20. Jahrhundert*, Darmstadt, 1996, pp. 213 – 233.
39.– BAKo, B 137, vol. 16429, *Unmittelbare und mittelbare Aufwendungen im Rahmen der geistigen Auseinandersetzung mit dem Kommunismus*, [octobre 1958].
40.– BAKo, B 137, vol. 16430.
41.– Bernard LUDWIG, « Le Mur de Berlin, dernier rempart de l'antifascisme et ultime frontière du communisme », in : Sophie COEURÉ, Sabine DULLIN (éd.), *Frontières du communisme*, Paris, 2007, pp. 286 – 309.

impasse de l'anticommunisme militant. En outre, les critiques grandissantes qui se développaient à l'encontre de ce-dernier pointaient de plus en plus du doigt une voie sans issue.

## Les accusations croissantes contre l'anticommunisme

Du milieu des années 1950 à celui des années 1960 au moins, Berlin-Est redoubla d'efforts dans l'exploitation et la remise en cause de l'anticommunisme en Allemagne de l'Ouest, notamment en dénonçant les anciennes compromissions nationales-socialistes de la classe dirigeante[42]. Quoiqu'outrancières, les campagnes est-allemandes ne furent pas sans résultat sur la pérennité de certaines agences de la guerre froide, même si leur impact était tout autant dû à la démocratisation en cours de l'Allemagne occidentale. Aussi, ces accusations alimentèrent, notamment auprès des jeunes générations, les débats sur l'anticommunisme qui se trouvait presque toujours au centre de l'argumentation. L'effet de miroir par rapport à la rhétorique anticommuniste était classique : la menace venait de l'Ouest où les impérialistes préparaient une nouvelle guerre. Le VFF et le CIAS s'employèrent d'ailleurs, dès 1957, à contrer les nombreuses accusations contre les militaires de République fédérale en publiant, tant en allemand qu'en français (à cause des campagnes contre les officiers allemands à l'OTAN), la brochure « Die Nazis im Dienste des Kommunismus in Ostdeutschland ». Cette instrumentalisation de l'anticommunisme ouest-allemand par la RDA culmina par la publication tonitruante, en juillet 1965, du « Livre brun sur les criminels de guerre et nazis en RFA » qui le mettait dans la droite ligne de l'antibolchevisme national-socialiste[43]. Le chapitre intitulé « les pères spirituels du génocide empoisonnent à nouveau l'opinion publique » contenait en effet un paragraphe sur « l'anticommunisme en tant que ›devoir historique‹ » ou une notice biographique de l'ancien directeur du VFF, Taubert. Tout en essayant de surmonter, par la surenchère idéologique, la crise que la RDA traversait à cette époque, le but du livre et de ces campagnes était incontestablement d'isoler la RFA en opposant et en réaffirmant les deux mythes fondateurs : antifascisme à l'Est, anticommunisme à l'Ouest. Aussi l'Allemagne de l'Est essaya-t-elle d'argumenter « scientifiquement », éditant plusieurs ouvrages sur l'anticommunisme mobilisant le champ lexical marxiste et néo-marxiste. Par exemple, en pleine agitation

---

42.– Michael LEMKE, « Kampagnen gegen Bonn. Die Systemkrise der DDR und die West-Propaganda der SED 1960 – 1963 », in : *Vierteljahrshefte für Zeitgeschichte*, 41 (1993) 2, pp. 154 – 174.

43.– Norbert PODEWIN (éd.), *Braunbuch. Kriegs- und Naziverbrecher in der Bundesrepublik und in Berlin (West)*, Berlin, 2003 [reprint de la 3e édition de 1968].

historienne et intellectuelle en RFA suite aux thèses développées par Fritz Fischer sur les continuités de l'impérialisme allemand entre la fin du 19ᵉ siècle et le milieu du 20ᵉ siècle l'historien est-allemand Leo Stern, ne manqua pas de stigmatiser l'anticommunisme comme « principale doctrine politique de l'impérialisme allemand », à la croisée des intérêts américains et ouest-allemands, mais aussi comme « expression de la décomposition et de la crise de l'idéologie bourgeoise »[44].

Les accusations de la RDA trouvèrent bientôt un terrain favorable. La pensée en gestation du mouvement 1968, partageait en partie ses analyses sur la persistance du fascisme en République fédérale. Rudi Dutschke, un des protagonistes du mouvement étudiant, suggérait en effet, en 1968, par la formule « de l'antisémitisme à l'anticommunisme », que loin d'avoir été éliminé par la défaite, le fascisme s'était simplement transformé en anticommunisme grâce à la guerre froide[45]. De même, le sociologue Dieter Hirschfeld insistait sur le caractère latent du phénomène qui permettait de le rapprocher de l'antisémitisme et de renouer avec les vieux démons[46]. Selon lui, si l'anticommunisme n'était plus systématiquement considéré comme « l'idéologie politique officielle », ses racines dans la société demeuraient. Il distinguait quatre approches théoriques : une approche historique faisant de l'anticommunisme un élément d'unité de la nation et de construction nationale ; une approche sociologique visant à démasquer en lui la projection de conflits sociaux ; une approche idéologique sur les contenus et l'expression de l'anticommunisme ; et enfin, une approche socio-psychologique se référant à la question de l'autorité. Ce besoin d'étudier enfin l'anticommunisme venait de la sociologie de l'école de Francfort, véritable moteur intellectuel du mouvement 1968 en Allemagne, à la croisée du marxisme et de la responsabilisation face au passé national-socialiste. Dès 1967, le sociologue Werner Hofmann y avait consacré une étude emblématique : « Stalinisme et Anticommunisme. Sociologie du conflit Est-Ouest »[47]. Le constat était sévère : l'anticommunisme en RFA avait depuis longtemps cessé d'être seulement une « critique », il était devenu une vision du monde (« Weltan-

---

44.– Leo STERN, *Der Antikommunismus als politische Hauptdoktrin des deutschen Imperialismus*, Berlin-Est, 1963 ; ID. (éd.), *Der Antikommunismus in Theorie und Praxis des deutschen Imperialismus. Zur Auseinandersetzung mit der imperialistischen Geschichtsschreibung*, Halle-Wittenberg, 1963. Cf. aussi T.I. OISERMAN, *Der Antikommunismus – Ausdruck der Krise der bürgerlichen Ideologie*, Berlin, 1963.
45.– Uwe BERGMANN, Rudi DUTSCHKE, Wolfgang LEFÈVRE, Bernd RABEHL, *Rebellion der Studenten oder Die neue Opposition*, Reinbek, 1968, pp. 58s.
46.– Dieter HIRSCHFELD, « Umrisse einer Theorie des Antikommunismus », in : *Das Argument*, 48 (1968), pp. 335 – 347.
47.– Werner HOFMANN, *Stalinismus und Antikommunismus. Zur Soziologie des Ost-West-Konflikts*, Francfort/M., 1967, pp. 129 – 169.

schauung »)[48], car l'image du communisme était devenue monolithique, entièrement associée au totalitarisme, indépendante de son objet et normée. À cela plusieurs facteurs d'explication. D'abord, on projetait sur le communisme ses propres expériences et idées : la confrontation plutôt que la coexistence. Ensuite, on avait tendance à vouloir transformer la « question sociale » en une question politique et même de politique étrangère, ce qui permettait aussi de considérer le communisme comme un corps et une doctrine étrangers à sa propre culture et par conséquent de mobiliser et d'unir la société dans une défense contre un danger extérieur sous la houlette de l'État. Mais, pris dans les combats de l'époque, Hofmann constatait surtout que l'anticommunisme révélait sa vraie nature et était devenu un « moyen social de discipliner la société », c'est-à-dire de mettre au pas les opposants en les disqualifiant sous ce label. D'idéologique, l'anticommunisme était devenu pratique. Cet argument, qui avait déjà été celui des sociaux-démocrates, des pacifistes et des neutralistes dans les années 1950, reflétait bien la disqualification de « rouge » que subissaient les opposants aux lois sur l'état d'urgence (« Notstandsgesetze »), à la « mentalité de protection de l'État », à la justice politique ou la réforme du droit pénal, voir à la guerre du Vietnam. L'anticommunisme, qui mobilisait alors volontiers avec le mot d'ordre « Berlin ne doit pas devenir Saigon », équivalait donc surtout, et encore, à être le garant de l'ordre établi.

## Les voies de l'intégration

Les attaques contre l'anticommunisme alimentèrent sa démocratisation esquissée depuis 1955/56, mais c'est surtout la « libéralisation » de la politique intérieure et extérieure durant les années 1960 qui parvint progressivement à le désamorcer[49].

À l'intérieur, la lutte contre les manifestations d'antisémitisme, fin 1960, ou contre la remontée de l'extrême-droite, qui s'était donné, en 1964, un parti, le NPD, et qui avait accédé à plusieurs parlements régionaux en 1965 et 1968, rééquilibrèrent le consensus antitotalitaire de la République de Bonn. Ainsi, même les anticommunistes radicaux du VFF, qui pourtant revendiquaient théoriquement la lutte contre tous les extrémismes depuis la création même de l'association, diluèrent progressivement leur lutte contre le communisme dans celle contre le radicalisme – terme conforme à l'esprit

---

48.– *Ibid.*, pp. 161s.
49.– Ulrich HERBERT (éd.), *Wandlungsprozesse in Westdeutschland. Belastung, Integration, Liberalisierung 1945 – 1980*, Göttingen, 2002

du temps[50]. De même, la propagande se transforma plus que jamais en « éducation politique » (« politische Bildung »). Le point de rupture fut incontestablement la grande coalition, qui imposa des changements de personnel – et donc générationnels – autant au ministère des Affaires pan-allemandes qu'au VFF. Ainsi, en juin 1966, la mission officielle du VFF, égrenée en six points, avait nettement évoluée : deux concernaient la réunification et le monopole de la représentation des Allemands par la RFA ; deux le débat politico-idéologique avec le communisme et avec la RDA et deux enfin le « débat offensif avec des tendances dirigées directement ou indirectement contre les principes fondamentaux libéraux et démocratiques de la République fédérale » et le « renforcement et la solidification de la conscience citoyenne des Allemands en République fédérale »[51]. Par ailleurs, Stephan Thomas, ancien ami et relai de Taubert, quitta l'« Ostbüro » du SPD, en juin 1966, tandis que celui-ci fut rebaptisé « Referat für gesamtdeutsche Fragen » en avril 1967, et cessa peu après toute propagande par ballon par-dessus la frontière[52]. Autre signe des temps, en décembre 1966, le groupe de travail sur le débat politique et intellectuel avec le communisme fut rebaptisé groupe de travail sur le débat politique et intellectuel avec les courants d'extrême-gauche et d'extrême-droite (« Arbeitsgruppe zur geistig-politischen Auseinandersetzung mit links- und rechtsradikalen Betsrebungen »)[53]. Emblématique fut aussi la production d'une encyclopédie comparative entre l'Est et l'Ouest[54].

En politique extérieure, un vent nouveau soufflait. Tandis qu'en août 1960, les propos de Karl Jaspers sur l'importance plus grande de vivre dans la liberté que dans l'unité déclenchaient une vague d'indignation, la construction du Mur bouleversa les paradigmes nationaux. Sous l'impulsion des libéraux, des sociaux-démocrates et des Églises, voire de certains chrétiens-démocrates, la politique orientale de l'Allemagne entra en mouvement : la garantie de la paix et de la sécurité ou les contacts avec l'Est devenaient envisageables au prix de concessions nationales. Les effets sur l'anticommunisme furent triples. D'une part, il se démocratisa par le simple

---

50.– Dans les statuts du VFF de 1956 déjà, « la défense de la démocratie contre la menace tant intérieure qu'extérieure du radicalisme et du totalitarisme, en particulier comme condition à la réunification de l'Allemagne » avait, dans les objectifs, remplacé la lutte contre le communisme. Statuts du 18 janvier 1956, § 2 (BAKo, B 106, vol. 15445).
51.– BAKo, B 137, vol. 2687, *Aufgabenstellung und Organisation des Volksbundes für Frieden und Freiheit e.V.*, 22 juin 1966, p. 1.
52.– BUSCHFORT, Parteien (note 34).
53.– BAKo, B 137, vol. 5986, Lettre du chef de la chancellerie (Dr. Osterheld) au ministère des Affaires pan-allemandes (Schierbaum), 21 décembre 1966.
54.– C.D. KERNIG, *Sowjetsystem und demokratische Gesellschaft. Eine vergleichende Enzyklopädie*, Fribourg/Br., 1966.

fait que, désormais, on s'ouvrait au dialogue avec le communisme. D'autre part, il se polarisa, car les résistances étaient encore immenses et les positions se radicalisaient parfois. Enfin, il ne disparut pas et renforça parfois ses positions, car, au moment où l'on multipliait les contacts avec l'Est, on se devait d'être intransigeant en matière doctrinale, notamment pour s'exposer le moins possible aux critiques des anticommunistes radicaux. Ainsi le comité directeur du SPD décida, en novembre 1970, d'interdire toute collaboration entre communistes et sociaux-démocrates[55]. Mais l'immunisation contre l'infiltration passait désormais par une assise démocratique.

À la fin des années 1960, la convergence de la double libéralisation ouvrit la voie à l'avènement de Willy Brandt et à la nouvelle *Ostpolitik*. Plusieurs changements intervinrent ou étaient en cours. D'abord, les protestations déjà très anciennes contre la justice politique qui se développèrent au cours des années 1960 aboutirent à la réforme du droit pénal en 1968, à l'annulation de certaines mesures de protection de l'État contre le KPD prises en 1951, à une amnistie des délits politiques et finalement à la re-légalisation du parti communiste sous le nom de DKP[56]. Ensuite, la terminologie politique et diplomatique de combat, par laquelle la RFA avait voulu tant marquer son anticommunisme qu'exprimer ses choix de guerre froide, disparut. La RDA pouvait officiellement être appelée ainsi, sans guillemets ou le qualificatif « soi-disant ». Les termes de « zone soviétique » (« Sowjetzone »), « zone orientale » (« Ostzone ») voire « zone » (« Zone »), ou « Allemagne médiane » (« Mitteldeutschland ») devinrent la panacée des derniers cold warriors et des nationalistes intransigeants, notamment des réfugiés et expulsés. Le changement d'appellation du ministère des Affaires pan-allemandes en ministère « pour les relations interallemandes » (« für innerdeutsche Beziehungen ») était lui aussi tout un symbole. En 1968, il avait d'ailleurs déjà rebaptisé une de ses publications « SBZ-Archiv » (« Archives de la Zone d'occupation soviétique ») en « Deutschland-Archiv »[57], tandis qu'en 1969 les contacts politiques avec la RDA n'exposaient plus à des poursuites pénales. Enfin, le VFF fut emblématiquement rebaptisé, en 1970, Comité de travail État et Société (« Arbeitsgemeinschaft für Staat und Gesellschaft »).

---

55.– Klaus KÖRNER, « *Die rote Gefahr* », *Antikommunistische Propaganda in der Bundesrepublik 1950 – 2000*, Hambourg, 2003, p. 137.

56.– Otto KIRCHHEIMER, *Political Justice. The Use of Legal Procedure for Political Ends*, Princeton, 1961 ; Lutz LEHMANN, *Legal und Opportun. Politische Justiz in der Bundesrepublik*, Berlin, 1966 ; Helmut RIDDER, *Aktuelle Rechtsfragen des KPD-Verbots*, Neuwied, Berlin (Ouest), 1966 ; Rudolf SCHUSTER, « Relegalisierung der KPD oder Illegalisierung der NPD ? Zur politischen und rechtlichen Problematik von Parteiverbot », in : *Zeitschrift für Politik*, 24 (1968), pp. 413 – 429 ; Wolfgang ABENDROTH (éd.), *KPD-Verbot oder Mit Kommunisten leben*, Reinbek, 1968. Cf aussi VON BRÜNNECK, POSSER et GÖSSNER (note 23).

57.– KÖRNER (note 55), p. 135.

## Conclusion

Si la publication des deux ouvrages évoqués en introduction – aussi partisans et polémiques qu'ils soient – signifie bien que l'anticommunisme est resté une constante au cours de la longue décennie des années 1960, ils montrent également les interrogations croissantes à son égard[58]. Comme en écho, le constat semble identique si l'on y ajoute les articles des « Frankfurter Hefte » : après Birnbaum en 1962, c'était à Eugen Kogon, symbole de l'engagement antitotalitaire, de revenir, en 1970, sur la fonction de l'anticommunisme en en dressant un portrait depuis le XIXe siècle[59]. Caractéristiques d'une époque, ces remises en cause de l'anticommunisme sont d'ailleurs autant le signe que le moteur de sa démocratisation. Celle-ci s'explique par une étonnante conjonction de l'évolution des relations internationales et, en particulier, de la guerre froide, de la libéralisation et de la démocratisation internes à la société allemande, sans oublier le phénomène générationnel. Ces causalités multiples s'interpénètrent la plupart du temps, sans que l'historien soit toujours capable d'en démêler les fils. Souvent même, des mouvements contraires et contradictoires subsistaient : la sanctuarisation de la démocratie contre le risque communiste à l'intérieur, laissait parfois tomber, dans le combat, un voile sur les pratiques démocratiques. Cela rappelle avec force qu'en RFA, comme ailleurs, le « miracle démocratique » fut un processus. En 1972 encore, le décret sur les radicaux (« Radikalenerlass ») et les interdictions professionnelles (« Berufsverbote ») qui en découlèrent, semblaient signifier que l'anticommunisme ne s'était pas encore éteint. Mais pour le moins, il s'était significativement démocratisé et la tendance antitotalitaire de l'anticommunisme, pourtant présente dès les années 1950, notamment chez de nombreux intellectuels du Congrès pour la liberté de la culture, paraissait l'emporter. Des valeurs plus modernes avaient pris le dessus sur les valeurs traditionnelles qui avaient fait chuter Weimar, tandis que la génération des *cold warriors*, toujours agissante, devenait, elle aussi, minoritaire. Peut-être, en politique aussi, la rationalisation prenait-elle le pas sur l'émotion ? Au début des années 1970 l'anticommunisme semblait davantage participer à cette « démocratie apte à se défendre » (« wehrhafte Demokratie ») que la République fédérale recherchait depuis ses origines. Après les derniers doutes de 1968, Bonn n'était décidément pas Weimar. Elle avait mûri et elle était désormais plus sûre de son existence et de son idéologie. Peut-être une « realpolitik de la paix », comme la souhaitait Kogon, était-elle désormais possible.

---

58.– Ils restent même parmi les premiers et seuls ouvrages d'ensemble.
59.– Eugen KOGON, « Die Funktion des Antikommunismus in der Bundesrepublik Deutschland », in : *Frankfurter Hefte*, 5 (1970), pp. 81 – 90 et dans *Anatomie des Antikommunismus*, Olten, Fribourg/Br., 1970, pp. 190 – 205 qui est un rapport commandé par la « Peace Education Division » de l'« American Friends Service Committee », l'organisation militante des Quakers.

# Divergences et convergences économiques

Françoise Berger

Malgré des différences de structures assez importantes, les deux parties de l'Allemagne représentaient une des économies les plus modernes du monde industrialisé au moment de la Seconde Guerre mondiale, avec un niveau de développement économique proche dans les deux ensembles[1]. Ces caractères n'ont pas disparu malgré l'évolution des quatre zones d'occupation en deux camps distincts (les trois zones occidentales d'une part, la zone soviétique d'autre part)[2], puis en deux États placés sous des régimes politiques et économiques totalement opposés. Ils ont gardé tout deux, lors de la première période de leur fonctionnement (1949 – 1960), des proximités tant dans la structure de la production et du capital que dans la composition de leur commerce extérieur[3].

Quelques différences peuvent bien sûr être relevées, tant dans la taille globale de la population et du territoire que dans la densité de la population (plus faible à l'Est), mais aussi dans des ressources moindres, en particulier dans le domaine de l'énergie, après la perte du charbon de Silésie qui était l'approvisionnement naturel de l'industrie de l'Allemagne orientale, laquelle a dû trouver de nouvelles sources d'approvisionnement. Du fait de son incorporation dans le bloc communiste et dans un nouvel ensemble de liens économiques, la RDA a donc dû totalement redéfinir le cadre traditionnel de son commerce, ce qui a sans doute été plus long que pour la RFA et représente une rupture plus importante[4].

Par ailleurs, la différence de traitement, entre les zones d'occupation puis entre les deux États, dans le domaine des destructions de guerre puis des réparations (en particulier démontages et livraisons) est bien connue. Ces deux

---

1.– Le ratio de la production industrielle par habitant était même un peu supérieur à l'Est (+16 %) ; voir Paul GREGORY, Gert LEPTIN, « Similar societies under differing economic systems : the case of the two Germanys », in : *Soviet studies*, 29 (oct. 1977) 4, pp. 519 – 542, ici p. 520.
2.– À partir de la formation de la trizone (juin 1948) par regroupement d'abord des zones d'occupation américaines et britannique (bizone, en décembre 1946) puis de l'apport de la zone française.
3.– *Idem*.
4.– GREGORY, LEPTIN (note 1), p. 521.

éléments combinés ont privé la RFA de 25 % de son potentiel industriel alors que la RDA a été amputée de 50 % du sien. De plus, la RFA a bénéficié de 16 milliards de marks des crédits Marshall ; cependant elle a dû verser, au titre des remboursements du « Wiedergutmachung »[5], 33 milliards de marks, ce que la RDA n'a pas eu à faire[6]. Les deux nouveaux États ne sont donc pas entrés dans la période de l'après-guerre dans les mêmes conditions.

La période de 1961 à 1974 représente dans une certaine mesure l'apogée de la forte croissance économique de chacune des deux économies. Si ces deux États sont assez caractéristiques du système qu'ils représentent (économie de marché *versus* économie planifiée), et s'ils sont chacun les leaders de chaque système, ils ont cependant des spécificités fortes.

## Deux systèmes économiques opposés

En 1949, la constitution des deux pays fixe des objectifs, des cadres et des méthodes différents de politique économique, de façon très précise pour la RDA, plus souple pour la RFA[7]. Mais ces politiques économiques ont déjà été largement orientées et fixées par les Occupants, les anglo-saxons libéraux à l'Ouest, les Soviétiques socialistes à l'Est, dès 1945.

### L'économie sociale de marché à l'Ouest

Après la débâcle nazie, certains souhaitaient un démantèlement au moins partiel de l'industrie allemande et des plans[8] ont circulé en 1945. Pourtant, après le contrôle total de la partie occidentale de l'Allemagne vaincue par les trois Alliés de l'Ouest, pour diverses raisons parmi lesquelles l'évidence de la guerre froide, les démontages annoncés ne furent menés au bout que très partiellement et ils n'affaiblirent donc pas durablement le potentiel économique de la future RFA, contrairement à ce qui se passa en zone d'occupation soviétique. Si certains démontages se poursuivirent jusqu'en 1949, en particulier dans la zone française, le Plan Marshall de 1948 constitue un premier changement majeur de la stratégie économique alliée vis-à-vis de

---

5.– *Indemnisation*. Sur ce problème, voir Walter SCHWARZ (éd.), *Die Wiedergutmachung nationalsozialistischen Unrechts durch die Bundesrepublik Deutschland*, München 1974 – 1986 ; Constantin GOSCHLER, *Schuld und Schulden. Die Politik der Wiedergutmachung für NS – Verfolgte seit 1945*, Göttingen, 2005.
6.– GREGORY, LEPTIN (note 1), p. 521.
7.– Eckard JESSE (éd.), *Bundesrepublik Deutschland und Deutsche Demokratische Republik. Die beiden deutschen Staaten im Vergleich*, Berlin, 1982, p. 349.
8.– Cf. pour le Plan Morgenthau : Lothar KETTENACKER, « Der Morgenthau-Plan. Geschichte einer Totgeburt », in : Gerhard A. RITTER (éd.), *Rivalität und Partnerschaft. Studien zu den deutsch-britischen Beziehungen im 19. und 20. Jahrhundert. Festschrift für Anthony J. Nicholls*, Paderborn, 1999, pp. 249 – 265.

l'Allemagne de l'Ouest[9]. Ajoutée aux autres aides directes ou indirectes, l'ensemble de l'aide américaine et britannique atteignit quatre milliards de dollars[10]. Même si cet apport est loin de constituer la seule explication du redémarrage rapide de l'économie allemande et de sa croissance exceptionnelle dans les années qui suivirent, cette décision d'aider l'Allemagne a été la première étape de son intégration dans l'Union européenne des paiements (UEP) puis dans l'organisation économique de coopération européenne (OECE), tout en contribuant à alléger la dette des réparations et à soutenir le commerce extérieur à ses débuts[11]. Dans le domaine du commerce extérieur, les zones d'occupation occidentales[12] n'avait pas le choix de sa stratégie, elle était sous le contrôle des autorités d'occupation[13]. Ainsi, l'Allemagne de l'Ouest devait entrer dans le système libéral, multilatéral du commerce mondial et les conditions de son retour dans l'économie mondiale avaient été fixées par les Américains, mais aussi largement acceptée par les milieux économiques allemands[14].

L'Allemagne avait été, depuis le dernier quart du XIX$^e$ siècle, le pays par excellence de l'intervention de l'État dans la sphère économique et sociale, et plus encore lors de la Grande crise à la fin des années 1920 qui favorisa la prise du pouvoir par Hitler. Or après 1945, sous l'influence américaine, mais aussi sous celle de la doctrine de l'ordolibéralisme (ou néolibéralisme allemand, sous l'influence de l'École de Fribourg et de Wilhelm Röpke)[15], l'Allemagne se convertit totalement au libéralisme économique. Selon le concept de l'ordolibéralisme, l'ordre économique doit aussi être moral, c'està-dire respecter les aspirations à la justice et à l'égalité, mais aussi les désirs matériels de l'homme. Il faut cependant éviter les empiètements abusifs de l'administration par la création d'un État de droit auquel le régime économique mis en place correspond. Ainsi, l'action de l'État sur le processus économique doit rester la plus limitée possible et laisser une place première à la

---

9.– Le second changement notable étant la conséquence de la Guerre de Corée ; il permit aux Allemands de l'Ouest de mettre une fin très rapide aux limitations de la production qui pesaient encore sur l'industrie en 1950.

10.– Gérard SCHNEILIN, Horst SCHUMACHER, *Économie de l'Allemagne depuis 1945*, Paris, 1992, p. 21.

11.– *Idem*.

12.– D'abord trois zones, puis bizone et trizone (cf. note 2)

13.– Déc. 1947, *Lovett – Strang – agreement* : accord révisé pour la bizone (en fait, dicté par les Américains).

14.– Cf. Werner ABELSHAUSER, *Deutsche Wirtschaftsgeschichte seit 1945*, Bonn, 2005, pp. 217, 219.

15.– Cf. SCHNEILIN, SCHUMACHER (note 10), pp. 26 – 27 ; Jean SOLCHANY, « Wilhelm Röpke et la ›Question allemande‹ dans l'immédiat après-guerre : Un économiste entre ›maîtrise du passé‹ et croisande néolibérale », in : Revue d'Allemagne et des pays de langue allemande, 40 (2008) 2, pp. 269 – 284.

libre initiative des individus responsables. Ceci implique la mise en place de mesures régulatrices dont les plus importantes portent sur la lutte contre les monopoles et ententes (Office des cartels), mais aussi un contrôle de la politique sociale des entreprises et un principe de redistribution du pouvoir d'achat. L'ordolibéralisme allemand a donc introduit une fonction régulatrice de l'État dans l'économie qui ne soit pas incompatible avec les fondements du libéralisme, un certain équilibre entre liberté et dirigisme[16].

Ainsi, l'économie de la République fédérale d'Allemagne est basée sur le modèle du marché, de la libre concurrence et de l'initiative privée des entrepreneurs. L'offre est régulée par la demande des consommateurs, et les salaires et bénéfices dépendent des mécanismes propres de régulation du marché. L'État n'intervient ponctuellement qu'en cas de crise, par des mesures de politique économique ou sociale (actions de la Bundesbank, politique conjoncturelle)[17].

La politique « sociale de marché », une troisième voie entre libéralisme et socialisme, a été mise en place sous la conduite de Ludwig Erhard[18], entre autre sous l'influence d'Alfred Müller-Armack, son proche collaborateur, créateur de cette appellation et défenseur de la « nécessaire complémentarité entre liberté, justice et égalité »[19]. Par ailleurs, des articles de la Loi fondamentale de 1949 fixent les nécessités de rééquilibrage entre Länder riches et pauvres (investissements, etc.), tout comme la répartition des tâches financières entre Bund et Länder (et Kreis et communes). Pour autant, la Loi fondamentale ne garantit ni la neutralité de la politique économique du gouvernement, ni une économie sociale de marché mise en œuvre par les seuls moyens conformes au marché (arrêt du 20 juillet 1954), elle n'est donc pas liée au système ordolibéral, tout en contenant un certain nombre d'articles protégeant les libertés économiques fondamentales[20]. Ce sont finalement les succès de ce système qui vont l'ancrer définitivement, tant dans le programme de la CDU (Düsseldorf, 1949) que du SPD (Bad Godesberg, 1959).

Si l'État peut jouer sur la politique conjoncturelle, l'indépendance de la Bundesbank est essentielle dans le système allemand d'économie de marché qui fonctionne sur le crédit[21]. L'État n'a qu'un pouvoir monétaire restreint. Par contre, son pouvoir essentiel de contrôle se situe dans le domaine de la

---

16.– SCHNEILIN, SCHUMACHER (note 10), pp. 28 – 29.
17.– Cf. Wolfgang BEHR, *Bundesrepublik Deutschland – Deutsche Demokratische Republik. Systemvergleich Politik – Wirtschaft – Gesellschaft*, Stuttgart, 1985, p. 97.
18.– Cf. Heiner TIMMERMANN (éd.), *Wirtschaftsordnungen im Dialog – Bundesrepublik Deutschland und DDR*, Sarrebruck, 1989, p. 11.
19.– Cf. SCHNEILIN, SCHUMACHER (note 10), p. 27.
20.– Cf. SCHNEILIN, SCHUMACHER (note 10), p. 30.
21.– Cf. TIMMERMANN (note 18), pp. 14 – 15.

concurrence. Pour respecter les règles de celle-ci, une loi contre les restrictions de la concurrence a été – difficilement – mise en place (1957, suivi de la création du Bundeskartellamt) qui donne également des pouvoirs de contrôle aux ministères de l'Économie des Länder. Cette législation est un élément fondamental du système ordolibéral[22]. L'État doit garantir une concurrence non faussée : on retrouve cette idée dans les axes de la construction économique européenne, à travers la législation anticartel. Les ententes, horizontales ou verticales, sont interdites et l'Office sanctionne les abus de concentration.

En effet, la concentration des entreprises a été en progression constante autour de grosses unités : en 1966, 73,9 % des biens de production étaient déjà entre les mains de 1,7 % de propriétaires. Cette concentration industrielle a eu un rôle important dans la croissance économique, tant d'ailleurs en RFA qu'en RDA[23]. Pourtant, en raison des nouvelles règles du jeu économique encadré, la reconstitution de la puissance économique industrielle allemande n'est pas un simple retour à la situation d'avant-guerre (grands Konzerne[24]). Dans la plupart des cas (par exemple, le groupe Flick), on est passé du Konzern traditionnel (totale intégration verticale amont-aval) à une diversification multisectorielle[25].

## L'économie socialiste planifiée à l'Est

À la fin de la guerre, une grande partie de la zone orientale de l'Allemagne est détruite. C'est ce que vivent aussi les régions industrielles et les grandes villes de la partie occidentale, mais à la différence près que le poids de l'occupation soviétique s'avère bien plus dur. Si dans les deux parties de l'Allemagne, il y eut le paiement de réparations et des démontages, les livraisons se poursuivirent à l'Est jusqu'en 1953 et leur montant total dépassa largement les sommes fixées par la Commission des réparations (près de 16 milliards de dollars au lieu de 10 milliards[26]). En particulier, les Soviétiques furent intraitables sur les démontages dans leur zone d'occupation, qui touchèrent tous les secteurs de l'économie ; ils opérèrent des confiscations d'entreprises que la RDA dut racheter par la suite et orientèrent l'économie est-allemande

---

22.– Cf. JESSE (note 7), p. 351.
23.– Cf. Jacques HOUSSIAUX, W. Dietrich STUMMP, « Croissance, concentration et concurrence. Quelques aperçus sur l'évolution du pouvoir économique en Allemagne fédérale », in : Revue économique, (mai 1962), p. 442.
24.– Ce terme spécifiquement allemand désigne une grande entreprise intégrée (intégration verticale le plus souvent, mais aussi horizontale). Avant la guerre, les principaux secteurs de l'industrie sont dominés par de tels Konzerne (ex. Vereinigte Stahlwerke qui produit plus de 50 % de la production allemande d'acier).
25.– Idem.
26.– Cf. SCHNEILIN, SCHUMACHER (note 10), p. 20.

vers la production de biens d'investissement au détriment des biens de consommation. Ainsi, pendant les dix premières années, la politique économique de la RDA fut en grande partie alignée sur les exigences soviétiques[27]. La perte de potentiel de la zone soviétique d'occupation par rapport au niveau de 1938 a été estimée à près de 45 %[28].

Outre ces prélèvements lourds, les Allemands de l'Est ne bénéficièrent pas d'une quelconque aide économique pour réparer les dégâts de guerre et investir pour le futur, comme ce fut le cas à l'Ouest. D'où, dès la création des deux États, un différentiel important dans le rythme du redressement économique de l'après-guerre et un niveau de vie qui resta, à l'Est, constamment derrière celui de l'Ouest[29]. De ce fait, mais aussi pour des raisons politiques, le nombre d'émigrants augmenta d'année en année. Cette menace pour l'économie dans son ensemble fut prise en compte dès 1958/59.

Un autre handicap important fut la rupture du tissu industriel de l'Allemagne orientale, qui était, avant la guerre, étroitement imbriquée avec les régions occidentales pour ses approvisionnements en énergie et en matières premières et dont la structure était plutôt orientée vers la production de biens de consommation variés. Il fallut donc réorienter les flux et construire les industries manquantes, en particulier l'industrie lourde qui s'appuya alors sur l'utilisation massive du lignite et l'importation de pétrole et de gaz soviétiques et de houille polonaise[30].

La tâche économique principale, fixée officiellement en 1953 (« Neuer Kurs »), fut de remettre l'offre de biens de consommation par personne au niveau de celle de l'Allemagne de l'Ouest, alors qu'elle se situait entre 35 % et 40 % de celle-ci. La solution de ce problème devait passer par de nouvelles méthodes et devait être rendue possible par le renforcement de la « concurrence socialiste » dans toutes les branches industrielles[31]. Cependant, la priorité réelle fut de fait plutôt maintenue en faveur de l'industrie lourde, même si la production de certaines unités et certains investissements furent effectivement réorientés vers l'industrie de biens de consommation[32].

En Europe, c'était la première fois qu'une économie développée entrait dans un système sur le modèle soviétique[33]. Alors que pour la RFA, le sys-

---

27.– Cf. Deutsche Institut für Wirtschaftsforschung (DIW), *DDR-Wirtschaft*, Hamburg, 1971, pp. 56s.
28.– Cf. SCHNEILIN, SCHUMACHER (note 10), p. 20.
29.– Cf. DIW (note 27), pp. 56 – 57.
30.– Cf. SCHNEILIN, SCHUMACHER (note 10), p. 76.
31.– Cf. DIW (note 27), pp. 56 – 57.
32.– Cf. Michel HAU, *Histoire économique de l'Allemagne, XIXe – XXe siècles*, Paris, 1994, p. 210.
33.– Cf. TIMMERMANN (note 18), p. 17.

tème économique choisi n'est pas fixé par la Loi fondamentale (sauf en ce qui concerne la liberté), en RDA, il est clairement défini par l'article 9 de la constitution[34], mais il faut cependant attendre 1967 pour que la Constitution, au-delà de la planification centralisée, affirme la « propriété socialiste » des moyens de production[35], autrement dit, une nationalisation quasi-totale.

Ce système économique est basé sur l'idéologie marxiste-léniniste. L'État socialiste contrôle tous les domaines de la vie politique, économique et sociale, pour des intérêts définis en théorie par la classe ouvrière, en réalité par les dirigeants du Parti communiste. La loi économique est pensée comme étant au service de la majorité et donc très supérieure en cela au capitalisme, et elle est présentée comme un processus scientifique et socialiste[36].

Le principe de base en est un système de planification économique centralisé[37], sur le modèle soviétique. La direction de l'économie nationale est confiée, selon la constitution, au Conseil des ministres, qui charge de cette planification la Commission d'État au Plan, sous son contrôle. Des plans à long terme sont élaborés, sur cinq ou sept ans, et ils sont corrigés à la marge annuellement. Le plan annuel fixe le rythme de croissance de l'industrie, son volume et sa structure, tout comme celui de la main-d'œuvre et du commerce extérieur. Les ministères répartissent ensuite les programmes de production entre les différentes entreprises nationales et les combinats[38]. Les grandes entreprises, en coordination avec leurs sous-traitants et les autorités locales, élaborent alors un projet de plan annuel qui doit ensuite être approuvé par le Conseil des ministres. Les combinats sont chargés de coordonner ces plans pour un projet de branche, les ministères en font ensuite une synthèse par secteur et la Commission au Plan établit la synthèse globale. Une fois approuvé par le Conseil des ministres, le plan est retransmis jusqu'à l'échelon des entreprises sous la forme d'objectifs à réaliser obligatoirement[39].

Les deux premiers plans quinquennaux (1951 – 1955 et 1956 – 1960) ont visé le développement des industries lourdes : industrie sidérurgique, industrie chimique, et production d'énergie hydraulique. Une première réorientation eut lieu en 1959, un nouveau plan de sept ans se superposant au plan quin-

---

34.– *Idem.*
35.– Cf. SCHNEILIN, SCHUMACHER (note 10), p. 41.
36.– *Idem.*
37.– Voir le chapitre de Gabriele METZLER dans cet ouvrage.
38.– Les *Vereinigung Volkseigener Betriebe* (VVB) sont environ une vingtaine, à la tête, de fait, des branches industrielles. Ce principe est développé par la suite, et l'on en compte environ 120 à la fin des années 1980 ; cf. HAU (note 32), p. 210.
39.– Cf. Kurt SONTHEIMER, Wilhelm BLEEK, *La République démocratique allemande*, Paris, 1975, p. 183.

quennal en cours. Il visait essentiellement à rattraper le retard accumulé par rapport à la RFA dans le domaine des biens de consommation, qui était estimé à 25 – 30 % en 1958. Mais il fut un échec et on y renonça dès 1961[40].

Pendant près de 20 ans, le système de planification et d'organisation de l'économie est demeuré à peu près inchangé. Il se caractérisait essentiellement, en plus de la planification centrale de la production, par des prix durablement fixés, le devoir des entreprises de respecter la production planifiée et le monopole de l'État sur le commerce extérieur[41].

L'année 1961 marque un tournant majeur pour la RDA, mais aussi pour son économie. En effet, avec la construction du mur, la RDA repart sur de nouvelles bases économiques, avec la fin de la saignée constante de la population active[42]. Cette importante perte a eu des conséquences majeures sur le développement économique de l'après-guerre, d'autant plus qu'une forte majorité de ces réfugiés étaient jeunes et le plus souvent professionnellement bien formés (techniciens, anciens entrepreneurs ou professions libérales)[43]. À partir de ce changement majeur de conditions, l'économie est-allemande a-t-elle pu retrouver une plus grande égalité avec celle de son homologue ouest-allemande ?

Depuis le milieu des années 1950, Walter Ulbricht et son conseiller économique, le Dr. Wolfgang Berger, étaient persuadés que la planification sur le modèle soviétique n'était pas la solution qui permettrait de dépasser l'économie ouest-allemande[44]. Certains estimaient qu'il y avait trop d'État et de bureaucratie. Des réformes économiques furent discutées et aussi en partie essayées, mais pour des raisons politiques, Ulbricht mit fin à ces discussions. Pour la majorité, dans le Politbüro les choses étaient simples : avec le mur, désormais, rien ne perturberait de l'extérieur et l'on pouvait désormais compter sur le fait que l'on travaillerait plus et que l'on consommerait moins. Ainsi avec plus de discipline, le Plan serait accompli. C'était la « petite solution » au problème économique de la RDA. Mais Ulbricht et Berger étaient partisans d'une « grande solution »[45].

---

40.– Cf. SCHNEILIN, SCHUMACHER (note 10), pp. 76 – 77.
41.– Cf. DIW (note 27), pp. 56 – 57.
42.– La perte de population fut de 144 000 à 330 000 personnes par an, entre 1945 et 1961. Alors qu'à la fin de la guerre, la population de l'Est était de 18 millions et représentait un quart de celle de l'Ouest, en 1976, elle n'en représente plus qu'un cinquième ; cf. GREGORY, LEPTIN (note 1), pp. 520, 525.
43.– GREGORY, LEPTIN (note 1), p. 522.
44.– Jörg ROESLER, « Wirtschaftspolitische Grundsatzentscheidungen in beiden deutschen Staaten von 1946 – 1970 », in : *Utopie kreativ*, 103/104 (mai – juin 1999), p. 105.
45.– *Idem*.

Pour la préparation du VIᵉ Congrès du SED (janvier 1963), le concept de réforme fut « retravaillé » par un petit groupe de l'équipe d'Ulbricht. « Les grandes lignes pour le nouveau système économique de la conduite et de la planification de l'économie sociale » (NÖS[46]) furent présentées en juin 1963. L'économie ne devait pas être conduite dans un style autoritaire, mais avec l'art (science économique) et la manière.

Les insuffisances du système de production, telle que l'inadéquation du plan aux besoins nationaux ou la rigidité évidente du système du plan, entraînaient des conséquences économiques graves chaque jour plus évidentes : lourdeur du système de production à l'intérieur des combinats qui générait une faible productivité, vieillissement des machines par suite d'une trop grande immobilisation des capitaux, pénuries fréquentes en raison des approvisionnements au sein CAEM et course à la quantité au détriment de la qualité[47].

L'idée novatrice fut alors la recherche d'une plus grande efficacité, en allégeant la bureaucratie rigide de la planification. Il fallait supprimer l'opposition entre les intérêts de croissance et de rentabilité, d'une part, et ceux des travailleurs et des entreprises, d'autre part. D'où une plus grande autonomie des entreprises dont la rentabilité fut soumise à la logique des coûts et des profits et qui purent disposer librement d'une partie de leurs bénéfices et créer des fonds propres (investissements, primes). Une réforme du système bancaire et une autre de la politique des prix fixés par l'État accompagna l'ensemble[48].

Le NÖS donna par la suite ce que l'on attendait de lui : une stabilité économique, un niveau relativement élevé de taux de croissance de la productivité et de la production. Mais il ne permit cependant pas de dépasser ni même d'atteindre l'économie ouest-allemande[49]. Il se mua en « Système économique du socialisme » (ÖSS[50]) en 1967[51] et fut prorogé jusqu'en 1971, avec une restriction des libertés économiques et plus de centralisation[52]. Erich Honecker remplaça Walter Ulbricht, démis de ses fonctions, en 1971, sur ordre de Moscou. Si Honecker reprit une partie de la réforme économique précédente, dans son ensemble, sa nouvelle politique imposa le retour au

---

46.– « Neues Ökonomisches System » (NÖS).
47.– SCHNEILIN, SCHUMACHER (note 10), p. 45.
48.– SCHNEILIN, SCHUMACHER (note 10), pp. 77 – 78.
49.– ROESLER (note 44), p. 106.
50.– « Ökonomisches System des Sozialismus » (ÖSS)
51.– C'est peut-être l'échec constaté en 1967 qui scelle définitivement le sort de l'économie est-allemande et qui débute son décrochage.
52.– TIMMERMANN (note 18), pp. 19 – 20.

centralisme[53]. Un des principaux changements consista dans le renforcement de l'intégration du CAEM (« Komplexprogramm », 1971). Mais cette nouvelle réforme de 1971 est déjà morte en 1973[54].

## Des objectifs assez parallèles

Au moment où la rupture est consommée, avec la construction symbolique et pragmatique du Mur de Berlin, les deux systèmes économiques sont déjà rodés depuis une longue décennie. S'ils radicalement différents dans leurs principes, leurs objectifs cependant révèlent des convergences, même si le poids respectif de certains éléments (croissance, efficacité économique, répartition équitable des revenus, augmentation du niveau de vie, qualité de l'environnement, stabilité économique, etc.) était différent en raison des choix politiques. Le principal objectif en RDA était le développement de l'industrie, et en RFA, plutôt la croissance des exportations et la stabilité des prix[55].

Le livre de Werner Obst[56], ancien haut dirigeant est-allemand[57], montre bien l'obsession de la comparaison avec la RFA, pour le service des statistiques est-allemand. Mais côté ouest-allemand sont aussi publiées régulièrement des statistiques[58] et plus récemment des livres d'analyse comparative[59]. Il s'agit ainsi d'assurer le leadership du bloc dans le cadre de la guerre froide, et la propagande n'est pas la dernière des armes en la matière. Les très nombreuses statistiques produites par le gouvernement est-allemand étaient utilisées tant comme mécanisme de contrôle des objectifs du plan que pour montrer, à l'extérieur, les réalisations du régime[60]. De ce fait, les responsables étaient incités à surestimer la production, voire à inventer – selon certains, une véritable « économie fantôme »[61]. Ainsi, durant la Guerre froide, les pays à l'est de rideau de fer étaient tous soupçonnés de tenir des comptes doubles, l'un à destination du public, comme c'était le cas du livre annuel de statistiques publié en RDA, l'autre pour les dirigeants[62]. Cependant, on dispose des chiffres produits par les services de la RFA qui permet-

---

53.– SCHNEILIN, SCHUMACHER (note 10), p. 79.
54.– Cf. Michael KEREN, « The New Economic System in the GDR : an Obituary », in : *Soviet Studies*, 24 (april 1973) 4, pp. 554 – 587.
55.– GREGORY, LEPTIN (note 1), p. 524.
56.– Werner OBST, *DDR-Wirtschaft. Modell und Wirklichkeit*, Hambourg, 1985.
57.– Responsable pour les questions économiques, qui a fui la RDA en 1969.
58.– Par ex. : Bundesministerium für Innerdeutsche Beziehungen (BIB), *Zahlenspiegel. Ein Vergleich BRD – DDR*, Bonn, 1970.
59.– Par ex. : Udo WENGST, Hermann WENTKER (éd.), *Das doppelte Deutschland. 40 Jahre Systemkonkurrenz*, Berlin, 2008.
60.– Jaap SLEIFER, *Planning ahead and falling behind. The East German economy in comparison with West Germany 1936 – 2002*, Berlin, 2006, p. 29.
61.– Von der Lippe, cité par SLEIFER (note 60), p. 29.
62.– SLEIFER (note 60), p. 29.

tent une véritable comparaison. Du côté de l'Allemagne de l'Ouest, même si on nie la concurrence avec l'Est, les résultats économiques sont également mis en avant pour vanter la réussite du système.

En RDA, on considère que l'économie planifiée est l'opposée de l'économie capitaliste de marché, et pour cette raison elle doit être une réussite[63]. Dès le premier plan (1949/50) le système se pose en concurrence avec l'Ouest (« On verra quel système est le plus fort des deux »)[64]. Côté ouest, pour Erhard, le « collectivisme » est une abomination, mais en aucun cas un concurrent[65].

En 1950, l'industrie atteint à l'Est 75 % de son niveau de 1936, alors qu'en RFA, on a déjà atteint 110 % de ce niveau[66]. La croissance alors exceptionnelle en RFA constitue un aiguillon pour la RDA, mais les perspectives sont différentes. Alors qu'en RDA, les producteurs visent à remplir les objectifs de production fixés par le gouvernement », en RFA, les producteurs veulent atteindre le consommateur, ce qui génère des différences importantes dans la structure des produits et dans leur qualité[67].

Par la suite, les écarts subsistent, mais certains domaines sont néanmoins assez comparables. En 1968, la valeur des biens industriels en RDA est de 140 milliards de Mark, soit 36 % de celle de la RFA (389 milliards de Mark)[68]. En ce qui concerne la part de la main d'œuvre dans l'industrie, il n'y a aucune différence entre les deux États [1971]. La production par poste de travail[69] en 1968 atteint presque 48 000 Mark tant en RDA qu'en RFA (et en considérant la différence de niveau des prix du capital dans les deux pays, cette valeur doit être minorée de 15 % pour l'Ouest)[70].

Si l'on compare la structure du capital industriel, on constate encore une grande convergence. Dans les deux pays, depuis 1960, plus de la moitié de la valeur brute du capital est placé dans l'industrie des matières premières. De même, dans l'industrie légère et dans l'industrie agro-alimentaire, la part y est presque identique (RDA : respectivement 15 % et 8 %, RFA : 13 % et 9 %). Dans l'industrie de transformation des métaux, on note cependant quelques différences : un peu moins de 20 % en RDA, presque 25 % en RFA (depuis le milieu des années 1960). Dans la répartition par branche industrielle, les

---

63.– ROESLER (note 44), p. 102.
64.– ROESLER (note 44), p. 103.
65.– *Idem.*
66.– *Ibid.*
67.– SLEIFER (note 60), p. 27.
68.– Valeur des prix de 1962 (à mettre en relation avec 17 millions d'habitants à l'Est contre 59,5 % à l'Ouest, soit 28,6 %.
69.– Productivité du capital.
70.– DIW (note 27), pp. 46 – 47.

écarts sont plus importants. En RDA, des secteurs tels que la construction, l'industrie chimique, la mécanique de précision et l'optique, tout comme certaines branches textiles et l'industrie du verre et de la céramique représentent une part des capitaux plus importante qu'en RFA. A l'inverse, ce sont les secteurs de l'énergie, de la métallurgie, de la construction mécanique et automobile et de l'électrotechnique qui représentent un poids supérieur à celui qu'il est en RDA[71].

Mais d'une manière générale, l'écart entre les deux structures industrielles dans leur ensemble n'est pas très grand. Cependant, alors que jusqu'en 1960, on a pu constater un rapprochement entre les structures du capital, par la suite, les différences se sont à nouveau un peu accentuées[72].

Les efforts des deux pays pour développer l'emploi industriel sont perceptibles et sont de même proportion et de même niveau avec une croissance de 42,7 % à 48,2 % à l'Ouest entre 1950 et 1969, et de 43,9 % à 49,0 % à l'Est.

Tableau 1 : Comparaison des emplois par secteur[73]

| Secteurs économiques | Unité | RFA 1950 | RFA 1969 | RDA 1950 | RDA 1969 |
|---|---|---|---|---|---|
| Production totale | 1 000 pers. | 20 376 | 26 822 | 7 196 | 7 750 |
|  | % | 100 | 100 | 100 | 100 |
| Secteur agricole, forestier et pêche | 1 000 | 5 020 | 2 533 | 2 005 | 1 026 |
|  | % | 24,6 | 9,5 | 27,9 | 13,2 |
| Production manufacturière | 1 000 pers. | 8 689 | 12 936 | 3 163 | 3 793 |
| dont : | % | 42,7 | 48,2 | 43,9 | 49,0 |
| – Industrie | 1 000 pers. | 6 725 | 8 308 | 2 098 | 2 823 |
|  | % | 33,0 | 31,0 | 29,2 | 36,4 |
| – construction | 1 000 pers. | 1 116 | 1 505 | 465 | 559 |
|  | % | 5,5 | 5,6 | 6,5 | 7,2 |
| Commerce et transport | 1 000 pers. | 2 918 | 4 729 | 1 129 | 1 419 |
|  | % | 14,3 | 17,6 | 15,7 | 18,3 |
| Autres secteurs et services | 1 000 pers. | 3 749 | 6 624 | 899 | 1 512 |
|  | % | 18,4 | 24,7 | 12,5 | 19,5 |

En RDA, la croissance de la part de l'industrie dans la formation du revenu national, forte dans le premier après-guerre (de 47 % en 1950 à 56,4 %

---

71.– *Idem.*
72.– *Ibid.*
73.– BIB (note 58), p. 28.

en 1960) se poursuit jusqu'en 1971 (61,4 %), puis se stabilise. Cette croissance s'est faite au détriment de l'agriculture avant tout, mais aussi des transports[74]. Le développement de l'emploi total en RDA, malgré la saignée de l'émigration, s'explique par le renforcement de l'emploi féminin. En effet, malgré la même très forte orientation de la production sur l'industrie, les deux pays présentent des différences très importantes en termes d'emplois des femmes. Celles-ci sont bien plus nombreuses à travailler en RDA, et l'accroissement régulier de ce travail féminin, sur la période, ne comble pas les écarts, bien au contraire. Ainsi, alors qu'en 1960, 51,3 % des femmes ouest-allemandes travaillent contre 61,9 % des femmes est-allemandes, les écarts se sont creusés puisque qu'en 1969 elles ne sont que 52,9 % à travailler contre 74 % à l'Est[75].

## Réussites et limites d'une croissance économiques

Les statistiques comparatives sont nombreuses pour la période 1961 – 1974. Même si celles provenant de la RDA ont été normalisées pour être comparables, il faut cependant faire remarquer que leur fiabilité n'est pas assurée[76]. Cependant, ces données permettent des comparaisons pour les grandes lignes des évolutions économiques. Et elles montrent que tant la RFA que la RDA sont les pays qui ont connu les plus grosses réussites, pour chacun des systèmes auxquels elles adhèrent, ce qui est un des intérêts de leur comparaison[77].

D'une manière générale, on peut considérer que les économies est et ouest-allemande ont progressé à un taux de croissance proche entre 1960 et 1973, autour de 4,5 % en moyenne par an, et on ne constate pas de différences majeures pour la croissance par secteur[78]. Malgré la priorité mise sur l'industrie en RDA, le secteur industriel a cru légèrement plus vite en RFA ; par contre le secteur de la construction s'y est développé un peu plus vite, et à l'opposé, le secteur des services un peu moins vite. Mais la similarité des deux croissances a été remarquable au cours de cette période. La principale différence est que le taux de croissance a été bien plus régulier en RDA (3,3 à

---

74.– *Notes et études documentaires*, 1973, p. 19, cité par SONTHEIMER, BLEEK (note 39), p. 174.

75.– D'après les données du BIB (note 58), p. 28.

76.– GREGORY, LEPTIN (note 1), p. 525, note 23 et annexe 1 : « problems of statistical comparisons of east and West Germany », pp. 539 – 540.

77.– GREGORY, LEPTIN (note 1), p. 525.

78.– GREGORY, LEPTIN (note 1), p. 526. De son côté, Werner Obst observe une croissance moyenne de 4,6 % pour la RFA et la RDA entre 1961 et 1972, avec un niveau très stable (à l'exception de l'année 1962 avec 1,2 %) pour la RDA, tandis que les années 1971 et 1972 sont déjà très difficiles pour la RFA avec seulement 2,8 % de croissance en moyenne par an ; OBST (note 56), tableau 1, p. 17.

6,7 %) alors qu'en RFA les variations de cette croissance étaient plus marquées (–2,4 % à + 11,5 %)[79], ce pays ayant subi à plusieurs reprises des fluctuations cycliques importantes. Cette plus grande stabilité économique est-allemande (à la fois de la croissance, mais aussi l'absence d'inflation excessive et de chômage) a eu un coût considérable pour l'État est-allemand. Mais elle a eu des conséquences très positives pour la société est-allemande, puisque que les prix à la production et à la consommation ont augmenté moins vite qu'à l'Ouest pour cette période. L'indice officiel de la RDA indique même une diminution de 10 % entre 1955 et 1973.

### Les expériences d'une première crise en RFA

En RFA, la très bonne conjoncture de l'après-guerre dure plus longtemps qu'en RDA. La production industrielle croît de 150 % entre 1950 et 1960 et depuis la fin des années 1950, on a atteint le plein emploi ; dès 1960, il y a même pénurie de main d'œuvre[80]. On fait donc appel à l'immigration et en 1964, on compte plus d'un million de travailleurs étrangers qui viennent compléter le réservoir national de main d'œuvre (à la fin des années 1960, atteint plus de 2 millions)[81]. En 1961, sur 686 000 personnes, ce sont encore les populations immigrées venues d'Italie, puis d'Espagne et de Grèce qui dominent. En 1970, les Turcs sont devenus la troisième communauté derrière les Italiens et les Yougoslaves, puis la première en 1973 (893 000 personnes)[82]. Ainsi, la croissance très forte de la population ouest-allemande (+23,3 % en 20 ans depuis la création de la RFA), au-delà de l'accroissement naturel, s'explique par le solde migratoire fortement positif, avec l'apport des réfugiés de RDA auxquels s'ajoutent les migrants du travail du Sud de l'Europe et de Turquie. Ceci a constitué un atout essentiel pendant la période de croissance, jusqu'en 1973.

Des records de croissance avaient été atteints en 1964 en RFA, mais on craignait, dès 1965, une crise, et celle-ci survient l'année suivante (1966) avec un fort recul du taux de croissance. L'augmentation des prix entraine une baisse du pouvoir d'achat, et à la fin de l'année 1966, le chômage dépasse 500 000 personnes. Ce retournement de la conjoncture s'explique en partie par la fin du « boom » économique de l'après-guerre et la saturation du marché national (demande satisfaite)[83]. Les taux de croissance de la RFA étaient alors au dessus du niveau mondial et inévitablement ils devaient baisser.

---

79.– Gregory, Leptin (note 1), p. 526 – 527.
80.– Cf. Roesler (note 44), p. 107.
81.– Cf. Harald Winkel, *Die Wirtschaft im geteilten Deutschland 1945 – 1970*, Wiesbaden, 1974, p. 75.
82.– Cf. Schneilin, Schumacher (note 10), p. 49.
83.– Cf. Winkel (note 81), p. 76.

Mais cette évolution inéluctable n'avait pas été anticipée ni par les dépenses publiques, ni par les investissements. Le problème était alors que cette croissance ralentie ne se transforme pas en une véritable dépression. Mais, pour l'éviter, beaucoup, dont une fraction de la CDU, réclamaient une « intervention intelligente » de l'État, ce à quoi le gouvernement en place se refusait. Les mesures habituelles de la Bundesbank ne furent pas efficaces cette fois-ci et le chômage augmenta, tout comme le niveau d'inflation, et la croissance faiblit beaucoup. La politique économique du chancelier Erhard (1963 – 1966), est ainsi largement décriée, car il nie l'évidence de la crise conjoncture, jusque tard dans l'année 1966.

Le SPD décide alors de favoriser un départ d'Erhard et commence à négocier avec le FDP. À la CDU, cela mit en route le signal d'alarme et un jeu d'intrigue interne visa à forcer le départ d'Erhard qui se retira le 10 novembre 1966. La CDU débuta alors des négociations avec le SPD, ce qui déboucha sur la formation de la Grande Coalition (26 novembre 1966) qui proposa enfin des solutions à la crise[84]. Une série de mesures importantes fut annoncée par la loi de stabilité[85] du 10 mai 1967. Ce fut une réussite et les années suivantes, la croissance redevint satisfaisante (le taux de croissance du PNB passe de – 0,1 % en 1967 à 6,1 % en 1968, puis à 7,5 % en 1969) et le chômage baissa (1,5 % en 1968, 0,9 % en 1969, 0,7 % en 1970)[86]. L'inflation elle-même semble maîtrisée (de 3,5 % en 1966 à 1,7 % en 1967 et 1968). Ces succès économiques durèrent jusqu'en 1970[87].

La récession de 1966/67 a cependant été un véritable choc pour la RFA, avec des conséquences durables. On réalisa que cette récession n'était pas une exception, mais que bien au contraire elle constituait la règle des États industrialisés occidentaux[88]. Une légende avait ainsi été détruite, celle de l'économie de marché qui évite les crises et permet une constante élévation du niveau de vie, et la stabilité politique de longue durée de la RFA fut remise en question[89]. On prit conscience que la « société de consommation sans classe » n'existait pas et qu'au contraire, on renouait avec les problèmes classiques de surproduction et de chômage. Il s'agit donc d'un tournant fondamental pour la société allemande.

---

84.– Idem.
85.– *Gesetz zur Förderung der Stabilität und des Wachstums der Wirtschaft.*
86.– Cf. SCHNEILIN, SCHUMACHER (note 10), pp. 66 – 67.
87.– Cf. ROESLER (note 44), p. 107.
88.– Cf. Ernest MANDEL, *Die deutsche Wirtschaftskrise. Lehren der Rezession 1966/67*, Francfort/M., 1974, p. 9.
89.– Cf. MANDEL (note 88), p. 5 – 6.

Malgré la réussite économique générale, la croissance n'allait pas tout-à-fait sans problème. Ceci est ressenti une première fois en 1958, quand l'économie charbonnière subit une crise structurelle en raison de la concurrence du pétrole et des produits importés, moins chers. Alors que dix ans plus tôt, la chose était inimaginable, sept millions de tonnes de charbon restent invendues. Une aide de l'État (1962) fut nécessaire pour prendre des mesures de rationalisation[90].

Or, après la crise du charbon, le secteur de l'industrie lourde est mis à son tour en difficulté dès le milieu des années 1960. Le 9 juin 1967, à l'initiative de l'industrie, un « Rheinstahl-Plan » est proposé au ministre de l'économie[91]. Par la suite, des négociations furent organisées, avec la participation de la « IG Bergbau und Energie » (IGBE). Une société unique fut créée (« Ruhrkohle AG ») avec une structure de « cogestion »[92]. Cette création mit fin à la crise en 1969. Le plan prévoyait dans les cinq ans la fermeture de 19 puits (passage de 52 à 33), la réduction du personnel de 183 000 à 150 000, et également l'arrêt de huit cokeries, sans conflit social et sans chômage. Le but de cette réorganisation et de la concentration en une seule société était la consolidation des entreprises minières de la Ruhr qui, depuis dix ans, n'avaient pas de politique entrepreneuriale ni énergétique commune. Environ 15 milliards de marks d'aides publiques, dont au moins 10 milliards rien que pour l'industrie minière, furent dépensés, sans effet car la situation ne fut pas sauvée de manière définitive et, de 1970 à 1978, il y eut à nouveau près de 10 milliards de marks de subvention[93].

Après la fin de la crise, en 1967, et jusqu'au choc pétrolier de 1973, la croissance économique reprend (5 % de croissance du PNB en moyenne), avec cependant une forte hausse des dépenses publiques (de 34,2 % du PNB en 1961 à 49,5 % en 1975)[94]. En effet, sous l'influence de Karl Schiller (SPD), ministre de l'économie de 1966 à 1972, le gouvernement ouest-allemand modifie la voie traditionnelle de l'ordolibéralisme allemand en y introduisant de fortes inflexions keynésiennes. Ceci marque, pour la RFA, le début d'une nouvelle ère de politique économique : le principe de l'ordolibéralisme est complété par l'apport d'éléments de planification de branches sectorielles[95].

---

90.– WINKEL (note 81), p. 75.
91.– ABELSHAUSER (note 14), p. 208.
92.– Mitbestimmung, in ABELSHAUSER (note 14), p. 209.
93.– ABELSHAUSER (note 14), pp. 210 – 211.
94.– SCHNEILIN, SCHUMACHER (note 10), p. 64.
95.– WINKEL (note 81), p. 76.

L'ouverture sur les marchés extérieurs se poursuit (sur la période, 10,6 % de croissance des importations et 8,7 % des exportations) et la balance commerciale est de plus en plus excédentaire (16,9 milliards de DM en 1967 ; 37,3 en 1973). Mais l'industrie voit reculer sa part dans le PNB (de 54,5 % en 1961 à 47,4 % en 1975)[96], même si la production industrielle continue de croître à un rythme moyen annuel de 6,4 %.

Les salaires et les prix recommencent aussi à augmenter, mais l'emploi stagne ou presque (0,6 % de croissance annuelle moyenne entre 1967 et 1973). La part du chômage a ainsi crû sur la longue durée (0,7 % en 1961 ; 1,8 en 1967 ; 4,2 en 1975)[97]. La lutte contre l'inflation (les prix à la consommation augmentent de 4,1 % en moyenne annuelle entre 1967 et 1973) est au centre de toutes les politiques économiques du début des années 1970. Avec la deuxième réévaluation du Mark (24 octobre 1969) et les multiples programmes de stabilisation (juillet 1970 et mai 1971), on veut prolonger les éléments de stabilité (prix stables, lutte contre l'inflation, plein emploi, équilibre des comptes et une croissance raisonnable)[98].

Le contrôle de la conjoncture s'avère cependant complet à la fin des années 1960, avec une économie de plein emploi, fortement liée à l'économie mondiale et hautement industrialisée, plus que dans les années de reconstruction. Le système social de marché est redevenu un modèle de réussite. On reprend alors les discussions sur les questions de salaires et sur la cogestion (qui avaient cessé lors de la crise de 1966/67). Déjà dans les années 1960, le but de la politique sociale était la « propriété pour tous » et des évolutions de salaires. Certains résultats avaient été obtenu : à côté de nombreux allègements de taxes et de mesures en faveur de l'épargne, la mise en place d'actions populaires, entre 1959 et 1965, de participations (pour le personnel) depuis 1959, une loi sur la capitalisation (à destination des travailleurs, du 12 juillet 1961, et celle du 5 mai 1965). Ces questions revenaient donc au centre des préoccupations au début des années 1970[99].

Les évolutions économiques ont eu des conséquences importantes sur la société allemande. Ceci est traité dans un autre chapitre, mais on peut simplement évoquer ici un processus frappant dans la société ouest-allemande des années 1950 et 1960 : celui de la « déprolétarisation » (« Entproletarisierung ») des travailleurs, autrement dit la fin du prolétariat. Elle est due à une meilleure formation, à des salaires plus élevés (le salaire réel a plus que doublé dans les années 1950) et payés mensuellement sur un compte, etc.

---

96.– SCHNEILIN, SCHUMACHER (note 10), pp. 64 – 66.
97.– SCHNEILIN, SCHUMACHER (note 10), p. 64.
98.– WINKEL (note 81), p. 76.
99.– WINKEL (note 81), p. 77.

## Croissance rapide, mais faible productivité en RDA

De son côté, la RDA a connu une croissance économique rapide dans les années 1960, en particulier dans le secteur industriel qui était son objectif majeur[100]. Un des seuls aspects négatifs est celui de la productivité du travail. Dans ce domaine, et par rapport à la situation de l'avant-guerre, la RDA aurait eu un retard de 50 % par rapport à la RFA. Cet écart a tendu à se combler légèrement pendant les années 1960, mais il est resté d'au moins un tiers et après 1967, il n'a plus réussi à se réduire[101].

Après les succès des années 1957 et 1958, avec une croissance respective de 7 % puis 12 %, les dirigeants avaient espéré rattraper le retard par rapport à la RFA dès 1961. Mais les mauvaises prévisions et planifications conduisirent à un repli de la croissance (6 % en 1960, 4 % en 1961) et les difficultés d'approvisionnement furent combattues par des mesures de collectivisation (1960). Il s'ensuivit une augmentation des flux vers l'Ouest. De plus, les investissements stagnèrent, l'ouverture de nouvelles capacités de production fut retardée et les pénuries de matières premières et de demi-produits ralentirent la production dans de nombreuses unités. On chercha alors à gagner sur la productivité du travail en augmentant les normes et en faisant stagner les salaires, afin de trouver une solution à cette crise de la croissance[102].

Les dirigeants étaient bien conscients de ces difficultés et en 1961 les objectifs de production furent révisés, puis un nouveau Plan « prospectif » fut mis en place en 1962 (dans la perspective de 1970). L'échec du 7e Plan avait mis en évidence l'inadéquation des méthodes de planification (« idéologie de la tonne » qui conduisait à de mauvais investissements), de la fixation des prix (qui avait des conséquences graves pour le gaspillage des matières premières et bloquait l'innovation technologique) et de l'organisation économique (la « surcentralisation » des décisions empêchait tout intérêt, toute initiative et toute responsabilisation dans les usines)[103]. Lors de la phase des réformes (1962 – 1971), dans le cadre de la NÖS, on visa particulièrement à alléger les rigidités du système[104].

Les difficultés réapparurent à la fin des années 1960, en particulier dans le domaine des transports et de l'approvisionnement en énergie. Mais ce fut avant tout une décision politique qui contribua au remplacement de Walter Ulbricht par Erich Honecker, plus proche des orientations soviétiques. Ceci eut pour conséquence l'abandon des réformes et le retour au centralisme et

---

100.– GREGORY, LEPTIN (note 1), p. 524.
101.– GREGORY, LEPTIN (note 1), p. 531.
102.– DIW (note 27), pp. 56 – 57.
103.– *Idem.*
104.– Cf. supra.

les relations au sein du CAEM et avec l'URSS furent renforcées[105]. Ainsi, la lourdeur d'une planification rigide, qui reprit de plus belle, ralentit la production est-allemande et les écarts augmentèrent (croissance industrielle et productivité).

**Les spécificités du commerce extérieur**

Le bouleversement territorial et politique subi par l'Allemagne a eu des conséquences encore plus fortes dans le domaine du commerce extérieur. La rupture du territoire, doublée d'une rupture politique, transforme brutalement les flux traditionnels d'approvisionnement. Ainsi, l'Est de l'Allemagne n'est plus là pour assurer l'approvisionnement agricole de l'Ouest. Alors que sous le Reich, la part des importations était de 20 %, elle atteint désormais 50 % à l'Ouest. Le partage de l'Allemagne a des conséquences identiques sur les structures industrielles et même l'organisation de la politique commerciale en est touchée. Tous les anciens accords bilatéraux (est et sud-est) ont été coupés par le rideau de fer[106]. Après les réorganisations nécessaires et le nouveau fonctionnement au sein des deux blocs (CAEM et CEE), pendant les années 1950, le commerce extérieur profite de la croissance générale.

Au cours des années 1960, la croissance du commerce extérieur a été importante, dans les deux pays (même si elle reste inférieure à la croissance globale). Ainsi, pour la RFA, entre 1960 et 1969, le total des importations est multiplié par 2,29 en valeur, celui des exportations par 2,37, tandis qu'en RDA, pour la même période, le total des importations est multiplié par 1,84 en valeur, celui des exportations par 1,92.

On assiste, pendant les années 1950 et 1960, à une certaine modification de la composition des échanges de la RFA. Les importations de produits alimentaires passent de 44,1 % (1950) à 26,3 % (1960) et 19,1 % (1970). Tandis que la part des importations de produits industrialisés finis passent de 12,6 % (1950) à 32,2 (1960) puis à 50 % (1970). Pendant ce temps, les exportations se modifient aussi : la part des matières premières chute de 14 % (1950) à 1,9 % (1960), celle des produits finis passe de 64,9 % (1950) à 83,4 % (1980). Donc la réintégration de la RFA dans le marché mondial profite beaucoup à sa production industrielle[107], en particulier à quelques branches industrielles telles que la construction mécanique, les systèmes de télécommunication, l'électroménager et les véhicules[108].

---

105.– SCHNEILIN, SCHUMACHER (note 10), p. 79.
106.– ABELSHAUSER (note 14), p. 219.
107.– ABELSHAUSER (note 14), p. 262.
108.– ABELSHAUSER (note 14), p. 233.

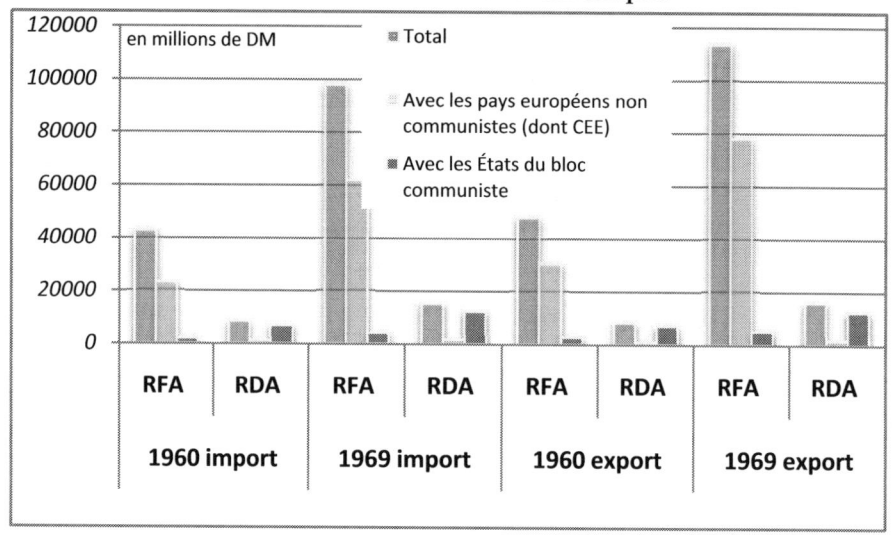

Tableau 2 : Commerce extérieur comparé[109]

en millions de DM
- Total
- Avec les pays européens non communistes (dont CEE)
- Avec les États du bloc communiste

RFA / RDA — 1960 import | RFA / RDA — 1969 import | RFA / RDA — 1960 export | RFA / RDA — 1969 export

Dans le domaine des échanges extérieurs, la RDA ne soutient pas vraiment la comparaison. Elle se situe environ à 50-60 % du volume des échanges par habitant de la RFA. Cette tendance autarcique n'a pu avoir que des conséquences négatives sur la croissance et les performances de la productivité, d'autant plus que cette économie était mal armée pour l'autosuffisance[110].

Alors que dans le premier après-guerre, la RFA a plutôt été la bénéficiaire de technologies avancées, la RDA a, de son côté, plutôt joué le rôle d'exportatrice de technologie au sein du bloc communiste[111], en raison de son avance sur les autres pays (à l'exception de l'URSS). Cette situation de domination dans son aire économique a également probablement contribué à une faible pression de la concurrence, ce qui évidemment ne pousse pas à l'innovation.

La structure de ce commerce extérieur est totalement différente entre les deux pays. Le commerce extérieur est-allemand est orienté vers les autres pays socialistes, en particulier l'URSS, *via* le Conseil d'Assistance Économique Mutuelle (CAEM)[112], créé le 25 janvier 1949 à Moscou comme un pendant au Plan Marshall et à l'OECE. La RDA y est admise dès 1950. La part de ses échanges avec les États du bloc communiste est de 80,6 % pour les importations et 78,2 % pour les exportations, en 1969. Côté RFA, ces chiffres

---

109.– D'après les données du BIB (note 58), p. 34.
110.– GREGORY, LEPTIN (note 1), p. 523.
111.– *Idem*.
112.– Rat für gegenseitige Wirtschaftshilfe (RGW).

sont respectivement de 4,1 % et de 4,5 %. Avec la nouvelle situation issue de la guerre, on a vu une chute presque totale des exportations de la RFA vers l'ensemble de l'Est européen (1 à 2 % seulement dans années 50), situation renforcée par l'embargo (CoCom-Liste)[113]. Sous ces conditions, les échanges avec l'Est et le sud-est européens n'atteignent que 5 %, même si avec ce chiffre, la RFA est largement en tête des échanges de l'ouest avec ces régions[114]. Cependant, si l'on prend en considération l'ensemble des échanges allemands, la répartition n'a guère changé par rapport à celle de l'avant-guerre (15 % des exportations avec Est et Sud-est)[115].

L'entrée en vigueur de la Communauté économique européenne (CEE), à partir de 1958, a été certainement un élément de renforcement de l'intégration de l'Allemagne à l'Ouest au sein de l'Europe occidentale. A cette date, l'Allemagne exportait 27 % vers la zone CEE, en 1971, ce pourcentage atteignait 40 %, et dès le premier élargissement (1973) cette part était de plus de 50 %[116].

La forte insertion de la RFA dans le marché mondial n'a cependant pas eu que des avantages. Dans les années 1960 et 1970, le bilan commercial, constamment excédentaire, conduit à un transfert de biens à l'étranger et à une accumulation de réserves monétaires pas toujours très productives. La tendance inflationniste est en partie due au commerce extérieur (inflation importée, car le niveau de prix à l'étranger est supérieur). Et de plus, l'excédent de la balance commerciale ouest-allemande entraîne, dans les pays déficitaires des mesures de rétorsion[117].

Dans le domaine du commerce extérieur, les deux systèmes sont évidemment organisés très différemment. En RDA, le commerce extérieur est une prérogative de l'État, en RFA, l'État a pris un rôle d'orientation et a mis en place un cadre normatif[118]. En RDA, le ministère du commerce extérieur dirige, organise, planifie et contrôle entièrement le commerce extérieur sur la base de décision du parti et du gouvernement. C'est un monopole d'État (art. 9.5 de la Constitution) qui s'opère à l'aide d'organisation et d'institutions spécifiques, parmi lesquelles des représentations commerciales

---

113.– CoCom : Coordinating Committee for Multilateral Strategie Export Controls (la RFA n'en fait pas partie aux débuts, car elle n'est pas encore membre de l'OTAN, mais elle en suit les directives). Il s'agit d'une liste de produits sous embargo dans le cadre du commerce est – ouest (à partir de 1951), en particulier machines, ordinateurs et produits qui peuvent être utilisés à des fins militaires.
114.– ABELSHAUSER (note 14), p. 261.
115.– *Idem.*
116.– ABELSHAUSER (note 14), pp. 260 – 261.
117.– ABELSHAUSER (note 14), p. 263.
118.– TIMMERMANN (note 18), pp. 23 – 24.

dans les pays tiers, de chambres de commerce extérieur, un bureau du commerce extérieur, des entreprises spécifiques, enfin même un institut de recherche dépendant du ministère. L'appartenance de la RDA au Pacte de Varsovie et au CAEM ainsi que le système bilatéral des échanges dans les pays de l'Est font que 70 % de ce commerce s'effectue avec les pays du bloc de l'Est[119]. Mais les résultats globalement très insuffisants font que le commerce extérieur a été considéré comme l'une des raisons pour lesquelles la RDA restait économiquement largement en recul de la RFA[120] ? C'était son « talon d'Achille »[121] dans la compétition économique avec l'Ouest.

Les échanges entre les deux Allemagnes sont, dans les premiers temps de leur existence, presque interrompus. Par la suite, malgré la position officielle de refus prise par la RFA, ces échanges ont cependant commencé à croître. Le protocole du traité de la CEE relatif au commerce interallemand prévoit que les échanges entre la RFA et la RDA ne seront pas touchés par le tarif extérieur commun[122]. Ces échanges ont lieu par l'intermédiaire d'organismes privés auxquels le gouvernement ouest-allemand a donné un monopole dans ce domaine[123]. Ainsi, le gouvernement de la RFA peut officiellement esquiver la réalité de ces échanges, tout en gardant un droit de regard et la RDA peut ainsi être le « passager clandestin » de la CEE[124] et bénéficier d'un statut préférentiel (taxes). A partir de l'*Ostpolitik* (1969) et plus encore, du traité fondamental (1972), qui prévoit une « amélioration des échanges », ceux-ci s'accélèrent et la RFA devient le second partenaire commercial de la RDA derrière l'URSS[125].

Cependant, si cette normalisation permet de renforcer les échanges, elle n'empêche pas la poursuite de la concurrence économique entre les deux États. Par ailleurs, du fait de la progression constante des échanges, on peut

---

119.– Idem.
120.– ROESLER (note 44), p. 105.
121.– Christoph BUCHHEIM, « Die Achillesferse der DDR – der Außenhandel », in : André STEINER (éd.), *Überholen ohne einzuholen. Die DDR-Wirtschaft als Fußnote der deutschen Geschichte ?*, Berlin, 2006, pp. 91 – 103.
122.– Marie-Thérèse BITSCH, *Histoire de la construction européenne de 1945 à nos jours*, Bruxelles, 1996, p. 122.
123.– Chantal METZGER, « La vision française de la RDA de 1949 à 1955 », in : Elisabeth DU RÉAU (éd.), *Regards croisés et coopération en Europe au XXᵉ siècle*, Paris, 1996, p. 156.
124.– *Le Monde*, 24 janvier 1973, cité par Dorothee RÖSEBERG, *Images de la France en République démocratique allemande : une histoire oubliée*, Paris, 2004, p. 19.
125.– Peter Christian LUDZ, *Deutschland doppelte Zukunft. Bundesrepublik und DDR in der Welt von morgen*, Munich, 1974, pp. 163 – 164.

y voir une captation progressive de l'économie est-allemande par l'essor de la RFA[126].

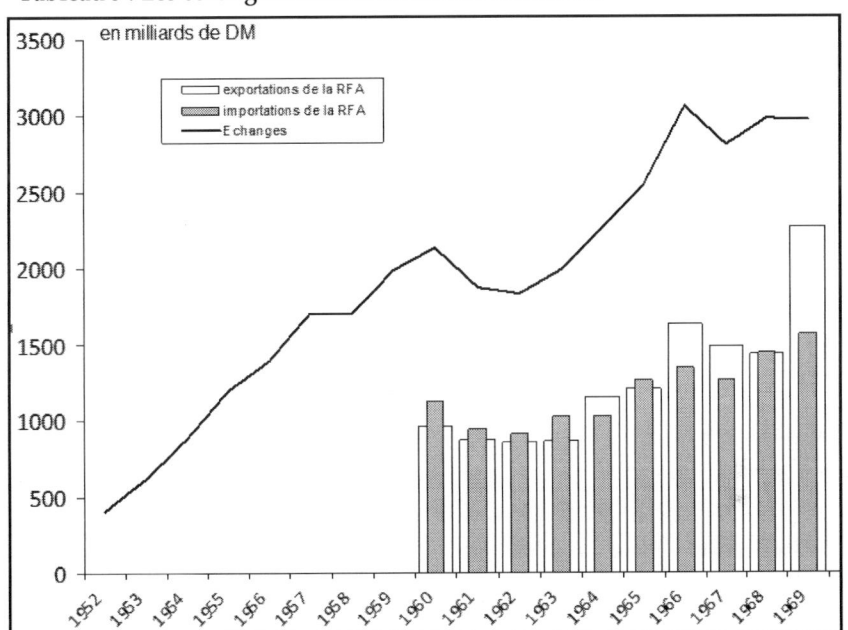

**Tableau 3 : Les échanges commerciaux intra-allemands[127]**

En ce qui concerne la structure de ces échanges, on constate, au cours des années 1960, quelques évolutions. Ainsi, plus de la moitié des exportations de la RFA vers la RDA relève des matières premières et des biens de production, et cette part augmente encore (de 52 à 55 %), alors que, pour les mêmes catégories, les importations chutent de moitié (de 55 à 28 %). Au contraire, pour ce qui relève des biens d'équipement, les importations se renforcent (de 10 à 15 %) tandis que les exportations s'affaiblissent (de 26 à 22 %). Pour les biens de consommation, les exportations ouest-allemandes restent à peu près fixes (de 9 à 8 %), mais les importations augmentent nettement (de 19 à 33 %), tout comme pour les produits alimentaires (de 16 à 26 %). Ceci reflète les évolutions de la production dans les deux pays.

---

126.– Pierre-Frédéric WEBER, *Le triangle RFA – RDA – Pologne (1961 – 1975). Guerre froide et normalisation des rapports germano – polonais*, Paris, 2007, p. 282.
127.– D'après les données du BIB (note 58), p. 36 et du DIW (note 27), p. 234. Les effets des deux crises en RFA sont très visibles.

Tableau 4 : La structure du commerce entre les deux Allemagnes[128]

|  | Exportations de la RFA en % | | Importations de la RFA en % | |
|---|---|---|---|---|
|  | 1960 | 1969 | 1960 | 1969 |
| Matières premières et biens de production | 52 | 55 | 55 | 28 |
| dont : chimie | 15 | 21 | 8 | 9 |
| Biens d'équipement | 26 | 22 | 10 | 15 |
| dont : construction de machines | 15 | 16 | 7 | 7 |
| Biens de consommation | 9 | 8 | 19 | 33 |
| Produits agricoles et alimentaires | 12 | 15 | 16 | 25 |

## Comparaison, compétition ou convergence

Au cours des années 1960, dans les deux pays, les mécanismes économiques jouent un rôle important. La coordination s'effectue soit par le marché et les prix, soit par la planification, la stimulation et le contrôle soit par la concurrence ou par des pressions économiques[129].

Tableau 5 : Revenus comparés des deux Allemagnes dans les années 1960[130]

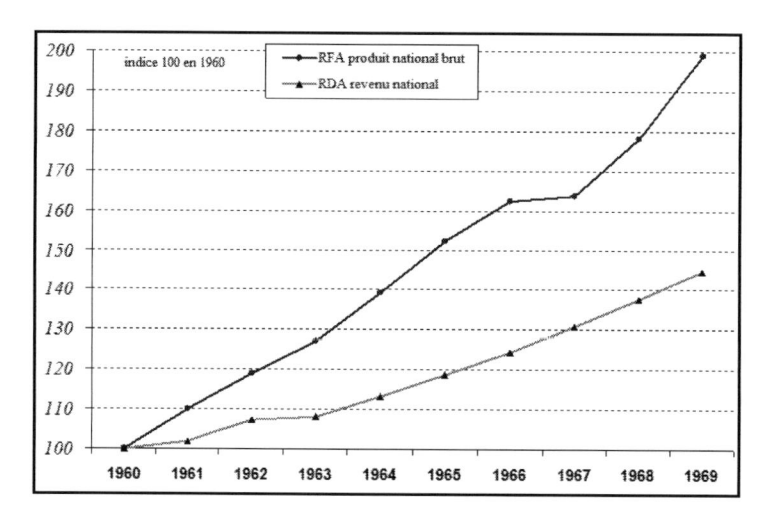

On y constate une très forte concentration des entreprises, de la production et du pouvoir économique, mais ils ne sont pas dans les mêmes mains.

---

128.– DIW (note 27), p. 233.
129.– TIMMERMANN (note 18), p. 24.
130.– Indices calculés d'après les données du BIB (note 58), p. 26.

En termes de résultats, la productivité du travail, le produit social et le niveau de vie sont en RDA à peu près les deux tiers de celui de la RFA[131].

La comparaison des indices confirme le creusement de certains écarts entre les deux Allemagnes au cours des années 1960[132], comme c'est le cas pour le PNB (revenu global) ou bien pour la productivité industrielle qui, au cours des années 1960, progresse bien plus côté RFA que côté RDA (48,4 % contre 32,5 %). Mais les évolutions sont inégales, avec un recul est-allemand dans l'industrie lourde, mais une bonne tenue dans le secteur alimentaire et des gains comparatifs dans les industries légères et métallurgique, et au total un écart qui se maintient dans la globalité (cf. tableau infra). Les années 1960 ne sont donc pas encore celles du décrochage de l'Est, bien au contraire, puisque le système est plutôt amélioré.

Tableau 6 : Productivité comparée RDA – RFA de 1960 à 1968[133]

|  | Productivité du travail (1968) en DM | | Croissance (productivité) de 1960 à 1968 en % | | RDA en % de la RFA | |
|---|---|---|---|---|---|---|
| Branches industrielles | RDA | RFA | RDA | RFA | 1960 | 1968 |
| Industrie de base (matières premières) | 51 660 | 81 020 | 51,8 | 77,9 | 74,8 | 63,8 |
| Industrie métallurgique | 26 170 | 40 310 | 63,5 | 27,4 | 50,6 | 64,9 |
| Industrie légère | 27 880 | 40 900 | 56,0 | 46,2 | 63,9 | 68,2 |
| Industries alimentaires | 90 120 | 113 870 | 41,7 | 39,9 | 78,2 | 79,1 |
| Industrie au total | 38 460 | 56 200 | 32,5 | 48,4 | 66,6 | 68,4 |

Certaines caractéristiques du système économique socialiste apparaissent évidentes à la comparaison : moins d'investissement dans les transports et dans la construction de logement et une part un peu plus grande de l'industrie lourde dans la production totale. Celle-ci se renforce encore au

---

131.– Selon TIMMERMANN (note 18), une des explications en est le problème de la motivation.
132.– A la réserve près qu'il n'a pas été possible de déterminer si les données statistiques étaient en marks constants. Si ce n'est pas le cas, les variations seraient sans doute atténuées, car l'inflation en RFA (moyenne de 3,4 % entre 1961 et 1973 – source OCDE), était sans doute supérieure à celle de la RDA (les prix étaient fixés par l'État et la plupart des matières premières étaient très largement à des prix en dessous des coûts de production jusqu'en 1964 – 1967 où les réformes ont relevé les prix, pour une meilleure adéquation avec les coûts ; les prix industriels et des biens de consommation ont été réévalués à nouveau en 1973).
133.– DIW (note 27), p. 285.

cours des années 1960, en particulier dans l'industrie métallurgique dans laquelle la productivité du capital est proche en RDA (1 366 DM en 1968) de celle de la RFA (1 475 DM). Ainsi, dans ce secteur, la RDA comble progressivement l'écart, passant de 60,5 à 92,6 % par rapport à la productivité du capital en RFA. Plus encore, le secteur de l'industrie agro-alimentaire affiche une meilleure performance et le ratio de l'Est par rapport à l'Ouest passe de 108,7 % en 1960 à 141 % en 1968. Le seul secteur dans lequel ce ratio ne s'améliore pas pour la RDA est celui des matières premières[134].

D'une manière générale, si l'on s'en tient aux chiffres de la RDA, le taux d'investissement est-allemand aurait été inférieur à celui de la RFA, même si l'on note sur la fin de la période plutôt une évolution vers moins de différences dans ce domaine. Pourtant, en appliquant les critères de l'Ouest aux statistiques, la chose n'est plus certaine, et il semble même que sur la période examinée ici, les taux d'investissements aient même été plus élevés en RDA[135]. On peut sans doute en conclure que la différence était faible, et de toute façon, dans les deux États allemands, la part des investissements se situait à un niveau assez élevé.

Par contre, en terme de PNB par habitant, celui-ci se situe à un niveau inférieur (78 % du niveau de la RFA[136] et même à 67 % pour le PNB par actif, ce qui s'explique par le fait que le taux d'emploi est plus élevé en RDA). De ce fait, maintenir le taux d'investissement comparable à celui de son homologue de l'Ouest a été une charge supérieure en RDA[137]. Mais le rapport reste stable alors que sur la période, la croissance du PNB par habitant a été d'environ 64 % pour la RFA (69 % pour la RDA)[138], donc une croissance parallèle, et même un peu meilleure pour la RDA.

À l'Ouest, une grande partie de ce financement est du ressort des entreprises que celles-ci assurent essentiellement avec l'autofinancement (jusqu'au début des années 1970), tandis qu'à l'Est celui-ci vient de l'État. Car l'une des différences majeures dans le financement de l'économie est évidemment la forme de la propriété. En RFA, les entreprises sont toutes privées, il n'y a eu aucune nationalisation, malgré l'épuration économique après la guerre (et malgré le souhait du SPD[139] à cette époque), parce que les Alliés redoutaient de laisser aux mains de l'État allemand de trop grands

---

134.– DIW (note 27), p. 287.
135.– Gregory, Leptin (note 1), pp. 527 – 528.
136.– Werner Obst indique un rapport variant de 75 % (1961) à 77 % (1972) ; Obst (note 56), tableau 3, p. 19.
137.– Gregory, Leptin (note 1), p. 528.
138.– Obst (note 56).
139.– Celui-ci y renonce en 1959 (programme de Bad Godesberg), tout comme il renonce aussi à la planification et décide de promouvoir la cogestion.

moyens de puissance (en particulier dans l'industrie lourde). Cependant, jusqu'en 1982[140], l'État conserve un certain nombre d'entreprises publiques (chemins de fer, poste, compagnie aérienne, téléphone), mais qui relèvent toutes des services publics et non du secteur de la production industrielle.

En RDA, dans un premier temps, le régime n'a pas interdit la propriété privée, en particulier dans les petites entreprises et dans l'artisanat. Ainsi, en 1950, 23,5 % de la propriété industrielle est encore privée. Mais très vite, des orientations idéologiques qui se durcissent conduisent à une nationalisation presque totale (les entreprises entièrement privées ne représentent plus que 12,7 % du total en 1955, 3,8 % en 1960 et seulement 1,5 % en 1969)[141].

La forte croissance économique qui marque les années 1960 dans les deux pays, a permis la construction de bases économiques solides. Pourtant, le début des années 1970 révèle certaines limites à cette réussite parallèle, et montre également que les deux systèmes tendent à diverger plus fortement.

Dès 1971, des tensions monétaires internationales pèsent sur l'économie ouest-allemande et la crise pétrolière va amplifier les difficultés. Mais malgré le large repli de la RDA sur le monde communiste, qui en théorie aurait dû lui épargner les conséquences de la première grande crise mondiale de l'après-guerre, son économie en subit néanmoins les contrecoups. En effet, l'URSS augmenta le prix de ses matières premières, ce qui toucha essentiellement les pays du CAEM, et donc la RDA, très dépendante vis-à-vis de l'Union soviétique. Ainsi, la balance commerciale est pénalisée par l'augmentation de la facture énergétique qui mobilise alors un tiers de ses bénéfices du commerce avec l'URSS, le double par rapport aux années d'avant la crise[142].

Ainsi, malgré des systèmes et des marchés totalement opposés, les deux Allemagnes subirent chacune à leur manière le premier puis le second choc pétrolier. La RFA mit près d'une décennie à s'en remettre vraiment, mais l'économie de la RDA commença à partir de cette date son déclin inexorable.

Dès l'émergence d'un État soviétique qui à l'évidence développait une économie sur des bases très différentes des pays occidentaux, certains économistes avaient discuté une « théorie de la convergence » selon laquelle les économies capitalistes et socialistes deviennent progressivement similaires et évoluent dans la même direction. Ils l'ont développé au début des années 1960, à propos des deux Allemagnes (en particulier, Walt W. Rostow, Ray-

---

140.– Date de l'arrivée au pouvoir d'Helmut Kohl qui va mettre en œuvre une politique de privatisation de ces services.
141.– Heinz JUNG et al., *BRD – DDR. Vergleich der Gesellschaftssysteme*, Cologne, 1971.
142.– SCHNEILIN, SCHUMACHER (note 10), p. 80.

mond Aron et Jan Tinbergen)[143]. En somme, telon les défenseurs de cette théorie, le capitalisme deviendrait moins « capitaliste » et le socialisme, moins « socialiste ». La convergence vers un « stade final optimal » ne serait qu'une question de temps[144].

Ces tendances générales techniques et économiques seraient concrétisées par un même niveau de développement technologique (et en particulier, de mêmes techniques de planification, de calculs des coûts et de l'efficacité) ; une même structure de la production (en particulier un processus de concentration) ; des formes d'organisation similaires (avec des corporations dominées par des managers/technocrates tant dans les secteurs privés que publics) ; des investissements de mêmes formes et visant les mêmes objectifs ; un même niveau de croissance ; les mêmes progrès techniques ; un système de revenus convergeant vers une répartition plus équitable ; les mêmes standards de vie et de consommation (niveau élevé dans les deux systèmes) ; une éducation similaire (élévation générale du niveau) ; une notion de « Welfare State » (sécurité sociale assurée) ; une forte urbanisation et des relations commerciales extérieures développées (pas d'autarcie).

Dans le domaine des politiques économiques, on peut noter une convergence également vers une forte influence du gouvernement dans les activités économiques ; des buts identiques de la politique économique (niveau de vie, plein emploi, croissance, sécurité sociale) et de mêmes formes de management (tendance à une planification centrale combinée avec la coordination des marchés et la régulation des secteurs instables)[145].

Dans le domaine de la propriété des moyens de production, ce qui semble converger c'est le contrôle sur cette propriété. Dans les deux systèmes, elle a tendance à passer entre les mains des managers ou de spécialistes hautement qualifiés, qui à l'Ouest remplacent les propriétaires (pour les décisions entrepreneuriales) et dans les pays socialistes remplacent les officiels du parti. Donc dans les deux systèmes, on voit la création d'une nouvelle classe de non-propriétaires qui assument des positions de direction sur la base de leur éducation et de leurs compétences[146]. Dans l'ensemble, cette approche théorique semble s'adapter à la lecture du cas des deux économies allemandes, au moins pour les années 1960.

Cependant, certaines restrictions peuvent être apportées à cette théorie de la convergence, car elle est basée sur l'idée que la rationalité économique

---

143.– Jutta KNEISSL, « The Convergence Theory : The Debate in the Federal Republic of Germany », in : *New German Critique*, (Spring 1974), p. 16.
144.– *Idem.*
145.– KNEISSL (note 143), p. 18.
146.– *Idem*, p. 22.

déterminera le développement futur, en négligeant totalement le cadre politique[147]. Mais bien sûr, des systèmes économiques et sociaux à un niveatu avancé de division du travail ont en commun un certain nombre de principes d'organisation. De même, des structures techniques similaires conduisent inévitablement à des systèmes proches[148].

Mais du côté de la RDA, même si l'on admet certaines similarités d'apparence, cette théorie est totalement rejetée, pour deux raisons majeures. Tout d'abord une insurmontable différence de la base socio-économique (en particulier dans les relations de propriété) et un contrôle et une gestion économique planifiée vers des buts socialistes qui s'opposent à la production non coordonnée et semée de crises des pays capitalistes. Selon les théoriciens de la RDA, cette théorie serait en fait une des idées-clés de l'anticommunisme du temps (et aussi la vision d'un « ordre optimal »)[149]. On fait remarquer de plus que cette théorie est en accord avec la nouvelle *Ostpolitik* du gouvernement ouest-allemand. Elle vise à terme l'idée d'une domination et d'une acceptation des méthodes économiques capitalistes. Donc cette théorie suit les buts de l'impérialisme capitaliste, elle correspond à une stratégie globale et elle sert de fondation et de justification à la nouvelle *Ostpolitik*. Le gouvernement social-démocrate s'inscrirait parfaitement dans ce concept. Donc même si les traités entre la RDA et la RFA (1972) sont le résultat positif de la politique est-allemande de détente, en même temps, sur la base de ce succès et de la coopération croissante avec l'Ouest, les représentants du parti estiment cependant que le combat idéologique doit être, dans le même temps, intensifié[150].

Si la convergence n'est donc pas acquise, mais pas encore contestée par les faits au début des années 1970, il n'en reste pas moins que sur cette période d'une quinzaine d'années il y a deux économies qui, bien que fonctionnant sur des bases très différentes, n'en sont pas moins des modèles qui affichent certaines réussites, dans une relation de forte concurrence qui a été probablement très stimulante pour les deux États frères (ennemis).

---

147.– Selon Wolfgang BEHR (note 17), p. 123, les deux systèmes économiques ont des éléments de similarité, mais pour autant, on ne peut en conclure à des éléments de convergence.
148.– KNEISSL (note 143), pp. 22s.
149.– *Idem*.
150.– KNEISSL (note 143), pp. 24 – 25.

# Planification et réformes

Gabriele Metzler

La planification « est un *concept-clé* de notre avenir, qui s'impose en ce moment à la conscience collective », écrivait l'éditeur d'une série de plusieurs volumes très remarqués, consacrés au milieu des années 1960 aux questions de planification, lors de son lancement[1]. Qu'à cette époque, un ouvrage d'une telle envergure, ainsi que plusieurs centaines d'autres publications sur le même thème, aient trouvé des lecteurs, ne s'explique que par l'actualité du sujet, l'actualité d'une politique interventionniste sur l'économie et la société, comprise comme expression de la modernité. À l'Ouest, c'étaient les années de l'euphorie de la planification tandis qu'à l'Est, les systèmes d'économie planifiée connaissaient une phase de réformes, d'assouplissement et de libéralisation. Certes, de telles idées n'étaient pas nouvelles[2]. Elles avaient leurs racines dans le discours des lumières au XVIIIe siècle, elles avaient percé à la pleine époque de la « modernité autoritaire »[3], entre les années 1880 et la fin de la Seconde Guerre mondiale, et elles devaient connaître, dans les années 1960 (et jusqu'à nouvel ordre, ce fut la dernière fois) une splendeur, nouvelle et largement remarquée. Les expériences des deux guerres et de la crise économique mondiale suscitèrent au XXe siècle des impulsions déterminantes, tout autant pour la planification étatique socialiste telle qu'on la pratiquait en Union soviétique au début des années vingt que pour le keynésianisme, dont les aspects planificateurs, interventionnistes étaient clairement mis en lumière dans le New Deal. L'économie planifiée selon le modèle soviétique et le keynésianisme marquèrent finalement tous deux l'histoire des deux États allemands après 1945.

---

1.– Joseph H. KAISER, « Préface », in : ID. (éd.), *Planung I*, Baden-Baden, 1965, p. 7. Mise en relief dans le texte d'origine.
2.– Voir le bref résumé de Dirk VAN LAAK, « Planung. Geschichte und Gegenwart des Zugriffs auf die Zukunft », in : *Geschichte und Gesellschaft*, 34 (2008) 3, pp. 305 – 326.
3.– Le concept de « modernité autoritaire » revient à James C. SCOTT, *Seeing Like a State. How Certain Schemes to Improve the Human Condition Have Failed*, New Haven, 1998. À propos de la genèse des conceptions de planification : Gabriele METZLER, Dirk VAN LAAK, « Die Konkretion der Utopie. Historische Quellen der Planungsutopien der 1920er Jahre », in : Isabel HEINEMANN, Patrick WAGNER (éd.), *Wissenschaft – Planung – Vertreibung. Neuordnungskonzepte und Umsiedlungspolitik im 20. Jahrhundert*, Stuttgart, 2006, pp. 23 – 43.

Dans les années 1960, ils semblaient se rapprocher l'un de l'autre. La tendance « à organiser de manière consciente toutes les activités humaines » allait désormais faire son chemin partout, lisait-on dans l'encyclopédie comparative renommée « Le système soviétique et la société démocratique »[4]. Déjà, certains sociologues et économistes commençaient à parler d'une « convergence » entre les deux systèmes, pourtant si différents idéologiquement et structurellement. Si d'un côté on implantait dans le système si rigide de l'économie planifiée des éléments ressemblant à des critères de marché et si de l'autre côté, le libre marché était contenu et si l'État planifiait dans de vastes secteurs certaines évolutions sociales et économiques – on était conduit une fois de plus à réfléchir à l'existence ou au moins aux possibilités d'une « troisième voie » entre le communisme et le capitalisme[5].

Alors que les années 1960 considéraient encore de tels schémas d'interprétation comme largement plausibles, les historiens penchent vers une vision plus critique. La planification à l'Ouest et à l'Est était-elle vraiment l'expression d'objectifs et de principes directeurs semblables ? Quel rôle accordait-on de part et d'autre à la société, à la science, dans le processus de planification ? Peut-on distinguer des priorités, des domaines dans lesquels les ambitions planificatrices auraient été particulièrement marquantes ? Voici les questions dont nous traiterons de manière comparative. Dans ce dessein, nous nous attacherons d'abord aux réformes en RDA, puis à la genèse, aux formes et aux conséquences de la « conjoncture planificatrice » en République fédérale, avant de reconsidérer finalement la thèse de la convergence à la lumière de la connaissance empirique.

## « Dépasser sans rattraper ». Réformes de la planification en RDA

Sous la protection et l'influence de la force d'occupation, la zone d'occupation soviétique passa au début de l'été 1947 à l'économie planifiée. La coordination des administrations centrales responsables de la planification économique revenait à la Commission pour l'économie allemande qui venait d'être fondée. En 1949, on établit d'abord un plan de deux ans. La planification dans la zone d'occupation soviétique, puis en RDA, fut toujours fortement orientée d'après le modèle soviétique. Les communistes allemands de la zone d'occupation soviétique plaidèrent dès le début pour

---

[4].– Jan TINBERGEN, Michael KASER, « Planung », in : *Sowjetsystem und demokratische Gesellschaft*, Fribourg/Br., 1972, vol. 5, pp. 54 – 75, ici p. 54.
[5].– Ainsi dans le débat sur la convergence, voir tout particulièrement l'économiste néerlandais Jan TINBERGEN, par exemple dans : « Do Communist and Free Economies Show a Converging Pattern ? », in : *Soviet Studies*, 12 (1961), pp. 333 – 341.

l'économie planifiée. Déjà dans leurs premiers appels, à l'été 1945, ils plaçaient le « combat contre la faim, le chômage et le manque de logements »[6] au centre de toute activité économique, « ce qui provenait surtout de l'expérience de la crise économique mondiale de la fin des années vingt et du début des années trente et fut jusqu'à la fin déterminant pour la pensée et l'action de la direction du SED »[7].

Le passage à la planification mit d'abord en évidence la situation extrêmement difficile de l'économie et de l'approvisionnement : il fallait gérer la distribution de ressources rares, coordonner et tenir compte de contraintes diverses (les démontages, les réparations, la construction de l'économie, l'approvisionnement de la population). Mais le socialisme a également toujours envisagé la planification comme un projet global de philosophie historique[8]. Le plan « transmettait l'image, à coloration technique, de processus sociaux consciemment contrôlés et la vision utopique d'une société organisée, pour l'essentiel, de fond en comble. » Ce faisant, la planification était aussi un instrument de légitimation du pouvoir socialiste, en raison de quoi « le plan avait dans le socialisme étatique un caractère presque inattaquable », il « était au-dessus de la loi »[9].

Avec la décision du IIe Congrès du SED sur « la construction du socialisme », la planification prit une autre dimension. La vaste transformation de l'ordre économique et social est-allemand (par le biais, entre autres, de la poursuite du remaniement de l'agriculture au détriment des petits paysans et des entreprises agricoles moyennes, par la collectivisation, par les mesures contre les entreprises privées de commerce et de services) s'accomplissait désormais dans le cadre d'un plan de cinq ans (1951 – 1955). L'insurrection du 17 juin 1953 montra combien il était difficile d'imposer les normes rationnelles du plan, effectives ou supposées, et surtout de préserver l'équilibre précaire entre la réalisation du plan et les exigences inacceptables imposées à la population active.

Les priorités de la direction du parti changèrent lentement. Lorsqu'en mars 1956 le IIIe Congrès du SED adopta le deuxième plan quinquennal, une nouvelle étape dans le développement économique devait s'amorcer : il fal-

---

6.– « Appel du Comité central du Parti communiste allemand du 11 juin 1945 », in : Peter ERLER, Horst LAUDE, Manfred WILKE (éd.), » Nach Hitler kommen wir «. Dokumente zur Programmgeschichte der Moskauer KPD-Führung 1944/45 für Nachkriegsdeutschland, Berlin, 1994, p. 395.

7.– André STEINER, Von Plan zu Plan. Eine Wirtschaftsgeschichte der DDR, Munich, 2004, p. 37.

8.– Cf. TINBERGEN, KASER (note 4).

9.– Peter CALDWELL, « Plan als Legitimationsmittel, Planung als Problem : Die DDR als Beispiel staatssozialistischer Planung », in : Geschichte und Gesellschaft, 34 (2008) 3, pp. 360 – 374, ici p. 362 et 372.

lait prendre en compte plus fortement le « progrès scientifique et technique » et le favoriser. Depuis longtemps, des voix s'étaient élevées pour évoquer une réforme du système de l'économie planifiée, car celui-ci restait de manière évidente en retrait des attentes fixées et car l'ouverture (provisoire) faisant suite au XXᵉ Congrès du Parti communiste de l'Union soviétique le permettait. Fritz Behrens et Arne Benary, tout particulièrement, attirèrent l'attention sur le fait que la pratique existante de la planification était trop inefficace, trop bureaucratique, trop centralisée et réglementait trop. Il fallait au contraire que les entreprises fussent plus responsables d'elles-mêmes tandis que la centrale ne devait fournir que les grands cadres. Il fallait aussi réfléchir à l'intégration d'autres instruments économiques[10].

Behrens et Benary se virent accusés de « révisionnisme » par Walter Ulbricht. Leurs idées ne pouvaient pas s'imposer en 1956, en raison également des expériences faites en Hongrie[11]. Le débat Behrens-Benary, sorte de galop d'essai, servit à marquer clairement les limites aux débats possibles sur la réforme : qui s'en prenait au pouvoir revendiqué par le SED était immédiatement soumis à une procédure disciplinaire par le parti. La rationalité économique ne devait pas toucher aux monopoles de pouvoir et d'interprétation (économique) du parti. Ceci devait se vérifier plusieurs fois lors des réformes des années 1960.

Tandis qu'en République fédérale, le « miracle économique » fournissait les bases du bien-être croissant de la population, l'économie est-allemande restait, pour le niveau de production, la faculté d'innovation, mais aussi la consommation privée, en retrait par rapport au mouvement sensible à l'Ouest[12]. Les réserves de main d'œuvre fondaient visiblement, car les entreprises amassaient les forces de travail, les administrations se développaient et absorbaient du potentiel humain, mais aussi et surtout car un nombre croissant de personnes nouvellement formées « fuyait la république » et passait à l'Ouest. Ulbricht releva résolument le défi que constituait la concurrence entre les systèmes et les performances des deux États allemands en annonçant, mi-1958, que sous trois ans – et c'était « la tâche économique primordiale » – « notre consommation par habitant actif, en incluant tous les produits d'alimentation importants et les biens de consommation, devait

---

10.– Peter C. CALDWELL, « Productivity, Value, and Plan : Fritz Behrens and the Economics of Revisionism in the German Democratic Republic », in : *History of Political Economy*, 32 (2000), pp. 103 – 137 ; André STEINER, « Die ›Revisionismus‹-Debatte um die DDR-Wirtschaftswissenschaftler Fritz Behrens und Arne Bernary », in : *Zeitgeschichte-online, Themenportal Ungarn 1956 – Geschichte und Erinnerung* (http://www.zeitgeschichte-online.de/zol/portals_ungarn1956/ documents/steiner_behrensbernary.pdf).
11.– STEINER (note 7), pp. 98ss.
12.– STEINER (note 7), pp. 101ss.

atteindre et dépasser la consommation par tête de l'ensemble de la population de l'Allemagne de l'Ouest »[13]. Jusqu'en 1961, selon ce mot d'ordre frappant, il fallait « rattraper et dépasser » la République fédérale. Mais la situation économique continua pourtant à se dégrader jusqu'en 1961 malgré quelques succès au début ; la vague des fugitifs ne cessa de grossir[14].

Finalement, la construction du Mur transforma radicalement la situation. Elle est qualifiée à juste titre par les chercheurs de « fondation officieuse »[15] de la RDA. Car, « si jusqu'alors les normes idéologiques et les objectifs programmés (transformation de la RDA selon le modèle soviétique) avaient déterminé la politique de la direction, c'était maintenant le changement de réalité sociale qui avait sur elle une influence accrue »[16]. En janvier 1963, le VIe Congrès du SED émit également des signaux importants en amenant à la direction du parti des cadres plus jeunes. Erich Apel, Werner Jarowinski et Günter Mittag furent élus au Bureau politique où, en tant que spécialistes, ils agirent de manière plus pragmatique que les anciens cadres. Cela se répercuta sur les étages inférieurs où, dès lors, de plus en plus de quadragénaires issus de la « nouvelle intelligence » marquèrent de leur influence les conseils consultatifs. Ils avaient plutôt une approche technisante des questions d'optimisation de la planification, étaient à l'affût des nouvelles pistes de la cybernétique, de l' « organisation scientifique du travail » ou des théories du management (« conduite socialiste de l'économie ») et continuaient à développer ces concepts[17]. En même temps, Ulbricht montrait que le parti entendait faire face aux problèmes économiques toujours présents et était prêt à entreprendre des réformes de fond de l'ordre économique. En revanche, la construction du Mur était une condition préalable importante, car elle atténuait la concurrence entre les deux systèmes allemands et créait au contraire un champ libre pour l'expérimentation, celle-ci n'entraînant pas un mouvement de fuite massive en direction de l'Ouest, même en cas d'échec.

---

13.– Compte-rendu des négociations du Ve Congrès du SED, 10 au 16 juillet 1958, cité d'après André STEINER, « Von ›Hauptaufgabe‹ zu ›Hauptaufgabe‹. Zur Wirtschaftsentwicklung der langen 60er Jahre in der DDR », in : Axel SCHILDT, Detlef SIEGFRIED, Karl Christian LAMMERS (éd.), *Dynamische Zeiten. Die 60er Jahre in den beiden deutschen Gesellschaften*, Hambourg, 2000, pp. 218 – 247, ici p. 218.

14.– Cf. André STEINER, « Vom Überholen eingeholt. Zur Wirtschaftskrise 1960/61 in der DDR », in : Burghard CIESLA, Michael LEMKE, Thomas LINDENBERGER (éd.), *Sterben für Berlin ? Die Berliner Krisen 1948 – 1958*, Berlin 1999, pp. 245 – 262.

15.– Dietrich STARITZ, *Geschichte der DDR*, Francfort/M., ²1996, p. 196.

16.– Hermann WEBER, *Die DDR 1945 – 1990*, Munich, ⁴2006, p. 57.

17.– Ralf KESSLER, « Politikberatung in DDR und ČSSR der 60er Jahre vor dem ›Prager Frühling‹, in : Heinz Gerhard HAUPT, Jörg REQUATE (éd.), *Aufbruch in die Zukunft. Die 1960er Jahre zwischen Planungseuphorie und kulturellem Wandel. DDR, ČSSR und Bundesrepublik im Vergleich*, Weilerswist, 2004, pp. 233 – 248.

En juillet 1963, le Conseil des ministres proposa la « directive concernant le nouveau système économique de planification et de conduite économique du pays » (« Richtlinie für das neue ökonomische System der Planung und Leitung der Volkswirtschaft » – NÖSPL). Le but en était de « prouver, dans l'intérêt de la nation tout entière la supériorité de notre ordre socialiste, même dans le domaine économique »[18]. Par là même, les ambitions et les limites de la réforme étaient, les unes et les autres, clairement définies. Plus d'efficience, mais en même temps pas d'abandon de l'ordre économique socialiste établi. Les intentions se résumaient à cela. L'idée centrale de la directive NÖSPL était la décentralisation. La Commission étatique du plan ne devait plus travailler que sur les grandes lignes, sur un plan perspectif, envisagé sur cinq à sept ans, et devait le concrétiser (après consultation des niveaux inférieurs) par des plans annuels dont la mise en place devait passer sous la responsabilité de 82 unions d'entreprises nationalisées et aux entreprises elles-mêmes. Pour rendre l'ensemble du système plus fluide, les questions d'approvisionnement en matériaux, d'obtention de crédits, des prix et des ventes devaient être réglées aux niveaux inférieurs et de là devaient partir les impulsions commerciales vers l'intérieur et l'extérieur. Une idée nouvelle dans le système économique socialiste était « l'intéressement matériel » de l'ouvrier, qui devait être réalisé grâce aux prix et aux salaires. Les achats à prix coûtant, les gains et les primes étaient d'autres éléments prévus dans ce système dit « de levier économique »[19]. Cette décentralisation et cette flexibilisation de la planification en RDA correspondaient à un changement politique dans d'autres États socialistes où l'on avait songé de la même manière à des réformes économiques et introduit, tout particulièrement en Tchécoslovaquie, en Hongrie, mais aussi en Pologne, des transformations de plus grande envergure[20]. Ainsi, en 1968, un « ministère de la Planification » remplaça à Prague la Commission étatique du plan, tandis qu'à Budapest, à partir de cette même année, l'administration centrale de la planification ne donna plus les chiffres du plan sous la forme de directives impératives[21].

En RDA cependant, les intentions réformatrices n'allaient pas aussi loin. On pouvait bien plutôt voir en 1965 déjà que le SED n'était pas disposé à

---

18.– *Richtlinie für das neue ökonomische System der Planung und Leitung der Volkswirtschaft. Beschluss des Präsidiums des Ministerrats der DDR vom 11. Juli 1963*, Berlin-Est, 1963, p. 15.

19.– Pour les détails, voir André STEINER, *Die DDR-Wirtschaftsreform der sechziger Jahre. Konflikt zwischen Effizienz- und Machtkalkül*, Berlin, 1999, particulièrement pp. 65 – 71.

20.– Cf. Maria KÖHLER-BAUR, « Von der ›Vervollkommnung‹ der Planwirtschaft in der ČSSR zum ›Neuen System der Lenkung‹. Wirtschaftsreformen als Impuls für politische Veränderungen ? », in : HAUPT, REQUATE (note 17), pp. 65 – 87 ; Dagmara JAJÉSNIAK-QUAST, « Die ersten Versuche der Dezentralisierung der sozialistischen Planwirtschaft in Polen. Höhepunkte der Debatten über Wirtschaftsreformen (1956 – 1968) », in : *ibid.*, pp. 89 – 106.

21.– TINBERGEN, KASER (note 4), p. 66.

aller plus loin dans la concession. Les réformes n'apportèrent que des « résultats médiocres », car la dynamique de développement industriel resta par le fait en dessous des attentes, ce qui était dû aussi aux déceptions dans le domaine de l'exportation et à l'intransigeance soviétique dans les négociations économiques. Le suicide de la tête pensante des réformes, Erich Apel, conduisit à la perte d'influence des réformateurs dans la direction du parti. Le successeur d'Apel dans la Commission du plan, Gerhard Schürer, ne voyait pas pourquoi il aurait dû, comme son prédécesseur, faire figure de force réformatrice ; il ne fut pas élu au Bureau politique.

Parallèlement aux réformes économiques, les quelques tentatives timides d'ouverture et d'essor dans le domaine culturel se virent également opposer une fin de non-recevoir ; la onzième session plénière du Comité central du SED le fit comprendre catégoriquement fin 1965. Ces deux choses indiquaient que même après la construction du Mur, le SED n'était pas disposé à laisser remettre en question son monopole décisionnel. Et pourtant, il devait tenir compte de facteurs exogènes sur lesquels il n'avait pas d'influence. En particulier la ligne suivie par l'Union soviétique, la puissance prépondérante dans le COMECON, réduisait la marge de manœuvre de sa direction, et pas seulement dans ce cas[22]. La Commission étatique du plan ne put, jusqu'en 1970, dresser aucun plan perspectif consistant et réalisable. La première étape des réformes avait échoué.

Certes, fin 1965, on fit officiellement la promotion de la deuxième phase de la directive NÖSPL. Mais ce n'est qu'en 1967/68, avec le « Système Économique du Socialisme », que le débat sur la réforme connut un nouvel élan. La formule magique était alors : « dépasser sans rattraper » et visait à pousser le développement scientifique et technique pour acquérir un avantage tant quantitatif que qualitatif dans la concurrence avec l'Ouest. Dès lors ces secteurs – surtout quelques secteurs de la chimie, de l'électronique, de la construction mécanique – qui prenaient dans la « révolution scientifique et technique » une importance particulière, devaient à nouveau être planifiés de manière centrale à l'avenir, tandis que le reste de l'économie continuait à suivre la NÖSPL, à fixer de manière centrale les dispositions-cadres et à les faire appliquer par les niveaux inférieurs, les unions d'entreprises nationalisées et les entreprises[23].

Dans ce contexte, planifier l'éducation prenait une importance particulière. Dès le début, le SED avait eu une politique interventionniste dans le domaine de l'éducation ; maintenant, le soutien à « la science, force de pro-

---

22.– Pour plus de détails sur ce sujet, voir STEINER (note 19), pp. 104ss.
23.– STEINER (note 19), pp. 436ss.

duction » était au centre de toutes les attentions. Pour cela, la planification de l'éducation était, de manière fonctionnelle, toujours en rapport avec le développement économique et impliquait des visées politiques. Il n'y avait pas place pour le « développement personnel » ou le concept classique de culture.

Étant donné que l'éducation joue un rôle déterminant dans la construction de la nouvelle société, son implication dans la planification consciente des processus sociaux est une nécessité objective. Son développement planifié en accord avec les exigences et les possibilités du développement de l'ensemble de la société crée une condition essentielle au maintien et au renforcement du pouvoir de la classe ouvrière elle-même ainsi qu'à la réalisation de son premier objectif, l'éducation universelle de l'être humain[24].

Le SED s'éloigna alors d'une politique globale d'éducation initialement égalitaire pour pousser les écoliers doués et former des spécialistes. La base et le seul cadre de référence déterminant pour la planification de l'éducation étaient les plans économiques[25].

Dans le domaine économique, la flexibilisation de la planification que l'on visait se révéla à peine réalisable compte tenu des conditions de la dictature du SED et de l'intégration du commerce extérieur au COMECON. La direction du parti devait sans cesse intervenir dans le transfert de matières premières et de produits semi-finis. Elle ne cessait de se battre contre les problèmes que causaient ses partenaires, tout particulièrement l'Union soviétique, qui ne livrait pas, ou en quantité insuffisante, les matières premières dont elle avait besoin de toute urgence, et suivait par ailleurs avec scepticisme les tentatives de réforme à Berlin Est. L'échec dramatique des réformes en Tchécoslovaquie, en 1968, auquel la direction du SED contribua, eut des conséquences sur le cours des réformes est-allemandes. Il fallait aussi s'endetter de plus en plus auprès de « l'étranger non-socialiste » pour importer des marchandises et des techniques absolument nécessaires. Les objectifs de croissance – on attendait des taux de 8,5 à 10 % – fixés par le parti ne furent jamais atteints et eurent globalement des effets plutôt contre-productifs, car les entreprises outrepassaient leurs limites de disponibilités[26]. Non seulement les réformes ne furent pas à la hauteur des problèmes éco-

---

24.– Günther HERSING, « Aufgaben und Probleme sozialistischer Bildungsplanung (1974) », cité d'après Oskar ANWEILER et al. (éd.), *Bildungspolitik in Deutschland. Ein historisch-vergleichender Quellenband*, Opladen, 1992, p. 120.
25.– Ralph JESSEN, « Zwischen Bildungsökonomie und zivilgesellschaftlicher Mobilisierung. Die doppelte deutsche Bildungsdebatte der sechziger Jahre », in : HAUPT, REQUATE (note 17), pp. 209 – 231, ici p. 225.
26.– STEINER (note 7), pp. 146ss.

nomiques graves de la fin des années 1960, mais dans une certaine mesure, elles avaient aussi contribué à les créer.

En mai 1971, le SED mit un terme définitif aux expérimentations dans la planification. Sous la pression de Moscou, plus exactement, de certains membres de la direction du parti, Walter Ulbricht démissionna de son poste de premier secrétaire du SED. Son successeur fut Erich Honecker, qui annonça au VIII<sup>e</sup> Congrès du parti en 1971 la nouvelle « tâche primordiale » : « l'augmentation du niveau de vie matériel et culturel du peuple sur la base d'un rythme soutenu de développement de la production socialiste, de l'amélioration de la tangibilité des résultats, du progrès scientifique et technique et de la croissance de la productivité du travail »[27]. Au vu des troubles survenus en Pologne en 1970 ainsi que de certains cas de grève en RDA même, il semblait incontournable aux yeux de Honecker de revenir aux mécanismes établis de planification et de direction et de centraliser à nouveau les responsabilités. Au contraire d'Ulbricht, qui voulait améliorer la productivité par une pratique plus flexible des mécanismes de planification et par l'implication partielle des entreprises dans ceux-ci, Honecker misait sur l'accroissement de la performance économique par des programmes sociopolitiques. Durant l'ère Honecker, il n'y eut plus en RDA de nouveautés fondamentales et dynamisantes dans la planification. Elle perdit en efficacité et en élasticité, une élasticité qui aurait permis une adaptation fluide de la planification économique aux conditions économiques en plein changement. Avec la fin des réformes, la RDA prit le chemin du déclin économique – ce qui n'apparaît certes complètement qu'avec le recul du temps.

## « Planifier n'est pas un péché ». La République fédérale dans l'euphorie de la planification

Tandis qu'à l'Est le SED tentait de déverrouiller le système rigide de planification, de le flexibiliser et dans une certaine mesure de le libéraliser par l'introduction d'éléments de gestion semblables à ceux du marché, à l'Ouest, on parvenait de plus en plus à la conviction qu'il fallait planifier aussi dans les systèmes d'économie de marché et de démocratie libérale.

Si l'on en reste à la lecture officielle, la planification ne joua, dans les années cinquante, aucun rôle dans la pratique politique de la République fédérale. Au contraire : la planification était largement associée aux plans quadriennaux nationaux-socialistes et surtout à la planification socialiste telle qu'elle était pratiquée en RDA. Dans ce contexte explicatif, l'hostilité à la

---

27.– *Compte-rendu des négociations du VIII<sup>e</sup> Congrès du SED, 15 au 19 juin 1971*, cité d'après STEINER (note 13), p. 218.

planification devenait un élément du consensus anti-totalitaire qui était le fondement idéologique de la phase de fondation de l'État ouest-allemand. Une telle hostilité s'exprimait surtout de manière rhétorique, tandis que dans la pratique politique des éléments de planification jouaient bien un rôle et que tout n'était pas livré aux forces du marché, comme l'aurait souhaité maint libéral[28]. On pourrait ici penser au plan fédéral pour la jeunesse de 1950, au Plan Vert de 1955, au plan pour les routes fédérales de 1957, à l'accord Fédération-Länder sur l'aménagement du territoire de la même année, au plan Lücke, qui introduisit la fin du contingentement obligatoire des logements, de 1960, et à d'autres encore[29]. Bien sûr, à cette époque, la République fédérale était encore très éloignée d'une coordination de ces planifications ou de leur institutionnalisation en un ministère de la Planification par exemple. En comparaison avec d'autres pays d'Europe de l'Ouest, elle jouait là un rôle à part. Car après la Seconde Guerre mondiale, les pratiques de planification avaient marqué, même sous des formes diverses, la France surtout, mais aussi la Grande-Bretagne, les Pays-Bas ou les États scandinaves ; et tout particulièrement grâce au Plan Marshall, des théories keynésiennes de régulation et des conceptions de la planification issues du modèle consensuel libéral, qui trouvaient leurs origines dans le progressisme américain et le New Deal, étaient parvenues jusqu'en Europe[30].

La « planification » ne devint donc que peu à peu, à partir des années cinquante, un thème d'importance dans le discours politique de la République fédérale, un peu comme une piste son dans le concert toujours plus fort et toujours plus nourri des voix parlant d'avenir. En un sens, cette époque vivait « une situation [...] de densification temporelle [...]. L'idée d'une planification coordonnée n'est pas loin lorsque face à des concurrents effectifs ou supposés on pressent de graves retards de développement, ou lorsque les perspectives attendues, l'horizon de la science et des théories à venir font éclater les champs de l'expérience établie »[31]. Assurer au minimum la survie journalière, mettre l'économie en marche, donner de la vie aux institutions politiques : ces tâches semblaient accomplies ; désormais on pouvait, oui, on devait construire l'avenir. Hellmut Becker, l'un de ceux qui,

---

28.– Voir Bernhard LÖFFLER, *Soziale Marktwirtschaft und administrative Praxis. Das Bundeswirtschaftsministerium unter Ludwig Erhard*, Stuttgart, 2002.

29.– Josef KÖLBLE, « Pläne im Bundesmaßstab oder auf bundesrechtlicher Grundlage », in : Joseph H. KAISER (éd.), *Recht und Politik der Planung in Wirtschaft und Gesellschaft*, Baden-Baden, 1965, pp. 91 – 121.

30.– Se rapportant à ceci : Michael J. HOGAN, *The Marshall Plan. America, Britain, and the Reconstruction of Western Europe, 1947 – 1952*, Cambridge, 1987 ; Steve FRASER, Gary GERSTLE (éd.), *The Rise and Fall of the New Deal Order, 1930 – 1980*, Princeton, 1989.

31.– VAN LAAK (note 2), p. 322.

à l'époque, contribuèrent avec éloquence à planifier l'éducation, utilisa cette belle image (même si elle n'est pas exempte de connotations) de l'Allemagne qui durant la Reconstruction « avait été mise en selle, sans savoir où l'on allait se rendre »[32].

L'idée de la planification comme prévision active et édification de l'avenir pouvait aussi toujours s'employer comme argument de tactique politique, contre l'immobilisme supposé et le statu quo guidant la politique d'Adenauer ; mais derrière cela se cachait plus. Que la planification ait été de plus en plus non seulement connotée positivement, mais aussi envisagée comme concept politique clé, vient de facteurs internes et externes. À l'intérieur, la naissance d'une opinion publique critique jouait un grand rôle. Des intellectuels critiques, des écrivains et des scientifiques réclamaient la modernisation des processus politiques, qui ne devait pas seulement tenir compte du changement des données sociales mais par laquelle aussi la société et le monde politique devaient être démocratisés. Les arguments se résumaient ainsi : dans une société dans laquelle le monde du travail se transformait rapidement, où le progrès technique imposait de nouvelles exigences à toutes les parties prenantes du processus de travail, où se dessinaient nettement les crises économiques structurelles de la société industrielle traditionnelle, dominée par le charbon et l'acier, dans une telle société, l'action politique ne devait pas faire référence au présent mais à l'avenir[33]. Et il faut bien dire que des possibilités s'ouvraient là, puisque la base matérielle, selon l'opinion contemporaine dominante, était assurée de manière fiable grâce aux innovations techniques, grâce aux nouvelles sources d'énergie comme le nucléaire ; par ailleurs, les promesses des « cerveaux électroniques », et avec eux de la cybernétique et de l'exploration naissante du futur, alimentaient de plus des fantasmes de maîtrise de la société[34].

Cette accumulation de facteurs, à elle seule, ne suffit certes pas à expliquer pourquoi le tabou de la planification put être brisé. Des facteurs externes de poids s'ajoutèrent ; tout d'abord le sentiment du retard de l'Ouest face au « choc du spoutnik » de 1957, le début de la détente en politique

---

32.– Hellmut BECKER, « Wissenschaft als Voraussetzung von Politik », in : Robert JUNGK, Hans Josef MUNDT (éd.), *Deutschland ohne Konzeption ? Am Beginn einer neuen Epoche*, Munich, 1964, pp. 251 – 266, ici p. 251.

33.– Pour plus de détails : Gabriele METZLER, *Konzeptionen politischen Handelns von Adenauer bis Brandt. Politische Planung in der pluralistischen Gesellschaft*, Paderborn, 2005.

34.– Voir Claus PIAS, *Cybernetics – Kybernetik. Die Macy-Konferenzen 1946 – 1953*, 2 vol., Weimar, 2002 ; Alexander SCHMIDT-GERNIG, « Die gesellschaftliche Konstruktion der Zukunft. Westeuropäische Zukunftsforschung und Gesellschaftsplanung zwischen 1950 und 1980 », in : *WeltTrends. Zeitschrift für internationale Politik und vergleichende Studien*, 186 (1998), pp. 63 – 84 ; METZLER (note 33), pp. 62ss.

internationale au début des années 1960, qui donnait du fondement aux espoirs de convergence et semblait confirmer « la fin des idéologies » déjà annoncée au milieu des années cinquante[35]. Surtout, il ne faut pas négliger dans ce contexte les évolutions sur le plan européen. Dans ce domaine, le gouvernement français s'employait à étendre à la politique de la Communauté économique européenne ses propres expériences de la planification, faites depuis 1946, et à convaincre ses partenaires de l'alliance européenne de planifier selon le modèle français. Le quatrième plan (1962 – 1965) formulait ceci sans équivoque puisque la nécessité était abordée dans l'introduction de « faire changer nos partenaires d'attitude mentale de fond sur cette question et donc de travailler à les persuader »[36]. « Des ombres de planification »[37] surgirent au-dessus de la CEE lorsque la Commission européenne présenta en octobre 1962 la « deuxième phase du programme d'action de la Communauté »[38], dans laquelle on reconnaissait indéniablement la main de Robert Marjolin, le vice-président de la Commission[39]. On n'envisageait pas un plan autoritaire, mais bien une « programmation » sur la base d'une « prévision à long terme »[40]. Cette exigence provoqua au gouvernement fédéral allemand et tout particulièrement chez Ludwig Erhard de violentes réactions de défense. Erhard et Walter Hallstein, le président de la Commission européenne, se livrèrent au Parlement européen une violente bataille[41], tandis que le ministre fédéral de l'économie recommandait instamment à ses fonctionnaires de ne plus recevoir de délégations françaises ni de participer à des réunions d'information sur « le plan », car sinon, on donnerait aux Français l'impression – fausse – « de trouver peu à peu plus d'intérêt à ce style de politique économique »[42]. En raison des résistances allemandes, la planification ne put finalement s'imposer dans le secteur privé, mais on trouva pourtant un consensus en faveur de l'adaptation générale

---

35.– Pour plus de détails : METZLER (note 33), pp. 218ss.
36.– Plan de Développement Économique et Social, Projet de Loi, 29 novembre 1961, cité d'après Alexander NÜTZENADEL, *Stunde der Ökonomen. Wissenschaft, Politik und Expertenkultur in der Bundesrepublik, 1949 – 1974*, Göttingen, 2005, p. 216.
37.– Alwin MÜNCHMEYER, « Planungsschatten über der EWG ? Der freie Wettbewerb darf nicht eingeschränkt werden », in : *Die Welt*, 29 décembre 1962.
38.– *Memorandum der Kommission über das Aktionsprogramm der Gemeinschaft für die zweite Stufe*, Bruxelles, 1962.
39.– NÜTZENADEL (note 36), pp. 222ss.
40.– *Memorandum der Kommission* (note 38), pp. 61ss.
41.– « Freiheitliche Wirtschaftspolitik in Europa. Das Rededuell zwischen Erhard und Hallstein im Europäischen Parlament », in : *Frankfurter Allgemeine Zeitung*, 28 novembre 1962.
42.– « Rundschreiben des Leiters der Grundsatzabteilung », 6 février 1963, cité d'après METZLER (note 33), p. 236.

de la politique économique et conjoncturelle nationale ainsi qu'en faveur de l'introduction d'une planification à long terme des finances[43].

Si l'exportation de la *planification* française avait échoué dans des domaines importants, les controverses résultant de ce projet n'étaient pas restées sans suite en République fédérale. Les débats ouest-allemands sur la planification purent tirer des discussions européennes une bonne part de légitimité. De fait, les impulsions extérieures aidèrent à franchir en paroles « le gouffre entre théorie de l'économie de la concurrence et pratique de l'économie mixte »[44], entre la rhétorique d'une société libérale et la nécessité d'une action de planification sociale. Des poussées venant de l'extérieur (de l'OCDE désormais) ainsi que la comparaison avec l'étranger donnèrent aussi des ailes aux premiers projets concrets de planification, qu'on put observer en 1963/64 dans le domaine de la politique éducative. Les responsables de l'éducation au niveau de la Fédération et des Länder ne regardèrent pas seulement en Europe de l'Ouest, où s'épanouissaient les conceptions planificatrices, dans le cadre du plan quadriennal français par exemple, ou au ministère de l'éducation en Suède, ou à la Royal Commission en Grande-Bretagne ; mais ce qu'ils voyaient à l'Est les alarmait. En Union soviétique et en RDA, on semblait être mieux préparé au changement structurel économique. Il semblait que là-bas, la planification de l'éducation se fût déjà adaptée à la « révolution scientifique et technique » et pût même lui donner un dynamisme supplémentaire[45]. Bien sûr, il existait aussi dans ce secteur des « plans avant la planification »[46] ; cependant les jalons décisifs d'une procédure systématique ne furent posés qu'en 1963 avec « l'état des lieux des besoins » établi par la Conférence des ministres de l'éducation. En 1973, un « plan général pour l'éducation » fut déposé. À la différence de ce qui se passait en RDA pour la planification de l'éducation, en République fédérale, le besoin de main d'œuvre qualifiée n'entrait pas seul en ligne de compte, mais aussi « les souhaits clairement exprimés par la population et les goûts

---

43.– NÜTZENADEL (note 36), p. 227.

44.– Michael RUCK, « Ein kurzer Sommer der konkreten Utopie – Zur westdeutschen Planungsgeschichte der langen 60er Jahre », in : SCHILDT, SIEGFRIED, LAMMERS (note 13), pp. 362 – 401, ici p. 374.

45.– Renvoyant à des sources multiples : Wilfried RUDLOFF, « Bildungsplanung in den Jahren des Bildungsbooms », in : Matthias FRESE, Julia PAULUS, Karl TEPPE (éd.), *Demokratisierung und gesellschaftlicher Aufbruch. Die sechziger Jahre als Wendezeit der Bundesrepublik*, Paderborn, 2003, pp. 259 – 282, ici pp. 268 – 270. Voir aussi l'article de Wilfried RUDLOFF dans cet ouvrage.

46.– RUDLOFF (note 45), p. 262.

individuels »[47]. Il faut bien dire que, dans la pratique politique, la mobilisation des ressources, l'expansion quantitative du système éducatif, le développement des écoles et de l'enseignement supérieur étaient au premier plan. Cela allait graduellement contre les revendications formulées toujours plus clairement par les étudiants : ils réclamaient la concertation, la libéralisation des structures encroûtées de l'Université (au lieu d'une simple augmentation des chiffres d'entrée) et la modification des contenus de l'enseignement. Comme dans d'autres pays d'Europe de l'Ouest, et particulièrement en France, l'expansion du savoir, conçue de manière technocratique, se heurta bientôt aux critiques de fonds des étudiants et contribua ainsi à la mobilisation des mouvements de protestation de 1968.

Il est vrai que l'idée de la planification effectua sa « vraie percée »[48] dans le champ de la politique économique. Déjà en 1960, Alfred Müller-Armack, l'un des maîtres à penser de l'économie sociale de marché et, en sa qualité de secrétaire d'État au ministère de l'économie de Erhard, artisan influent, avait lancé ce mot-clé de « la deuxième phase de l'économie sociale de marché »[49]. Dans les années suivantes également, des idées semblables – et tout aussi vagues – avaient été émises à plusieurs reprises sans qu'on pût en tirer de lignes d'action conceptuelles. Elles ne venaient pas uniquement du camp des ordolibéraux, les sociaux-démocrates aussi s'affirmaient dans ce domaine. Avec le programme de Bad Godesberg, en novembre 1959, le SPD avait abandonné certaines vues socialistes traditionnelles (et en même temps certaines théories d'intervention de l'État visant les liens micro-économiques) et il s'affichait comme vrai parti de réforme. Karl Schiller, économiste et, de 1961 à 1965, sénateur en charge de l'économie à Berlin-Ouest, sous Willy Brandt, marqua le cours des sociaux-démocrates en politique économique comme nul autre. De lui venait le slogan : « De la concurrence, autant que possible ; de la planification, autant que nécessaire. »[50] En tant que ministre de l'économie dans la Grande Coalition (1966 – 1969), Schiller se trouva finalement dans une situation dans laquelle on tenait « plus de planification » pour nécessaire. La cause en fut la « minirécession »[51] de 1966, durant la-

---

47.– Fred KLINGER, « Wirtschaftsentwicklung, Beschäftigungssystem und Bildungswesen », in : Oskar ANWEILER et al. (éd.), *Vergleich von Bildung und Erziehung in der Bundesrepublik Deutschland und in der Deutschen Demokratischen Republik*, Cologne, 1990, pp. 57 – 82, ici p. 69.
48.– RUCK (note 44), p. 380.
49.– Alfred MÜLLER-ARMACK, « Die zweite Phase der Sozialen Marktwirtschaft. Ihre Ergänzung durch das Leitbild einer neuen Gesellschaftspolitik (Februar 1960) », in : ID., *Wirtschaftsordnung und Wirtschaftspolitik. Studien und Konzepte zur Sozialen Marktwirtschaft und zur Europäischen Integration*, Fribourg/Br., 1966, pp. 267 – 291.
50.– Concernant l'influence de Schiller : METZLER (note 33), pp. 90ss. ; NÜTZENADEL (note 36), pp. 237 – 244.
51.– NÜTZENADEL (note 36), p. 304.

quelle pour la première fois depuis la guerre, le produit national brut chuta, le taux de chômage grimpa provisoirement et le danger d'inflation aussi grandit. La politique du gouvernement fédéral et de la Bundesbank accentua encore cette situation. Faute de succès économique, Erhard ne put se maintenir à la chancellerie (il était chancelier depuis 1963).

La « loi d'incitation à la stabilité et à la croissance de l'économie » du 8 juin 1967 fut un élément important dans l'orientation vers plus de planification. On y trouvait le concept d'une « conduite globale de l'économie ». Le Bund, les Länder et les communes devaient orienter leurs budgets de manière contracyclique et les adapter entre eux. À côté de la demande publique, la demande privée devait être régulée par le biais d'interventions fiscales. Les objectifs furent ainsi définis (le « carré magique ») : stabilité des prix, équilibre du commerce extérieur, plein emploi et croissance économique convenable et constante. Pour coordonner les attitudes des partenaires sociaux, on créa l' « Action Concertée », un conseil corporatiste qui devait soutenir cette conduite globale de l'économie orientée vers l'équilibre.

La recherche historique récente a montré que Schiller et la Grande Coalition n'empruntèrent pas vraiment un chemin très nouveau, mais qu'ils eurent recours à des travaux précédents et que leur politique keynésienne « ne fit que [mettre à exécution ]ce que préconisait le débat politico-économique des élites concernées à son stade actuel d'aboutissement. »[52] Cette adhésion claire à un plan-cadre macro-économique libéra toutefois les attentes qui s'étaient accumulées depuis la fin des années cinquante, à l'occasion de la discussion sur la planification. En ce sens la loi sur la stabilité réveilla une euphorie de planification qui caractérisa la politique de Bonn ainsi que la société ouest-allemande dans les années qui suivirent. Dans une large mesure, on pensait que, lorsqu'on aurait écarté le danger des crises économiques (en les diagnostiquant à temps et appliquant les remèdes correspondants), on pourrait planifier sur des bases sûres dans tous les autres domaines de la société[53]. De fait, la politique contracyclique de la coalition permit de surmonter rapidement la récession. Ce succès de la conduite globale de l'économie et de son spiritus rector Karl Schiller ne fut pas la moindre raison du changement de pouvoir de 1969.

Avec l'arrivée au gouvernement de la coalition social-libérale sous le chancelier Willy Brandt, « la planification avait d'autant plus le vent en

---

52.– RUCK (note 44), p. 385 ; voir aussi NÜTZENADEL (note 36), pp. 304ss.
53.– Plus de détails dans : Gabriele METZLER, « Am Ende aller Krisen ? Politisches Denken und Handeln in der Bundesrepublik der sechziger Jahre », in : *Historische Zeitschrift*, 275 (2002), pp. 57 – 103.

poupe »[54]. La déclaration du gouvernement du 28 octobre 1969 fut « la plus ambitieuse et la plus exigeante dans l'histoire de la République fédérale »[55]. La « politique de réformes intérieures » était largement assise et tendait à imbriquer plus étroitement des plans déjà en marche. Ceci était valable pour les plans sectoriels comme pour les plans agissant aux différents niveaux du système politique de la République fédérale, du Bund jusqu'aux communes[56]. On avait besoin pour cela de changements institutionnels fondamentaux : ce fut le début de la grande époque des cellules de planification dans les ministères et les administrations. Certes, une cellule de planification avait déjà été installée en 1963 au ministère des Affaires étrangères, ainsi qu'à la chancellerie fédérale en 1967, cependant à partir de ce moment seulement, la mise en place devint systématique. La cellule de planification de la chancellerie fut conçue comme le lieu de coordination centrale de l'ensemble de la politique gouvernementale et donc équipée – comme toute la chancellerie – en moyens humains suffisants et en moyens techniques dernier cri[57]. Dans la presse, l'expression « usine à décisions »[58] circulait déjà. Les informations y étaient centralisées, traitées et mises en relation les unes avec les autres. En peu de temps, le fichier créé à cet effet contint environ 650 projets de plan et 900 000 informations ; chaque mois, 44 listes d'exploitation de données arrivaient à la chancellerie et aux ministères[59]. On adopta le système PPBS (Planning-Programming-Budgeting-System) en cours aux États-Unis, où le Pentagone l'avait mis en place le premier, un système dont l'efficience avait déjà commencé à souffrir là-bas des flots d'information[60]. À Bonn, les planificateurs de la chancellerie faisaient les mêmes expériences. On ne parvint pas à imbriquer les différents projets des ministères ; très ra-

---

54.– RUCK (note 44), p. 386.
55.– Wolfgang JÄGER, « Die Innenpolitik der sozial-liberalen Koalition 1969 – 1974 », in : ID., Karl Dietrich BRACHER, Werner LINK, *Republik im Wandel 1974 – 1982. Die Ära Schmidt*, Stuttgart, 1994, p. 24.
56.– Voir par exemple Reimut JOCHIMSEN [chef de la cellule de planification à la chancellerie], « Für einen Bundesentwicklungsplan. Zur Forderung im Regierungsprogramm der SPD nach einem langfristigen Orientierungsrahmen für die Handlungspläne der Regierung », in : *Die Neue Gesellschaft*, 16 (1969), pp. 237 – 242.
57.– Pour plus de détails : METZLER (note 33), pp. 362 – 372 ; Winfried SÜSS, « ›Wer aber denkt für das Ganze ?‹. Aufstieg und Fall der ressortübergreifenden Planung im Bundeskanzleramt », in : FRESE, PAULUS, TEPPE (note 45), pp. 349 – 377.
58.– Robert MEINHARDT, « Macht Ehmke das Kanzleramt zur ›Entscheidungsfabrik‹ ? Brandts Sonderminister steuert über den Computer die Arbeit der Ressorts », in : *Handelsblatt*, 4 février 1970.
59.– Hartmut BEBERMEYER, *Regieren ohne Management ? Planung als Führungsinstrument moderner Regierungsarbeit*, Stuttgart, 1974, pp. 61ss.
60.– Voir Aaron WILDAWSKY, « Rescuing Policy Analysis from PPBS », in : *A Symposium. Planning-Programming-Budgeting System Reexamined : Development, Analysis, and Criticism*, in : *Public Administration Review*, mars/avril 1969, pp. 194 – 198.

pidement, les intérêts particuliers des départements ministériels ressurgirent avec force. Des projets tels que le « plan de développement fédéral » ou la réforme des communes prévue ne purent être réalisés. On dut au contraire toujours faire des compromis pour équilibrer les intérêts divergents, ce qui, à la longue, « fit grimper effroyablement le prix de la résolution administrative de nouvelles constellations de problèmes [...] »[61] Le passage à « une politique d'une nouvelle qualité »[62], promise par le projet de « réformes intérieures », ne réussit pas.

## De la planification à la convergence ?

Ni les réformes du système de planification en RDA, ni les ambitions planificatrices en République fédérale n'atteignirent leurs objectifs respectifs. Elles échouèrent à cause des intérêts établis, des contradictions internes, d'une complexité excessive, et finalement, au plus tard avec la crise des prix pétroliers, à cause aussi de ressources défaillantes. La recherche ne permet pas de faire un bilan précis des succès réellement remportés et de l'influence de la planification dans les différents secteurs. Cela qui s'explique encore une fois par les problèmes méthodiques variés que pose l'étude de la réception et des effets. Cependant, il est évident que les changements dans le domaine politique de part et d'autre du Mur étaient très liés et avaient de fortes interactions avec un contexte international plus large.

Les années 1960 furent donc, au-delà des systèmes, et indépendamment des ordres politiques et économiques des sociétés industrielles modernes, une période-phare de la planification, une période où l'avenir semblait modelable et où les crises économiques qui renversaient les systèmes semblaient appartenir au passé. Bien qu'un tel optimisme nous fasse rétrospectivement l'effet d'avoir été naïf, il a son origine historique dans la phase de détente du conflit Est-Ouest, dans la transformation structurelle de la société industrielle, et avant tout dans l'élan de la science et de la technique, qu'on le nomme « révolution scientifique et technique » ou « deuxième révolution industrielle », peu importe. La confiance dans l'exploitation de ressources énergétiques inépuisables (énergie nucléaire) était encore intacte pour l'essentiel ; les gens associaient le progrès scientifique à une amélioration des conditions de vie, non seulement en Europe ou dans le monde industrialisé, mais à une échelle globale. Ainsi les années 1960 furent aussi l'époque de la

---

61.– RUCK (note 44), p. 393.
62.– SÜSS (note 57), p. 373.

modernisation optimiste dans le « tiers-monde » où l'on exporta la planification comme clé du développement[63].

C'est de cette situation historique que se saisirent les théories de la convergence alors en vogue. Le concept de la convergence, issu à l'origine de la biologie, selon lequel des groupements d'organismes définis développent des histoires distinctes mais commencent à se ressembler lorsqu'ils ont à s'adapter à des conditions environnementales semblables, paraissait convenir au mieux aux sociétés industrielles modernes de la deuxième moitié du XX$^e$ siècle. Car elles se trouvaient bien toutes à un stade équivalent de développement économique et social où elles construiraient des structures semblables. Cette idée n'était, au fond, pas nouvelle dans les années 1960, on peut en retrouver la trace jusqu'à l'époque des lumières, au XVIII$^e$ siècle. Elle connaissait pourtant alors un renouveau tout particulier[64].

Il y avait d'une part des fondements à la convergence provenant de la théorie de la croissance, comme le montrait Walt Rostow en 1960 dans son travail sur « les stades du développement économique »[65]. Il esquissa le dessin d'un développement économique pour ainsi dire naturel qui doit passer par cinq stades avant d'atteindre celui de la consommation de masse. Ceci étant posé, toutes les sociétés se trouvaient sur le même chemin de développement historique et concorderaient par conséquent au dernier stade. Dans ce processus, les pays occidentaux auraient juste une avance que Rostow prétendait pouvoir calculer exactement. D'autre part, on pouvait déduire la convergence des caractéristiques des ordres économiques. Le spécialiste en économie nationale Jan Tinbergen, que nous citons au début, s'attendait fermement, à la suite de ses observations (dans les ordres économiques occidentaux, les éléments de planification prenaient visiblement de l'importance dans la conduite des processus économiques, tandis que parallèlement, les systèmes rigides d'économie planifiée de l'Est se libéralisaient et intégraient des éléments de l'économie de marché), à ce que les deux systèmes se rejoignissent, en quelque sorte dans une nouvelle forme d'ordre économique[66].

---

63.– Anselm DOERING-MANTEUFFEL, « Ordnung jenseits der politischen Systeme. Planung im 20. Jahrhundert », in : *Geschichte und Gesellschaft*, 34 (2008) 3, pp. 398 – 406, ici p. 403. Voir aussi Dirk VAN LAAK, *Imperiale Infrastruktur. Deutsche Planungen für eine Erschließung Afrikas 1880 bis 1960*, Paderborn, 2004 ; Andreas ECKERT, « ›We Are All Planners Now‹. Planung und Dekolonisation in Afrika », in : *Geschichte und Gesellschaft*, 34 (2008) 3, pp. 375 – 397.

64.– Peter Christian LUDZ donne un aperçu de ces théories : « Konvergenz, Konvergenztheorie », in : *Sowjetsystem und demokratische Gesellschaft*, vol. 3, Fribourg/Br., Bâle, Vienne, 1969, pp. 889 – 903.

65.– Walt W. ROSTOW, *Stages of Economic Growth. An Anti-Communist Manifesto*, Cambridge, 1960.

66.– TINBERGEN (note 5) ; ID., « Zur Rolle der Planungstechniken bei einer Annäherung der Strukturen in Ost und West », in : Erik BOETTCHER (éd.), *Wirtschaftsplanung im Ostblock. Be-*

Les thèses de Tinbergen se démarquaient des ouvrages sur « la troisième voie » que l'on trouvait couramment à la fin des années quarante et dans les années cinquante en ce qu'elles ne sonnaient pas comme un plaidoyer normatif mais étaient en quelque sorte l'expression d'une prévision fondée scientifiquement et donc plus que plausible.

De fait, l'exigence de scientificité et de rationalité était bien le plus petit dénominateur commun dans les conceptions de la planification à l'Ouest et à l'Est dans les années 1960. Le développement des instituts de recherche et des établissements de formation, l'implantation de l'expertise, de même que l'expansion du conseil scientifique en politique témoignaient de l'importance croissante du savoir scientifique pour la planification. Dans certains domaines – la planification de l'éducation en est un modèle-type – les experts contribuaient largement à définir la thématique des plans, à les mettre en forme et en place. Dans leurs discours sur « le capital humain » ou « sur la science, force de production », les experts étaient jusqu'à un certain point comparables aussi par leur « froide élocution »[67].

L'affirmation de telles ressemblances structurelles, qui se manifestaient aussi par l'appartenance des planificateurs ou des réformateurs de la planification à la même génération, dut être la raison majeure pour laquelle les thèses occidentales sur la convergence se heurtèrent à un rejet brutal surtout de la part de l'Union soviétique et de la RDA. En raison de leur « conception idéaliste fondamentale », elles se révélaient de toute évidence être des « théories bourgeoises », qui certes d'un côté reflétaient le degré avancé de décomposition du système capitaliste, mais de l'autre « étaient vraiment tout à fait propres à faire dans le présent écho à certaines exigences politiques de la bourgeoisie du monopole et à leur fournir des arguments théoriques », ainsi que l'écrivit Herbert Meißner à propos du rapport entre le marxisme et la théorie de la convergence[68]. Aux alentours de 1968, les théories de la convergence et les espoirs d'une « troisième voie » furent stigmatisés comme « diversion idéologique » et intégrés dans le set des idées libérales contre lequel le SED prenait la position la plus acharnée[69]. La critique pouvait prendre appui sur un point central des thèses occidentales de la convergence, sur la prétendue ressemblance structurelle entre les sociétés indus-

---

*ginn einer Liberalisierung ?*, Stuttgart, 1966, pp. 33 – 50 ; ID., *Modelle zur Wirtschaftsplanung*, Munich, 1967.

67.– JESSEN (note 25), p. 220.

68.– Herbert MEISSNER, *Konvergenztheorie und Realität*, Berlin-Est, 1969.

69.– Pour une courte esquisse du contexte : Stefan WOLLE, « Die versäumte Revolte. Die DDR und das Jahr 1968 », in : *Aus Politik und Zeitgeschichte*, B 22/23 (2001), pp. 37 – 46. Voir aussi son article dans cet ouvrage.

trielles modernes. Qu'à l'Ouest les éléments de planification jouassent désormais un rôle plus important dans l'économie ne pouvait en aucun cas faire oublier la contradiction fondamentale du mode de production capitaliste, de même que le développement de la société de consommation de masse à l'Ouest pouvait tout aussi peu masquer là-bas la persistance de la polarisation entre les classes. Ainsi argumentait l'un des porte-parole des adversaires de la convergence[70].

## Conclusion

Effectivement, on ne pouvait parler d'une réelle convergence, comme le montre la vision rétrospective de l'historien. Car, d'une part, les réformes de la planification en RDA tout comme les tentatives de planification en République fédérale ne menaient, d'un côté comme de l'autre, pas à une véritable transformation de l'ordre social et économique établi. En ce qui concerne l'Ouest, on peut tout au plus constater que « l'économie mixte » qui existait depuis longtemps était désormais reconnue aussi dans la théorie de l'économie et dans le discours politico-économique. À l'Est, la réforme économique marquait certes « de manière tout à fait essentielle, par ses effets sensibles au-delà du domaine économique, l'atmosphère et la rhétorique des années 1960, et elle laissait par là son empreinte en RDA, mais en réalité, elle restait prise dans les griffes du système du socialisme étatique »[71]. D'autre part, les réformes économiques en RDA restèrent toujours les arcanes de conseils d'experts et de fonctionnaires ; l'opinion ne jouait et ne devait jouer aucun rôle. À l'inverse, la discussion sur la planification avait vraiment été lancée en République fédérale justement par une opinion publique critique qui, dans ses exposés, établissait toujours un lien étroit entre planification, modernisation (c'était une corrélation établie) et démocratisation[72]. L'idée de la planification comme démocratisation reposait sur le concept de « rationalité », terme qui s'implantait comme mot-clé dans le vocabulaire politique. Dans l'esprit des porteurs de la pensée planificatrice, la politique devenait « rationnelle » lorsqu'elle était fondée scientifiquement, lorsqu'elle digérait par conséquent de la connaissance scientifique sur la société – il faut dire qu'en général, c'était le conseil scientifique en politique qui devait jouer le rôle de transmetteur de ce savoir et l'intégrer dans le processus politique. Il ne fallait pas confondre la politique d'inspiration scientifique avec de la technocratie. Dans l'univers des porteurs de la planification, le conseil scien-

---

70.– Günther ROSE, *Konvergenz der Systeme. Legende und Wirklichkeit*, Cologne, 1970.
71.– André STEINER, « ›Kein freies Spiel der Kräfte ! ?‹ Das Neue Ökonomische System als Einheit von Plan und Markt », in : HAUPT, REQUATE (note 17), pp. 43 – 64, ici p. 64.
72.– METZLER (note 33), pp. 289ss.

tifique en politique n'était pas doté de pouvoir décisionnaire, mais il suivrait, telle était la conviction, le modèle pragmatique qu'avait proposé Jürgen Habermas et qui se caractériserait par la communication interactive entre les acteurs politiques et scientifiques[73]. Une autre différence s'impose là, car dans le domaine du conseil politique il n'existait pas en RDA de conseils consultatifs indépendants, constitués uniquement de scientifiques ; de même, il ne pouvait être question d'autonomie intellectuelle ou de parole libre des conseillers[74].

Tandis qu'en RDA, les réformes du système de planification trouvaient leurs limites dans le primat de la politique et la revendication du pouvoir par le SED sans donc jamais vraiment s'appliquer, le projet de planification politique dans la République fédérale des années 1960 était porté par la conviction de dépasser les traditions planificatrices de la « modernité autoritaire » et de poser en quelque sorte les bases d'une nouvelle époque, démocratique, de la planification. La planification socialiste échoua finalement en raison de son manque d'efficacité et de la demande croissante de participation des citoyens ; au vu des conceptions de l'ordre social et de la démocratie de la fin du XXe siècle, les espoirs des planificateurs en République fédérale ne se réalisèrent pas.

(Traduction : Christine AQUATIAS)

---

73.– Pour plus de détails concernant le « débat sur la technocratie » : METZLER (note 33), pp. 196ss. À propos du modèle en question : Jürgen HABERMAS, « Verwissenschaftlichte Politik und öffentliche Meinung (1963) », in : ID., *Technik und Wissenschaft als ›Ideologie‹*, Francfort/M., 1969, pp. 120 – 145.

74.– KESSLER (note 17).

# La politique sociale et la concurrence des deux régimes allemands

Marcel Boldorf

## L'arrière-plan de la concurrence entre les deux États

Pendant toute son existence l'Allemagne de l'Est a dû assumer son incapacité à atteindre le niveau de vie de l'Ouest du pays. Par souci d'autarcie elle fit porter ses efforts économiques dès le début des années 1950 sur l'industrie lourde, négligeant le secteur des biens de consommation qui accusa un retard croissant par rapport à la RFA. Mais dès la fondation de la RDA en 1949 les statistiques internes est-allemandes faisaient apparaître une régression de la consommation privée par rapport au revenu national[1]. Ceci constitue une explication pour les grandes différences entre la demande et la production réelle. Pour des denrées aussi importantes aux besoins quotidiens que la viande, les matières grasses ou le beurre, on enregistrait encore et toujours des insuffisances, tant et si bien que le système de rationnement instauré dans l'après-guerre ne put être abandonné qu'en 1958[2].

La RDA affirmait que le système économique centralisé qui était le sien pouvait garantir une distribution des revenues et ressources plus équitable que celui des économies capitalistes. En matière de salaires cette égalité était effectivement réalité, mais plus important était que leur niveau a toujours été nettement inférieur à celui des économies occidentales. Qui plus est, dès les années 1950, les diverses allocations sociales que l'on qualifiait d'improductives, perdirent du terrain comparées au niveau ouest-allemand.

L'année 1957 a marqué le zénith de la concurrence interallemande d'après-guerre. À la République fédérale, elle permit retrouver un train de vie dit « normal », débarrassé de l'obligation de vivre modestement[3]. La

---

1.– André STEINER, *Statistische Übersichten zur Sozialpolitik in Deutschland seit 1945 – Band SBZ/DDR*, Bonn, 2006, p. 67.
2.– Dietrich STARITZ, *Geschichte der DDR*, Francfort/M., ²1996, p. 170.
3.– Hans Günter HOCKERTS, Metamorphosen des Wohlfahrtsstaates, in : Martin BROSZAT (éd.), *Zäsuren nach 1945. Essays zur Periodisierung der deutschen Nachkriegsgeschichte*, Munich, 1990, pp. 35 – 45, ici p. 37.

prospérité qu'attendait la majorité de la population dans la première partie de la décennie était devenue réalité pour le plus grand nombre.

Le gouvernement, construit autour du parti chrétien-démocrate, a en outre amélioré la situation par une ample réforme des retraites. La retraite n'était plus conçue comme une aide, elle devait remplacer les revenus salariaux. Dans sa nouvelle conception elle devait contribuer à maintenir pour les personnes âgées le niveau de vie qui avait été le leur quand elles étaient en activité. C'est pourquoi l'évolution des retraites fut liée à la croissance des salaires réels. On appela cette procédure « dynamisation ». L'effet immédiat de cette réforme fut que les retraites augmentèrent en moyenne de 65,3 % pour les ouvriers et de 71,9 % pour les employés. La confiance dans le maintien du plein-emploi et la pérennisation de la croissance du PNB ont constitué la base de la réforme[4].

La réforme du système des retraites eut une importance de premier ordre pour la consolidation de la jeune RFA. Elle a contribué à la paix sociale. En outre, elle constitua un signal en direction de l'Est : la République fédérale constitua dès lors une option migratoire attractive pour les habitants de RDA.

L'Allemagne de l'Est réagit aux débats occidentaux en lançant elle aussi une discussion sur l'assurance vieillesse qui, dès le début, prit une orientation toute différente. Prenant modèle sur la réglementation introduite peu avant en Union Soviétique, et qui permettait de garantir aux retraités, pour la première fois dans l'histoire de la Russie, des allocations rudimentaires, le SED réfléchit à la possibilité de transférer intégralement le financement de la caisse de retraite aux entreprises[5]. Ceci aurait mené à une sévère rupture avec le système traditionnel. Ce projet fut bientôt abandonné parce qu'il aurait bouleversé de fond en comble le système social existant. Les entreprises restées privées auraient dû payer des contributions plus élevées, ce qui correspondait aux intérêts du gouvernement, mais l'État aurait dû payer les cotisations qui avaient été soustraites aux revenues des salariés auparavant. Ce projet devant entraîner des dépenses supplémentaires pour l'État, il fut vite abandonné.

L'évolution de la prospérité occidentale incita les retraités de l'Est à réclamer des améliorations de leurs retraites ; mais la RDA n'était pas en me-

---

4.– « Einleitung », in : Friedrich KAHLENBERG (éd.), *Die Kabinettsprotokolle der Bundesregierung. Ministerausschuß für die Sozialreform 1955 – 1960*, Munich, 1999, pp. 15-60, ici p. 35.

5.– Dierk Hoffmann, « Leistungsprinzip und Versorgungsprinzip : Widersprüche in der DDR-Arbeitsgesellschaft », in : ID., Michael SCHWARTZ (éd.), *Sozialstaatlichkeit in der DDR. Sozialpolitische Entwicklungen im Spannungsfeld von Diktatur und Gesellschaft*, Munich, 2005, pp. 89 – 113, ici p. 110.

sure de proposer des solutions comparables à celles de l'Ouest ni dans la conception, ni pour le montant. Aussi se contenta-t-elle de renoncer du jour au lendemain à défier l'Ouest dans ce domaine. Cependant la concurrence entre les deux systèmes devait se poursuivre et le gouvernement communiste s'est trouvé dans l'obligation de réagir. La position dominante de la classe ouvrière la conduisit à demander encore et toujours des améliorations de son niveau de vie : le refus persistant d'accéder à de telles demandes conduisit à la crise du début des années 1960, qui fut l'une des causes de la construction du Mur en 1961[6].

## Les effets de la fermeture de la frontière sur le marché de travail

Dans les années 1950, la fuite vers l'Ouest (« Republikflucht ») fut un problème politique et économique de premier ordre. Jusqu'à la fermeture de la frontière, on a pu compter quelque10 à 20 000, parfois même 40 000 réfugiés par mois, leur nombre total depuis 1949 atteignant 3,6 millions en 1961[7]. Cet exode continu priva la RDA, d'un grand nombre de personnes qualifiées. Parmi les celles qui furent accueillies à l'Ouest se trouvaient 20 000 ingénieurs, 4 500 médecins et 1 000 professeurs d'universités[8]. La majorité des émigrés n'avait pas plus de 25 ans, ce qui facilita leur intégration. Sans attache familiale, ils fournirent une main d'œuvre à même de combler les déficits du marché du travail de la RFA et ils atténuèrent les effets des crises structurelles.

La jeunesse des arrivants rendit nécessaire au moins temporairement des mesures sociales, telles par exemple que la construction de centres d'accueil. Tout comme les autres mouvements migratoires d'après-guerre, les départs massifs de RDA imposent à la RFA des efforts considérables dans le domaine de la construction immobilière[9].

Vue de l'Ouest, l'érection du Mur mit brutalement un terme à la migration. Sur le marché de travail, les effets furent immédiatement sensibles : la

---

6.– Christoph KLESSMANN, « Gesamtbetrachtung », in : ID. (éd.), *Geschichte der Sozialpolitik in Deutschland seit 1945, t. 9 : 1961 – 1971. Deutsche Demokratische Republik. Politische Stabilisierung und wirtschaftliche Mobilisierung*, Baden-Baden, 2006, pp. 789 – 813, ici p. 809.

7.– Volker ACKERMANN, *Der ›echte‹ Flüchtling. Deutsche Vertriebene und Flüchtlinge aus der DDR 1945 – 1961*, Osnabrück, 1995, pp. 288 – 291 ; Günther SCHMID, Frank OSCHMIANSKY, « Arbeitsmarktpolitik und Arbeitslosenversicherung », in : Michael RUCK, Marcel BOLDORF, (éd.), *Geschichte der Sozialpolitik in Deutschland seit 1945, t. 4 : 1958 – 1966. Bundesrepublik Deutschland. Sozialpolitik im Zeichen des erreichten Wohlstandes*, Baden-Baden, 2007, pp. 235 – 283, ici p. 247.

8.– Werner ABELSHAUSER, *Deutsche Wirtschaftsgeschichte seit 1945*, Munich, 2004, p. 286.

9.– Georg WAGNER-KYORA, « Wohnungspolitik », in : RUCK, BOLDORF (note 7), pp. 762 – 769.

pénurie de main d'œuvre, déjà perceptible auparavant, s'aggrava. Les services de la main d'œuvre se trouvèrent dans l'obligation de s'adapter à la situation en prenant en compte le caractère suprarégional ou international de la main d'œuvre.

Le recrutement d'une main d'œuvre étrangère, qui avait commencé avec le traité germano-italien de 1955, s'intensifia. Dans les années 1960 le gouvernement fédéral établit un système de contacts bilatéraux avec des pays d'Europe méridionale afin de rendre la politique de l'emploi plus flexible. De tels accords ont été conclus avec l'Espagne, la Grèce, la Turquie, le Portugal et la Yougoslavie[10]. Ils restèrent en vigueur jusqu'au 23 novembre 1973, date à laquelle, à la suite du choc pétrolier, un arrêté gouvernemental mit fin à cette forme de recrutements. Entre 1961 et 1974, le nombre de salariés d'origine étrangère en RFA passa de 500 000 à 2,3 millions. Leur part de la masse salariale totale crut de 2,5 % (1961) à 11,2 % (1974)[11]. Au début, les Italiens étaient les plus nombreux, suivis par les Grecs et les Espagnols. L'immigration turque, d'abord peu importante, connut vers la fin des années 1960 une accélération. En 1972, les Turcs constituaient le groupe d'étrangers le plus important sur le marché de travail ouest-allemand.

L'embauche de main d'œuvre immigrée, peut-on même lire dans des prises de position officielles, n'a jamais servi de complément[12]. Il ne s'agissait pas – comme dans le cas des réfugiés de RDA – d'un personnel qualifié : Les immigrants ont servi à élargir la base des travailleurs spécialisés et non qualifiés. Peu ou pas qualifiés, ils ont été affectés avant tout, en fonction des besoins, à des emplois que l'on estimait temporaires et qui ne nécessitaient pas de compétences particulières. Souvent ils étaient hébergés dans des habitations ou foyers collectifs. Ils devaient constituer une réserve de main d'œuvre mobile que l'on déplaçait en fonction des besoins et que l'on affectait prioritairement aux travaux de peu d'attrait, emplois subalternes dans des tâches épuisantes. Souvent payés à la tâche, on les trouvait surtout dans l'agriculture, les mines, la sidérurgie, le bâtiment ou l'enlèvement des ordures ménagères. Dès son introduction, ce système n'a pas fonctionné – au contraire : les familles des salariés étrangers ont suivi leurs proches et se sont installées dans les centres urbains ouest-allemands.

---

10.– Ulrich HERBERT, Karin HUNN, « Beschäftigung, soziale Sicherung und soziale Integration von Ausländern », in : RUCK, BOLDORF (note 7), pp. 705 – 708.

11.– Hermann BERIÉ, *Statistische Übersichten zur Sozialpolitik in Deutschland seit 1945 – Band West*, Bonn, 1999, p. 282.

12.– Ulrich HERBERT, Karin HUNN, « Gastarbeiter und Gastarbeiterpolitik in der Bundesrepublik. Vom Beginn der offiziellen Anwerbung bis zum Anwerbestopp (1955 – 1973) », in : Axel SCHILDT, Detlef SIEGFRIED, Karl-Christian LAMMERS (éd.), *Dynamische Zeiten. Die 60er Jahre in den beiden deutschen Gesellschaften*, Hambourg, ²2003, pp. 273 – 310.

Le ministre ouest-allemand du Travail Theodor Blank (CDU) a souligné à l'occasion de l'arrivée du millionième travailleur étranger en RFA : « Ce million de personnes, embauchée en Allemagne, garantit la croissance de notre production, la stabilité de nos prix et le maintien de notre place sur les marchés internationaux »[13].

La diminution de l'immigration de RDA n'a pas seulement eu des implications quantitatives, mais aussi qualitatives. La main d'œuvre étrangère était moins facile à intégrer, faire appel à la elle ne compensait pas le déficit. L'insuffisance globale de travailleurs qualifiés obligea à répartir la pénurie entre les différentes branches industrielles[14]. Ainsi, la construction du Mur a-t-elle aggravé la pénurie de qualification. Le coup d'arrêt à l'arrivée de demandeurs d'emploi est-allemand incita d'ailleurs l'Ouest à renforcer la formation[15].

En RDA, la fin des départs vers l'ouest eut l'effet inverse de celui qu'elle exerça sur la RFA. La construction du Mur y a marqué le début d'une période de consolidation. Les habitants de la RDA se trouvèrent dans l'obligation de s'accommoder de la situation. La crise de l'approvisionnement des années 1960/1961[16] clarifia aux yeux du gouvernement les priorités économiques. Il s'agissait avant tout d'améliorer le niveau de vie. Cela signifiait que la politique sociale devait être plus étroitement liée à la politique économique. Dans cette perspective, on essaya d'intégrer l'estimation des allocations sociales dans le système de planification centralisé. Il fallut attendre le milieu des années 1960 et la stabilisation de la situation économique pour voir s'améliorer la consommation individuelle et intervenir des innovations en matière sociale.

En fin de compte, la politique de garantie et d'amélioration de l'emploi resta au cœur de la politique sociale de la RDA. Pour favoriser l'efficacité du travail, les efforts se concentrèrent par exemple sur les secteurs de la prévoyance, de la maladie ou des accidents de travail, ainsi que sur la réinsertion[17]. Les services médicaux des entreprises furent renforcés par la construction de policliniques et d'unités de soins ambulatoires. On chercha à

---

13.– Theodor BLANK, « Eine Million Gastarbeiter », in : *Bulletin des Presse- und Informationsamtes der Bundesregierung*, 160 (30 octobre 1964), p. 1480.
14.– SCHMID, OSCHMIANSKY (note 7), p. 238.
15.– ABELSHAUSER (note 8), p. 287.
16.– André STEINER, *Von Plan zu Plan. Eine Wirtschaftsgeschichte der DDR*, Munich, 2004, pp. 116 – 122.
17.– Marcel BOLDORF, « Rehabilitation und Hilfen für Behinderte », in : KLESSMANN (note 6), pp. 449 – 470.

consolider la croissance économique en améliorant l'enseignement[18]. L'ouverture d'écoles maternelles supplémentaires, de crèches et de garderies créa des conditions favorables l'accroissement du salariat féminin. Cette démarche fut déterminée à la fois par la volonté de s'assurer des ressources humaines et par des considérations de politique familiale. L'amélioration de la situation des salariés fut aussi déterminée par les besoins des entreprises. En 1967 les minima salariaux furent relevés et l'on introduisit la semaine de cinq jours.

Bien que les politiques économiques de la RFA et de la RDA eussent également eu pour objectif la croissance et le plein emploi, on constate des différences essentielles entre l'Ouest et l'Est. La « société au travail » n'a jamais été réalisée de la même manière extensive en RFA. Face à la mobilisation totale de la main d'œuvre en RDA, la politique fédérale se montra plus hésitante, surtout sous l'influence des milieux conservateurs, à élargir par exemple l'activité professionnelle des femmes. Au début des années 1960 des milieux de gauche occidentaux firent leurs des principes qui portaient la marque de la RDA, tels par exemple le slogan du « droit au travail pour tous », mais, mis à part quelques groupes communistes, ils ne firent jamais allusion au régime de l'Est. La confédération syndicale ouest-allemande « Deutscher Gewerkschaftsbund » (DGB) s'est servi en novembre 1963 de ce slogan, mais uniquement pour condamner le *lock-out* pratiqué par les patrons cette année-là. Le DGB a ajouté le « droit au travail » à la liste de ses principes sociopolitiques, mais en tant que principe d'égalité et non dans le but, comme en Allemagne de l'Est, d'imposer une obligation de travail à toute personne qui en était capable[19]. À l'Ouest, il s'agissait pour les groupes politiques orientés vers la gauche d'un modèle pour faire avancer les principes d'égalité dans la société.

## Les disparités dans la politique de la femme et de la famille

La position de la femme dans la société était un point de divergence majeur entre les politiques de l'Est et de l'Ouest. La RDA a cherché à présenter sa politique comme progressiste. Le SED a fait le reproche aux partis ouest-allemands de propager un modèle familial « réactionnaire ». Par contre, la propagande est-allemande sur l'égalité des sociale des sexes était conçue

---

18.– Manfred SCHMIDT, « Grundlagen der Sozialpolitik in der Deutschen Demokratischen Republik », in : *Geschichte der Sozialpolitik nach 1945, t. 1 : Grundlagen der Sozialpolitik*, édité par le Bundesministerium für Arbeit et le Bundesarchiv, Baden-Baden, 2001, pp. 685 – 798, ici p. 728.

19.– « DGB-Grundsatzprogramm 1963 : Sozialpolitische Grundsätze », in : *Protokoll. Außerordentlicher Bundeskongress Düsseldorf 1963*, pp. 461 – 469.

presque exclusivement par référence à la position des femmes sur le marché du travail. Cette interprétation faisait de la participation des femmes à la vie professionnelle un élément crucial de l'émancipation. Suivant cette logique, le gouvernement de la RDA considéra officiellement que le travail était pour toutes les femmes un but dans l'existence[20].

Les efforts d'intégration des femmes dans le monde du travail n'ont pas manqué leur but : le taux d'intégration salariale des femmes de 14 à 60 ans est passé en RDA de 66,5 % en 1960 à 85,8 % en 1975[21]. On laissa cependant aux femmes le soin de gérer la double activité qui en résultait. Le code familial de 1965 révélait les déficits structurels : on y présentait la femme mariée, mère de famille et salariée, comme la norme, tout comme les programmes de développement, les dispositions législatives faisaient exclusivement référence au rôle des femmes dans la société. Les tâches masculines ne furent par contre pas définies. La conséquence en fut que les femmes, accaparées par les travaux domestiques, furent dans l'incapacité de compléter leur formation professionnelle et d'atteindre le niveau de qualification auquel l'État les destinait[22].

L'opinion dominante en RFA était diamétralement opposée à cette politique est-allemande[23]. Le ministère de la Famille et la plupart des partis politiques s'opposaient à l'intégration au travail de toutes les femmes, surtout des mères d'enfants en bas âge. Certains travaux, ceux par exemple du sociologue conservateur Helmut Schelsky, considéraient l'activité professionnelle des femmes comme une menace pour la famille, estimant qu'elle conduisait à une « désintériorisation » de celle-ci[24]. De telles réserves, largement partagées par l'opinion publique, et la mise en avant du rôle maternel de la femme eurent pour effet que les structures d'accueil pour les enfants ne connurent qu'un très faible développement en RFA pendant les années 1960.

En ce qui concerne l'inégalité des sexes, la période étudiée était marquée en RFA aussi bien par des affaiblissements que par des continuités[25]. En

---

20.– Dierk HOFFMANN, Michael SCHWARTZ, « Gesamtbetrachtung », in : ID. (éd.), *Geschichte der Sozialpolitik in Deutschland seit 1945, t. 8 : 1949 – 1961. Deutsche Demokratische Republik. Im Zeichen des Aufbaus des Sozialismus*, Baden-Baden, 2004, pp. 799 – 830, ici p. 810.
21.– STEINER (note 1), p. 144.
22.– KLESSMANN (note 6), p. 799.
23.– Ursula MÜNCH, « Familien-, Jugend- und Altenpolitik », in : RUCK, BOLDORF (note 7), pp. 557 – 561.
24.– Julia PAULUS, « Familienrollen und Geschlechterverhältnisse im Wandel », in : Matthias FRESE, Julia PAULUS, Karl TEPPE (éd.), *Demokratisierung und gesellschaftlicher Aufbruch. Die sechziger Jahre als Wendezeit der Bundesrepublik*, Paderborn, 2003, pp. 107 – 119, ici p. 110.
25.– Hans Günther HOCKERTS, « Rahmenbedingungen : Das Profil der Reformära », in : ID. (éd.), *Geschichte der Sozialpolitik in Deutschland seit 1945, t. 5 : 1966 – 1974. Bundesrepublik Deutschland. Eine Zeit vielfältigen Aufbruchs*, Baden-Baden, 2006, pp. 1 – 155, ici pp. 145s.

réponse au but avoué de mettre un terme aux inégalités entre les sexes les chances de jeunes femmes d'accéder à un niveau supérieur de formation se sont améliorées, ce que montrent par exemple les chiffes d'accès à l'université. Dans le monde du travail, les inégalités ont persisté. Les activités des femmes se sont concentrées sur les emplois subalternes, secrétariat, vente ou activités ne requerrant que peu de qualification. Les femmes étaient aussi plus exposées au risque de licenciement que les hommes.

En RFA, il a fallu un certain temps pour que les allocations familiales soient reconnues comme étant d'utilité publique. Longtemps elles ne furent versées qu'à partir du troisième enfant. Le financement n'en était d'ailleurs pas assuré par l'État, mais par une caisse spéciale à laquelle contribuaient les entreprises et les travailleurs indépendants. Les petites et moyennes entreprises surtout s'opposèrent à un élargissement du nombre des bénéficiaires. Il fallut attendre 1961 pour que soit pris en considération le second enfant et 1975 pour le versement d'allocations dès le premier. Afin de surmonter l'opposition patronale et de garantir les versements, le gouvernement se chargea d'abord d'une partie du financement, puis, à partir de 1964, de sa totalité[26]. La RDA, dont le régime centralisé ne connaissait pas de telles réticences, introduisit les allocations familiales beaucoup plus tôt. En 1958, quand disparurent les cartes de rationnement alimentaire, une aide fut versée aux parents à partir du premier enfant. Les montants en restèrent modestes jusqu'en 1975 quand les allocations furent réévaluées de manière sensible en réaction à l'amélioration consentie à l'Ouest. Il n'en demeure pas moins que la conviction s'est établie beaucoup plus tôt à l'Est à l'Ouest que les charges familiales devaient être compensées par la société afin de rendre compatibles pour les femmes les charges familiales et professionnelles[27].

## L'attitude de l'État face aux organisations de bienfaisance

Le gouvernement fédéral considérait certes une politique de protection sociale comme relevant du domaine public. Néanmoins, les services sociaux furent organisés selon un principe de subsidiarité qui correspondait davantage, aux yeux de l'exécutif, à la structure pluraliste de la société[28]. On parle d'un système corporatiste parce que les lobbies avaient une forte influence en RFA[29]. Presque toutes les organisations de bienfaisance avaient une re-

---

26.– MÜNCH (note 23), pp. 568 – 579.
27.– Ulrich LOHMANN, *Die Entwicklung des Sozialrechts in der DDR*, Opladen, 1996, p. 83.
28.– Dieter GRUNOW, « Soziale Infrastruktur und Soziale Dienste », in : RUCK, BOLDORF (note 7), pp. 725 – 756, ici pp. 730s.
29.– Marcel BOLDORF, « Sozialpolitische Denk- und Handlungsfelder », in : RUCK, BOLDORF (note 7), pp. 85 – 149, ici p. 109.

présentation dans la capitale pour faire du lobbying. Ils ont influencé la préparation des lois sociales ainsi que l'opinion de la bureaucratie ministérielle. Le chancelier Adenauer les a souvent reçus et écoutés. Il leur a accordé une priorité par rapport aux experts indépendants et, dans une certaine mesure, même comparativement au parlement. Le gouvernement à majorité chrétienne-démocrate affirmait que la prise en compte des organisations catégorielles était le meilleur moyen d'incorporer l'opinion à la prise de décision gouvernementale. Ludwig Erhard, chancelier à partir de 1963, se montra plus sceptique vis-à-vis des groupes corporatifs. Il s'efforça d'endiguer leur influence tout en accroissant l'importance de la consultation politique. Mais cette initiative ne devait rencontrer qu'un succès modeste.

Les organisations confessionnelles, la « Caritas » catholique et la « Innere Mission » protestante, témoignaient de l'influence des Églises en matière sociale. Depuis des siècles leurs activités se concentraient sur le soin des malades, des infirmes et des handicapés[30]. Les deux églises ont pu défendre leur prédominance dans le secteur de l'assistance sociale contre les ambitions communales. Dans le débat autour de la loi sur l'aide sociale, votée en 1961, les organisations de bienfaisance ont pu s'imposer et préserver leur position privilégiée dans le secteur des soins et des maisons de retraite.

L'affirmation par les organisations de bienfaisance de leur liberté d'action face à la bureaucratie était aux antipodes du centralisme en vigueur en RDA. La SED y essayait d'englober les mouvements d'émancipation populaire par l'introduction des organisations de masses. Par leur intermédiaire, le parti communiste essaya de garder sous son contrôle la vie publique et celle des entreprises. Le rôle le plus important revenait à la « Volkssolidarität », (« solidarité du peuple ») dont les membres bénévoles prenaient en charge l'aide au troisième âge. Cette organisation n'était pas un lobby corporatiste, mais elle a quand même fait pression en faveur de ceux qui dépendaient d'elle, surtout en œuvrant à la multiplication de ce que l'on appelait des « clubs de vétérans » (« Veteranenclubs »). À bien des égards elle a concurrencé les Églises et les organisations de bienfaisance dans la mesure où elles avaient continué à exister[31]. Au cours des années 1960 les Églises furent écartées des terrains sensibles, de l'assistance sociale et de l'encadrement de la jeunesse. Leurs tâches furent pour l'essentiel limitées aux soins dans des hospices.

---

30.– Udo WENGST, « Sozialpolitische Denk- und Handlungsfelder », in : ID. (éd.), *Geschichte der Sozialpolitik in Deutschland seit 1945, t. 2,1 : 1945 – 1949. Die Zeit der Besatzungszonen. Sozialpolitik zwischen Kriegsende und der Gründung zweier deutscher Staaten*, Baden-Baden, 2001, pp. 77 – 149, ici p. 137.

31.– KLESSMANN (note 6), p. 805.

## Euphorie planificatrice et extension politique sociale

Le développement de la politique sociale à l'Ouest a conduit à l'inclusion de nouveaux groupes sociaux. L'État social (« Sozialstaat ») a pris soin de personnes qui avaient jusqu'alors échappé à son domaine de compétence, les femmes, la jeunesse, les apprentis, les couches moyennes et les professions indépendantes. On peut citer en exemple la politique de la propriété, ouvertement orientée vers les classes moyennes. L'euphorie planificatrice qui régnait alors eut pour effet que la politique sociale se vit de plus en plus attribuer un rôle de pilotage global du développement de la société. Dans les années 1960, l'État fédéral a commencé à prendre soin des individus afin qu'ils puissent constituer leur propre stock de capital pour l'avenir et la retraite. Ce nouvel accent dans le domaine social s'adressait directement aux couches moyennes pour circonscrire le danger d'appauvrissement. On a appelé cela une politique sociale « active », appréhendée plus largement et liée étroitement aux autres domaines politiques[32].

On prit davantage en compte l'intérêt économique que pouvait présenter la politique sociale. On comprit que la politique sociale pouvait aussi avoir un effet stabilisateur, notamment sur la croissance économique. Un exemple parmi d'autres a été la loi sur la promotion du travail (« Arbeitsförderungsgesetz ») de 1969 qui eut une traduction sociale en concédant des avantages à la formation professionnelle tout en améliorant le niveau de qualification de certaines catégories. Ces mesures ont permis à des personnes sans formation d'atteindre un niveau de qualification plus élevé. Ainsi, la politique sociale a-t-elle perdu son caractère réactif, il ne s'est plus agi de résoudre les problèmes sociaux ultérieurement, mais de prendre par anticipation des mesures prévoyantes fondées sur des expertises scientifiques. Une telle politique préventive avait pour objectif d'éviter qu'apparaissent des situations de détresse.

En RDA, politique sociale et politique de la société se recoupèrent dès le début. L'État chercha à placer l'essentiel de la population sous sa tutelle. Dans un premier temps, on mit en place une assistance dite « productive ». La plupart des prestations sociales servaient d'abord à intégrer la plus grande partie de la main d'œuvre. On a préféré le terme d'intégration à celui de « politique sociale » que l'on jugeait trop connoté par les conceptions capitalistes.

Le SED n'admit l'usage du terme « politique sociale » que dans les années 1960. Helga Ulbricht évoqua la première une conception socialiste de poli-

---

32.– Winfried Süss, « Sozialpolitische Denk- und Handlungsfelder in der Reformära », in : Hockerts (note 25), pp. 157 – 221, ici pp. 207s.

tique sociale dans son travail d'habilitation[33]. En même temps, le SED s'est penché sur « l'économisation » (« Ökonomisierung ») de la politique sociale[34]. En 1966, lors des préparatifs de son septième Congrès, le parti a installé un groupe de travail au sein de son Comité central, qui s'est consacré à la « politique sociale ». Il lui incombait d'intégrer la politique sociale au nouveau système de planification (NÖS), réformé en 1963. Il s'agissait d'orienter davantage la politique sociale selon des critères de rationalité économique. Désormais la politique sociale devait stimuler la performance de la population active et améliorer les conditions de vie et de travail. Dans les années 1960 le régime marqua un intérêt particulier pour la consommation. On songea donc à introduire un système de prévision pour évaluer la future consommation et l'importance des revenus pour intégrer ces chiffres à l'élaboration du plan. Les planificateurs espéraient imposer une croissance du niveau de vie par l'intermédiaire du plan. Cependant, de tels calculs atteignirent bientôt leurs limites. L'évolution des besoins n'était pas prévisible, de sorte que toutes ces tentatives sont restées illusoires.

## Changement de priorités sociales lors du passage aux années 1970

La grande coalition n'a sûrement pas été au départ une coalition de politiciens sociaux. Les aspects financiers et économiques ont largement dominé les négociations en vue du budget 1967. Ce constat valait aussi pour les sociaux-démocrates, bien qu'ils accédassent pour la première fois au pouvoir depuis la création de la République fédérale. En outre ces discussions se sont déroulées sous la pression de la première (légère) récession que connût la RFA. La période 1966 – 1969 s'avéra donc assez pauvre en réformes sociales[35].

Ce n'est qu'en 1969, lorsque la SPD a formé une coalition avec les libéraux du FDP, que le gouvernement s'engagea dans une nouvelle phase sociale. Il ne reprit pas la notion de réformisme social des années 1950, il se contenta de prolonger ce qui avait été fait en la matière. L'objectif n'était pas de transformer mais de développer[36]. En matière d'assurance maladie on a adopta des amendements sur la prévention et sur les risques de dépendance.

---

33.– Helga ULBRICHT, *Aufgaben der sozialistischen Sozialpolitik bei der Gestaltung der sozialen Sicherheit in der Deutschen Demokratischen Republik*, Leipzig, 1965.
34.– Peter HÜBNER, « Gesellschaftliche Strukturen und sozialpolitische Handlungsfelder », in : KLESSMANN (note 6), pp. 77 – 145, ici pp. 107 – 110.
35.– SÜSS (note 32), p. 159.
36.– Detlev ZÖLLNER, « Sozialpolitik », in : Wolfgang BENZ (éd.), *Die Geschichte der Bundesrepublik Deutschland*, t. 2 : *Wirtschaft*, Francfort/M., 1989, pp. 362 – 392, ici pp. 380s.

En 1972, la réforme de l'assurance vieillesse abaissa la limite d'âge, ce qui permit des départs anticipés en retraite. Cette même année, on intégra les agriculteurs et en 1975 les étudiants au système de sécurité sociale. Des modifications de l'assurance accident élargirent la couverture aux écoliers et aux enfants des garderies. En général, le système des services sociaux et de l'infrastructure sociale ont été améliorés. Enfin, le gouvernement fédéral a adopté une loi accordant des bourses d'études à l'enseignement et à la formation. Le décret de 1971 a prolongé les décisions des années 1960 en matière de politique de l'enseignement. L'inégalité des chances a été réduite, permettant aux enfants de familles pauvres d'entamer les études approfondies ou une formation complémentaire. En 1973, le chancelier Willy Brandt a pu dresser un bilan positif de son travail : « Nous avons le plein emploi, le climat social est stable, […] les revenues des salariés et des retraités, des professions libérales – et désormais des agriculteurs – ont nettement augmenté »[37].

Le passage d'une politique expansive à une politique de rigueur, qui délimite la période étudiée ici, a coïncidé avec l'entrée en fonction du chancelier Helmut Schmidt[38]. La déclaration de gouvernement de 1976 a pris en compte le revirement sur les limites des possibilités de croissance. Le chancelier Schmidt a dû avouer les problèmes que rencontrait le marché de travail et les a imputés à la récession mondiale. Il s'est fixé pour objectif de retrouver le plein emploi[39]. Néanmoins le chômage a été multiplié par six en RFA entre 1971 (185 000 chômeurs) – un niveau inférieur à celui des années 1960 – et 1975, lorsque la barre du million a été franchie. La hausse des dépenses sociales en fut une conséquence immédiate. En 1975, le taux le plus élevé jamais atteint en RFA a été enregistré[40] : les dépenses sociales se sont montées à 33,7 % du budget de l'État[41]. À partir de là s'est ouvert un débat sur les limites de l'État social qui se poursuit jusqu'à nos jours. Consolidation et limitation des dépenses ont repris la main, ce qui a ouvert le champ à une politique de rigueur. À l'arrière-plan, il faut rappeler non seulement les effets de la crise pétrolière et la recension qui en découla, mais aussi le ralen-

---

37.– « Regierungserklärung vom 18. Januar 1973. Bundeskanzler Brandt », in : Peter PULTE (éd.), *Regierungserklärungen 1949 – 1973*, Berlin, New York, 1973, p. 271.
38.– Hans Günter HOCKERTS, « Periodisierung des Gesamtwerks. Abgrenzung der Bände », in : *Geschichte der Sozialpolitik* (note 18), pp. 183 – 198, ici p. 193.
39.– « Regierungserklärung vom 16. Dezember 1976. Bundeskanzler Helmut Schmidt », in : Klaus VON BEYME (éd.), *Die großen Regierungserklärungen der deutschen Bundeskanzler von Adenauer bis Schmidt*, Munich, 1979, p. 345.
40.– *Statisches Jahrbuch der Bundesrepublik Deutschland 1980*, p. 107.
41.– Johannes FRERICH, Martin FREY, *Handbuch der Geschichte der Sozialpolitik in Deutschland, t. 3 : Sozialpolitik in der Bundesrepublik Deutschland bis zur Herstellung der Deutschen Einheit*, Munich, Vienne, ²1996, p. 161.

tissement de la croissance dans le long terme. Au milieu des années 1970, la période de reconstruction consécutive à la Seconde Guerre mondiale s'est achevée et les taux de croissance du produit national brut se sont stabilisés à un niveau plus bas qu'auparavant, atteignant une moyenne d'environ 1,5 %. Ce niveau correspondait à la tendance séculaire de la croissance économique passée[42].

En RDA, sous Walter Ulbricht, la politique sociale a pris une grande importance dans l'opinion. En réalité, elle a été soumise au succès économique, ce qui a entraîné un ralentissement des dépenses. Les choses ont changé avec Erich Honecker. Il affirma l'unité de la politique économique et sociale. En 1971, le huitième Congrès du SED proclama le passage à une politique sociale expansive orientée vers la consommation. Ce tournant a eu des conséquences fondamentales sur le déclin de l'économie est-allemande à longue échéance[43]. La RDA a essayé en vain de tenir tête à l'expansion de la politique sociale de la RFA. La politique sociale, arrimée à la politique économique, est restée jusqu'à la chute du Mur le point nodal pour le SED[44].

Au cœur de la politique de consommation se trouvait un vaste programme de construction. En dépit des projets élaborés par la commission de planification dans les années 1960 ce secteur avait été négligé. Peu de nouveaux immeubles avaient été construits et les centres des villes, de construction ancienne, n'avaient été entretenus qu'*a minima*[45]. Sous Honecker, les objectifs élevés des planificateurs purent d'abord être atteints. Vers la fin de la décennie plus d'un million de nouveaux appartements avaient été créés, par des constructions nouvelles ou par la restauration de bâtiments[46].

L'orientation du SED vers le social a souvent été interprétée comme un passeport pour une période d'expansion sociale[47]. Par rapport aux années 1960 le taux de consommation a augmenté au point que l'on a parlé d'un « socialisme de consommation » ou encore d'une « politique d'apaisement social »[48]. À plusieurs reprises les retraites et les salaires minima ont été augmentés. La poursuite de la politique d'expansion sociale porta la part des dépenses sociales, appréciée d'après les critères de l'Organisation interna-

---

42.– Christoph BUCHHEIM, *Einführung in die Wirtschaftsgeschichte*, Munich, 1997, pp. 93 – 95.
43.– SCHMIDT (note 18), p. 731.
44.– *Akademie für Staats- und Rechtswissenschaft der DDR : Die Einheit von Wirtschafts- und Sozialpolitik als Hauptkampffeld der SED. Die Hauptfaktoren der umfassenden Intensivierung und ihre Leitung und Planung*, Berlin-Est, 1988.
45.– STEINER (note 16), p. 172.
46.– FRERICH, FREY (note 41), p. 452.
47.– SCHMIDT (note 18), p. 732.
48.– STARITZ (note 2), p. 281 ; STEINER (note 16), p. 165.

tionale du travail, à son point culminant en 1978[49], peu après l'Allemagne de l'Ouest.

Lorsque le chômage fit un bond en RFA, l'Est se trouva à l'abri de tels soucis. En 1977, les dernières traces de l'assurance chômage disparurent en RDA, l'assistance se troutvant réduite au rôle d'ultime garantie de sécurité. Mais on ne compta pas plus de 20 000 bénéficiaires réguliers[50]. Ce chiffre traduit la mise en pratique de l'obligation de travailler. Le revers de la médaille était un chômage dissimulé et une faible productivité de travail. Simultanément le maintien de la garantie d'embauche à tout prix a fait partie de l'expansion sociale et a provoqué des coûts extraordinaires que l'État a dû payer[51].

## Conclusion

Les années de 1961 à 1974 constituent une période intermédiaire dans les quarante années de coexistence des deux Allemagnes. Pour les deux États, elle se présente d'un point de vue social comme une phase de consolidation. La RDA dut reconnaître la nécessité d'une politique sociale. Cet aveu a été un effet de l'érection du Mur, parce que désormais la politique sociale a joué un rôle important pour la légitimation du régime. La fonction de consolidation est restée peu développée sous Ulbricht, elle s'est déployée d'autant plus sous Honecker. Le tournant de l'année 1971 a marqué le début d'une période dans laquelle la croissance du budget social et des subventions était nécessaire pour garantir le niveau de consommation de la population est-allemande. À la longue, cette politique a contribué à la faiblesse économique de la RDA[52].

Le gouvernement fédéral a abordé les années 1960 avec l'intention de freiner les dépenses sociales. Contrairement à la réforme de l'assurance-vieillesse qui l'avait précédée, la réforme de l'assurance-maladie a visé en 1961 à réduire les aides financières de l'État. La direction pour laquelle on a opté peut être décrite comme une voie de complément partiel. La politique sociale s'est développée jusqu'à atteindre son zénith en 1975.

Malgré des changements importants en RDA les systèmes de sécurité sociale des deux Allemagnes sont restés comparables au fond. Même à l'Est on a conservé un reste de pragmatisme qui avait caractérisé la politique sociale allemande depuis Bismarck. Bien des domaines se sont développés d'une

---

49.– SCHMIDT (note 18), p. 734.
50.– *StatistischesJahrbuch der DDR 1980*, p. 343.
51.– SCHMIDT (note 18), p. 734.
52.– Cf. STEINER (note 16).

manière semblable à l'Ouest bien que la centralisation et les nationalisations aient mené ça et là à des ruptures profondes. Ceci fut notamment le cas pour l'assurance sociale qui est restée au cœur de la sécurité sociale. La RDA a préservé en grande partie le système traditionnel malgré d'amples réformes des allocations et de l'autogestion par les partenaires sociaux. Au lieu d'une administration paritaire, les syndicats unifiés du « Freier Deutscher Gewerkschaftsbund » (FDGB) se sont chargés de cette tâche ce qui, par comparaison avec l'Ouest, a renforcé leur contribution à la gestion de l'État. À l'Ouest, l'assurance sociale est restée, au contraire, une institution surveillé par l'État mais largement autogérée.

Le corporatisme, caractéristique de la RFA, n'existait pas de la même façon en RDA. Cependant, les organisations de masses de RDA, pour autant qu'elles accomplissaient des tâches sociales, ont pu agir en faveur de leur clientèle. Même les Églises chrétiennes ont pu, comparativement à la Pologne catholique par exemple, maintenir leur position malgré un affaiblissement indéniable. Bien sûr cela ne changeait rien au fait que le SED restât prédominant pendant toute la période d'existence de la RDA. À l'Ouest, par contre, l'influence des lobbyistes a diminué graduellement à partir du milieu des années 1960, cédant la place aux experts qui ont imposé des débats sociaux plus objectifs.

# III.
## Identité, mémoire et culture

# Les deux États allemands face au passé nazi et les enjeux de la Guerre froide

Franz Kuhn

On tend à considérer les années 1960 comme une « longue décennie » (« die langen 60er Jahre »), parce qu'elles marquent un tournant important dans l'histoire de la société ouest-allemande. Il s'agit d'une décennie marquée par des protestations estudiantines, expression d'une révolte contre un système politique et un esprit sociétal jugé autoritaire et restaurateur. Ce conflit générationnel et surtout l'année symbolique « 1968 » devinrent par la suite synonymes d'un changement des mentalités et l'expression d'une ouverture et d'une libéralisation de la société ouest-allemande[1]. On parle souvent, en référence au politologue Richard Löwenthal, d'une « deuxième et véritable phase de création » (« zweite formative Periode ») – qui s'est ensuite traduite par changement politique en 1969.

Partant de ce constat, certains historiens considèrent les années 1960 comme une décennie décisive dans la mesure où la deuxième démocratie allemande, la démocratie ouest-allemande, a été rétrospectivement qualifiée de « success story »[2]. Dans ce contexte, la façon dont les Allemands de l'Ouest ont abordé, depuis la fin des années 1950, la question du passé fait partie intégrante de cette problématique et de ce changement de mentalité[3].

---

1.– On parle aujourd'hui d'une « longue décennie de transition » pour ne pas réduire le changement politique au seul symbole « 1968 » et pour souligner que les changements sociétaux sont intervenus à la fin des années 1950 et qu'ils ont perduré jusqu'au milieu des années 1970 ; cf. Ulrich Herbert (éd.), *Wandlungsprozesse in Westdeutschland. Belastung, Integration, Liberalisierung 1945 bis 1980*, Göttingen, 2002 ; Christina VON HODENBERG, Detlef SIEGFRIED, « Reform und Revolte. 1968 und die langen sechziger Jahre in der Geschichte der Bundesrepublik », in : ID. (ed.), *Wo « 1968 liegt. Reform und Revolte in der Geschichte der Bundesrepublik*, Göttingen, 2006, pp. 7 – 14.
2.– Peter STEINBACH, « La fin de la Seconde Guerre mondiale dans la mémoire des Allemands », in : Stephan MARTENS (éd.), *La France, l'Allemagne et la Seconde Guerre mondiale : quelles mémoires ?*, Bordeaux, 2007, pp. 75 – 93, ici p. 85 ; cf. Edgar WOLFRUM, *Die geglückte Demokratie. Geschichte der Bundesrepublik Deutschland von ihren Anfängen bis zur Gegenwart*, Stuttgart, 2006, pp. 13s.
3.– Cf. Peter STEINBACH, « Die Ludwigsburger Zentrale Stelle – ein *lieu de mémoire* der deutschen Vergangenheitsbewältigung », in : Peter SCHÖTTLER, Patrice VEIT, Michael WERNER (éd.), *Plurales Deutschland – Allemagne plurielle. Festschrift für Etienne François*, Göttingen, 1999,

De manière générale, ces aspects participent de réflexions qui ont été longtemps traitées de manière isolée ou qui ont été thématisées dans une perspective purement sociétale. Elles ont été suscitées en RFA exclusivement, sans que ne soit pour autant prise en considération la question de la maîtrise du lourd passé dans les deux États allemands.

Parce que la question du passé commun a été lue à travers le prisme de ce que l'on appelle depuis la chute du Mur et depuis la fin de la deuxième dictature allemande la « double confrontation au passé » (« doppelte Vergangenheitsbewältigung ») elle a donné lieu à des études comparées. Celles-ci ont surtout souligné l'existence d'une différence et d'une concurrence entre les deux systèmes politiques, plus communément désignées par l'expression « division mémorielle »[4]. Malgré cette scission apparente, de récentes études ont mis en exergue non seulement la présence de similitudes, mais aussi d'interactions entre ces deux États[5]. Or, ce sont justement ces implications communes qui permettent de traiter cette problématique en la replaçant dans le contexte des processus mémoriels. Il s'agira donc ici d'étudier le thème de la confrontation au passé allemand dans une perspective croisée, afin de dégager les enjeux stratégiques et idéologiques que font apparaître, d'un point de vue méthodologique, une double lecture de l'histoire de la mémoire pendant la période qui s'étend de 1957 à 1974.

Dans quelle mesure faut-il percevoir la concurrence aux plans politique, identitaire et mémoriel entre les deux États allemands comme un élément qui a pu avoir des impacts particuliers sur la façon dont les autorités poli-

---

pp. 314 – 325, ici pp. 316 – 323. L'historien Norbert Frei évoque à ce propos une véritable césure en RFA depuis la fin des années 1950, cf. Norbert FREI, *1945 und wir. Das Dritte Reich im Bewußtsein der Deutschen*, Munich, 2005, p. 26 ; voir aussi : Alfred WAHL, *La seconde historie du nazisme dans l'Allemagne fédérale depuis 1945*, Paris, 2006 ; Peter REICHEL, Harald SCHMID, Peter STEINBACH (éd.), *Der Nationalsozialismus. Die zweite Geschichte. Überwindung, Deutung, Erinnerung*, Munich, 2009 ; Katrin HAMMERSTEIN, Ulrich MÄHLERT, Julie TRAPPE et Edgar WOLFRUM (éd.), *Aufarbeitung der Diktatur – Diktat der Aufarbeitung ? Normierungsprozesse beim Umgang mit diktatorischer Vergangenheit*, Göttingen, 2009.

4.– Cf. à titre d'exemple Jeffrey HERF, *Divided Memory. The Nazi Past in the two Germanies*, Cambridge/Mass., 1997 ; Jürgen DANYEL (éd.), *Die geteilte Vergangenheit. Zum Umgang mit mit NS und Widerstand in beiden deutschen Staaten*, Berlin, 1995.

5.– Cf. Arnd BAUERKÄMPER, « Nationalsozialismus ohne Täter ? Die Diskussion um Schuld und Verantwortung für den Nationalsozialismus im deutsch-deutschen Vergleich und im Verflechtungsverhältnis von 1945 bis zu den Siebzigerjahren, in : *Deutschland-Archiv*, 40 (2007) 2, pp. 231 – 240 ; Annette WEINKE, *Die Verfolgung von NS-Tätern im geteilten Deutschland. Vergangenheitsbewältigungen 1949 – 1969 oder : Eine deutsch-deutsche Beziehungsgeschichte im Kalten Krieg*, Paderborn, 2002 ; Katrin HAMMERSTEIN, « Deutsche Geschichtsbilder vom Nationalsozialismus », in : *Aus Politik und Zeitgeschichte*, 3 (2007), pp. 24 – 30.

tiques ont envisagé la question du passé allemand ? Ce conflit a-t-il accéléré ou retardé les processus mémoriels dans les deux États ?

Pour répondre à ces questions, il conviendra, dans un premier temps, d'évoquer les politiques mémorielles et la confrontation avec un passé commun dans les années 1950[6] (1.), pour ensuite se consacrer aux enjeux (et influences) que le passé représentait pour les deux États allemands dans le conflit interallemand (2. et 3.). Ceci nous conduira enfin à nous interroger sur la double notion de « concurrence mémorielle et identitaire », qui semble appropriée pour rendre compte des tensions politiques propres à ce contexte historique (4.).

## Politique(s) identitaire(s) et historique(s) – les deux États allemands face à leur passé dans les années 1950

### Passé commun et mécanismes de défense

Durant les années 1950, les deux États allemands ont affiché une volonté de tirer un trait sur le passé. Cela correspondait au désir d'une grande partie la population de considérer la guerre ou la période d'occupation comme révolues. Cette population avait été particulièrement marquée par la dénazification, ainsi que par les peines, alors vécues comme des injustices, que les vainqueurs lui avaient infligées. Force est de constater que, durant cette période, les deux États allemands passèrent sous silence autant la douleur des victimes de l'Holocauste que l'horreur des crimes commis. Cette nécessité psychologique de se tourner vers l'avenir se traduisit dans la sphère politique, premièrement, par la réintégration d'anciens nazis dans la société et, deuxièmement, par la volonté d'en terminer rapidement avec le processus de dénazification[7]. Ainsi les années 1950 furent-elles caractérisées dans les

---

6.– Pour les années 1950, cf. Bernd FAULENBACH, « Les deux Allemagnes face à l'héritage national-socialiste », in : Jean-Paul CAHN, Ulrich PFEIL (éd.), *Allemagne 1945 – 1961. De la « catastrophe » à la construction du Mur*, Villeneuve d'Ascq, 2008, pp. 159 – 172.

7.– De manière générale ce silence s'explique par l'indicibilité des atrocités, mais aussi par l'attitude des victimes qui ne souhaitaient pas s'exprimer. Une comparaison avec d'autres sociétés, également confrontées à un passé douloureux, permet par ailleurs de souligner à quel point le silence peut apparaître comme garant de la paix sociale. Ainsi que le démontre par exemple l'évolution de la situation en Espagne, une phase de transition paraît nécessaire afin de garantir à la fois l'avènement de la paix sociale et de la stabilité étatique. Pour l'Espagne cf. David REY, « Die Franco-Ära in der medialen Geschichtskultur Spaniens. Bürgerkrieg und Diktatur in Kino und Fernsehen seit 1975 », in : *Jahrbuch für Europäische Geschichte*, 4 (2003), pp. 113s. Au sujet de ce silence en RFA, cf. WOLFRUM (note 2), pp. 170s. ; Hermann LÜBBE, « Nationalsozialismus im deutschen Nachkriegsbewußtsein », in : *Historische Zeitschrift*, 236 (1983), pp. 587 – 589. Pour les deux États allemands : cf. WEINKE (note 5), p. 333.

deux Allemagnes par une forte diminution des procès engagés contre les personnes poursuivies pour crimes de guerre[8].

Les deux États s'efforçaient, l'un comme l'autre, d'offrir à la population une « passerelle d'intégration » dans un nouveau contexte étatique. Dans cette optique, on disculpa de facto la population en excluant le passé nazi des identité(s) nationale(s) et en créant parallèlement des repères historiques auxquels la population devait pouvoir s'identifier sans grande difficulté[9].

En RDA, cette transition passa par l'instauration de l'antifascisme en tant que doctrine officielle. Elle correspondait, d'une part, à une rupture avec les traditions étatiques, le régime hitlérien en particulier, lequel était considéré, pour reprendre la théorie de Dimitroff de 1935, comme une « dictature ouvertement terroriste des éléments les plus réactionnaires, les plus chauvins et les plus impérialistes du capital financier ». Mais il faut, d'autre part, y voir la mise en scène d'une continuité historique portée par les leaders politiques dans la lutte contre ce même fascisme. La résistance communiste et antifasciste jouait un rôle particulièrement important, puisqu'elle contribua à forger le mythe fondateur de l'État est-allemand : il s'agissait en effet d'une force intégrative dans la mesure où elle permettait aux Allemands de l'Est de revendiquer le statut de vainqueurs de l'histoire dans un État qui représentait à lui seul les valeurs antifascistes[10].

Contrairement à la RDA, la RFA s'inscrivit officiellement et ouvertement dans une continuité étatique en insistant sur le fait qu'elle seule était apte à représenter cette continuité du Reich et de la nation (« Kontinuitätstheorie »). On veilla à ce que la population pût se revendiquer de l'histoire nationale : l'histoire du Second Empire était à ce titre perçue comme un modèle dans la perspective d'une unité allemande. Dès le milieu des années 1950, les dirigeants politiques firent de la Résistance militaire, connue surtout à travers les auteurs de l'attentat du 20 juillet 1944, une référence positive car elle leur permettait de mettre en corrélation les fondements démocratiques de la

---

8.– Cf. Annette WEINKE, « Alliierter Angriff auf die nationale Souveränität ? Die Strafverfolgung von Kriegs- und NS-Verbrechern in der Bundesrepublik, der DDR und Österreich », in : Norbert FREI (éd.), *Transnationale Vergangenheitspolitik. Der Umgang mit deutschen Kriegsverbrechern in Europa nach dem Zweiten Weltkrieg*, Göttingen, 2006, pp. 55 – 58.
9.– Cf. HAMMERSTEIN (note 5), pp. 26s. ; Simone BARCK, « Le discours antifasciste en RDA », in : Catherine FABRE-RENAULT, Élisa GOUDIN, Carola HÄHNEL-MESNARD (éd.), *La RDA au passé présent. Relectures critiques et réflexions pédagogiques*, Paris, 2006, pp. 123 – 127 ; BAUERKÄMPER (note 5), pp. 234 – 236.
10.– Cf. Sabine MOLLER, *Vielfache Vergangenheit. Öffentliche Erinnerungskulturen und Familienerinnerungen an die NS-Zeit in Ostdeutschland*, Tübingen, 2003, pp. 42s. ; Jürgen DANYEL, « Die Opfer- und Verfolgtenperspektive als Gründungskonsens ? Zum Umgang mit der Widerstandstradition und der Schuldfrage in der DDR », in : ID. (note 4), pp. 31 – 46.

RFA avec un esprit antitotalitaire qui avait bel et bien existé avant et même durant la période nazie[11].

## La « concurrence mémorielle » : transfert de culpabilité dans le contexte de la Guerre froide

Ces considérations relatives à l'existence d'une/de « résistance (s) » permettent de montrer que cette confrontation mémorielle et identitaire est le corollaire de ce que l'on nomme le conflit entre les régimes des deux États allemands (« Systemkonflikt »), d'autant que chacun suivait de près les évolutions dans l'autre partie de l'Allemagne. De fait, les deux Allemagnes construisaient leur propre mémoire collective par l'exclusion de « l'autre mémoire », si bien que l'histoire de la Résistance donna bientôt naissance à deux modèles diamétralement opposés. On note néanmoins un paradoxe à ce sujet, puisque l'on s'attacha surtout à souligner la part active que les Allemands avaient prise dans la Résistance. Ainsi, il semble qu'une forme de « hiérachie des vicitimes »[12] ait été instaurée.

Le passé et la mémoire étaient donc instrumentalisés à des fins politiques, au point que l'on s'en servit pour jeter l'opprobre sur l'autre partie de l'Allemagne : la RDA voyait dans la thèse de la continuité une absence de rupture avec le fascisme qui aurait caractérisé la politique en RFA. La politique d'intégration à l'Ouest a souvent été présentée comme une politique menée sous couvert d'impérialisme à l'américaine. *A contrario*, l'antifascisme déjà revendiqué par les communistes allemands prônant la lutte des classes pendant la République de Weimar, servait à légitimer l'engagement est-allemand contre le fascisme et le rejet du système allemand en tant que représentant un danger pour le monde. Il en résultait que la question de la culpabilité n'avait prétendument pas lieu d'être posée, ni pour l'appareil étatique, ni pour la population de RDA – cette responsabilité incombant *de facto* à la RFA[13].

---

11.– Les commémorations demeurent un sujet délicat dans les années 1950. Pourtant, l'esprit antitotalitaire était utile pour dénoncer les États staliniens, et la RDA en premier chef. Cf. Jürgen DANYEL, « Der 20. Juli », in : Etienne FRANÇOIS, Hagen SCHULZE (éd.), *Deutsche Erinnerungsorte*, vol. II, Munich, ²2001, pp. 220 – 237 ; Peter STEINBACH, *Widerstand im Widerstreit. Der Widerstand gegen den Nationalsozialismus in der Erinnerung der Deutschen*, Paderborn, ²2001 ; ID., « Annäherung an einen Augenblick. Der 20. Juli 1944 in der Forschung und im Bewusstsein der Deutschen nach 1945 », in : *Jahrbuch. Dokumentationsarchiv des österreichischen Widerstands*, (2005), pp. 7 – 37 ; Gerd R. UEBERSCHÄR (éd.), *Der 20. Juli. Das »andere Deutschland« in der Vergangenheitspolitik*, Berlin, 1998.
12.– Cf. HAMMERSTEIN (note 5), p. 28 ; MOLLER (note 10), p. 47.
13.– Cf. HAMMERSTEIN (note 5), p. 28.

Celle-ci voyait par ailleurs dans l'existence de la RDA sur le sol allemand la continuité d'un régime totalitaire, ce qui signifiait concrètement qu'elle supprimait toute démarcation conceptuelle et historique entre les régimes hitlérien et stalinien. Elle soutenait, de plus, que les dirigeants du SED empêchaient une partie de la population de s'exprimer librement en faveur de la réunification : le SED réprimait les mouvements de contestation, tels qu'ils s'étaient manifestés en 1953. En somme, la RFA rendait la RDA responsable de la division, tout en lui déniant la capacité de représenter la volonté démocratique et nationale du peuple allemand[14].

## Les enjeux d'une confrontation avec le passé allemand pour l'image des deux États allemands sur la scène internationale

Si la RDA se définissait comme un État antifasciste qui avait soigneusement appliqué les objectifs des Accords de Potsdam concernant la dénazification, et se présentait comme la seule « autre Allemagne », parce qu'en rupture avec le passé, cela implique qu'elle se délestait du poids de la culpabilité. Consciente du grand nombre de victimes qu'avait fait la lutte contre le nazisme, la RDA faisait désormais figure de rempart contre le fascisme. Par conséquent, elle invita les divers pays et associations internationales qui lui réclamaient dédommagements et indemnisations à s'adresser à la RFA qui, elle, s'inscrivait ouvertement dans la continuité du Reich[15].

Et de fait, la politique de réparation et d'indemnisation des victimes (« Wiedergutmachung ») était l'un des piliers de la stratégie d'intégration à l'Ouest de la RFA, ainsi que de son retour parmi les « peuples civilisés ». Il s'agissait plus précisément de faire que la jeune démocratie allemande inspire confiance à l'étranger, ce qui passait par la reconnaissance de la responsabilité financière des crimes qui avaient été commis au nom du peuple allemand. Il convient néanmoins de souligner que cette politique était également un moyen de résoudre la question allemande et de conférer à la RFA le droit de représenter l'Allemagne dans son ensemble. En d'autres termes : il s'agissait de faire entrave au processus de reconnaissance internationale auquel aspirait la RDA. Ainsi, seuls les États qui n'entretenaient pas de relations avec la RDA pouvaient prétendre à des indemnités. La politique de « Wiedergutmachung » faisait donc aussi partie intégrante de la « doctrine Hallstein »[16].

---

14.– Cf. *ibid.*, p. 27.
15.– Cf. Constantin GOSCHLER, *Schuld und Schulden. Die Politik der Wiedergutmachung für NS-Verfolgte seit 1945*, Göttingen, 2005, p. 402.
16.– Cf. *ibid.*, p. 309.

## La RDA ou l'instrumentalisation du passé à des fins d'auto-représentation

### Raisons et motivations intérieures et extérieures

Lorsque le SED décida en 1957 de lancer une série de campagnes de diffamation contre la RFA, son but était de détruire la nouvelle image positive que la RFA essayait d'acquérir sur la scène internationale grâce à la politique de « Wiedergutmachung » qu'elle mena durant les années 1950. Cette campagne visait à démontrer que la RFA avait procédé à la réintégration systématique d'anciens nazis, y compris à des postes de haute-responsabilité, et qu'elle devait par conséquent être considérée comme un haut lieu du fascisme.

Toutefois, les raisons de cette campagne étaient plus variées[17] : au plan intérieur, le SED se voyait exposé à de graves problèmes de légitimation à la fin des années 1950. La direction du parti avait promis à la population qu'elle parviendrait à concurrencer la RFA tant au plan économique que social. Or, ces objectifs se révélèrent bientôt irréalistes, et la RDA subit à la fin des années 1950 des vagues d'exode vers l'Ouest. De telles campagnes, qui visaient à mettre en lumière le manque d'éthique dont faisait preuve le gouvernement de RFA, servaient donc certainement à masquer des problèmes de politique intérieure, tout en insistant dans le même temps sur la nature morale des fondements de l'État de RDA[18].

Au plan de la « politique étrangère », la RDA bénéficiait depuis 1956/57 d'une plus grande marge de manœuvre : depuis l'élaboration de la théorie des deux États allemands (« Zweistaatentheorie »), en 1955, l'URSS opta pour un statu quo, permettant ainsi à la RDA de se définir comme un « véritable » deuxième État allemand. Ceci permit à la RDA de mener à son tour une politique qui tendait à lui garantir une reconnaissance internationale à deux niveaux : il s'agissait d'asseoir sa propre position, d'une part, au sein de la communauté internationale, en se présentant comme une véritable alternative à la RFA et, d'autre part, au sein du bloc soviétique, en s'inscrivant dans une dynamique d'affaiblissement de l'alliance occidentale et du statut de la RFA en particulier[19].

---

17.– Pour les raisons et le déroulement des campagnes est-allemandes, cf. Michael LEMKE, « Instrumentalisierter Antifaschismus und SED-Kampagnenpolitik im deutschen Sonderkonflikt 1960 – 1968 », in : DANYEL (note 4), pp. 61 – 86.

18.– Cf. *ibid.*, pp. 62s.

19.– Cf. Michael LEMKE, « Les relations extérieures de la RDA de 1949 à 1966. Principes, fondements, césures et marges de manoeuvre », in : Ulrich PFEIL (éd.), *La RDA et l'Occident (1949 – 1990)*, Asnières, 2000, pp. 90 – 96.

Les événements de la fin des années 1950 allaient en outre contribuer à l'instrumentalisation à des fins politiques du passé nazi. La RFA fut en quelque sorte rattrapée par son passé : une série de scandales permirent en effet d'établir que bon nombre d'anciens nazis ou de criminels de guerre pouvaient prétendre ouvertement à une réintégration dans la société ouest-allemande en faisant appel à la justice. Outre les crimes de guerre, on s'apercevait que des crimes contre l'humanité, tels les massacres perpétrés en Europe orientale, avaient jusque-là presque totalement échappé à la juridiction ouest-allemande. On soupçonna donc cette justice de ne pas user de tous les moyens dont elle disposait pour faire comparaître les auteurs de telles exactions. A l'issue du premier grand procès contre des membres des *Einsatzgruppen,* qui se tint à Ulm en 1958, on estima, au vu des sanctions prononcées, que la justice avait fait preuve d'une trop grande clémence, ce qui suscita de vives critiques.

Plus encore que ces omissions judiciaires, une vague d'actes antisémites, dont le point d'orgue fut la profanation de la synagogue de Cologne à Noël 1959, secoua la société ouest-allemande. Que les auteurs de ces actes fussent principalement des jeunes déclancha de véritables débats, et d'aucuns se lancèrent dans de longues diatribes à l'étranger[20].

## « L'autre Allemagne » : véritable investigatrice des crimes nazis. Histoire d'une mise en scène

Le passé nazi était donc plus que jamais à l'ordre du jour en RFA à la fin des années 1950. Ce contexte était favorable à la RDA dans la mesure où elle mettait en place une politique de propagande autour des polémiques sur la gestion judiciaire des crimes nazis commis en Europe orientale. Il n'est donc guère étonnant que la justice ouest-allemande ait, dans un premier temps, fait l'objet de critiques provenant d'Allemagne de l'Est. Lors d'une conférence de presse internationale, en mai 1957, on présenta à Berlin-Est la publication d'une brochure comportant une liste de 118 juges et procureurs ouest-allemands qui avaient officié sous le régime hitlérien. L'objectif de telles mises en scène est évident : un grand nombre de juges s'étant compromis sous le Troisième Reich, on pensait pouvoir remettre en cause l'objectivité de la juridiction ouest-allemande, tandis que la RDA en devenait *de facto* la seule garante. Or, c'est justement ce principe qui fondait sa propre légitimité : elle se présentait donc comme précurseur et défenseur du droit international, avançant à cet effet que les processus de dénazification y avaient été menés à terme et qu'ils l'avaient été, de surcroît, dans le respect des accords de Potsdam[21].

---

20.– BAUERKÄMPER (note 5), pp. 236s.
21.– Cf. MOLLER (note 10), p. 48.

Cette tactique devint plus évidente encore lorsque l'on décida de s'attaquer aux personnalités occupant des postes à haute-responsabilité. Il est vrai que l'on pouvait assez facilement désigner les hommes politiques ouest-allemands dont le passé ne semblait irréprochable. C'est pourquoi on procéda à d'autres campagnes de diffamation. Elles étaient, en règle générale, orchestrées de la même manière : des conférences de presse devant des journalistes ouest-allemands et internationaux faisaient place à des simulacres de procès en RDA ; procès qui débouchaient sur des condamnations par contumace.

Ainsi fut lancée en 1959 la campagne médiatique contre Theodor Oberländer, alors ministre des expulsés du gouvernement Adenauer. Oberländer était une cible idéale, car Adenauer connaissait les zones d'ombre que laissait apparaître son passé : le gouvernement fédéral se vit reprocher de protéger systématiquement d'anciens nazis en leur confiant des postes importants. Grâce à des notes personnelles d'Oberländer, la RDA s'attacha à faire la preuve de sa participation à des massacres qui avaient eu lieu en Pologne en 1941. Ces révélations ne restèrent pas sans conséquences, Oberländer dut faire face à de violentes accusations en RFA avant de demander une retraite anticipée. La justice est-allemande ouvrit malgré tout un simulacre de procès à l'issue duquel Oberländer fut condamné en avril 1960 à la prison à perpétuité.

Certainement encouragé par l'intérêt médiatique que suscita cette campagne en RFA et dans la presse internationale, le SED préparait déjà en coulisses une nouvelle campagne : Hans Globke, secrétaire d'État et proche conseiller d'Adenauer, en était cette fois la cible. Globke avait reconnu qu'il avait, parmi d'autres, rédigé un commentaire sur les lois de Nuremberg, soulignant toutefois qu'il avait tenté d'en influencer positivement les interprétations. Il avait déjà fait l'objet de vives discussions en RFA, notamment lorsque Adenauer l'avait appelé à la chancellerie en 1953.

La RDA saisit une autre occasion pour lancer cette nouvelle campagne. Un événement d'envergure internationale attira particulièrement l'attention sur le passé allemand : en 1960, Israël rendit publique l'arrestation d'Adolf Eichmann par ses services secrets. L'opinion internationale attendait son procès qui avait été annoncé pour l'année 1961. Ainsi la RDA put-elle proférer des accusations contre la RFA en faisant de Globke l'« Eichmann de Bonn »[22].

---

22.– Cf. Philipp-Christian WACHS, *Der Fall Theodor Oberländer (1905 – 1998). Ein Lehrstück deutscher Geschichte*, Frankfurt/M., 2000 ; Norbert JACOBS, *Der Streit um Dr. Hans Globke in der öffentlichen Meinung der Bundesrepublik Deutschland 1949 – 1973. Ein Beitrag zur politischen Kultur in Deutschland* (Thèse de doctorat), Bonn, 1992 ; Udo WENGST, « 1969. Das vorzeitige Ausscheiden von Heinrich Lübke aus dem Bundespräsidentenamt. Zweierlei Vergangenheitsbewältigung im Systemkonflikt », in : ID., Hermann WENTKER (éd.), *Das doppelte Deutschland. 40 Jahre Systemkonkurrenz*, Berlin, 2008, pp. 62 – 164 ; BAUERKÄMPER (note 5), p. 237.

## La RFA face aux accusations est-allemandes – défis et enjeux pour la diplomatie ouest-allemande ?

### Quelle réaction : l'ignorance ou la riposte ?

La RFA était en quelque sorte habituée à ces campagnes de diffamation provenant de Berlin-Est. Elle tenta simplement d'ignorer ces attaques ou d'en mettre en exergue les tenants et aboutissants, considérant qu'elles étaient de nature purement idéologique[23]. Il n'en demeure pas moins que la RFA se souciait de l'image qu'elle renvoyait au monde : Bonn subissait des pressions de la part de ses partenaires occidentaux, et particulièrement de la Grande-Bretagne, à la suite des révélations est-allemandes sur les juges nazis exerçant en RFA. La question de la poursuite en RFA des criminels de guerre fut clairement posée[24]. C'est par ailleurs à ce moment-là que certains membres du gouvernement fédéral réclamèrent que l'on adoptât une politique et une attitude plus agressives face à la RDA. On s'interrogeait aussi sur la responsabilité de Berlin-Est dans les actes antisémites qui avaient été commis en 1959. Si l'on adopta finalement une ligne de conduite plus réservée, c'est certainement parce que l'on n'était pas en mesure d'avancer des preuves concrètes[25]. De fait, il fallait ne pas accorder à ce sujet une importance telle qu'il aurait occupé une place centrale sur la scène internationale, car cela aurait sans nul doute permis à la RDA de se distinguer de manière positive. Et, eu égard à la situation internationale, on craignait au début des années 1960 que la RDA ne profitât de cette situation pour jouir d'un trop grand prestige. La RFA s'attacha par conséquent à réitérer ses propres engagements en la matière et s'appliqua à mettre en avant les efforts qu'elle fournissait dans ce domaine, notamment par le biais de la fondation, le 1er décembre 1958, d'un office central d'investigation sur les crimes du national-socialisme, la « Zentrale Stelle der Landesjustizverwaltungen zur Aufklärung nationalsozialistischer Verbrechen » de Ludwigsburg, qui devait coordonner les procès et enquêtes[26].

---

23.– Cf. Marc VON MIQUEL, *Ahnden oder amnestieren ? Westdeutsche Justiz und Vergangenheitspolitik in den sechziger Jahren*, Göttingen, 2004, p. 80.

24.– Cf. Ulrich BROCHHAGEN, *Nach Nürnberg. Vergangenheitsbewältigung und Westintegration in der Ära Adenauer*, Hamburg, 1994, pp. 299 – 313.

25.– Pourtant la tentation d'aller dans cette direction fut bien présente et ces indices semblaient bien exister. À plusieurs reprises, des allusions ont été faites par des représentants du gouvernement à l'attention des partenaires occidentaux, tout en sachant que ceux-ci se doutaient d'une telle implication communiste et est-allemande ; cf. BROCHHAGEN (note 24), pp. 278 – 297.

26.– Cf. Annette WEINKE, *Eine Gesellschaft ermittelt gegen sich selbst. Die Geschichte der Zentralen Stelle Ludwigsburg*, Darmstadt, 2008.

Le cas d'Oberländer avait déjà montré les limites d'une telle démarche : en dépit des doutes qui planaient sur l'authenticité des preuves est-allemandes, il semblait difficile, voire impossible, d'ignorer ou de minimiser les points d'accusation. C'est ainsi qu'Oberländer devint *persona non grata*. On tentait certes de dissimuler l'existence d'un lien de cause à effet entre les accusations est-allemandes et le départ d'Oberländer, mais les attaques est-allemandes impliquaient une réaction de plus en plus appropriée, c'est-à-dire de plus en plus directe de la part des autorités ouest-allemandes. Or, ceci témoigne de la pression qu'elles subissaient à ce moment-là. Cette nécessité de réagir se fit sentir de manière plus aiguë encore lors du « procès Eichmann » en Israël : quand la RDA tenta d'intervenir auprès des autorités israéliennes pour se présenter comme partie plaignante, Bonn s'alarma. Le corps diplomatique ouest-allemand intervint à son tour auprès d'Israël pour obtenir la garantie que le procès contre Eichmann ne serait pas perçu comme un procès mettant en cause la RFA ni la façon dont elle gérait son propre passé – car il s'agissait bien là des griefs que nourrissait la RDA contre la RFA[27]. En dernier recours, la RDA intenta à son tour un procès contre Globke, donnant à penser que les véritables coupables se trouvaient toujours en liberté et qu'ils étaient, de surcroît, protégés par le gouvernement Adenauer.

### Renforcer les investigations ?

Bien que la RFA fût parvenue à empêcher l'intervention de la RDA en Israël, une question fondamentale se posa : fallait-il poursuivre les efforts visant à confondre de potentiels criminels en exploitant les archives qui se trouvaient en RDA ou dans les pays de l'Est ? On s'était en effet aperçu, depuis le début des procès engagés en RFA que l'on n'était pas en possession de pièces à conviction, lesquelles se trouvaient principalement dans les archives des pays de l'Est. De plus, la RDA semblait tirer profit de l'accès qu'elle avait à ces documents : elle avait proposé à plusieurs reprises à la justice ouest-allemande de l'aider à débusquer les coupables. Mais ne tentait-elle pas plutôt par là de se mettre en scène une fois de plus afin d'apparaître comme le seul et véritable organe d'investigation ? N'aspirait-elle pas également à nouer des contacts officiels avec des représentants ouest-allemands ?

Pour la RFA, il résultait de cette situation un dilemme majeur : ne pas accepter signifiait, d'un côté, qu'elle ne tenait pas à déployer tous les efforts

---

[27].– Cf. Dominique TRIMBUR, *De la Shoah à la réconciliation ? La question de relations RFA-Israël 1949 – 1956*, Paris, 2000 ; Yeshayahu JELINEK, *Deutschland und Israel 1945 – 1965. Ein neurotisches Verhältnis*, Munich, 2004, p. 350.

possibles dans la recherche de la vérité. Or, ce choix n'aurait pas été facile à défendre aux plans intérieur et extérieur. Mais accepter une coopération officielle aurait, d'un autre côté, contribué à une revalorisation importante de la RDA dans le domaine international et aurait conduit à la reconnaissance de l'existence d'un deuxième État allemand. Car c'est justement l'aspect officiel de cette prise de contact qui inquiétait les autorités ouest-allemandes. Pour elles il était en effet primordial d'éviter toute forme d'officialisation des relations interallemandes[28]. Cette attitude catégorique fut par exemple adoptée par la « Zentrale Stelle » qui refusa même, conformément aux consignes politiques qui lui avaient été données, de répondre aux propositions est-allemandes jusqu'en 1964. Pour radicale que puisse paraître à première vue cette prise de position, elle l'était beaucoup moins dans les faits : depuis le début des procès, plusieurs enquêteurs et procureurs s'étaient rendus en RDA ou s'étaient mis en relation avec les autorités est-allemandes, ce qui ne fut certes pas vraiment accepté, mais plus ou moins toléré. Aussi la RFA s'efforça-t-elle d'établir des liens avec d'autres pays de l'Est, avec la Pologne en 1960, afin d'éviter d'avoir affaire à la RDA. On veillait à ce que cela ne prenne pas l'allure de relations officielles avec un État qui avait reconnu la RDA. Une intensification de ces relations n'intervint pourtant qu'au milieu des années 1960, ce qu'il faut sûrement replacer dans le contexte d'une politique visant à favoriser les échanges commerciaux avec les pays de l'Est. Mais ce changement fut aussi dû à l'importance que les années 1964/65 ont acquise sur le plan mémoriel : différents pays s'apprêtaient à fêter les commémorations du 20e anniversaire de la fin de la Seconde Guerre mondiale, et la question de la prescription des crimes de guerre revint sur le devant de la scène. Certains membres du gouvernement fédéral aspiraient à clore une fois pour toutes le dossier du passé, multipliant les procédures d'investigation et apportant toutes les preuves possibles. Or, ce sujet ouvrait en quelque sorte une brèche à la RDA, qui inlassablement instrumentalisait le manque manifeste de volonté politique ouest-allemand d'établir la vérité, reproduisant ainsi le même schéma binaire, dont la fonction était encore et toujours d'acquérir une autolégitimation. Cet espoir fut pourtant de courte durée. La consultation des archives avait en effet révélé l'importance des enjeux mémoriels : en 1965, le *Bundestag* vota à la majorité l'imprescriptibilité et reporta une fois de plus la décision à une date ultérieure.

---

[28].– Pour les discussions autour du problème pragmatisme, nécessité judiciaire et pression extérieure ; cf. WEINKE (note 5), pp. 180 – 185 ; ID., « Alliierter Angriff auf die nationale Souveränität ? Die Strafverfolgung von Kriegs- und NS-Verbrechern in der Bundesrepublik, der DDR und Österreich », in : FREI (note 8), pp. 76 – 82 ; VON MIQUEL (note 23), pp. 71 – 77 ; BROCHHAGEN (note 24), pp. 319 – 334.

Le traitement judiciaire du passé restait donc présent au plan intérieur et la RDA continuait à l'exploiter à des fins politiques : en 1964, la *Volkskammer* se prononça à son tour pour l'imprescriptibilité des crimes nazis. L'appareil de propagande est-allemand fonctionnait à plein régime : étaient cette fois-ci visés des juges accusés d'avoir travaillé sous le régime nazi, comme en témoigne, d'une part, la publication du livre brun et, d'autre part, la campagne lancée contre le président fédéral Heinrich Lübke, connu pour son passé douteux[29].

### Bilan mitigé sur le plan international (transition)

Le bilan de ce conflit reste, au début des années 1960, mitigé pour les deux États allemands. La RDA ne parvint pas, par le biais de ces campagnes, à déstabiliser l'alliance occidentale ni entraver le processus d'intégration de la RFA à l'Ouest. Elle contribua certes, à la fin des années 1950 et au début des années 1960, à attirer l'attention en RFA et dans les pays occidentaux sur des dysfonctionnements effectifs du système judiciaire ouest-allemand[30]. Force est pourtant de constater que ces campagnes menées par Berlin-Est furent moins suivies et moins prises au sérieux, une fois passés les premiers succès remportés grâce à Oberländer.

Le caractère répétitif des accusations qui ont été proférées soulignait entre autres la visée idéologique de telles révélations. Plus encore, RDA s'est à son tour vue obligée d'engager certains procès durant les années 1960, pour des raisons de crédibilité : la RFA était parvenue à démontrer que l'État est-allemand avait également procédé à la réintégration d'anciens nazis[31].

En ce qui concerne sa politique de reconnaissance et de valorisation, la RDA put se placer en figure de proue du bloc soviétique dans la mesure où elle revendiquait le rôle d'avant-garde contre le fascisme ouest-allemand[32]. Pourtant, cette stratégie avait ses limites, dont témoigne à n'en point douter la Pologne qui privilégiait parfois pour des raisons commerciales les relations avec la RFA[33].

Si la celle-ci a pu compter sur ses partenaires occidentaux durant cette période de « harcèlement » est-allemand, c'est aussi et une fois de plus grâce à sa politique de « Wiedergutmachung » : au début des années 1960, de nou-

---

29.– Cf. WENGST (note 22), pp. 161s.
30.– A ce propos, certains historiens avancent la thèse selon laquelle le renforcement des investigations à été initié par les campagnes est-allemandes ; cf. à ce propos WENGST (note 22), p. 173.
31.– Cf. BAUERKÄMPER (note 5), pp. 237s.
32.– Cf. BROCHHAGEN (note 24), p. 321.
33.– Cf. VON MIQUEL (note 23), p. 78.

veaux versements vers les pays occidentaux furent effectués[34]. Ainsi que nous l'avons souligné, la RFA est parvenue à éviter que la RDA ne puisse apparaître comme partie plaignante dans le procès contre Eichmann, parce qu'elle avait offert des subventions financières et militaires à l'État d'Israël. Cette stratégie fut néanmoins remise en cause pendant les années 1960, notamment lorsque certains pays du Proche-Orient dénoncèrent ce soutien ouest-allemand à l'État juif. Or ce conflit d'intérêts a finalement permis à la RDA d'obtenir la reconnaissance auprès de certains pays arabes[35]. En outre, l'ouverture de relations avec certains pays de l'Est, annoncée au milieu des années 1960, confronta la RFA à un problème d'ordre autant politique que financier. Elle avait tenté, par le biais de ces versements, de clore tout débat international sur la culpabilité et elle se vit donc dans l'obligation de répondre à une nouvelle vague de demandes – difficultés qui devinrent plus évidente encore dans les années 1970 : lorsqu'elle abandonna la « doctrine Hallstein », elle craignit que les demandes formulées par les pays de l'Est n'affluent[36].

## Discussions en RFA autour du passé et modifications dans les discours identitaires dans les deux États allemands

### Les discussions en RFA jusqu'en 1965 : entre changement et stagnation

Depuis la fin des années 1950, le regard que portait la RFA sur son passé avait bien changé. Le Troisième Reich, la Seconde Guerre mondiale et les crimes commis pendant cette période étaient des thèmes auxquels l'on accordait de plus en plus d'importance. La forte médiatisation des procès, notamment ceux d'Auschwitz à Francfort-sur-le-Main (1963 – 1965) et l'intérêt des médias pour ces sujets contribuèrent à cette réorientation[37]. Soulignons toutefois que cet intérêt accru pour la période 1933 – 1945 ne signifiait pas automatiquement que la population fût encline à porter un jugement critique sur l'histoire récente de ou d'assumer ce passé. Bien au contraire, l'enchaînement des procès permit de mettre en lumière qu'une grande partie de la population préférait mettre un terme à ces événements

---

34.– Cf. GOSCHLER (note 15), p. 290 ; Ulrich LAPPENKÜPER, « Die Bundesrepublik Deutschland und die ›Wiedergutmachung‹ für die französischen Opfer nationalsozialistischen Unrechts (1949 – 1960) », in : *Francia*, 28/3 (2001), pp. 75 – 101 ; Claudia MOISEL, « ›Opfer‹ und ›Kämpfer‹. Die Entschädigung für NS-Verfolgte in Frankreich nach dem Zweiten Weltkrieg », in : *Geschichte in Wissenschaft und Unterricht*, 56 (2005) 5/6, pp. 316 – 322.
35.– Cf. GOSCHLER (note 15), p. 310.
36.– Cf. GOSCHLER (note 15), pp. 291 – 296, 312 – 322 et 357.
37.– Cf. WOLFRUM (note 2), pp. 272s.

dans la mesure où ils étaient vécus comme un châtiment collectif qui renforçait l'actualité de la question de la culpabilité.

Malgré tout, de plus en plus de voix critiques s'élevèrent pour exhorter les Allemands de l'Ouest à reconsidérer leur histoire et à en déduire des conséquences quant à la situation actuelle. Aussi n'est-il guère surprenant de constater que des débats aient été menés avec véhémence au début des années 1960. Citons à titre d'exemple la polémique suscitée à la suite des propos du philosophe Karl Jaspers lors d'une interview en 1960. Jaspers y dénonçait, d'une part, le caractère illusoire d'une politique dont l'objectif majeur était l'unification, mais niait dans le même temps l'existence d'un deuxième État allemand. D'autre part, il s'indignait du refus catégorique d'accepter les conséquences de la défaite. Pour lui les notions de « défaite » et de « division allemande » étaient étroitement liées. Ses propos donnèrent lieu à des controverses non seulement dans la population, mais aussi dans les sphères médiatique et politique, tous partis confondus. De même, les thèses publiées en 1961 par l'historien Fritz Fischer sur le déclenchement de la Première Guerre mondiale suscitèrent-elles une grande indignation. Son ouvrage « Der Griff nach der Weltmacht »[38] (« Les Buts de guerre de l'Allemagne impériale ») traitait de la politique belliqueuse qu'avait menée le gouvernement allemand en 1914. Fischer s'attira les foudres de ses collègues ainsi que de certains hommes politiques qui dénoncèrent le caractère non-scientifique de ce travail, avant de s'emparer eux-mêmes du sujet[39].

Les critiques formulées contre Jaspers et Fischer étaient parfois acerbes parce que leurs propos avaient trait aux fondements identitaires et politiques de la RFA. Jaspers demandait l'abandon de la politique d'unification et, par conséquent, de la thèse selon laquelle la RFA était la seule représentante légitime d'une Allemagne définie par les frontières de 1937. Plus encore, il exigeait l'acceptation de la division étatique, car il lui attribuait une fonction expiatoire : il importait, pour lui, de reconnaître les conséquences du passé nazi. Fischer, quant à lui, faisait de la culpabilité un concept bien plus vaste puisqu'il l'appliquait aussi à une période de l'histoire allemande jusque là présentée comme intégrative dans la mémoire collective. De tels propos allaient à l'encontre d'un consensus politique et d'une politique his-

---

38.– Cf. Fritz FISCHER, *Griff nach der Weltmacht. Die Kriegszielpolitik des kaiserlichen Deutschland 1914/18*, Düsseldorf, 1961 (pour la version française, ID., *Les Buts de guerre de l'Allemagne impériale, 1914 – 1918*, Paris, 1970). Voir à ce sujet : Konrad H. JARAUSCH, « Der nationale Tabubruch. Wissenschaft, Öffentlichkeit und Politik in der Fischer-Kontroverse », in : Martin SABROW et al. (éd.), *Zeitgeschichte als Streitgeschichte. Große Kontroversen nach 1945*, Munich, 2003, pp. 20 – 40.

39.– Pour les controverses autour des propos de Jaspers et des thèses de Fischer ; cf. WOLFRUM (note 2), pp. 278 – 280.

torique donnant une image positive de l'histoire allemande depuis 1870°/71, et dont la naissance de la RFA n'était pas l'aboutissement, mais plutôt une étape provisoire vers le retour à l'unité nationale. Dans ce même contexte, on veillait également à ce que tout propos qui aurait pu confirmer la thèse de la faute collective n'eût pas d'effets néfastes sur les définitions nationales et identitaires de la politique allemande dans son ensemble (*Deutschlandpolitik*). Cette attitude fut manifeste lors des débats du *Bundestag*, en 1964/65 sur l'imprescriptibilité des crimes nazis : bien qu'ils eussent été menés avec une vive émotion et qu'il ne s'agît aucunement de nier le devoir de responsabilité envers les crimes commis au nom des Allemands, une majorité de députés n'acceptait pas que les objectifs nationaux en fussent pour autant remis en cause.

## Les réactions de la RDA face aux modifications du discours identitaire en RFA

L SED prêtait une grande attention à de telles discussions en RFA. On peut même avancer que seule l'existence de ces critiques, qui visaient aussi le gouvernement fédéral et qui provenaient de la société ouest-allemande, constituait une situation très favorable pour les dirigeants de la RDA, car ils pouvaient ainsi confirmer la thèse est-allemande selon laquelle la division allemande n'était pas de nature étatique mais sociétale et, par voie de conséquence, que le gouvernement fédéral était le seul responsable : ses supposées velléités de revanche empêchaient de fait toute solution de la question allemande et un éventuel processus de réunification. Le SED avait donc tout intérêt à ce que ce clivage perdure en RFA. Pour ce faire, il ne laissait rien au hasard : il tenta à mainte reprise d'influencer ou de renforcer des positions déjà critiques et protestataires[40]. Il s'attacha particulièrement à instrumentaliser ou à infiltrer les associations estudiantines, avant tout le « Sozialistischer Deutscher Studentenbund » (SDS), proche du SPD, qui s'étaient manifestées en RFA depuis la fin des années 1950 et qui témoignaient de leur désaccord au sujet de la présence d'anciens nazis au sein du gouvernement fédéral[41]. Ces associations considéraient en outre la classe politique comme

---

40.– Au début des années 1960, on constatait au sein du SED le succès d'une telle politique d'influence en RFA, cf. BROCHHAGEN (note 24), p. 297.

41.– Cf. Hubertus KNABE, « Der lange Arm der SED. Einflußnahmen des Ministeriums für Staatssicherheit auf politische Protestbewegungen in Westdeutschland », in : *Aus Politik und Zeitgeschichte*, B 38/39 (1999), pp. 11 – 17. Le SDS organisa entre 1959 et 1960 des expositions autour du passé nazi des juges ouest-allemands et obtint un support matériel provenant de RDA (cf. BROCHHAGEN [note 24], p. 321). Berlin-Est tenta également de mobiliser des membres du SPD pour perturber les débats ouest-allemands, cf. LEMKE (note 17), p. 66.

responsable des tendances autoritaires et restauratrices qui gangrenaient la société ouest-allemande.

En revanche, les dirigeants du SED ignoraient complètement que de telles discussions étaient l'expression d'une véritable culture démocratique qui se mettait en place ; culture dans laquelle des positions contraires pouvaient s'exprimer librement[42]. Les critiques estudiantines furent certes récusées et contestées par une grande partie de la population et par certains partis politiques, mais de telles positions contribuèrent sans aucun doute à ce que les universités, l'enseignement supérieur et la recherche, n'éludent finalement plus le problème de cette absence de confrontation avec le passé. Si les germanistes ouest-allemands par exemple avaient jusque-là refusé toute discussion sur le passé de leur champ de recherches, un processus de confrontation se mit en place à partir des années 1960. Ce processus, par définition lent, donna lieu à une première conférence en 1966[43]. Le thème en était l'implication de leurs représentants sous le régime nazi. Parallèlement la nouvelle génération d'historiens, certainement encouragée par les prises de position de Fischer, s'opposait à ce que l'historiographie fût utilisée dans le but de servir les intérêts étatiques tels qu'ils avaient été définis par les représentants politiques et les historiens conservateurs durant les années 1950[44]. On peut donc constater que la société ouest-allemande se trouvait en pleine mutation ; et celle-ci entraîna une série de discussions sur les leçons qui devaient être tirées du passé. Quand bien même les propos de Jaspers avaient été vertement dénoncés au début des années 1960, de plus en plus de personnes réclamaient une réconciliation et une normalisation des relations avec l'Est[45]. Or, de telles attitudes ne restèrent pas sans effet sur le discours politique. Certains hommes politiques, issus en particulier du SPD, s'alignèrent sur de telles positions. Au niveau gouvernemental, on s'orientait vers une autre attitude puisque l'on établissait des relations commerciales avec les pays de l'Est, fût-ce en raison des pressions exercées par les pays étrangers qui réclamaient depuis le début des années 1960 une réorientation de la RFA dans la question allemande. Ainsi, la RFA devenait un véritable

---

42.– Cf. Edgar WOLFRUM, *Geschichtspolitik Bundesrepublik Deutschland. Der Weg zur bundesrepublikanischen Erinnerung 1948 – 1990*, Darmstadt, 1999, pp. 268s.
43.– Cf. Nicole COLIN, « Germanistentag 1966 », in : Torben FISCHER, Matthias N. LORENZ (éd.), *Lexikon der ›Vergangenheitsbewältigung‹. Debatten- und Diskursgeschichte des Nationalsozialismus nach 1945*, Bielefeld, 2007, pp. 153 – 156.
44.– Cf. WOLFRUM (note 42), pp. 284s. ; BAUERKÄMPER (note 5), pp. 233s.
45.– Cf. Michael SCHWARTZ, « Vertriebene im doppelten Deutschland. Integrations- und Erinnerungspolitik in der DDR und in der Bundesrepublik », in : *Vierteljahrshefte für Zeitgeschichte*, 56 (2008) 1, pp. 146s.

repère historique dans la conscience politique et nationale des Allemands de l'Ouest.

Cette réorientation fut par ailleurs définitivement scellée à partir de 1969 par la *Neue Ostpolitik* du gouvernement Brandt : celui-ci prônait en effet le dialogue avec les pays de l'Est et une reconsidération de l'attitude ouest-allemande envers la RDA, sans pour autant renoncer à l'objectif de l'unification.

Ces tournants ouest-allemands eurent un véritable impact sur le discours et la politique identitaires de la RDA[46]. La RFA et ses représentants politiques semblaient contre toute attente, capables de revoir leur stratégie face à la RDA, mais aussi sur le passé. Brandt lui-même était le symbole d'une « autre Allemagne ». La volonté du nouveau gouvernement fédéral de repenser la logique de continuité qui permettait de mettre en corrélation l'indivisibilité du Reich bismarckien et la politique historique ouest-allemande ainsi que la revalorisation des mouvements de libération associés à l'année symbolique de 1848 devaient permettre un positionnement clair contre l'idéologie est-allemande : la RFA s'emparait ainsi d'un pan de l'histoire nationale qui avait été jusque-là instrumentalisé par le régime est-allemand afin de mettre en scène ses propres objectifs progressistes et démocratiques, objectifs dont le but ultime était certainement de mettre la RFA en situation de porte-à-faux[47].

Cela représentait un véritable dilemme pour les dirigeants de la RDA qui avaient toujours exigé de la RFA qu'elle modifiât son attitude pour faire avancer la question allemande. Or, au moment où cela se produisait, la RDA opta pour l'isolement. Le contexte international et les exigences de l'URSS ne l'autorisaient certes pas à renoncer à un dialogue, ce qui lui aurait du reste permis d'acquérir une reconnaissance certaine sur la scène internationale. Il n'en demeure pas moins que le SED craignait un véritable dialogue interallemand sur la question nationale[48]. La solution semblait s'imposer : le gou-

---

46.– Pour la concurrence et les influences mutuelles entre les deux États allemands autour du concept identitaire de la nation, cf. Jens HACKER, « Die DDR und die nationale Frage », in : Thomas M. GAULY (éd.), *Die Last der Geschichte. Kontroversen zur deutschen Identität*, Cologne, 1988, pp. 140 – 166.

47.– Cf. WOLFRUM (note 42), pp. 276 – 280.

48.– Si la RDA avait toujours cherché le contact avec des éléments protestataires ou des personnes qui semblaient soutenir les positions est-allemandes, on constate, au milieu des années 60, un certain recul dans cette attitude. Elle craignait de perdre le statut d'unique garante des vérités historiques. L'historien Stibbe a souligné le dilemme des relations entre les historiens est-allemands et Fritz Fischer. Cf. Matthew STIBBE, « The Fischer controversy over German war aims in the First World War and its reception by East German historians, 1961 – 1989 », in : *The Historical Journal*, 46 (2003), pp. 649 – 668.

vernement Brandt fut accusé de forger des plans visant à tromper la bonne foi des représentants de RDA. Dans ce contexte, les raisons de la division n'étaient plus tant d'ordre sociétal qu'étatique : la société, mais surtout le gouvernement ouest-allemand devint le symbole d'une idéologie impérialiste et réactionnaire dont le but était de rayer la RDA de la carte[49]. Celle-ci se définit par conséquent plus comme une nation socialiste que comme nation allemande. Cette perspective, qui fut ensuite plus concrètement formulée dans le cadre de la nouvelle constitution de 1974, lui permettait de se présenter comme un rempart légitime contre le fascisme allemand. Le SED affichait dès lors officiellement ce qui était resté officieux depuis la fin des années 1950 : la priorité n'était pas tant l'unité allemande que la protection d'un État et d'un gouvernement antifascistes de pleins pouvoirs.

### Politique(s) mémorielle(s) : entre transition et stagnation

La volonté de changer de discours identitaire marqua en 1969 un pas vers une nouvelle politique mémorielle en RFA. Le geste de Willy Brandt devant le mémorial du ghetto de Varsovie en 1970 doit être interprété comme un véritable tournant dans la mesure où, pour la première fois, un chancelier allemand reconnaissait officiellement le statut des victimes juives et étrangères, sans pour autant évoquer le souvenir des souffrances endurées tant par les victimes que par la population allemandes. Le terme de victime devenait pluridimensionnel : outre l'aspect juridique et financier, il prenait aussi une forte connotation morale[50].

C'est certainement là qu'il faut voir l'une des différences majeures dans l'optique d'une comparaison des politiques mémorielles des deux États allemands. La RDA avait procédé de manière intensive et médiatique à des inaugurations de lieux de mémoire, comme le camp de Buchenwald en 1958, alors que la RFA avait pris moins d'initiatives à ce sujet, sauf lorsqu'il s'agissait de répondre à des pressions extérieures. La politique mémorielle est-allemande restait néanmoins indéniablement liée au seul objectif d'une autolégitimation de la classe politique et des résistants communistes. Ces lieux de mémoire servaient à mettre en exergue le caractère criminel du fascisme et, par conséquent, à dénoncer les pays, et particulièrement la RFA, toujours considérés comme fascistes[51]. La RDA s'ancra dans ce schéma idéologique, ainsi que dans cette pensée purement manichéenne qui excluait de

---

49.– Cf. WOLFRUM (note 42), pp. 285 et 296 – 302
50.– Cf. WOLFRUM (note 42), pp. 263s. À ce sujet, il faut souligner que le gouvernement Brandt tenta de réduire l'influence des associations d'expulsés en RFA qui dénonçaient l'ouverture. Leur poids politique avait également été instrumentalisé par le SED afin de dénoncer le caractère revanchard de la politique ouest-allemande. Cf. SCHWARTZ (note 45), pp. 133s.
51.– Cf. MOLLER (note 10), p. 50.

fait toute modification jusqu'à la fin des années 1980[52]. En revanche, la réorientation identitaire et mémorielle décidée par la RFA sous le gouvernement Brandt constitua une première étape vers un dépassement de la confrontation politique et identitaire en matière de la mémoire collective[53]. Toutefois, une question s'impose : pourquoi fallut-il attendre la fin des années 1970 en RFA pour qu'ait lieu un changement d'attitude générale face aux victimes de l'Holocauste[54] ? Il serait certainement erroné de réduire cette question à de simples mécanismes monocausaux ou générationnels. On peut toutefois avancer quelques explications qui participent de ce que l'on pourrait qualifier de « deuil tardif » à l'égard des victimes.

Les années 1960 et la confrontation mémorielle avaient laissé d'indéniables traces et conduit à ce que les victimes de l'Holocauste ne soient que peu évoquées en RFA. Si les vagues antisémites de la fin des années 1950 avaient contribué à ce que les manuels d'histoire fassent plus souvent mention du Troisième Reich, on retrouve jusqu'au années 1970 des dispositifs qui tendent à privilégier les modèles comparatifs entre les théories totalitaires : ils associent les États de non-droit comme le Troisième Reich aux régimes staliniens tels celui de RDA. Or, ces interprétations décontextualisaient à l'évidence la particularité des crimes nazis. Aussi la question de la responsabilité des crimes commis fut-elle limitée à quelques auteurs ou dignitaires seulement[55]. Cette attitude est une caractéristique générale de la société ouest-allemande : les procès ouverts depuis la fin des années 1950 faisaient état de l'existence d'une structure hiérarchique puisque les accusés se référaient aux instances supérieures auxquelles ils avaient obéi, et dont ils n'avaient été que les exécutants. Ils pouvaient de la sorte imputer la faute aux dirigeants du régime nazi. Ainsi, aux yeux de la population, seuls les hauts dignitaires étaient coupables ; eux seuls avaient à assumer cette lourde responsabilité.

Ces procès et débats ne donnèrent en somme pas lieu à une évocation généralisée des victimes des exactions nazies. Lorsque leur statut était au

---

52.– Dans ce contexte, on évoque l'immobilisme de la politique mémorielle. Ceci donna en outre lieu à des interprétations qui affirment l'existence d'un clivage croissant entre la classe politique et la population, qui devait conduire à une déstabilisation du système.
53.– Cf. HAMMERSTEIN (note 5), p. 29
54.– L'année 1979 peut être considérée comme une césure provoquée par la série télévisée américaine « Holocauste » : elle aurait eu de véritables impacts sur la prise de conscience des Allemands de l'Ouest sur le sort des victimes. De plus, le *Bundestag* vota en 1979, après des longues années d'ajournement, l'imprescriptibilité des crimes nazis.
55.– Falk PINGEL, « Nationalsozialismus und Holocaust in westdeutschen Schulbüchern », in : Rolf STEININGER, Ingrid BÖHLER (éd.), *Der Umgang mit dem Holocaust in Europa – USA – Israel*, Cologne, Weimar, 1994, pp. 222 – 227.

centre des discussions, le discours tendait à une instrumentalisation manifeste de leur histoire à la fin des années 1960 également. Non seulement dans le conflit interallemand, mais aussi au plan intérieur, et plus particulièrement dans le contexte des protestations estudiantines de la fin des années 1960, la notion de victime servait alors à dénoncer non seulement la politique du gouvernement fédéral, mais aussi les politiques américaine au Vietnam ou israélienne au Proche-Orient. Ce ne sont donc pas les victimes de l'Holocauste qui firent l'objet d'une confrontation avec le passé. « Auschwitz », dont on reconnaissait la valeur éminemment symbolique, servait plutôt à caractériser des conflits contemporains. De même, l'expression : « actuelles victimes du fascisme », selon les interprétations de la nouvelle gauche (« Neue Linke »), recouvrait-elle de nouvelles acceptions, puisqu'elle renvoyait à différentes personnes : les étudiants la sortaient de son contexte historique, puisqu'elle permettait de caractériser leur statut de victimes des agressions policières en 1968. Cette expression qualifiait encore la situation des Vietnamiens ou des Palestiniens. Il s'agit là d'une décontextualistion et anonymisation du terme de « victime » par une génération qui n'avait pas connu le régime nazi, ce qui a sans nul doute influé sur la manière dont la question du passé a été abordée dans les années 1970, si bien qu'il semble permis de parler à ce propos d'un « deuxième refoulement » (« zweite Verdrängung »[56]).

## Conclusion

La confrontation avec le passé avait pour les deux États allemands partie liée avec les enjeux de la Guerre froide, si bien que l'expression d'histoire croisée semble ici s'imposer. Les défis du présent autour de la question allemande y jouèrent un rôle particulier, car il s'agissait pour les deux États de se présenter de manière exemplaire, afin d'acquérir la confiance de la communauté internationale et de faire valoir leurs objectifs respectifs. Toutefois, la RDA avait particulièrement intérêt à en faire un enjeu d'envergure internationale car elle espérait ainsi apparaître comme une « autre Allemagne » sur la scène internationale. Que l'aspect judiciaire occupe une place si centrale dans la maîtrise du passé tient, entre autres, à l'expérience commune des deux États allemands à l'issue de la Seconde Guerre mondiale : l'importance que les Alliés accordaient à la question juridique notamment dans le cadre des procès de Nuremberg a certainement été un critère majeur qui permet de juger la manière dont s'est déroulé la confrontation au passé dans les deux États alle-

---

[56].– Cf. Wilfried MAUSBACH, « Wende um 360 Grad ? Nationalsozialismus und Judenvernichtung in der « zweiten Gründungsphase » der Bundesrepublik », in : VON HODENBERG, SIEGFRIED (note 1), pp. 15 – 47, ici surtout pp. 37 – 39.

mands. Il en résulte certains parallèles : on peut non seulement observer un réengagement des procès dans les années 1960, mais aussi une centralisation des investigations et persécutions des deux côtes du Mur[57].

Cela nous conduit à considérer les velléités de traduire les coupables devant les tribunaux : souligner les dysfonctionnements ouest-allemands plutôt qu'œuvrer à l'élucidation des faits ou se consacrer à cette question au sein de la société est-allemande même. C'est la raison pour laquelle, en RDA, la priorité était de faire en sorte que le sujet ne perde pas de son actualité, tout en imputant la faute à la RFA. Certes, d'aucuns soutenaient une telle approche par conviction antifasciste et ils s'indignaient véritablement de la présence de nazis en RFA[58], mais cela doit *in fine* être perçu comme une instrumentalisation idéologique[59]. Le ministère de la Sécurité (la « Stasi ») a repris ce sujet à son compte, même s'il recourrait aux services d'anciens nazis pour faire avancer un dossier idéologique[60].

En RFA, on peut certes observer de fortes réticences à la fin des années 1950 quant à la volonté politique de réengager des procès et des investigations. On peut par ailleurs se demander si un tel réengagement aurait eu lieu s'il n'y avait pas eu une pression de l'étranger. On constate ainsi, d'une part, une forme d'hésitation et, d'autre part, une réelle responsabilisation face au passé nazi. Ceci est certainement le reflet des divisions propres à la société ouest-allemande pendant la période analysée ici. Or, ces divisions ne doivent aucunement occulter le fait que certaines personnes, dont le procureur Fritz Bauer, se sont véritablement engagées contre l'oubli[61].

---

57.– Cf. WEINKE (note 5), pp. 351s.
58.– Cf. LEMKE (note 17), p. 64.
59.– Cf. VON MIQUEL (note 23), pp. 73s.
60.– Pour l'implication et le rôle de la Stasi, cf. Henry LEIDE, *NS-Verbrecher und Staatssicherheit. Die geheime Vergangenheitspolitik der DDR*, Göttingen, 2005.
61.– Cf. WEINKE (note 8), pp. 73 – 75 ; Irmtrud WOJAK, *Fritz Bauer 1903 – 1968. Eine Biographie*, Munich, 2009.

# « Est-Ouest : la course à l'éducation »
## Les systèmes scolaires des deux États allemands entre ouverture et fermeture

Wilfried Rudloff

« À la différence des hommes d'État au pouvoir à l'Ouest », notait le quotidien « Süddeutsche Zeitung » en 1959, « les dirigeants communistes témoignent d'un intérêt manifeste pour les questions d'éducation »[1]. Au même moment, on pouvait tout de même déjà observer, au sein du monde occidental, l'émergence progressive d'un intérêt nouveau pour la politique éducative. L'essor de celle-ci, observé à l'Est durant les années 1950, devait atteindre à leur tour les États occidentaux au cours des années 1960 – avec un retard variable selon les pays. Parmi les retardataires figurait notamment la République fédérale : au début des années 1960, le système éducatif ne semblait guère faire l'objet d'une attention politique particulière outre-Rhin, et encore moins être à la veille d'une réforme d'envergure. Les rares études comparatives entreprises à l'échelle internationale n'étaient guère flatteuses pour la situation ouest-allemande[2].

Depuis la fin des années 1950, les deux pôles de confrontation de la Guerre Froide étaient fréquemment comparés l'un à l'autre. On parla un temps de « course à l'éducation » entre l'Est et l'Ouest[3], voire de « Guerre

---

1.– Hans SCHUSTER, « Ulbrichts neues Schulprogramm vergrößert die Kluft », in : *Süddeutsche Zeitung*, 21 novembre 1959.
2.– Cf. Friedrich EDDING, *Ökonomie des Bildungswesens. Lehren und Lernen als Haushalt und als Investition*, Fribourg/Br., 1963, pp. 349 – 380 ; ID., « Die Anstrengungen im Bildungswesen – ein internationaler Vergleich », in : Hermann RÖHRS (éd.), *Erziehungswissenschaft und Erziehungswirklichkeit*, Francfort/M., 1964, pp. 408 – 418 ; cf. aussi Edgar WOLFRUM, *Die geglückte Demokratie. Geschichte der Bundesrepublik Deutschland von ihren Anfängen bis zur Gegenwart*, Stuttgart, 2006, pp. 241s.
3.– Hermann GROSS, *Internationaler Wettbewerb in Wissenschaft und Bildungswesen zwischen West und Ost*, Essen-Bredeney 1960 ; Leonhard FROESE, Rudolf HAAS, Oskar ANWEILER, *Bildungswettlauf zwischen West und Ost*, Fribourg/Br., Bâle, Vienne, 1961 ; Hartmut VOGT, *Bildung für die Zukunft. Entwicklungstendenzen im deutschen Bildungswesen in West und Ost*, Göttingen, 1967, p. 8 ; cf. aussi Oskar ANWEILER, « Bildungswettstreit zwischen West und Ost – Schlagwort und Realität », in : *Die Deutsche Schule*, 58 (1966), pp. 721 – 729.

Froide dans les salles de classe »[4]. Du point de vue occidental, on justifiait ces expressions en observant que les États du bloc soviétique ne ménageaient pas leurs efforts pour mettre en place un système scolaire et universitaire nouveau, « socialiste », et pouvaient s'enorgueillir de succès considérables quant au développement des infrastructures existantes, à l'élévation du niveau général de formation de la population et à la formation d'une main-d'œuvre spécialisée[5]. L'Union soviétique concentrait, à cet égard l'attention[6]. Mais on reconnaissait de plus en plus souvent qu'en RDA également, l'importance particulière accordée au système éducatif avait permis d'accroître sensiblement les chances d'accès à la formation et aux diplômes d'études spécialisées. Un célèbre spécialiste ouest-allemand des questions d'éducation était parvenu dès 1957 à la conclusion qu'en RDA, « on a plus à cœur d'adapter la formation à la réalité sociale de notre époque que chez nous »[7]. Il ne fut pas le seul à exprimer cette opinion, et une décennie plus tard, on entendait encore des appréciations du même ordre à l'ouest de l'Allemagne. En 1969, on pouvait ainsi lire dans un grand quotidien : « Pas de doute : la RDA est prête à mener la bataille de l'éducation contre le capitalisme, et en particulier, évidemment, contre son ennemi le plus intime, la République fédérale » – et il se pourrait bien, concluait l'auteur, « que la RDA ait des chances réelles de gagner cette bataille de l'éducation »[8].

Quoi qu'il en soit, il existait, dans le domaine éducatif, des liens variés et souvent complexes entre la République fédérale et la RDA[9]. Ces liens étroits et tout à fait spécifiques reliant les deux États allemands, qui sont au cœur

---

[4].– Dominik BORONOWSKI, *Wo fällt die Entscheidung des kalten Krieges ? Erziehung und Bildung in West und Ost*, Cologne, s.d. ; cf. aussi Olaf BARTZ, *Der Wissenschaftsrat. Entwicklungslinien der Wissenschaftspolitik in der Bundesrepublik Deutschland 1957 – 2007*, Stuttgart, 2007, p. 24.

[5].– Cf. Wolfgang MITTER, « Schulreform in Osteuropa », in : *Enzyklopädie Erziehungswissenschaft*, vol. 8 : *Erziehung im Jugendalter – Sekundarstufe I.*, édité par Ernst-Günter SKIBA, Christoph WULF et Konrad WÜNSCHE, Stuttgart, ²1993, pp. 356 – 372 ; cf. aussi Hartmut KAELBLE, *Sozialgeschichte Europas. 1945 bis zur Gegenwart*, Munich, 2007, pp. 402s.

[6].– Cf. par ex. : Erhart MÜHLBERGER, « Die Anstrengungen der Sowjetunion für ihr Bildungswesen », in : *Die Deutsche Schule*, 52 (1960), pp. 250 – 262 ; Raymond POIGNANT, *L'enseignement dans les pays du Marché Commun. Étude comparative sur l'organisation et l'état de développement de l'enseignement dans le pays du Marché Commun, aux États-Unis, en Grande-Bretagne et en U.R.S.S.*, Paris, 1965.

[7].– Hellmut BECKER, « Forderungen an unser Bildungssystem. Schule, Hochschule, Volkshochschule und Gesellschaft », in : ID., *Bildung zwischen Plan und Freiheit*, Stuttgart, 1957, pp. 20 – 53, ici p. 51 ; cf. aussi : « Ost-West-Konflikt im Bildungswesen », in : *Frankfurter Rundschau*, 1er septembre 1969 ; vgl. zum Topos vom Wettstreit der Systeme im Bildungswesen Arthur HAERNDEN, *Bildungspolitik in der BRD und DDR*, Düsseldorf, 1973, pp. 118s.

[8].– Jürgen BECKELMANN, « Und hierzulande ? Die dritte Hochschulreform », in : *Stuttgarter Zeitung*, 4 mars 1969.

[9].– Cf. Christoph KLESSMANN, « Konturen einer integrierten Nachkriegsgeschichte », in : *Aus Politik und Zeitgeschichte*, 18/19 (2005), pp. 3 – 11.

du présent volume, se manifestèrent déjà au cours des années précédant la construction du Mur de Berlin, puisque un nombre considérable de jeunes gens très qualifiés – et parmi eux de nombreux enseignants – quittèrent la RDA pour se réfugier en République fédérale. Tout comme ce phénomène avait accentué la pression sur le système éducatif de la RDA – il lui avait pour ainsi dire toujours fallu générer un sureffectif – le système éducatif et de formation de la République fédérale, jusqu'alors privilégié par cet exode, allait subir à son tour une pression accrue lorsque la construction du Mur mit, en 1961, un terme à cet afflux de capital humain[10]. Formulés de manière plus systématique d'un point de vue conceptuel, les liens étroits unissant les deux jumeaux du monde polarisé s'exprimaient de manière très variée[11]. Ils ne reposaient pas simplement sur une relation de concurrence asymétrique entre deux États et deux systèmes également convaincus d'être plus légitime, plus porteur d'avenir et plus efficace que leur voisin (ce qui ne manquait pas de donner une note concurrentielle particulière au terme de « course à l'éducation »). Dans le même temps, ces liens continuaient d'exister sous la forme de relations héritées de la tradition, à travers les sédiments – encore identifiables au sein des nouvelles structures – de racines institutionnelles communes. Ils prenaient la forme d'une relation contrastive, par le biais de la distanciation polémique, mais aussi d'une relation d'influence mutuelle, dissimulée ou assumée, immédiate ou indirecte. Il ne saurait toutefois être question de parler à propos du domaine éducatif d'une relation de coopération, ne serait-ce que minimale, entre la construction du Mur et le milieu des années 1970. L'objectif du présent article est d'analyser plus précisément les différents types de relations à l'œuvre au sein du système éducatif. Il convient toutefois d'ébaucher au préalable une comparaison entre les structures du système éducatif des deux États. L'école, au centre de ce système, retiendra ici notre attention, l'université et la formation professionnelle ne pouvant être abordées en détail dans le cadre restreint de cette étude.

---

10.– Joachim S. HOHMANN, « Wenn sie dies lesen, bin ich schon auf dem Weg in den Westen. ›Republikflüchtige‹ DDR-Lehrer in den Jahren 1949 – 1961 », in : *Zeitschrift für Geschichtswissenschaft*, 45 (1997), pp. 311 – 330 ; Gert GEISSLER, *Geschichte des Schulwesens in der Sowjetischen Besatzungszone und in der Deutschen Demokratischen Republik 1945 bis 1962*, Francfort/M., 2000, pp. 503ss.

11.– Ce qui suit s'appuie sur : Arnd BAUERKÄMPER, Martin SABROW, Bernd STÖVER, « Die doppelte deutsche Zeitgeschichte », in : ID. (éd.), *Doppelte Zeitgeschichte. Deutsch-deutsche Beziehungen 1945 – 1990*, Bonn, 1998, pp. 9 – 16, ici p. 15.

## Les deux systèmes scolaires et leur évolution divergente

L'école fait partie des éléments systémiques dont l'évolution n'avait guère tardé, après 1945, à emprunter des voies largement divergentes dans chacun des deux États allemands[12]. Au regard de l'héritage commun du système éducatif allemand, c'est en zone d'occupation soviétique/RDA que la rupture fut consommée, c'est là que fut lancée la dynamique de cette évolution institutionnelle divergente. Dès 1946, l'administration en charge de l'instruction populaire en zone d'occupation soviétique avait, en s'appuyant sur des idées réformatrices plus anciennes, développées durant la République de Weimar[13], posé les jalons d'une réorganisation fondamentale du système éducatif[14]. L'on avait abandonné la segmentation traditionnelle du système scolaire allemand et remplacé la tripartition verticale séparant école élémentaire (*Volksschule*), école moyenne (*Mittelschule*) et école secondaire (*Höhere Schule*) par une école unique (*Einheitsschule*), commune à tous les enfants jusqu'à leur huitième année de scolarité et précédant soit une formation professionnelle, soit quatre années d'enseignement secondaire général obligatoire (*Oberschule*). En République fédérale, en revanche, on avait conservé, ou restauré, les anciennes structures du système éducatif. Les orienta-

---

12.– Essentiel pour la comparaison inter-allemande dans le domaine éducatif : *Materialien zur Lage der Nation : Vergleich von Bildung und Erziehung in der Bundesrepublik Deutschland und in der Deutschen Demokratischen Republik*, Cologne, 1990 ; cf. également les premières tentatives de comparaison chez HEARNDEN, *Bildungspolitik* (note 7) ; ID., « Inter-German Relations and Education Policy », in : *Comparative Education*, 9 (1973), pp. 3 – 16 ; essentiel également *Handbuch der deutschen Bildungsgeschichte*, vol. VI : *1945 bis zur Gegenwart. Erster Teilband : Bundesrepublik Deutschland*, édité par Christoph FÜHR et Carl-Ludwig FURCK, Munich, 1998 ; *Handbuch der deutschen Bildungsgeschichte*, vol. VI : *1945 bis zur Gegenwart. Zweiter Teilband : Deutsche Demokratische Republik und neue Bundesländer*, édité par Christoph FÜHR, Carl-Ludwig FURCK, Munich, 1998 ; Oskar Anweiler et al. (éd.), *Bildungspolitik in Deutschland 1945 – 1990. Ein historisch-vergleichender Quellenband*, Opladen, 1992 ; cf. également les chapitres consacrés à la politique éducative d'Oskar ANWEILER dans « Geschichte der Sozialpolitik in Deutschland seit 1945 », 11 vol., Baden-Baden, 2001 – 2008 ; études comparatives également chez Gert GEISSLER, « Bildungs- und Schulpolitik », in : Clemens BURRICHTER, Detlef NAKATH, Gerd-Rüdiger STEPHAN (éd.), *Deutsche Zeitgeschichte von 1945 bis 2000. Gesellschaft – Staat – Politik. Ein Handbuch*, Berlin, 2006, pp. 911 – 946 ; Hans-Georg HERRLITZ et al., *Deutsche Schulgeschichte von 1800 bis zur Gegenwart. Eine Einführung*, Weinheim, Munich, 2005, chapitres 9 – 11 ainsi que le chapitre rédigé par Jürgen BAUMERT, « Grundlegende Entwicklungen im allgemeinbildenden Schulwesen in Ost- und Westdeutschland », in : *Arbeitsgruppe Bildungsbericht am Max-Planck-Institut für Bildungsforschung : Das Bildungswesen in der Bundesrepublik Deutschland. Struktur und Entwicklung im Überblick*, Reinbek bei Hamburg, 1997, pp. 178 – 291.

13.– Cf. pour les racines les plus anciennes, Helmut SIENKNECHT, *Der Einheitsschulgedanke. Geschichtliche Entwicklung und gegenwärtige Problematik*, Weinheim, Berlin, Bâle, 1968.

14.– GEISSLER (note 10), pp. 85ss. ; cf. aussi Oskar ANWEILER, *Schulpolitik und Schulsystem in der DDR*, Opladen, 1988 ; Dietmar WATERKAMP, *Handbuch zum Bildungswesen der DDR*, Berlin, 1987.

tions politiques affichaient elles aussi des divergences fondamentales. À l'ouest, où le fédéralisme prenait un nouvel essor, la politique culturelle et l'éducation comptaient parmi les prérogatives les plus importantes des Länder. Il fallut attendre 1969 pour qu'un ministère de la Culture et de l'Éducation vît le jour au niveau fédéral, mais même alors, son droit d'intervention dans les questions scolaires restait extrêmement limité[15]. Entre-temps, la RDA avait donné naissance à une administration scolaire centralisée chargée d'appliquer une politique unitaire et soumise aux directives du SED et du ministère de l'Instruction populaire[16]. Enfin, la rupture incarnée par la politique scolaire de la RDA était également soulignée par la volonté manifeste de mettre fin au « monopole culturel » bourgeois et d'ouvrir les mêmes perspectives de formation aux enfants de familles d'ouvriers et de paysans, traditionnellement défavorisés. La comparaison avec l'école de l'Allemagne de l'Ouest révélait par conséquent deux modèles de sélection sociale profondément divergents. D'un point de vue tant structurel que politique et social, les systèmes scolaires des deux États allemands s'étaient éloignés l'un de l'autre. À cela s'ajoutait que l'école de la RDA avait d'emblée été réquisitionnée et monopolisée par le SED à des fins de domination idéologique, tandis que le pluralisme de la société ouest-allemande se reflétait également dans le système scolaire – un état de fait qui s'est encore accentué à partir des années 1970[17].

La « loi sur l'évolution socialiste du système scolaire » du 2 décembre 1959 poursuivit, en RDA, l'évolution entamée, que vint parachever la « loi sur le système scolaire socialiste unitaire » du 25 février 1965[18]. Ces lois restèrent en vigueur jusqu'à l'effondrement de la RDA. L'école secondaire polytechnique (*Polytechnische Oberschule*, POS), qui proposait un enseignement général désormais réparti sur dix années scolaires, devait inculquer à tous

---

15.– Jürgen RASCHERT, « Bildungspolitik im kooperativen Föderalismus. Die Entwicklung der länderübergreifenden Planung und Koordination des Bildungswesens in der Bundesrepublik Deutschland », in : *Max-Planck-Institut für Bildungsforschung : Bildung in der Bundesrepublik Deutschland*, vol. 2, Stuttgart, 1980, pp. 103 – 215 ; Ludwig VON FRIEDEBURG, *Bildungsreform in Deutschland. Geschichte und gesellschaftlicher Widerspruch*, Francfort/M., 1992 ; Klaus HÜFNER, Jens NAUMANN, *Konjunkturen der Bildungspolitik in der Bundesrepublik Deutschland*, vol. I : *Der Aufschwung (1960 – 1967)*, Stuttgart, 1977 ; Klaus HÜFNER et al., *Hochkonjunktur und Flaute : Bildungspolitik in der Bundesrepublik Deutschland 1967 – 1980*, Stuttgart, 1986.
16.– Cf. Gert GEISSLER, *Schulreform von oben. Bemerkungen zum schulpolitischen Herrschaftssystem in der SBZ/DDR*, in : *Erinnerung für die Zukunft II. Das DDR-Bildungssystem als Geschichte und Gegenwart*, Ludwigsfelde-Struveshof, 1997, pp. 49 – 60.
17.– Intéressant, de ce point de vue également, concernant la modernisation interne du type d'école du lycée (*Gymnasium*) : Torsten GASS-BOLM, *Das Gymnasium 1945 – 1980. Bildungsreform und gesellschaftlicher Wandel in Westdeutschland*, Göttingen, 2005.
18.– Document 135 et 199 in : Siegfried BASKE, Martha ENGELBERT (éd.), *Zwei Jahrzehnte Bildungspolitik in der Sowjetzone Deutschlands*, Berlin, 1966.

les enfants les bases d'une culture commune. La grande majorité des enfants entamait ensuite une formation professionnelle. Une petite partie d'entre eux poursuivaient leur parcours scolaire au lycée (*Erweiterte Oberstufe*, EOS), qui ne comportait plus que deux années, afin de préparer le baccalauréat (*Hochschulreife*). En 1970, cela concernait 11 % des enfants d'une même classe d'âge, auxquels s'ajoutaient toutefois 6 % obtenant le baccalauréat dans le cadre d'une formation professionnelle[19]. En République fédérale, on évoquait certes de plus en plus, depuis les années 1960, une réforme structurelle du système scolaire : le débat portait essentiellement sur le collège polyvalent (*Gesamtschule*, regroupant les trois filières du premier et du second cycle), autrement dit, ici aussi, sur une école commune à tous les enfants jusqu'à la dixième année de scolarité, mais néanmoins plus différenciée, dans son fonctionnement interne, que les POS. Mais bien que quelques Länder dirigés par les sociaux-démocrates, notamment la Hesse, la Rhénanie-du-Nord-Westphalie et les villes-États, aient ouvert un nombre relativement important d'établissements de ce type, la part moyenne des élèves fréquentant de telles écoles à l'échelle fédérale resta limitée. En 1975, seuls 3,4 % des élèves de 7e, 8e et 9e année étaient concernés, et par la suite, ce chiffre ne devait augmenter que très modestement.[20] Le consensus autour de l'idée de réforme qui régnait encore entre les partis politiques de la République fédérale à la fin des années 1960 n'avait pas résisté à la polémique sur les réformes structurelles. Les sociaux-démocrates n'avaient pas réussi à imposer leur objectif, l'abandon de l'organisation verticale du système éducatif au profit d'une structure en échelons. L'architecture de base du système scolaire ouest-allemand, reposant sur ses trois colonnes *Hauptschule*, *Realschule* et *Gymnasium*, [que les élèves allemands fréquentaient traditionnellement selon leurs aptitudes, la *Hauptschule* étant la filière la moins prestigieuse et le *Gymnasium*, à l'inverse, la plus prestigieuse et la plus longue en terme

---

19.– Helmut KÖHLER, Gerhard SCHREIER, « Statistische Grunddaten zum Bildungswesen », in : *Materialien zur Lage* (note 12), pp. 112 – 155, ici p. 130. Jusqu'en 1983, il existait toutefois également en RDA, dans le cadre de la 9e et de la 10e année scolaire, des classes préparatoires réservées aux élèves destinés à rejoindre les EOS, ainsi que, dans une moindre mesure, des classes et des écoles spéciales pour les enfants particulièrement doués. L'uniformité de l'école est-allemande se voyait donc relativisée par ces éléments de différenciation.

20.– Oskar ANWEILER, « Bildungspolitik », in : *Geschichte der Sozialpolitik seit 1945*, vol. 6 : *Bundesrepublik Deutschland 1974 – 1982 : Neue Herausforderungen, wachsende Unsicherheiten*, édité par Martin H. GEYER, Baden-Baden, 2008, pp. 693 – 731, ici p. 707 ; Jürgen BAUMERT, Jürgen RASCHERT, « Gesamtschule », in : *Enzyklopädie Erziehungswissenschaft*, vol. 8 : *Erziehung im Jugendalter – Sekundarstufe I*, édité par Ernst-Günter SKIBA, Christoph WULF, Konrad WÜNSCHE, Stuttgart, ²1993, pp. 228 – 269 ; Achim Leschinsky, Karl Ulrich MAYER, « Comprehensive Schools and Inequality of Opportunity in the Federal Republic of Germany », in : ID. (éd.), *The Comprehensive School Experiment Revisited : Evidence from Western Europe*, Francfort/M., ²1999, pp. 13 – 40.

d'années de scolarité, note du traducteur] se vit maintenue et tout au plus complétée, suivant les régions, par l'offre supplémentaire que représentait le collège polyvalent (*Gesamtschule*).

Il serait toutefois absolument faux d'en conclure que toute évolution en matière d'accès à la formation était bloquée en République fédérale. Au contraire : entre 1960 et 1980, les relations quantitatives entre les différents types d'écoles ont enregistré des variations d'une ampleur inédite. En 1960, les élèves âgés de 13 ans se répartissaient comme suit : 70 % fréquentaient « l'école élémentaire » (*Volksschule*), 11 % le « collège » (*Realschule*), et 15 % le « lycée » (*Gymnasium*). En 1980, la part de la *Hauptschule* – cette nouvelle appellation désignait depuis 1964 les dernières années de la *Volksschule* – avait enregistré une chute vertigineuse (39 %), tandis que celles de la *Realschule* (25 %) et du *Gymnasium* (27 %) avaient sensiblement augmenté[21]. Ces glissements s'expliquaient par l'aspiration croissantes de la population en matière de formation, mais se virent également encouragés par une série de petites mesures réformatrices allant d'une publicité renforcée en faveur de l'instruction à la densification des infrastructures scolaires régionales, en passant par la modification des procédures de recrutement des établissements du second degré, l'assouplissement des passerelles entre les différents types d'écoles, la réalisation de la gratuité de l'enseignement pour les établissements d'enseignement secondaire, ou encore la mise en place et le développement du système de bourses attribuées par l'État aux élèves[22].

Néanmoins, au cours des années 1960, l'expansion du système scolaire en RDA fit, sur des aspects essentiels, des progrès plus considérables qu'en République fédérale. La dixième année de scolarité obligatoire fut décidée à l'est (sans toutefois être d'emblée appliquée de manière généralisée) au moment où, à l'ouest, les Länder se décidaient à peine à instaurer la scolarité obligatoire de neuf ans[23]. La RDA avait également une longueur d'avance la réforme des écoles de campagne et du remplacement des écoles à classe unique (*Zwergschule*) en zone rurale par des regroupements primaires intercommunaux (*Verbandsschule* ou *Mittelpunktschule*). Le nombre des écoles primaires à classe unique passa, entre 1946 et 1957, de 2000 à 23, ce qui ne signifiait pas pour autant qu'aucune disparité ne subsistait entre l'offre sco-

---

21.– KÖHLER, SCHREIER (note 19), p. 131.
22.– Oskar ANWEILER, « Grundzüge der Bildungspolitik und der Entwicklung des Bildungswesens seit 1945 », in : *Materialien zur Lage* (note 12), pp. 11 – 33, ici p. 17 ; HERRLITZ (note 12), pp. 164ss.
23.– À la fin des années 1970, la prolongation de la *Hauptschule* à dix années de scolarité n'existait qu'à Berlin ; cf. *Arbeitsgruppe am Max-Planck-Institut für Bildungsforschung : Das Bildungswesen in der Bundesrepublik Deutschland*, Reinbek, 1979, p. 127.

laire à la ville et à la campagne[24]. En République fédérale, la situation n'était guère homogène. En Hesse, la réforme des écoles de campagne était prise très au sérieux depuis le début des années soixante[25]. En Bavière, ce n'est qu'à la fin des années soixante que le nombre des écoles primaires diminua de manière considérable (d'environ 7 000 à moins de 3 000) afin de permettre de créer des écoles plus grandes et de généraliser la formation de classes correspondant à une classe d'âge homogène[26]. En 1959/60, seuls 30 % des élèves bavarois avaient fréquenté une école primaire offrant une classe par niveau, tandis qu'un bon quart des écoles primaires était encore à classe unique[27]. Enfin, l'éducation mixte s'était imposée plus tôt en RDA qu'en République fédérale.

Dans l'enseignement secondaire également, la RDA sembla, dans un premier temps, avoir pris une avance considérable sur la République fédérale. Le pourcentage des bacheliers atteignait 15 à 16 % en 1965, soit presque deux fois plus qu'en République fédérale, même s'il ne faut pas oublier qu'en RDA les voies alternatives menant au baccalauréat était plus développées qu'en République fédérale[28]. Alors qu'à l'ouest de l'Allemagne, ce pourcentage ne cessa d'augmenter au-delà la période examinée, il se vit, en RDA, brutalement bloqué en 1971, puis abaissé et stabilisé autour de 12 à 14 %. En comparaison, la République fédérale atteignit 20 % dès 1975, chiffre qui devait continuer de s'améliorer. À la dynamique sociale de l'expansion à l'œuvre à l'ouest s'opposaient désormais des proportions très largement stabilisées par l'État en RDA. Ce renversement du rapport entre Est et Ouest s'explique par le fait que les grands principes de politique sociale à l'origine de la généralisation de l'accès à l'enseignement se virent subordonnés, en RDA, aux impératifs d'une planification étatique dont la valeur de référence était le besoin présumé de qualification. L'accès au lycée (*Erweiterte Obers*-

---

24.– Gero LENHARDT, Manfred STOCK, *Bildung, Bürger, Arbeitskraft. Schulentwicklung und Sozialstruktur in der BRD und der DDR*, Francfort/M., 1997, p. 147 ; Gerhard SCHREIER, *Förderung und Auslese im Einheitsschulsystem. Debatten und Weichenstellungen in der SBZ/DDR 1946 bis 1989*, Cologne, Weimar, Vienne, 1996, pp. 244s.

25.– Christoph FÜHR, « Schulpolitik in Hessen », in : Bernd HEIDENREICH, Konrad SCHACHT (éd.), *Hessen. Gesellschaft und Politik*, Stuttgart, Berlin, Cologne, 1995, pp. 157 – 177, ici pp. 161s.

26.– Alfons O. SCHORB, « Entwicklungen im Schulwesen eines Flächenstaates am Beispiel Bayern », in : Max-Planck-Institut für Bildungsforschung, *Bildung in der Bundesrepublik Deutschland*, vol. 2, Stuttgart, 1980, pp. 760 – 816, ici p. 779.

27.– Winfried MÜLLER, Ingo SCHRÖDER, Markus MÖSSLANG, « ›Vor uns liegt ein Bildungszeitalter‹. Umbau und Expansion – das bayerische Bildungssystem 1950 bis 1975 », in : Thomas SCHLEMMER, Hans WOLLER (éd.), *Bayern im Bund*, vol. 1 : *Die Erschließung des Landes 1949 bis 1973*, Munich, 2001, pp. 273 – 355, ici pp. 277ss. ; Hubert BUCHINGER, *Volksschule und Lehrerbildung im Spannungsfeld politischer Entscheidungen 1945 – 1970*, Munich, 1975, p. 388.

28.– *Arbeitsgruppe Bildungsbericht* (note 23), pp. 212ss., 487s. et 494ss.

*tufe*, EOS) et aux études fut ainsi rendu plus difficile car les besoins individuels en matière de formation semblaient ne plus être en adéquation avec le besoin de qualification de la société. Un tel dirigisme en matière de planification des besoins n'était, en République fédérale, ni souhaité ni compatible avec les représentations dominantes concernant l'organisation de l'État et de la société[29]. En République fédérale, la généralisation de l'accès à l'enseignement reposait en premier lieu sur la demande sociale autoentretenue des « consommateurs d'enseignement », et il n'était pas envisageable d'y relier ainsi ce phénomène à des catégories de besoins relatives à l'économie de l'instruction. Alors que l'ouest, confronté depuis le milieu des années 1970 à une crise croissante du marché du travail, tendait à déconnecter système éducatif et système de l'emploi, la RDA empruntait la voie inverse, entremêlant de plus en plus étroitement ces deux systèmes[30].

Enfin, les évolutions contraires suivies par les deux États apparaissent également lorsque l'on s'intéresse aux modèles sociaux de l'accès à l'enseignement et partant, à la fonction et à l'action des établissements de formation en tant qu'agences de répartition des chances sociales[31]. Car la rupture radicale qu'avait connue le système scolaire de la RDA depuis 1945 avait permis une redistribution complète des chances de formation, tandis qu'en République fédérale, la restauration du système scolaire traditionnel avait entraîné une reproduction des anciennes disparités. Si l'on se réfère au profil social des étudiants – indicateur qui, dans une perspective comparatiste, permet en définitive de tirer les conclusions les plus précises – l'énorme progression de la part des enfants d'ouvriers parmi les étudiants de la RDA saute aux yeux. En 1960, elle atteignait 50 % pour les étudiants directs (si l'on y ajoute les nombreux étudiants par correspondance, le pourcentage est de 39 %, les enfants d'ouvriers étant sous représentés dans cette catégorie d'étudiants). À partir de 1960, en revanche, la part des enfants issus de fa-

---

29.– Cf. Ralph JESSEN, « Zwischen Bildungsökonomie und zivilgesellschaftlicher Mobilisierung. Die doppelte deutsche Bildungsdebatte der sechziger Jahre », in : Hans-Gerhard HAUPT, Jörg REQUATE (éd.), *Aufbruch in die Zukunft. Die 1960er Jahre zwischen Planungseuphorie und kulturellem Wandel. DDR, CSSR und Bundesrepublik Deutschland im Vergleich*, Weilerswist, 2004, pp. 209 – 231, ici pp. 224ss. ; Wilfried RUDLOFF, « Bildungsplanung in den Jahren des Bildungsbooms », in : Matthias FRESE, Julia PAULUS, Karl TEPPE (éd.), *Demokratisierung und gesellschaftlicher Aufbruch. Die sechziger Jahre als Wendezeit der Bundesrepublik*, Paderborn, 2003, pp. 259 – 282.

30.– Cf. Helmut KÖHLER, Manfred STOCK, *Bildung nach Plan ? Bildungs- und Beschäftigungssystem in der DDR 1949 bis 1989*, Opladen, 2004, p. 97.

31.– Cf. dans une perspective comparatiste Rainer GEISSLER, « Entwicklung der Sozialstruktur und Bildungswesen », in : *Materialien zur Lage* (note 12), pp. 83 – 111 ; ID., *Die Sozialstruktur Deutschlands. Zur gesellschaftlichen Entwicklung mit einer Zwischenbilanz zur Vereinigung*, Opladen, ²1996, pp. 249 – 274.

milles ouvrières enregistra un recul sensible, tandis qu'inversement, elle se mettait désormais à augmenter en République fédérale. À l'Ouest, la part des enfants d'ouvriers parmi les étudiants atteignait à peine 5 % à la fin des années 1950. Elle augmenta au cours des années du « boom de l'éducation », pour atteindre finalement 16 % au début des années 1980, chiffre encore très inférieur au regard de la part des ouvriers dans la population totale. En RDA, les modifications du modèle de sélection sociale dans le système éducatif avaient été le résultat de mesures politiques ciblées – notons toutefois que l'ouverture de nouvelles chances aux classes « soutenant le pouvoir » allait de pair avec des restrictions sensibles vis-à-vis d'autres classes ou groupes. La première décennie de l'après-guerre s'était, en RDA, inscrite sous le signe d'une volonté affichée de « discrimination positive » envers les enfants d'ouvriers et d'agriculteurs, que ce soit par le biais de quotas indicatifs pour l'admission des enfants d'ouvriers et d'agriculteurs dans les établissements scolaires ou encore à travers les facultés d'ouvriers et d'agriculteurs, qui existèrent jusqu'en 1963[32]. Ces facultés d'ouvriers et d'agriculteurs, établissements préparant aux études supérieures mais aussi pépinières d'une nouvelle élite socialistes, furent fermées au début des années 1960, lorsque le processus de transformation des élites fut achevé. À partir des années 1960, le principe des bons résultats scolaires gagna en importance, dans le système scolaire de la RDA, par rapport à l'origine sociale, comme en témoigne par exemple la nouvelle réglementation sur les admissions à l'université de 1962[33].

Les modèles et les critères de sélection participant d'une « discrimination positive » jouaient un rôle de moins en moins important en RDA. Parallèlement, la République fédérale découvrait, dans les années 1960, les classes sociales « tenues à l'écart de l'instruction », dont les « potentiels » laissés jusqu'alors en friche devaient désormais être exploités. « L'égalité des chances » devint ici le terme clé de la politique éducative au moment même où son éclat commençait de fait à ternir en RDA. Entre-temps, un nouveau privilège culturel avait vu le jour à l'est de l'Allemagne. L'« intelligentsia socialiste » se reproduisait de plus en plus en recrutant dans ses propres rangs – l'origine sociale des étudiants en témoignait[34].

---

32.– Michael C. SCHNEIDER, *Bildung für neue Eliten. Die Gründung der Arbeiter- und Bauern-Fakultäten in der SBZ/DDR*, Dresde, 1998 ; Ingrid MIETHE, *Bildung und soziale Ungleichheit. Möglichkeit und Grenzen gegenprivilegierender Bildungspolitik*, Opladen, Farmington Hills, 2007.

33.– KÖHLER, STOCK (note 30), pp. 35s. ; document 169, in : BASKE, ENGELBERT (note 18), ici p. 254.

34.– Heike SOLGA, Bildungschancen in der DDR, in : Sonja HÄDER, Heinz-Elmar TENORTH, *Bildungsgeschichte einer Diktatur. Bildung und Erziehung in SBZ und DDR im historisch-*

Dire que rien, dans le système scolaire de la République fédérale, n'avait changé au cours de toutes ces années serait trompeur, pas seulement au regard de la généralisation de l'accès à l'enseignement évoquée plus haut. Dans certains domaines, les innovations structurelles allèrent même nettement plus loin qu'en RDA. Ainsi, la réforme du second cycle du lycée (*gymnasiale Oberstufe*) décidée en 1972 puis mise en pratique quatre ans plus par la République fédérale n'avait pas d'équivalent en Allemagne de l'Est. Cette réforme prévoyait notamment de limiter le nombre de disciplines, de créer un panel d'options individuelles par le biais d'un système de fondamentaux et de cours, de mieux illustrer le choix des sujets traités et de renforcer le caractère propédeutique de l'enseignement[35]. Une individualisation aussi approfondie de l'enseignement du second cycle du lycée n'avait jamais été envisagée pour les lycées (*Erweiterte Oberstufe*, EOS) de la RDA ; c'est bien le système scolaire ouest-allemand qui, sur ce point, se démarqua de la voie traditionnelle du système éducatif allemand.

Par ailleurs, dans la continuité et la poursuite de certaines traditions, il existait quelques domaines du système éducatif dans lesquels les deux États présentaient des structures analogues, des restes de leurs racines communes qui, souvent, ne deviennent identifiables qu'à travers la confrontation avec les autres structures existant à l'intérieur de chacun des « camps » – à l'Est comme à l'Ouest. La tradition de la formation professionnelle en alternance (« formation duale ») en est un exemple[36]. La participation tant de l'entreprise que de l'école professionnelle au processus de formation se singularisait en de nombreux points par rapport aux structures des systèmes éducatifs d'autres États, à l'Ouest comme à l'Est. Ainsi, au sein des États frères du Conseil d'assistance économique mutuelle (CAEM), la formation professionnelle était, contrairement à ce qui se passait en RDA, organisée de manière exclusivement scolaire. Le baccalauréat est un autre exemple de ces similitudes qui, outre sa qualité de diplôme de fin de scolarité, avait pour fonction d'ouvrir l'accès aux études universitaires – se différenciant ainsi à la fois du système anglo-saxon et du système soviétique dans lesquels

---

*gesellschaftlichen Kontext*, Weinheim, 1997, pp. 275 – 294 ; LENHARDT, STOCK (note 24), pp. 159ss. L'« intelligentsia socialiste » – qui remplaçait l'intelligentsia bourgeoise traditionnelle – désignait en RDA la nouvelle classe de fonctionnaires, issue de l'université, qui avait vu le jour suite aux mesures prises dans les années cinquante afin d'opérer la transformation des élites.

35.– Cf. Hans-Werner FUCHS, *Gymnasialbildung im Widerstreit. Die Entwicklung des Gymnasiums seit 1945 und die Rolle der Kultusministerkonferenz*, Francfort/M., 2004.

36.– Le terme « dual » était toutefois évité en RDA, cf. Dietmar WATERKAMP, « Berufsbildung », in : FÜHR, FURCK, Handbuch, VI/2 (note 12), pp. 257 – 279, ici p. 257.

l'élément décisif était non pas le baccalauréat lui-même, mais l'examen d'entrée à l'Université[37].

## Perception mutuelle – entre démarcation et interaction

Les contacts personnels entre représentants du système éducatif des deux États étaient peu nourris, la peur de l'autre, des deux côtés, était considérable. Des conférences comme celle d'un pédagogue de Berlin-Est venu, en 1967, parler dans la partie ouest de la ville du système de cours du soir, qui n'avait pas été sans revêtir une certaine importance, à une époque, dans le système éducatif de la RDA, étaient extrêmement rares[38]. Les visites de pédagogues ouest-allemands dans des établissements scolaires de RDA étaient tout aussi peu fréquentes[39]. Depuis 1957, Berlin avait réduit ses « contacts avec l'Ouest »[40], et au ministère de l'Instruction populaire, on parlait aussi de « faux contacts »[41]. Ils devaient se réduire encore dix ans plus tard[42]. Le « tra-

---

37.– A ce sujet et avec d'autres exemples, cf. Wolfgang MITTER, « Wandel und Kontinuität im Bildungswesen der beiden deutschen Staaten », in : ID., *Schulen zwischen Reform und Krise. Zu Theorie und Praxis der vergleichenden Bildungsforschung*, Cologne, Vienne, 1987, pp. 277 – 294, ici pp. 283ss. ; cf. aussi Heinz-Elmar TENORTH, « Die Bildungsgeschichte der DDR – Teil der deutschen Bildungsgeschichte ? » in : HÄDER, TENORTH (note 34), pp. 69 – 96, ici pp. 80s. ; Zymek souligne l'évolution du système scolaire de RDA dans celle, continue, du système scolaire allemand au 20e siècle et se positionne contre la thèse de la rupture de tradition prônées par les directives officielles est-allemandes : Bernd ZYMEK, « Die DDR – ein Sonderfall in der deutschen Bildungsgeschichte ? », in : *Erinnerung für die Zukunft II* (note 16), pp. 29 – 35 ; ID., « Die Schulentwicklung in der DDR im Kontext einer Sozialgeschichte des deutschen Schulsystems. Historisch-verleichende Analyse lokaler Schulangebotsstrukturen in Mecklenburg und Westfalen, 1900 – 1990 », in : HÄDER, TENORTH (note 34), pp. 25 – 53.

38.– Vermerk V A/Magdeburg 7.2.1967 über einen Vortrag von Dr. Artur Meier am 1.2.1967 in Berlin, Landesarchiv Berlin, B Rep. 015, Nr. 445.

39.– Cf. par ex. « Diskussion in Potsdam. Westdeutsche Lehrer besuchen die Pädagogische Hochschule », in : *Deutsche Lehrerzeitung*, 3 (15.1.1960) ; un autre exemple est la rencontre de pédagogues est- et ouest-allemands du 15 au 17 juin 1962 à Naumburg, cf. den Bericht des Rats des Bezirks Halle an das Ministerium für Volksbildung, 25.7.1962, BArch, DR 2, Nr. 7416 ; des contacts isolés de ce type avec des interlocuteurs choisis à l'ouest continuaient donc d'avoir lieu y compris après la construction du Mur.

40.– Cf. les remarques de Oskar ANWEILER, « Bildungspolitik », in : *Geschichte der Sozialpolitik seit 1945, Bd. 9 : Deutsche Demokratische Republik 1961 – 1971. Politische Stabilisierung und wirtschaftliche Mobilisierung*, édité par Christoph KLESSMANN, Baden-Baden, 2006, pp. 561 – 608, ici p. 607 ; ID., « Bildungspolitik und Bildungsforschung im geteilten Deutschland », in : Gisela HELWIG (éd.), *Rückblicke auf die DDR*, Cologne, 1995, pp. 97 – 103, ici p. 98.

41.– Wolfgang REISCHOCK, « Osmose pädagogischen Denkens. Erfahrungen aus der pädagogischen Forschung und Publizistik », in : Dietrich HOFFMANN, Karl NEUMANN (éd.), *Erziehung und Erziehungswissenschaft in der BRD und der DDR*, vol. 2 : *Divergenzen und Konvergenzen (1965 – 1989)*, Weinheim, 1995, pp. 65 – 79, ici p. 70.

42.– Cf. MfV, Abt. Internationale Verbindungen : Bericht über eingeleitete Maßnahmen zur Verwirklichung der Richtlinie des Zentralkomitees der SED vom 5. April 1967 et le Ministerrats-

vail à l'Ouest » du SED dans le domaine éducatif visait à y propager, par le biais des réussites du système éducatif, les objectifs du parti en matière de politique allemande[43]. Mais en République fédérale également, les contacts « avec l'autre côté » étaient considérés comme délicats. En 1967, à l'occasion d'une réunion du syndicat Éducation et Sciences (GEW), syndicat enseignant ouest-allemand politiquement orienté à gauche, son président fédéral se vit obligé, à la demande de plusieurs fédérations régionales, de rappeler une d'anciennes décisions de la fédération syndicale stipulant que les contacts avec la « zone Est » n'étaient autorisés qu'aux collègues n'exerçant aucune fonction de responsabilité au sein de la direction régionale ou fédérale. Il fallait encore, en République fédérale, veiller à ne pas s'attirer, par des contacts officiels, la réputation d'une trop grande proximité avec la « zone » communiste[44]. Comme les syndicats, les administrations culturelles des deux côtés n'entretenaient plus de réels contacts depuis les années 1950[45], et les spécialistes des questions éducatives de chacun des deux États n'avaient pas davantage la possibilité d'entretenir des échanges de quelque importance. Même dans le contexte des conditions limitées d'échange entre l'Est et l'Ouest, l'aridité de cette communication pouvait sembler inhabituelle[46].

Alors que de véritables pèlerinages de « touristes de l'enseignement » ouest-allemands s'organisaient à destination de la Suède, dans les années

---

beschluss vom 18. Mai 1967, 18.10.1967, BArch, DR 2, Nr. 25844 ; cf. aussi MfV, Abt. Internationale Verbindungen : Schlussfolgerungen für die Führung der Westarbeit auf dem Gebiet der Volksbildung im Jahre 1969, BArch, DR 2, Nr. 7964, ff. 29 – 34, mentionnant qu'il « n'est plus possible, étant donné le nouveau contexte de subversion politique croissance de la part de l'adversaire, de maintenir des contacts avec l'Allemagne de l'ouest et Berlin-Ouest tels qu'ils existaient jusqu'à présent ».

43.– Ministerium für Volksbildung : Diskussionsgrundlage zur Verbesserung der Arbeit nach Westdeutschland [1960], BArch, DR 2, Nr. 4722 ; Einschätzung der Arbeit nach Westdeutschland auf schulpolitischem und pädagogischem Gebiet und die sich ergebenden Schlussfolgerungen (Entwurf), *ibid.* ; Offener Brief an die Lehrer und Erzieher in Westdeutschland [1960], BArch, DR 2, Nr. 7411 ; Niederschrift der aus Anlass des ›Offenen Briefs‹ veranstalteten Pressekonferenz im Deutschen Pädagogischen Zentralinstitut vom 15.12.1960, BArch, DR 2, Nr. 7414 ; cf. Jochen STAADT, *Die geheime Westpolitik der SED 1960 – 1970. Von der gesamtdeutschen Orientierung zur sozialistischen Nation*, Berlin, 1993.

44.– Wolfgang KOPITZSCH, *Gewerkschaft Erziehung und Wissenschaft (GEW) 1947 – 1975. Grundzüge ihrer Geschichte*, Heidelberg, 1983, p. 244 ; pour le cas exceptionnel d'un cercle de pédagogues de l'Est et de l'Ouest proches de la RDA dans une pensée panallemande, voir Peter DUDEK, *Gesamtdeutsche Pädagogik im Schwelmer Kreis. Geschichte und politisch-pädagogische Programmatik 1952 – 1974*, Weinheim, Munich, 1993.

45.– Oskar ANWEILER, « Innerdeutsche Beziehungen im Bereich von Bildung und Erziehung », in : *Materialien zur Lage* (note 12), pp. 671 – 675. Il fallut attendre 1979 pour qu'un secrétaire d'État du ministère fédéral des Affaires culturelles et des Sciences se rende pour la première fois en visite officielle en RDA.

46.– MITTER (note 37), pp. 277s.

1960, afin d'y étudier le système éducatif du pays modèle en matière de réforme de l'éducation, alors que les écoles de pays comme l'Angleterre et les États-Unis attiraient également et alors même qu'à l'Est, le système éducatif de l'Union soviétique recevait à plusieurs reprises des visites officielles et semi-officielles de délégations de la République fédérale, rien de semblable ne se produisait concernant la RDA. Dans ce contexte, il apparaît d'autant plus étonnant qu'en 1965, Hildegard Hamm-Brücher, membre du parti libéral FDP, prenne l'initiative d'un voyage en RDA pour se faire une image de première main de son système éducatif – une étape parmi onze au total, et une mosaïque plutôt modeste du panorama international que l'habile Hildegard Hamm-Brücher ébaucha pour faire prendre conscience au public allemand de l'avance considérable que d'autres pays avaient déjà prise, par rapport à la République fédérale, sur la voie de la modernité en matière éducative[47]. Son sentiment, rapporté par la presse, était que la RDA « mettait en place un système éducatif très moderne et intensif » bien que soumis à une influence idéologique unilatérale : « Ces réformes sont telles que la République fédérale devrait s'y intéresser »[48]. La même année, elle appela, lors du congrès de son parti, à abandonner enfin la « doctrine Hallstein de la politique éducative » qui, postulant la supériorité du système éducatif ouest-allemand sur son voisin oriental, en faisait le seul système valable. Même « si l'on n'ose parler du système éducatif est-allemand qu'en catimini », affirmait-elle, « il est avéré que les ›frères et sœurs‹ de nos enfants ouest-allemands n'ont plus à fréquenter une seule école à classe unique ; que de ›l'autre côté‹, plus de deux fois plus de jeunes parviennent jusqu'au baccalauréat et que tous les autres enfants, à partir de l'âge de dix ans, reçoivent un enseignement spécialisé, assuré par des enseignants qualifiés, dans des classes de 27,5 élèves en moyenne ».

Il est temps, concluait-elle, « de s'interroger sérieusement sur l'ampleur de ce ›fossé éducatif interallemand‹ »[49]. Paroles fortes et inhabituelles dans la bouche d'hommes ou de femmes politiques, qui durent siffler aux oreilles

---

47.– Cf. Hildegard HAMM-BRÜCHER, *Aufbruch ins Jahr 2000 oder Erziehung im technischen Zeitalter. Ein bildungspolitischer Report aus 11 Ländern*, Reinbek, 1967, pp. 57 – 65 ; Hildegard HAMM-BRÜCHER, « ›Liebe zur Arbeit‹ : Fünf Tage Schulbank, ein Tag Schraubstock », in : *Sonntagsblatt*, 13 juin 1965.

48.– « Reformen an den Schulen der Sowjetzone. Der Unterricht ist zeitgemäß, aber weltanschaulich geprägt », in : Telegraf, 30 avril 1965.

49.– Hildegard HAMM-BRÜCHER, « Bildung des Einzelnen entscheidet die Zukunft aller », Referat auf dem XVI. ordentlichen Bundesparteitag der FDP, 22.3.1965, HStASt, Ea 3/505, Nr. 504/2. H. Hamm-Brücher avait eu un entretien, en février 1965, au ministère est-allemand de l'instruction populaire afin de s'informer sur le système scolaire de la RDA et de se procurer de la documentation. cf. Nationalrat : Bericht über ein Gespräch mit Dr. Hildegard Hamm-Brücher, 23.3.1965, BArch, DR 2, Nr. 25846.

non seulement des camarades libéraux de Hildegard Hamm-Brücher, mais aussi de bien d'autres encore[50].

Malgré la quasi absence de contacts directs entre les responsables des deux systèmes éducatifs et malgré un intérêt en définitive assez limité de l'Allemagne de l'Ouest – au-delà du monde des sciences de l'éducation dans leur approche comparatiste – pour la réalité scolaire de la RDA, les deux États ne se perdaient pas totalement de vue. Ainsi, la « loi sur l'unité du système éducatif socialiste », entrée en vigueur le 1er septembre 1965, n'échappa-t-elle pas à l'attention de la presse ouest-allemande, même si, là encore, des remarques critiques émaillaient les commentaires. Il faudrait tout de même « que l'on dresse l'oreille, en Allemagne de l'Ouest », pouvait-on ainsi lire, si l'Est parvient à s'assurer une avance sur la République fédérale en instaurant, dans le cadre de la rénovation de son système éducatif, une école unique, cohérente et comprenant dix années de scolarité[51]. D'autres réactions, dans la presse, considéraient que la part de raison contenue dans cette loi était bien sûr « largement neutralisée par sa charge idéologique »[52].

Comme dans d'autres domaines politiques, la fixation sur le frère mal-aimé de l'autre côté du rideau de fer était bien plus grande en RDA. S'il existait, en politique éducative, une relation particulière entre les deux États, elle était extrêmement asymétrique. Certes, Kurt Hager, idéologue en chef du comité central du SED, se montra critique lors d'une réunion au ministère de l'Instruction populaire en 1959, regrettant « l'absence d'une confrontation avec l'adversaire ; nous ne mettons pas suffisamment en avant la supériorité de notre école et ne polémiquons pas suffisamment contre la politique éducative de l'OTAN en Allemagne de l'Ouest »[53]. Si une telle polémique pouvait effectivement avoir fait défaut jusqu'à cette date, la situation évolua au cours des années suivantes. L'image caricaturale de la misère du système

---

50.– En 1969, le spécialiste des questions d'éducation Leonhard Froese, membre du parti libéral FDP, utilise, dans le cadre du « Conseil scientifique » du Land, la politique éducative de la RDA pour illustrer, par contraste, les déficits accumulés par la République fédérale dans ce domaine et constater que les dirigeants de la RDA ont à l'évidence, en matière de politique éducative, mieux su identifier les « signes du temps » et les traduire dans la pratique que la République fédérale, cf. Leonhard FROESE, *Bildungspolitik und zweite industrielle Revolution (Forschungsrat des Landes Hessen)*, Bad Homburg, Berlin, Zürich, s.d. [1969], pp. 9 – 22, ici pp. 15s.

51.– Georg WADEHN, « Schule im Aufbruch. Das neue sozialistische Bildungssystem der Sowjetunion », in : *Vorwärts*, 29 septembre 1965.

52.– « Bildungsideal und Planwirtschaft. Grundzüge des ›einheitlichen sozialistischen Bildungssystems‹. Volkskammer verabschiedet neues Gesetz », in : *Die Welt*, 2 mars 1965.

53.– Aktennotiz über eine Beratung bei Gen. Prof. Hager im ZK der SED am 23.2.1959, doc. 63, in : Gert GEISSLER, Falk BLASK, Thomas SCHOLZE, *Schule : Streng vertraulich ! Die Volksbildung der DDR in Dokumenten*, Berlin, 1996, pp. 137s.

éducatif ouest-allemand, utilisée pour mettre en lumière, par contraste, les avancées de la RDA, avait sa place bien ancrée dans les discours et les écrits des spécialistes de politique éducative est-allemands. Margot Honecker évoqua ainsi « deux évolutions que tout oppose » : « la politique d'un développement résolu, démocratique et socialiste du système éducatif dans notre République, et la restauration de l'école impérialiste en Allemagne de l'Ouest »[54]. « La formation de la société ouest-allemande », expliqua-t-elle en 1966, signifie pour le système éducatif ouest-allemand « opprimer la personnalité individuelle, uniformiser la pensée, soumettre le peuple par l'esprit, préparer la jeunesse à une nouvelle guerre impérialiste »[55]. L'idée de la « catastrophe ouest-allemande en matière d'éducation », telle qu'elle commença à circuler à l'Ouest autour de 1964[56], fut mise à profit par tous les moyens. Les voix critiques au sujet de la situation du système éducatif ouest-allemand devaient toutefois, à cette fin, être traduites et adaptées aux catégories du cadre d'interprétation marxiste du SED[57]. Selon cette interprétation, la crise ouest-allemande de l'éducation et de la culture résultait des contradictions « logiques » de la politique éducative, résultat elles-mêmes de la contradiction fondamentale inhérente au capitalisme. En définitive, c'est cette contradiction qui s'exprimait lorsque les capitalistes monopolistiques ne s'avéraient pas en mesure « d'inculquer aux masses populaires une éducation leur permettant d'exercer une influence décisive sur la conception de l'évolution sociale »[58].

L'étude des perceptions mutuelles permet elle aussi d'observer des évolutions contraires. Alors qu'en RDA, la tendance était à la démarcation dans le domaine éducatif[59], les approches développant des théories de la convergence

---

54.– Margot HONECKER, « Die Aufgaben der pädagogischen Wissenschaft bei der Verwirklichung des einheitlichen sozialistischen Bildungssystems in der Periode des umfassenden Aufbaus des Sozialismus ». Referat auf der Konferenz der Lehrer und pädagogischen Wissenschaftler in Berlin 24. und 25. Mai 1965, in : ID., *Zur Bildungspolitik und Pädagogik in der Deutschen Demokratischen Republik. Ausgewählte Reden und Schriften*, Berlin, 1986, pp. 49 – 92, ici p. 54.

55.– Margot HONECKER, « 20 Jahre demokratische Schulreform », in : *Neues Deutschland*, 9 juin 1966.

56.– Cf. Teresa LÖWE, « ›… es geht um den Menschen und um die Wahrheit‹. Zur Vorgeschichte von Georg Pichts Notstandsszenario ›Die deutsche Bildungskatastrophe‹ », in : *Vorgänge*, 42 (2003), pp. 67 – 75.

57.– « Permanentes Verbrechen an den Kindern. Notstand des westdeutschen Bildungswesens », in : *Neues Deutschland*, 3 avril 1969.

58.– *Deutsches Pädagogisches Zentralinstitut : Die westdeutsche Bildungskrise. Ursachen – Wirkungen – Auswege*, Berlin, 1967, citation p. 23.

59.– MfV, Abt. Internationale Verbindungen : Schlussfolgerungen für die Führung der Westarbeit auf dem Gebiete der Volksbildung im Jahre 1969, BArch, DR 2, Nr. 7964, ff. 29 – 34. Il faut, pouvait-on lire ici, « encore surmonter, chez quelques rares scientifiques, des concep-

étaient désormais de plus en plus appréciées, en République fédérale, par la recherche comparatiste sur les questions d'éducation[60]. Le paradigme de la convergence postulait, en dépit de toutes les contradictions et différences, une tendance au rapprochement de l'évolution des systèmes scolaires[61] ou du moins l'existence de solutions analogues à des problématiques identiques, communes aux sociétés industrielles et indépendantes du système politique. Ce paradigme prit le relais de la perspective jusqu'alors dominante en République fédérale dans la recherche sur les questions d'éducation « à l'Est », qui partait de la « soviétisation » et de l'« idéologisation » du système scolaire est-allemand. De la même manière que dans le domaine de la politique allemande, la République fédérale opposait au postulat du double État (et de la réduction des engagements panallemands) défendu par le SED une politique insistant de plus en plus sur le rapprochement et la détente, on voyait s'affronter, au plan des perceptions mutuelles des deux États dans le domaine de la politique éducative, une mise en avant inflexible des différences de la part de la RDA, et, de la part de la République fédérale, une approche s'intéressant davantage non seulement aux points communs qui subsistaient, mais aussi à ceux susceptibles de se développer[62].

La première comparaison officielle de l'évolution du système éducatif au sein de l'Allemagne divisée dans la perspective du gouvernement fédéral constitua un exemple de la nouvelle perspective qui s'installait désormais dans la recherche en sciences de l'éducation ouest-allemande. La genèse de ce document montre que le paradigme de la convergence était loin de ne poser aucun problème du point de vue politique. En août 1969, le gouvernement fédéral présenta une « Étude comparative du système éducatif au sein de l'Allemagne divisée » que la commission parlementaire chargée des sciences, de la politique culturelle et du journalisme lui avait demandé. Ce rapport se fondait sur une expertise très complète confiée par le ministère de l'Intérieur au professeur Oskar Anweiler, de Bochum, éminent spécialiste

---

tions fausses héritées de la période de l'unité allemande, et leur faire prendre conscience du fait que dans le nouveau contexte de subversion politique croissante de la part de l'adversaire, il n'est plus possible de maintenir des contacts avec l'Allemagne de l'Ouest et avec Berlin-Ouest tels qu'ils existaient jusqu'à présent ».

60.– Detlef GLOWKA, « Konvergenztheorie und vergleichende Bildungsforschung », in : *Bildung und Erziehung*, 24 (1971), pp. 531 – 540 ; Oskar ANWEILER, « Von der ›Ostpädagogik‹ zur vergleichenden Bildungsforschung », in : *Osteuropa. Zeitschrift für Gegenwartsfragen des Ostens*, 21 (1971), pp. 901 – 908.

61.– Oskar ANWEILER, « Entwicklungstendenzen des Bildungswesens in beiden Teilen Deutschlands », in : *Bildung und Erziehung*, 20 (1967), pp. 16 – 30, ici pp. 26s.

62.– Cf. Heinrich POTTHOFF, *Im Schatten der Mauer. Deutschlandpolitik 1996 bis 1990*, Berlin, 1999, pp. 31 – 120 ; MITTER (note 37), pp. 279s.

des sciences de l'éducation comparées, et notamment des systèmes éducatifs de l'Est[63]. L'approche adoptée par Anweiler abandonnait la perspective normative qui avait longtemps prévalu dans les comparaisons Est-Ouest du système éducatif pour une approche plus fonctionnaliste. Afin d'appuyer son analyse sur un point de référence commun à ces systèmes que tant d'éléments opposaient, Anweiler recourait à un *tertium comparationis* permettant la comparaison : la « société industrielle moderne ». Sa problématique centrale était la suivante : de quelle manière – abstraction faite des principes fondateurs et des idées directrices aux différences très marquées – l'« adaptation » des deux systèmes éducatifs aux exigences multiples de la société industrielle moderne, indispensable en permanence, se réalise-t-elle ?

Anweiler parvenait ainsi à une confrontation dépouillée mettant moins en lumière l'incompatibilité des fondements idéologico-politiques que les réponses données au regard des exigences de la « société industrielle moderne ». Les points de départ de son analyse étaient d'une part l'« explosion de la science » et la scientifisation de la production, d'autre part, en lien étroit avec ces éléments, le besoin croissant de qualifications meilleures et le niveau d'exigence accru en matière d'adaptabilité et de capacité d'apprentissage découlant de ces conditions nouvelles. La monopolisation partisane et l'imprégnation idéologique du système éducatif de la RDA, qui avaient dominé la perspective occidentale au cours des années 1950, faisaient certes partie des présupposés, et il ne subsistait aucun doute quant au fait que l'auteur condamnait la réquisition idéologique de l'école en RDA. Toutefois, comme l'idéologie n'était plus au centre de l'analyse, nombre de résultats présentés par Anweiler semblaient s'émanciper des schémas politiques habituels d'évaluation. La durée plus longue de la scolarité obligatoire, la réforme plus énergique des écoles de campagne, la taille plus réduite des classes, la meilleure qualité des relations enseignants-élèves, mais aussi des facteurs tels que l'apport considérable de la formation pour adultes à la formation professionnelle continue – tous ces éléments contribuaient à faire pencher la balance en faveur de la RDA et faisaient apparaître son système scolaire comme mieux adapté – du moins partiellement – à la « société industrielle moderne ». Pour les années 1970, Anweiler annonçait, en s'appuyant sur la théorie de la modernisation qui fondait son approche, un rapprochement structurel de l'enseignement secondaire général en République fédérale et en RDA[64].

---

63.– Oskar ANWEILER, *Das Bildungswesen in der Bundesrepublik und in der Deutschen Demokratischen Republik. Eine vergleichende Untersuchung – Januar 1969*, BayHStA, MK 66015.

64.– Cf. une position semblable chez Oskar ANWEILER, « Strukturprobleme des allgemeinbildenden Schulwesens in der DDR », in : *Bildung und Erziehung*, 23 (1970), pp. 256 – 270, ici p. 270.

On pouvait s'y attendre au vu de ces résultats, cette expertise suscita des réactions différentes dans les ministères de l'Éducation. Le ministère bavarois, notamment, fit part de son désaccord avec de nombreux points du rapport Anweiler dont il n'appréciait guère les critiques sous-jacentes visant l'immobilisme du fédéralisme culturel[65], et dont certaines conclusions sur la politique éducative de la RDA lui paraissaient sujettes à caution. Que la RDA pût se targuer d'être en avance sur la RFA dans certains domaines était loin d'être établi aux yeux du ministère munichois. Par exemple ses propos sur la mise en place de la dixième année de scolarité étaient pour le ministère un « jugement à l'emporte-pièce, non vérifié », postulant que la prolongation de la scolarité obligatoire était, pour tous les enfants, toujours et absolument souhaitable. Le prétendu retard de développement de la République fédérale dans le domaine des écoles de campagne, domaine dans lequel la Bavière, précisément, était à la traîne sur de nombreux points, n'était, lui non plus, absolument pas prouvé, estimait-on à Munich[66].

La réaction du sénateur berlinois en charge du système éducatif, le social-démocrate Carl-Heinz Evers, fut d'une autre teneur. Il voyait dans le retard de développement de la République fédérale « un fait certain », et considérait que, sur plus d'un point, l'expertise Anweiler méritait réflexion. Ainsi, il estimait essentiel « le constat avancé par l'expertise à propos de la structure sociale du corps étudiant dans les deux parties de l'Allemagne. Selon le rapport, le corps social étudiant de la RDA reflète davantage la structure sociale de l'ensemble de la population que cela n'est le cas en RFA ». Il accordait presque autant d'importance au constat selon lequel les mathématiques et les sciences naturelles avaient la priorité sur d'autres disciplines dans l'enseignement scolaire de la RDA. Enfin, l'enseignement « polytechnique » jouait à ses yeux un rôle remarquable dans la comparaison des deux systèmes scolaires :

> « Il est indéniable que la RDA a réalisé, par le biais d'expérimentations très complètes dans ce domaine et de réglementations régulièrement renouvelées visant à l'acquisition systématique d'une culture technique au sein des établissements d'enseignement général, de réelles avancées par rapport à la RFA, tant sur la définition des contenus de ce nouveau domaine culturel et éducatif que sur le développement des méthodes »[67].

---

65.– Aktenvermerk Ref. A/3, Knauss, für Plenarsitzung der Kultusministerkonferenz am 20./21.3.1969, TOP Gutachten Anweiler, BayHStA, MK 66015.
66.– Bayerisches Staatsministerium für Unterricht und Kultus an Sekretariat der Kultusministerkonferenz, 8.4.1969, BayHStA, MK 66015.
67.– Carl-Heinz Evers an das Sekretariat der Kultusministerkonferenz, 27.3.1969, BayHStA, MK 66015.

Même une fois retravaillée par le ministère fédéral de l'Intérieur, qui en avait poli les passages les plus polémiques, l'expertise laissait encore transparaître trop clairement son approche controversée aux yeux des autres ministères fédéraux[68]. La tendance qui, dans l'esprit de la thèse de la convergence, consistait à souligner les similitudes présumées dans l'évolution des deux systèmes, suscitait des réactions critiques[69]. Lorsque le rapport fut mis à l'ordre du jour du gouvernement fédéral en juillet 1969, de nombreuses objections furent avancées, les plus vives étant formulées par les ministres conservateurs. Le chancelier fédéral Kurt-Georg Kiesinger (CDU), soumit ainsi la remarque suivante à réflexion : « Au premier abord, la comparaison semble en faveur de la ›RDA‹. Il est possible que certaines choses soient mieux là-bas, mais l'antinomie fondamentale des objectifs éducatifs devrait être davantage mise en valeur dans les conclusions ». Que la RDA offre « prétendument de meilleurs chances de formation aux enfants issus du monde ouvrier et du monde rural », continuait Kiesinger, donnait « une image déformée, dans la mesure où les privilèges de classe sont mis au service d'un but politique manifeste ». Par ailleurs, ce n'étaient pas les membres de la classe ouvrière, mais ceux de la classe des fonctionnaires qu'il fallait selon lui considérer comme les réels privilégiés. Le chancelier estimait enfin que le fédéralisme ouest-allemand apparaissait sous un jour trop peu flatteur dans le projet de rapport, et que l'auto-coordination des Länder n'était pas prise en compte comme elle aurait dû l'être[70]. De nouveau, on demanda une réécriture du rapport, dans le sens d'une meilleure prise en compte des critères qualitatifs et surtout d'une perspective insistant davantage sur l'évaluation[71].

La version présentée au grand public en 1969[72], retravaillée plusieurs fois en ce sens et comprenant désormais un chapitre sur l'éducation prémilitaire, mettait davantage en évidence les incompatibilités entre les deux

---

68.– Niederschrift über die Sitzung der ad-hoc Redaktionsgruppe » Vergleichende Darstellung des Bildungswesens in beiden Teilen Deutschlands « am 23.4.1969 mit Stellungnahme, BayHStA, MK 66015.

69.– Niederschrift über die Sitzung des Interministeriellen Ausschusses für Bildung und Ausbildungsförderung am 23.5.1969, BArch, B 138, Nr. 2922.

70.– Les notes du discours du chancelier mentionnait ses réserves, estimant que le rapport donnait l'impression que « l'évolution de la politique éducative se déroulait, dans l'autre partie de l'Allemagne, en fonction d'un plan rationnel et en s'adapter à l'avance aux besoins à venir, tandis qu'en République fédérale, fédéralisme et pluralisme conduisaient à une situation bien peu ordonnée », Referat I/3, RD Dr. Dallinger : Vermerk für die Kabinettssitzung am 2. Juli 1969, BArch, B 138 Nr. 2922.

71.– Mitteilung aus dem Kabinettsprotokoll über die 172. Sitzung am 2.7.1969, BArch, B 138, Nr. 2922 ; cf. aussi Sprechzettel des Referats I/3 des Kanzleramtes vom 30.6.1969, *ibid.*

72.– Deutscher Bundestag V. Wahlperiode, Drucksache 4609 : Vergleichende Darstellung des Bildungswesens im geteilten Deutschland, 4.8.1969.

systèmes et relativisait les réussites du système éducatif de la RDA, mais elle invitait tout de même à tirer plus d'une conclusion pénible. La spécialiste des questions d'éducation de l'hebdomadaire « Die Zeit », Nina Grunenberg, parvenait à la conclusion suivante : « En étudiant cette comparaison, les responsables de la politique éducative ouest-allemande ne pourront s'empêcher d'envier secrètement leurs homologues de RDA et les avantages dont dispose un État totalitaire ». Qu'il s'agisse des dix années de scolarité obligatoire, du développement des jardins d'enfants ou de la planification de l'enseignement, une chose était certaine à ses yeux : « En RDA, la prise de conscience de l'importance du système éducatif pour l'avenir de la société s'est effectuée avec plusieurs années d'avance et avec davantage de clarté qu'en République fédérale »[73].

Si, du point de vue des observateurs ouest-allemands de plus en plus d'éléments du système éducatif de la RDA se révélaient susceptibles de mériter l'intérêt de la RFA, il apparaissait tout aussi évident que leur adaptation et leur conversion seraient, dans le contexte complexe de la relation interallemande, bien plus difficiles et bien moins porteuses que dans le cadre d'une situation de transfert moins délicate d'un point de vue politique. L'impact de la charge négative de ces relations constrastives était autrement plus important que les chances de voir s'exercer une influence positive.

## Influences mutuelles

Le domaine du système éducatif est-allemand qui suscitait l'intérêt le plus vif chez les spécialistes de République fédérale était l'enseignement polytechnique[74]. Sa mise en place, en 1958, avait constitué le noyau des réformes du système éducatif de la RDA et, plus généralement, des États du bloc soviétique, et il était indéniable que la RDA avait, grâce à des tentatives certes discontinues, mais plus intenses, visant à faire de l'activité professionnelle et de la technique des disciplines scolaires, acquis une expérience et une avance considérables. Alors que les années 1960 soulevaient la double question de savoir d'une part comment la République fédérale pouvait, à « l'ère de la technique », proposer elle aussi un enseignement technique de base, et quel nouveau profil elle devait d'autre part donner aux dernières années de l'école élémentaire (*Volkschuloberstufe*, la future *Hauptschule*)[75], la

---

73.– Nina GRUNENBERG, « Hinkend, aber lehrreich », in : *Die Zeit*, 10 octobre 1969.
74.– Oskar ANWEILER, « Bildungspolitik », in : Dierk HOFFMANN, Michael SCHWARTZ (éd.), *Geschichte der Sozialpolitik in Deutschland seit 1945*, vol. 8, Baden-Baden, 2004, pp. 555 – 588, ici p. 565.
75.– Essentielles, à cet égard, sans toutefois la moindre référence à la RDA : les recommandations sur la mise en place de la nouvelle école élémentaire (*Hauptschule*) de la Commission allemande pour le système éducatif et de formation, en date du 2 mai 1964, doc. 4.1.7 in :

mise en place d'une nouvelle discipline, « l'apprentissage professionnel » (« *Arbeitslehre* »), devait à son tour jouer un rôle important ; le choix d'un intitulé différent soulignait toutefois d'emblée une volonté manifeste de se démarquer du voisin oriental. À la fin des années 1960, les programmes des écoles secondaires polytechniques (*Polytechnische Oberschule*, POS) de la RDA prévoyaient, à partir de la 7ème classe, les matières « Dessin technique », « Introduction à la production socialiste », et « Travail productif » dans les entreprises[76]. Le projet temporaire visant à relier enseignement polytechnique et formation professionnelle de base, et à combiner le baccalauréat avec l'obtention d'un brevet d'ouvrier qualifié, avait été abandonné en 1966. L'objectif de l'enseignement polytechnique n'était plus la formation professionnelle : il retrouvait désormais sa fonction de préparation à la vie professionnelle, la formation polytechnique étant envisagée comme un élément d'une culture générale socialiste[77]. Si la mise en place de l'enseignement polytechnique en RDA fut suivie avec attention de l'autre côté de la frontière (tout comme d'autres disciplines semblables au sein du monde occidental[78]), c'était en partant du principe qu'il existait, outre une composante spécifiquement marxiste, une autre composante, dénuée de toute charge idéologique et politiquement anodine, qui, intrinsèquement, était fondée sur la nécessité de trouver une réponse pédagogique aux défis de « l'ère de la technique »[79]. Même après la mise en place de cette nouvelle discipline de l'« apprentissage professionnel » dans presque tous les Länder ouest-allemands, les différences théoriques, didactiques et pratiques avec le voisin oriental sautaient aux yeux. Qu'en République fédérale cette matière ne concernât, pour l'essentiel, que l'école élémentaire (*Hauptschule*), n'en était que la plus apparente. L'enseignement polytechnique de la RDA était un

---

ANWEILER et al. (note 12) ; voir aussi Martha Engelbert, « Die Antwort des Westens auf das Anliegen der polytechnischen Erziehung (1960) », in : Oskar ANWEILER (éd.), *Polytechnische Bildung und technische Elementarerziehung*, Bad Heilbrunn/Obb., 1969, pp. 107 – 112.

76.– Wolfgang HÖRNER, « Polytechnischer Unterricht in der DDR und Arbeitslehre in der Bundesrepublik », in : *Materialien zur Lage* (note 12), pp. 218 – 232, ici p. 225 ; voir aussi Waldemar NOWEY, *Arbeitslehre im deutschen Schulsystem. Vorberufliche Bildung, Freizeit- und Umwelterziehung im Sekundarschulbereich*, Donauwörth, 1975, pp. 47 – 60.

77.– Siegfried BASKE, « Allgemeinbildende Schulen », in : FÜHR, FURCK, Handbuch, vol. VI/2 (note 12), pp. 159 – 202, ici pp. 174ss.

78.– Pour une vue d'ensemble, cf. par exemple « Polytechnische Bildung und Berufserziehung in internationaler Sicht », in : Hermann RÖHRS (éd.), *Die Bildungsfrage in der modernen Arbeitswelt*, Francfort/M., 1963, pp. 459 – 470.

79.– Cf. Willi VOELMY, « Polytechnischer Unterricht in der DDR », in : Herwig BLANKERTZ, (éd.), *Arbeitslehre in der Hauptschule*, Essen, ³1969, pp. 117 – 131, ici pp. 121s. ; ANWEILER (note 14), p. 59.

exemple qui n'avait certes pas incité à une imitation directe, mais avait au moins fait prendre conscience d'un besoin d'action et de réforme.

En règle générale, les modèles politiques évoquant des parallèles avec la RDA en gardaient rapidement des stigmates politiques. Si la logique du système de concurrence interallemand voulait que certaines options puissent ainsi être exclues, ou du moins découragées, le débat structurel sur l'école engagé en République fédérale permit d'observer ce même phénomène. Le fait que le modèle d'une école commune à tous les enfants, tel qu'il s'est de plus en plus imposé depuis les années 1960, dans l'ensemble du monde occidental, soit aussi celui du système éducatif de la RDA, a de fait réduit ses chances de s'imposer en République fédérale lorsque les discussions sur le collège polyvalent regroupant les trois filières du premier et du second cycle (*Gesamtschule*) furent lancées outre-Rhin. Les partisans ouest-allemands de ce modèle étaient bien inspirés d'éviter toute référence à l'école de la RDA[80]. Les modèles internationaux évoqués étaient le collège unique suédois, la *comprehensive school* anglaise et la *High School* américaine. Parce que l'« école unique » est-allemande menaçait, précisément, d'être utilisée – non sans efficacité – à des fins d'agitation par les opposants ouest-allemands à la *Gesamtschule*, ses partisans devaient tout faire pour ne pas être mis dans le même panier que l'école de la RDA. Les chances en matière de formation offertes temporairement aux enfants d'ouvriers dans le cadre du système éducatif est-allemand n'étaient guère à même de faire des étincelles dans le débat ouest-allemand autour de la *Gesamtschule*, même si les résultats disponibles allaient, dans un premier temps, tout à fait dans le sens du principal objectif présidant à nombre de réformes du système éducatif, l'« égalité des chances proportionnelle » (c'est-à-dire un accès à la formation reflétant la stratification sociale de l'ensemble de la population). À Berlin-Ouest où, au milieu des années 1960, une direction des affaires scolaires ouest-allemande élabora pour la première fois un profil conceptuel de ce nouveau modèle du collège intégré (*Integrierte Gesamtschule*), un projet de 1965 expliquait que l'école unique (*Einheitsschule*) communiste avait « largement renoncé à la liberté et au respect de l'individualité de l'élève au profit d'objectifs idéologiques », et que par conséquent, il n'était « plus possible aujourd'hui d'utiliser le concept d'école unique (*Einheitsschule*) dans le contexte du système éducatif d'une société libre ». L'école nouvelle, dont l'objectif était d'insister sur l'individualité de l'élève, porterait donc nécessairement un

---

80.– Cf. Carl-Heinz EVERS, *Zwischen-Fälle. Begebenheiten aus Schule und Politik*, Hambourg, 1998, pp. 215 et 255.

autre nom, celui, justement, de collège polyvalent (*Gesamtschule*)[81]. La commission en charge de l'éducation à la Chambre berlinoise des députés se convainquit à l'occasion d'un voyage d'étude en Angleterre et en Scandinavie que la généralisation du collège polyvalent (*Gesamtschule*) était une tendance propre à l'Europe de l'Ouest et ne se limitait donc pas à l'Est[82]. À Berlin notamment, où la politique éducative est-allemande était suivie plus attentivement qu'ailleurs, la reprise d'éléments, même partiels, de l'évolution de l'école en RDA pouvait difficilement jouir d'une image positive dans la mesure où une partie non négligeable des enseignants et des cadres de la direction des affaires scolaires étaient des « réfugiés de la République » ayant fui l'Est pour venir s'installer à Berlin-Ouest[83].

## Conclusion

Il est certain que les éléments fondateurs du système scolaire ouest-allemand – si l'on inverse la perspective de la question débattue en République fédérale – avaient encore moins de chances d'exercer une influence quelconque en RDA. Si l'on tire, pour conclure, le bilan de la période allant de la construction du Mur au milieu des années 1970, on observe un modèle d'évolution inverse dans les deux systèmes éducatifs. Face à la généralisation plus précoce et plus énergique de l'accès à l'enseignement en RDA, la République fédérale s'engagea avec du retard dans le « boom de l'éducation ». Tandis qu'ensuite, au cours des années 1970, se dessinaient dans le système éducatif de l'est de l'Allemagne des processus de fermeture induits par la prépondérance de paramètres économiques et politiquement dictés par le parti, les portes étaient désormais plus largement ouvertes en République fédérale pour répondre aux aspirations sociales en matière de formation sans que des critères relatifs à des besoins d'ordre économique aient un rôle réel à jouer. Dans l'histoire des relations interallemandes, il est difficile de déterminer dans quelle mesure la perception de l'autre s'est avérée, pour chacun des deux États, à même de motiver le développement de son propre système éducatif. Comparativement, la RDA a accordé nettement plus d'attention au système éducatif ouest-allemand, alors même que – ou

---

81.– Oberschulrat Barth : Einheitsschule und Gesamtschule, 3.6.1965, Landesarchiv Berlin, B Rep. 015, Nr. 678 ; cf aussi Karl-Heinz FÜSSL, Christian KUBINA, « Die Schulentwicklung in Berlin 1948 – 1962 im Spannungsfeld zwischen Ost und West », in : Siegfried BASKE (éd.), *Bildungspolitische und pädagogische Probleme der Schulentwicklung in der Bundesrepublik Deutschland und der Deutschen Demokratischen Republik*, Berlin, 1984, pp. 11 – 37, ici pp. 34s.
82.– Fritz HEERWAGEN, *Prüffeld des Neuen. Berlin als Pionier in der Bildungspolitik*, Düsseldorf, Vienne, 1966, p. 184.
83.– Karl-Heinz FÜSSL, Christian KUBINA, *Zeugen zur Berliner Schulgeschichte (1951 – 1968)*, Berlin, 1981, 31s., 46s., 56 et 65.

plutôt parce que – elle lui attribuait, de manière caricaturale, un retard désespéré, et servait ainsi, par la confrontation contrastive des deux systèmes, sa propre légitimation. Inversement, il n'était pas rare que la République fédérale reconnaisse à la RDA une certaine avance dans son processus de modernisation, qui pouvait tout à fait être compris comme une mise en garde et un appel à l'intensification des efforts ouest-allemands – ce qui, du reste, ne changeait rien au fait que la comparaison interallemande n'avait qu'une valeur limitée et que la plupart des critiques, dans les années 1960, s'inquiétaient bien plus du retard de la République fédérale par rapport aux pays industriels leaders de l'hémisphère occidental.

(Traduction : Béatrice BONNIOT)

# Querelles allemandes d'historiens : la science historique entre internationalité et pensée binaire

Ulrich Pfeil

Alors que, dans les années 1950, les historiens allemands, avaient réussi leur retour au niveau international dans la « Communauté œcuménique des historiens », on observe en Allemagne, à partir du milieu de cette même décennie, la « désagrégation de cette communauté œcuménique »[1]. Les sciences historiques en République fédérale et en République démocratique allemande se sont éloignées l'une de l'autre parallèlement à la division du pays. Dans les pages suivantes, nous analyserons ce processus de séparation dans une double perspective comparative et relationnelle en suivant l'exemple concret des congrès internationaux des historiens organisés par le Comité international des sciences historiques (CISH), qui furent à partir de 1960 un des rares lieux où historiens est- et ouest-allemands se rencontraient encore[2]. La présence conjointe d'historiens Allemands de l'Est et de l'Ouest sur la scène internationale n'offre pas seulement la possibilité de mettre en lumière, comparativement, les similitudes et les différences dans leur façon respective de se mettre en scène, mais permet aussi, par le biais de la perspective extérieure, d'en tirer des conclusions sur leurs dépendances mutuelles, qui, avec la division de l'Allemagne en une histoire asymétriquement imbriquée[3], ont oscillé entre répulsion et rapprochement. De surcroît, cette thématique permet de contribuer à la question de la « science historique à l'âge des extrêmes » (Lutz Raphael), qui, dans le cadre de la CISH, tente de combiner la norme méthodologique de l'internationalité et celle de ses propres méthodes de communication et de coopération. Alors que l'Est

---

1.– Cf. Martin SABROW, *Das Diktat des Konsenses. Geschichtswissenschaft in der DDR 1949 – 1969*, Munich, 2001, p. 341.
2.– Karl Dietrich ERDMANN ne disposait pas encore des documents des archives de la RDA et du « Politisches Archiv des Auswärtigen Amtes » (PA/AA) pour la période après 1945 quand il a rédigé son étude : *Die Ökumene der Historiker. Geschichte der internationalen Historikerkongresse und des Comité International des Sciences Historiques*, Göttingen, 1987.
3.– Christoph KLESSMANN, « Verflechtung und Abgrenzung. Aspekte der geteilten und zusammengehörigen deutschen Nachkriegsgeschichte », in : *Aus Politik und Zeitgeschichte*, B 29/30 (1993), pp. 30 – 41 ; ID. et al. (éd.), *Deutsche Vergangenheiten – eine gemeinsame Herausforderung. Der schwierige Umgang mit der doppelten Nachkriegsgeschichte*, Berlin, 1999.

et l'Ouest se sont affrontés pendant la Guerre froide en un schéma binaire ami-ennemi en proclamant comme objectif idéologique la victoire sur le modèle de société de l'autre, le CISH perpétuait la représentation de la science comme bien collectif qui, par l'exigence d'accessibilité universelle, combinait la transnationalité et l'internationalisation. En conjuguant les évolutions de la discipline et celles de la politique et de la société, nous essaierons de contribuer à une histoire croisée des historiens allemands[4].

## Le 11e Congrès international des historiens, Stockholm 1960

### De l'opposition concurrentielle à la démarcation institutionnelle

Même si le maintien de « l'unité de la corporation des historiens allemands selon les conceptions scientifiques occidentales »[5] restait en 1949 l'objectif de l'Association des historiens de l'Allemagne (« Verband der Historiker Deutschlands » – VHD), on ne pouvait ignorer les tendances à la division à partir du milieu des années 1950. Du point de vue de la RDA, cette situation correspondait « à la concurrence ouverte entre des idéologies et des méthodes différentes, confirmant chaque jour davantage la supériorité scientifique du marxisme »[6]. La science historique est-allemande avait été chargée par le SED de légitimer historiquement et de développer le marxisme-léninisme[7]. L'objectif de la décision de la 30e réunion plénière du Comité central du SED (30 janvier au 1er février 1957) était d'établir en RDA une science historique autonome et conforme à la ligne du parti, qui fût un contre-modèle à la science historique bourgeoise. Cette décision visait à en poser le fondement, à faire de l'utilité politique le critère le plus important de la science, afin de ne pas brader les « acquis » des années précédentes.

---

4.– Voir aussi Martin SABROW, « Die deutsch-deutschen Historikerbeziehungen zwischen Abschließung und Öffnung » et Ulrich PFEIL, « Deutsche Historiker auf den internationalen Historikertagen von Stockholm (1960) und Wien (1965). Geschichtswissenschaft zwischen Internationalität und Freund-Feind-Denken im Kalten Krieg », in : ID. (éd), *Die Rückkehr der deutschen Geschichtswissenschaft in die » Ökumene der Historiker «. Ein wissenschaftsgeschichtlicher Ansatz*, Munich, 2008, pp. 287 – 304 et pp. 305 – 325 ; Martin SABROW, « L'histoire comme formation des consciences. Un regard rétrospectif sur la science historique en RDA », in : *Allemagne d'aujourd'hui*, 169 (2004), pp. 99 – 115.

5.– Thomas ETZEMÜLLER, *Sozialgeschichte als politische Geschichte. Werner Conze und die Neuorientierung der westdeutschen Geschichtswissenschaft nach 1945*, Munich, 2001, p. 304.

6.– Martin SABROW, « Ökumene als Bedrohung. Die Haltung der DDR-Historiographie gegenüber den deutschen Historikertagen von 1949 bis 1962 », in : *Comparativ*, 6 (1996) 5/6, pp. 178 – 202, ici p. 179.

7.– Cf. Renate MAYNTZ, « Die Folgen der Politik für die Wissenschaft in der DDR », in : Jürgen KOCKA, Renate MAYNTZ (éd.), *Wissenschaft und Wiedervereinigung. Disziplinen im Umbruch*, Berlin, 1998, pp. 461 – 483.

Face à la « théorie des deux États » prônée par la RDA, la République fédérale fit en décembre 1955 de la « doctrine Hallstein » la nouvelle ligne directrice de la politique allemande et de la politique étrangère, par laquelle elle entendait éviter une acceptation voilée de la partition[8]. Aussi, le VHD chercha, dans le cadre de la CISH, à rester le seul représentant légitime et reconnu de la science historique allemande et à maintenir la prétention à représenter seul l'Allemagne dans son ensemble sur la scène internationale[9].

De son côté, la partie est-allemande rechercha la démarcation institutionnelle, comme en témoigne la fondation de l'Association des historiens allemands (« Deutsche Historiker-Gesellschaft » – DHG) à Leipzig le 18 mars 1958[10], contestant les statuts du VHD en tant que représentation nationale de la totalité de la communauté historienne allemande[11] et, selon Martin Sabrow, « donnant une nouvelle impulsion institutionnelle au développement de l'historiographie marxiste comme système scientifique »[12]. Parallèlement à la démarcation par rapport au VHD, les historiens est-allemands furent impliqués dans la politique de reconnaissance de la RDA, tentant de briser l'isolement diplomatique et d'acquérir le statut d'instance souveraine en droit international. Aussi les historiens devaient-ils « développer et approfondir des contacts avec tous les historiens pacifiques »[13].

---

8.– Cf. Peter BENDER, *Episode oder Epoche ? Zur Geschichte des geteilten Deutschland*, Munich, 1996, p. 80 ; Ulrich PFEIL, « Von der Hallstein-Doktrin zur Ulbricht-Doktrin. Die deutsch-deutschen Beziehungen (1955 – 1969) », in : Jean-Paul CAHN et al. (éd.), *La République fédérale d'Allemagne. De la souveraineté retrouvée à la souveraineté partagée (1955 – 1974)*, Paris, 2005, pp. 106 – 118.

9.– Cf. Winfried SCHULZE, *Deutsche Geschichtswissenschaft nach 1945*, Munich, 1989, p. 191 ; Christoph CORNELISSEN, *Gerhard Ritter. Geschichtswissenschaft und Politik im 20. Jahrhundert*, Düsseldorf, 2001, p. 452 ; SABROW (note 1), p. 269.

10.– La cérémonie d'inauguration retint aussi l'attention du ministère des Affaires étrangères à Bonn qui, d'une part, prit note de la profession de foi des historiens allemands fidèles au parti, exprimée lors de la conférence principale de Ernst Engelberg, parlant de « reconnaissance inconditionnelle de la conception marxiste-léniniste de l'histoire », mais sut aussi tirer un bilan nuancé : « Il faut cependant insister sur le fait que, malgré ces proclamations officielles, il y a encore en zone soviétique un nombre certain de chercheurs, qui accomplissent un travail objectif et sérieux dans leur champ de spécialité, qui se font remarquer par des publications de qualité et qui, dans la mesure du possible veulent rester en contact avec recherche libre de l'Ouest […]. Il faut dans tous les cas recommander de faire la différence parmi les historiens de zone soviétique, entre les chercheurs objectifs et ceux qui, à l'instar du Prof. Engelberg se sont prescrits de s'en tenir sans condition à une conception de l'histoire partisane et propagandiste » ; « Vermerk zur Gründung der DHG der DDR », 16 mars 1959 ; PA/AA, B 118, vol. 246.

11.– Cf. SABROW (note 1), pp. 274s.

12.– SABROW (note 5), p. 191.

13.– « Arbeits- und Perspektivplan der DHG für die Jahre 1960 – 1965 » [1960] ; cf. aussi : « Die Auslandsbeziehungen der DHG », 19 octobre 1966 ; Archiv der Berlin-Brandenburgischen Akademie der Wissenschaften [ABBAW], DHG, Nr. 157 ; voir pour les contacts entre histo-

## La démarcation par l'institutionnalisation

Concernant la relation entre science et politique, conçue officiellement comme une unité dialectique, il est significatif que le secrétaire d'État est-allemand à l'Enseignement supérieur (section des facultés des lettres et de théologie) ait proposé dès octobre 1957 la création d'un comité chargé de préparer la participation des historiens est-allemands au congrès international des historiens de Stockholm[14], « afin de prendre contact avec des scientifiques étrangers ou bien de les approfondir et de montrer, par les contributions et la participation aux discussions, l'état de la science historique en République démocratique allemande »[15]. La perspective de ce congrès accéléra le processus de démarcation de la science historique est-allemande tout comme son internationalisation, car ce congrès représentait une occasion immédiate de réfléchir et de créer un Comité national (« Nationalkomitee » – NK) des historiens est-allemands[16].

Lors de la première séance de la commission préparatoire en vue de la fondation du Comité national, en novembre 1958, les participants s'occupèrent surtout des réactions possibles à l'étranger. Avant de prendre une telle décision, il fallait clarifier d'abord « si un comité national ou bien la société des historiens serait candidat au CISH »[17]. Aussi, au tournant des années 1958/59, Ernst Engelberg et Rolf Rudolph se rendirent à Paris et rencontrèrent le secrétaire général du CISH, l'historien français Michel François, auquel ils firent part des intentions des Allemands de l'Est de déposer une demande d'admission au CISH[18]. L'historien de Kiel Karl Dietrich Erdmann rapporta même que lors de ces entretiens, Engelberg, aurait émis de « lourdes accusations contre le soi-disant expansionnisme et militarisme de

---

riens français et est-allemands : Ulrich PFEIL, *Die ›anderen‹ deutsch-französischen Beziehungen. Die DDR und Frankreich 1949 – 1990*, Cologne, 2004, pp. 346s.

14.– Cf. « Programm des 11. Internationalen Historikerkongresses in Stockholm (21. – 28. August 1960) », in : *Gesellschaft in Wissenschaft und Unterricht*, 9 (1958), pp. 46s.

15.– Staatssekretariat für Hochschulwesen, Abt. Philosophische und Theologische Fakultäten, au CC du SED, Abt. Wissenschaft, 17 octobre 1957 ; SAPMO-BArch, DY 30/IV 2/9.04/144.

16.– Cf. Heinz HEITZER, « Zur Konstituierung einer Vorbereitungskommission für den XI. Internationalen Historikerkongreß », in : *Zeitschrift für Geschichtswissenschaft* [ZfG], 7 (1959) 3, p. 681 ; Rolf RUDOLPH, « XI. Internationaler Historikerkongreß in Stockholm », in : *ZfG*, 8 (1960) 8, p. 1791.

17.– « Protokoll der 1. Sitzung der Vorbereitungskommission für den Internationalen Historikerkongreß in Stockholm am 7.11.1958 » ; ABBAW, NK der Historiker, Struktur und Arbeitsweise, Grundsatzdokumente 1958 – 1986.

18.– Cf. « Bericht von Ernst Engelberg über eine Reise nach Paris (26.12.1958 – 5.1.1959) zur Kontaktaufnahme mit dem Generalsekretär des ›Comité International des Sciences Historiques‹ (CISH), Herrn Michel François » ; ABBAW, DHG, Nr. 157.

la science historique en République fédérale »[19]. Cependant, François ne donna guère d'espoir aux deux historiens est-allemands, car il défendait la « doctrine » de n'accepter dans le CISH qu'une seule organisation par pays[20].

Les historiens ne se laissèrent toutefois pas décourager, car ils n'étaient pas seuls à préparer la création d'un comité national ; la politique de reconnaissance de la RDA imposait aux responsables de la politique scientifique de mener une action concertée dans toutes les disciplines du savoir. C'était là un pas supplémentaire dans l'interpénétration de la science et de la politique, fondé sur une décision du secrétariat d'État pour l'Enseignement supérieur et spécialisé, imposant de mettre sur pied avant la fin de l'année 1959 toute une série de comités nationaux ayant ouvertement pour objectif la division de la science en Allemagne et la démarcation de chacune des disciplines face à la concurrence ouest-allemande. En règle générale, trois à quatre scientifiques de renom composaient par spécialité chacune de ces nouvelles institutions chargées de s'occuper de la préparation des congrès internationaux pour la RDA, afin de s'assurer que la délégation est-allemande serait reconnue comme représentation statutairement autonome[21].

Lors des préparatifs, il fallut tenir compte du paysage politique toujours hétérogène au sein de la communauté historienne est-allemande, car on ne pouvait pas contourner trop vite les professeurs qui n'étaient pas membres du parti[22]. Mais l'exemple des pays frères socialistes, dont les comités nationaux avaient été progressivement acceptés au CISH, et la proximité du congrès de Stockholm incitèrent la plus grande partie des historiens est-allemands, en novembre 1950, à franchir le pas et à créer leur propre comité national, afin de mieux représenter « les intérêts des historiens de notre république dans le cadre international » :

> « En raison notamment de l'objectif fixé par les statuts, qui va être considéré par les historiens bourgeois dirigeant le comité international des historiens comme politique et non scientifique, et après toutes les expériences passées, il y a peu de chances de parvenir à l'admission de la société des historiens allemands. La quasi-totalité des États socialistes est représentée

---

19.– ERDMANN (note 2), p. 339.
20.– Cf. « Protokoll der 2. Sitzung der Vorbereitungskommission für den Internationalen Historikerkongreß in Stockholm am 21.1.1959 » ; ABBAW, NK der Historiker, Nr. 45.
21.– À l'occasion d'une publication brève de Klaus Baltruschat, haut-fonctionnaire au « Staatssekretariat für das Hoch- und Fachschulwesen » dans la revue est-allemande « Deutsche Außenpolitik » (10/Oktober 1958), la « Dienststelle Berlin » du ministère des Affaires étrangères ouest-allemand exposa cette nouvelle stratégie du « gouvernement de la zone » dans un courrier à la centrale le 6 novembre 1958 ; cf. PA/AA, B 94, vol. 487.
22.– Rolf Rudolph à Heinz Heitzer, 7 juillet 1959 ; ABBAW, NK der Historiker, Struktur und Arbeitsweise, Grundsatzdokumente 1958 – 1986.

dans cette organisation internationale sous la forme d'un comité national »[23].

Lors de la fondation du « Comité national des historiens de la République démocratique allemande », le 27 novembre 1959[24], Ernst Engelberg, président de la DHG, fut finalement élu aussi président de ce Comité national ; Karl Obermann (1905 – 1987) et Walter Markow (1909 – 1993) en devinrent les vice-présidents[25]. Au centre des préoccupations, il y avait, à côté des discussions sur les statuts[26], la question de la demande d'admission au CISH[27], ce qui était censé donner à la communauté historienne est-allemande « de nouvelles possibilités de coopération scientifique pacifique avec tous les historiens étrangers sur la base de l'égalité des droits ». Mais la fondation du Comité national eut avant tout un caractère utilitaire, comme le montre cette information émanant de l'appareil du parti (SED) :

> « La création du comité national n'est qu'une mesure tactique afin de pouvoir exiger avec plus de force la reconnaissance internationale. Ce sont surtout les camarades soviétiques qui nous ont fait ces recommandations […]. Le statut du comité national […] est neutre, comme celui du comité soviétique notamment »[28].

Se démarquer de la RFA, telle était la devise, comme en atteste une lettre de Rolf Rudolph écrite quelques jours avant la fondation officielle du Comité :

> « Nos relations régulières avec le CISH contribuent à attirer l'attention de la communauté internationale des historiens sur la différence fondamentale entre le pouvoir des ouvriers et des paysans en RDA et l'autorité clérico-militaire d'Allemagne de l'Ouest. Nous pouvons montrer que l'historiographie est-allemande a su tirer les vraies leçons du passé de l'Allemagne et qu'elle poursuit son travail dans un esprit humaniste et

---

23.– « Information der Abt. Wissenschaften an das Sekretariat des ZK », 1er décembre 1959 ; SAPMO-BArch, DY 30/IV 2/9.04/121, ff. 269s.

24.– Lettre de la commission préparant le XIe congrès international des historiens aux membres élus du Comité national, 12 novembre 1959 ; ABBAW, NK der Historiker, Struktur und Arbeitsweise, Grundsatzdokumente 1958 – 1986.

25.– Voir la liste des membres avec leurs fonctions in : SAPMO-BArch, DY 30/IV2/9.04/121, f. 273.

26.– Voir les statuts in : SAPMO-BArch, DY 30/IV2/9.04/121, ff. 274s.

27.– Cf. les brouillons et la version définitive des statuts in : ABBAW, NK der Historiker, Struktur und Arbeitsweise, Grundsatzdokumente 1958 – 1986. Avec la fondation du Comité national, la commission cessa d'exister en tant que commission indépendante.

28.– Cf. la note du bureau « Wissenschaften » au secrétariat du Comité Central, 1er décembre 1959 ; SAPMO-BArch, DY 30/IV 2/9.04/121, ff. 269s. ; voir aussi la lettre du comité national des historiens soviétiques au comité national des historiens de RDA, 6 octobre 1959 ; SAPMO-BArch, DY 30/IV 2/9.04/144.

démocratique, car la domination de l'impérialisme et du militarisme a été éliminée une fois pour toutes en RDA »[29].

De tels récits fondateurs, passés au moule idéologique, constituaient des points de repère pour l'action d'historiens comme Engelberg et Rudolph, visant très précisément à diviser institutionnellement la communauté historienne allemande et à « accroître la solidarité de sa propre communauté historienne en se démarquant de celle d'Allemagne de l'Ouest »[30]. Certes, le travail d'information à l'étranger impliquait le contact avec les historiens occidentaux, mais il s'agissait, par ces relations, de suivre les directives fixées par le parti, qui ne considéraient pas les échanges scientifiques comme un terrain de libre concurrence par-delà le fossé idéologique. Les propos de Rolf Rudolph laissent transparaître la manière par laquelle il fallait consolider la doctrine idéologique et par conséquent scientifique : « Notre appartenance au CISH contribuera à renforcer les historiens socialistes et progressistes au sein du comité international et à prouver la supériorité du camp socialiste »[31].

Pour les représentants de la RDA, il s'agissait avant tout d'obtenir l'admission dans le plus grand nombre possible d'organisations internationales, pour soutenir efficacement la politique de reconnaissance poursuivie par le parti et l'État. Ainsi Ernst Engelberg adressa-t-il, le 7 décembre 1959, une lettre officielle à Michel François, lui demandant « de présenter au bureau du CISH, lors de sa prochaine session, notre demande d'adhésion pour qu'il l'examine, la soutienne et la transmette, de sorte que l'assemblée plénière puisse prendre une décision lors du deuxième congrès international à Stockholm »[32].

Dans les semaines précédant Stockholm, la communauté historienne est-allemande, comptant à sa tête la « plus forte organisation de cadres marxistes dans le domaine de la science historique », accéléra sa mobilisation idéologique, afin de « mener les controverses sur les principes avec l'historiographie impérialiste, en particulier avec les apologistes ouest-allemands de l'impérialisme et du militarisme et de présenter de manière convaincante les résultats de recherche obtenus sur la base du matérialisme

---

29.– Note de Rolf Rudolph « Zur Gründung des Nationalkomitees der Historiker der DDR », 23 novembre 1959 ; ABBAW, NK der Historiker, Struktur und Arbeitsweise, Grundsatzdokumente 1958–1986.
30.– SABROW (note 1), pp. 274s.
31.– Note de Rolf Rudolph « Zur Gründung des Nationalkomitees der Historiker der DDR », 23 novembre 1959 ; ABBAW, NK der Historiker, Struktur und Arbeitsweise, Grundsatzdokumente 1958–1986.
32.– Ernst Engelberg à Michel François, 7 décembre 1959 ; SAPMO-BArch, DY 30/IV 2/9.04/121, f. 277.

historique »[33]. Mais, comme le montre un document destiné au secrétariat du SED, l'entrée sur la scène internationale impliquait encore, à ce moment là, d'inclure des historiens non marxistes dans la délégation, afin de ne pas donner d'argument à la partie ouest-allemande pour demander le maintien de l'exigence de représenter seule l'Allemagne dans son ensemble :

> « Ainsi, en outre, on détruira l'affirmation des forces réactionnaires de l'Association des historiens ouest-allemands, selon laquelle notre société des historiens ne représente qu'une partie des historiens, les marxistes, alors qu'elle même devrait représenter aussi les intérêts des historiens non marxistes de RDA ».

En coulisse se déroula cependant un dernier combat[34] entre ceux qui, à l'instar d'Alfred Meusel, gardaient « un espoir toujours plus ténu au fil des ans d'une compréhension scientifique au nom de l'unité nationale » et ceux qui étaient partisans « d'une acceptation sans illusion d'une nette séparation au nom de la consolidation de la RDA comme État partiel allemand »[35], représentés par Ernst Engelberg. La mort de Meusel quelques jours avant le congrès fit que cet affrontement masqué ne dégénéra pas en querelle ouverte. Son décès, le 10 septembre 1960 symbolisa la fin des illusions panallemandes et des espoirs de pluralisme au sein de la communauté historienne est-allemande.

Mais même les historiens soumis au parti étaient peu enclins à se laisser complètement déposséder de leur autonomie ; le contrôle exercé par le SED le prouve. Les commissions du parti que Jürgen Kocka a qualifiées de « structures parallèles pas tout à fait symétriques » garantissaient tant le lien au parti, à l'État et aux organisations de société[36] que le pouvoir de décision et la domination du politique, ce qu'attestent les deux séances préparatoires du comité national. Rolf Rudolph, à la fois secrétaire du Comité national et président du groupe SED, réunissait ainsi en sa personne la double compétence scientifique et politique. Le matin du 2 juin, il arrangea d'abord les choses en petit comité[37] pour trouver un accord, l'après-midi, à l'assemblée

---

33.– Note préparatoire du bureau « Wissenschaft » au secrétariat du Comité Central du SED au sujet de la participation des historiens de RDA au XIe congrès international des historiens à Stockholm du 16 au 28 septembre 1960, 7 décembre 1959 ; SAPMO-BArch, DY 30/IV 2/9.04/144, ff. 49s.
34.– Voir à ce sujet la lettre de Rolf Rudolph à Ernst Diehl du 12 février 1960, dans laquelle il exposa ses réserves par rapport à Meusel.
35.– SABROW (note 1), p. 284.
36.– Jürgen KOCKA, « Wissenschaft und Politik in der DDR », in : ID., MAYNTZ (note 7), pp. 435 – 459, ici p. 443.
37.– « Einladung zur Parteigruppensitzung », 7.5.1960 ; SAPMO-BArch, DY 30/IV 2/9.04/144, f. 73.

générale du Comité avec les participants au congrès de Stockholm[38]. En séance du matin, on annonça une autre réunion obligatoire pour le 13 août, au cours de laquelle les « camarades » devaient être répartis pour participer aux différentes manifestations à Stockholm. De surcroît, il fut décidé que « certains camarades historiens devraient encore se mettre en relation, en Suède, avec des historiens originaires de certains pays »[39], en se concentrant en particulier sur les historiens « progressistes » des pays occidentaux, dont la RDA escomptait qu'ils exercent une influence croissante dans les instances du CISH. Face aux historiens ouest-allemands, la direction du SED prescrivait toutefois de maintenir l'image de l'ennemi qui avait été forgée au cours des années précédentes[40].

Les préparatifs de Stockholm se déroulèrent toujours en accord étroit avec les comités nationaux des pays frères socialistes. Lors d'une première séance à Bratislava, le 4 mai 1960, les participants discutèrent de la séance suivante, à Leipzig les 27 et 28 juin 1960, au cours de laquelle il fallait coordonner « les prises de position des historiens socialistes jusque dans les moindres détails » :

> « Les camarades soviétiques nous ont instamment recommandé, de mener les discussions prévues à Leipzig en petit cercle […] et d'une manière telle que l'opinion publique ne puisse pas percevoir qu'il s'agit d'une discussion préparatoire en vue du congrès de Stockholm. Aussi nous recommandent-ils de mettre en avant le prétexte d'un symposium dans l'une des institutions pour la science historique à Leipzig ou tout autre ›manifestation‹ ».

Cette proposition fut retenue et « la tenue de ce colloque ne fut pas connue de l'opinion publique »[41].

## Le 12e congrès international des historiens, Vienne 1965

### La science historique est-allemande et la construction d'une identité disciplinaire autonome[42]

Le 12e congrès international des historiens, du 29 août au 5 septembre 1965 à Vienne, ne fut certes pas épargné par les » querelles allemandes «,

---

38.– « Einladung zu einer Tagung des NK der Historiker der DDR und aller Teilnehmer am XI. Internationalen Historiker-Kongreß in Stockholm », 7.5.1960 ; SAPMO-BArch, DY 30/IV 2/9.04/144, f. 74.

39.– « Beschlußprotokoll der Parteigruppensitzung am 2.6.1960 in Berlin », 8.6.1960 ; SAPMO-BArch, DY 30/IV 2/9.04/144, f. 99s.

40.– Cf. « Protokoll der Auswertung des XI. Internationalen Historiker-Kongresses in Stockholm », 30 août 1960 ; SAPMO-BArch, DY 30, IV 2/9.04/144.

41.– « Bericht über die Beratung zur Vorbereitung des internationalen Historikerkongresses in Stockholm », Bratislava, 4 mai 1960 ; ABBAW, NK der Historiker, Nr. 45.

mais entre temps les données avaient changé. Après avoir dépassé les différentes crises dans le conflit Est-Ouest, qui avaient à plusieurs reprises mené le monde au bord de l'enfer nucléaire, entre 1958 et 1962, le Mur de Berlin était devenu le symbole de la coexistence consolidée. Selon Karl Dietrich Erdmann, « dans un domaine politiquement aussi sensible que celui des sciences historiques, malgré l'impossibilité de mélanger des idéologies incompatibles, il fallait rechercher un modus vivendi ou mieux encore un modus parlandi »[43].

Dans les deux États allemands, la préparation fut à nouveau marquée par la volonté de gagner du terrain sur les opposants idéologiques et de démontrer la supériorité de son propre système scientifique, et par conséquent politique. Comme dans le cas de Stockholm, les comités nationaux des pays socialistes s'étaient réunis en séance préparatoire à Prague avant le congrès de Vienne, les 16 et 17 novembre 1961.Ernst Engelberg en rendit compte en séance du bureau du Comité national de la RDA le 3 janvier 1962 à Leipzig. Une nouvelle fois, les historiens est-allemands s'avérèrent partisans de la ligne dure, du point de vue idéologique, car, tandis qu'ils pratiquaient la fermeture hermétique de leur discipline et « donnaient résolument la priorité à l'autodéfense par rapport à l'offensive sur l'ennemi »[44], les historiens des autres pays de l'Est voulaient avant tout éviter des confrontations inutiles en acceptant de se situer dans le cadre d'une communauté scientifique au sein de laquelle il fallait rechercher le duel argumentatif[45].

Lors du Comité national de la RDA, il s'agit cependant moins de régler des questions de contenu que d'établir une ligne de conduite face au VHD au sujet de la remise des propositions thématiques en vue du congrès de Vienne. Fallait-il envoyer les propositions à Hans Rothfels, président du VHD depuis 1958, et reconnaître ainsi sa prétention à représenter l'Allemagne dans son ensemble ? Engelberg en particulier s'éleva contre un tel procédé, car le président du VHD n'avait jamais informé le Comité national est-allemand de ses échanges de lettre avec le CISH, et il suggéra de passer outre. En revanche, Walter Markov ne considérait pas comme opportun de mêler le CISH aux querelles interallemandes et qualifia la proposition de Engelberg de « non diplomatique, car la directive du bureau international précise qu'il faut passer par le président de l'association des historiens ouest-allemands dans les relations avec le CISH. Pourtant nous voulons

---

42.– Voir surtout SABROW (note 1), p. 328.
43.– ERDMANN (note 2), pp. 344s.
44.– SABROW (note 1), p. 318.
45.– « Präsidiumssitzung des Nationalkomitees der Historiker der DDR am 3.1.1962 in Leipzig, Hotel Astoria » ; SAPMO-BArch, DY 30/IV 2/9.04/121, ff. 303 – 307, ici f. 304.

défendre notre autonomie. Il faut prendre acte que le VHD existe, mais nous ne voulons pas lui être soumis ». En fin de compte, le bureau du comité décida de ne pas soumettre de demande d'adhésion au CISH dans l'immédiat et, étant donné le temps qui pressait, de transmettre directement les propositions de thèmes à Paris, tout en informant Rothfels et d'autres historiens étrangers de ces thèmes, « en raison de l'intérêt général ».

Respectant les délais, Ernst Engelberg transmit sa liste à Michel François le 15 janvier 1962 et lui demanda par la même occasion de confier des interventions au congrès de Vienne à des historiens est-allemands[46]. Dans sa réponse, François promit de présenter les propositions est-allemandes lors de la prochaine réunion du bureau en juin 1962[47]. Comme, au même moment, l'historien français Georges Castellan avait accepté une invitation en RDA[48] et que le secrétaire général français du CISH s'était adressé directement et cordialement au président du comité national de la RDA, la partie est-allemande nota qu'elle avait franchi avec succès une étape dans cette affaire, ce qu'elle considéra aussi comme le résultat positif de sa politique de reconnaissance en France, par laquelle elle avait précisément cherché à sensibiliser des historiens. Par ses livres sur la RDA[49], Castellan n'avait pas une mince influence sur l'image de « l'autre » Allemagne en France : « nous prenons acte que les publications du professeur Castellan font leur effet avec le temps, y compris sur le professeur François »[50].

Un jour avant Michel François, Rothfels avait déjà réagi et assuré Engelberg « que le ›Verband der Historiker Deutschlands‹, en tant que comité national des historiens allemands, serait prêt à transmettre au bureau international les propositions que vous ferez au sujet des conférences et des conférenciers en vue du prochain congrès international des historiens, sans faire parmi elles aucun choix, ce que nous faisons pour les propositions qui émanent de notre association »[51].

---

46.– Ernst Engelberg à Michel François, 15 janvier 1962 ; ABBAW, NK der Historiker, vol. 46. La lettre de Ernst Engelberg à Hans Rothfels du 15 janvier 1962 se trouve également dans ce dossier.
47.– Michel François à Ernst Engelberg, 30 janvier 1962 ; SAPMO-BArch, DY 30/IV 2/9.04/121, f. 312.
48.– Georges Castellan à Ernst Engelberg, 29 janvier 1962 ; SAPMO-BArch, DY 30/IV 2/9.04/121, ff. 310s.
49.– Georges CASTELLAN, *DDR – Allemagne de l'Est*, Paris, 1955 ; ID., *La République Démocratique Allemande*, Paris, 1961 ; cf. pour les réactions à ces publications, PFEIL (note 13), pp. 416ss.
50.– Rolf Rudolph au CC du SED, Abt. Wissenschaft, 2 mars 1962 ; SAPMO-BArch, DY 30/IV 2/9.04/121, f. 308.
51.– Hans Rothfels à Ernst Engelberg, 29 janvier 1962 ; SAPMO-BArch, DY 30/IV 2/9.04/121, f. 303.

Comme Gerhard Ritter, au congrès de Stockholm, avait encouragé la controverse du côté ouest-allemand suivant une ligne délibérément dure et en raison de son attitude anticommuniste résolue, « plaçant la politique nationale et internationale du « Verband » au service de la défense du monde occidental contre le danger du système bolchevique du parti unique »[52], l'historien de Fribourg se retrouva avant Vienne dans la ligne de mire de ses collègues de RDA. La discussion sur la manière de procéder reflète ainsi l'aggravation de la fermeture face à la République fédérale et, parallèlement à cela, la marginalisation croissante de certains historiens allemands : ceux qui, sans remettre en cause le rapport entre la guerre et les forces impérialistes à l'œuvre dans l'Empire – le rapport entre la politique et l'économie – et par conséquent la théorie de l'impérialisme de Lénine[53], mais qui, à la suite de la « controverse Fischer », au début des années 1960, considéraient de manière différenciée l'historiographie ouest-allemande.

En réalité, après cette querelle entre une nouvelle histoire critique et historiographie allemande traditionnelle, on put démasquer le cercle des « traditionnalistes », avec leur présupposé national, ce que fit l'opinion publique de RFA et plus précisément la jeune génération, pour faire avancer les nouvelles conceptions historiographiques émergentes en Allemagne de l'Ouest[54]. L'historien est-allemand Fritz Klein, de l'Académie berlinoise des Sciences, sembla avoir pris conscience de cette « érosion du consensus conservateur »[55]. Il se prononça pour une ouverture partielle lors du congrès de Vienne et pensa isoler Ritter au sein de son propre camp au profit de Fischer par des « stratégies ciblées de contournement » :

> « Dans ce contexte, il faudra se fixer pour tâche particulière pour Vienne, entre autres, de coopérer dans une certaine mesure avec des historiens occidentaux, en particulier autrichiens et américains, qui, sur les questions fondamentales, soit partagent le point de vue de Fritz Fischer, soit, pour le moins, montrent quelque sympathie pour ce point de vue. Ainsi, nous parviendrons à isoler, dans une certaine mesure, les historiens ouest-allemands réactionnaires (Ritter, Erdmann, Zechlin etc.) »[56].

---

52.– CORNELISSEN (note 9), p. 452.
53.– Cf. Fritz KLEIN, « Die Weltkriegsforschung der DDR », in : Gerhard HIRSCHFELD et al. (éd.), *Enzyklopädie Erster Weltkrieg*, Paderborn, 2003, pp. 315 – 319.
54.– Cf. Ernst SCHULIN, « Zur Entwicklung der deutschen Geschichtswissenschaft nach dem Zweiten Weltkrieg. Versuch eines Überblicks », in : Jürgen KOCKA et al. (éd.), *Von der Arbeiterbewegung zum modernen Sozialstaat. Festschrift für Gerhard A. Ritter zum 65. Geburtstag*, Munich, 1994, pp. 831 – 846, ici p. 838.
55.– Konrad H. JARAUSCH, « Der nationale Tabubruch. Wissenschaft, Öffentlichkeit und Politik in der Fischer-Kontroverse », in : Martin SABROW et al. (éd.), *Zeitgeschichte als Streitgeschichte. Große Kontroversen seit 1945*, Munich, 2003, pp. 20 – 40, ici p. 24.
56.– Note de Fritz Klein sur une réunion à l'Institut d'histoire le 4 mars 1965, 9 mars 1965 ; ABBAW, NK der Historiker, vol. 21.

Si, au début de 1964, des cadres du parti en vue, tel Kurt Hager, purent encore s'exprimer de la sorte et en appeler à une attitude offensive dans la concurrence avec l'Allemagne de l'Ouest, expression d'une assurance accrue au lendemain de la construction du Mur, le chef de la SED, Walter Ulbricht,, mit un terme à la fin de cette même année à ces tendances vers plus de flexibilité : il « mit en garde contre la tactique d'embrassement du capital monopolistique ouest-allemand et répliqua à toutes les illusions de compréhension en exigeant que ›le travail vers l'Allemagne de l'Ouest‹ ait pour principal objet de ›démasquer le système de domination de l'impérialisme ouest-allemand‹ »[57]. Une fois encore, ce fut Engelberg qui imposa cette directive au sein de la communauté historienne de RDA et continua à ciseler l'image d'un « front uni » des historiens « impérialistes et bourgeois » en République fédérale. En le condamnant, il entendait accroître l'unité intérieure en projetant une image manichéenne de l'ennemi et baliser clairement le chemin de l'isolement idéologique.

Mais, face au CISH, de telles paroles n'étaient pas le meilleur moyen de parvenir à ses fins, ce que Engelberg, d'ailleurs, savait, lui qui connaissait les faibles chances qu'avait la demande d'adhésion d'être retenue, en raison de la « majorité réactionnaire » au Bureau : « C'est sûr, notre demande sera rejetée au bureau déjà et ne parviendra même pas à l'assemblée générale, où les chances seraient meilleures »[58]. Aussi fallait-il se contenter, dans un premier temps, de miner pas à pas la prétention du VHD à représenter l'Allemagne dans son ensemble, et de contribuer à « accroître le prestige international de la RDA, spécialement de l'historiographie marxiste de la RDA ; de parvenir à l'admission du Comité national de la RDA dans le comité international ou tout au moins de préparer le terrain pour une telle admission[59].

Pour cela, il fallait sans cesse assurer le CISH qu'on encourageait « de toutes ses forces » les préparatifs du congrès et envoyer directement les propositions de communications à Michel François sans passer par le VHD, ce que fit Karl Obermann en janvier 1963[60]. Que le CISH, dans son programme, confiât à des historiens est-allemands quatre conférences, trois présidences de séances ainsi que le rapport général sur le thème « évolution et révolution

---

57.– SABROW (note 1), p. 317.
58.– « Fragen zur Beschlußvorlage für den XII. Internationalen Historikerkongreß », 17 novembre 1963 ; ABBAW, NK der Historiker, vol. 46.
59.– « Beschlußvorlage zur Teilnahme von Historikern der DDR am XII. Internationalen Historikerkongreß in Wien (29.8. – 5.9.1965) », 15 octobre 1963 ; ABBAW, NK der Historiker, vol. 21.
60.– Karl Obermann à Michel François, 23 janvier 1963 ; SAPMO-BArch, DY 30/IV 2/9.04/142, ff. 112–116.

dans l'histoire mondiale » (Ernst Engelberg) peut être considéré d'une part comme une défaite de Gerhard Ritter, dont la politique à la tête du Verband avait visé, comme l'a écrit Christoph Cornelißen, « à donner la priorité au combat contre l'avancée des conceptions historiques marxistes »[61]. D'autre part, la décision du CISH était un signe de la disposition croissante à accepter les historiens est-allemands comme membres à part entière sur la scène internationale. La rencontre du 2 avril 1965 à Moscou, entre Karl Obermann et Aleksandr A. Guber, seul représentant socialiste et alors vice-président du CISH, répondait à cet objectif. Ce dernier assura son hôte qu'il s'emploierait auprès de Michel François à faire que, « dans la liste des participants, les participants des deux États allemands soient séparés et non pas présentés ensemble sous la mention ›Allemagne‹ comme à Stockholm ». L'URSS et la RDA avaient pour autre objectif qu'aucun nouveau représentant de la RFA ne fût admis dans le bureau du CISH après le retrait attendu de Gerhard Ritter[62] ; ceci n'arriva pas, au grand dam de Ritter[63]. Les présidents des comités nationaux des pays socialistes se concertèrent à plusieurs reprises, qui évoquèrent des solutions alternatives en attendant la pleine admission du comité est-allemand au CISH et entendaient les présenter à Vienne[64].

## Conclusion

La division idéologique et institutionnelle de la communauté historienne allemande fut un long processus de démarcation mutuelle, caractérisé tant par la cristallisation des blocs à l'extérieur que par la scission intérieure. Si la démarcation resta caractéristique de la partie est-allemande au cours de la période traitée ici, en raison du déficit permanent de légitimité de la RDA, le regard des historiens et diplomates ouest-allemands resta rivé vers l'Est malgré l'orientation à l'Ouest de la RFA : La conscience universaliste de la science avec sa prétention supranationale freina l'éloignement mutuel qui aurait pu être plus rapide encore. Même si, à partir du milieu des années 1960, la « doctrine Hallstein » passa pour un instrument toujours plus anachronique dans un monde aspirant à la détente entre l'Est et l'Ouest, celle-ci n'encourageait pas seulement à rester focalisé vers l'Est, mais donna à la science historique, en tant qu'expression du « conflit allemand spécifique », une place particulière. Pour les deux parties, il en allait de sa capacité à prouver sa supériorité, ce qui allait de pair avec le jugement dévalorisant

---

61.– CORNELISSEN (note 9), p. 457.
62.– Rapport de Karl Obermann sur un entretien avec le professeur Aleksandr Guber à Moscou le 2 avril 1965 ; ABBAW, NK der Historiker, vol. 21.
63.– CORNELISSEN (note 9), p. 457.
64.– Cf. « Sitzung des erweiterten Präsidiums des Nationalkomitees am 17. Juni 1965 in Berlin » ; ABBAW, NK der Historiker, vol. 21.

porté sur l'adversaire. Ainsi, les deux historiographies restaient en communication l'une avec l'autre.

En cherchant la légitimation de sa politique et de sa suprématie, la communauté historienne de RDA, liée au parti, se retrouvait en position de funambule. D'une part la SED tendait à la reconnaissance disciplinaire et à la démarcation par rapport à l'idéologie adverse de la RFA ; d'autre part, dans le cadre de sa politique de reconnaissance diplomatique sur la scène internationale, dans les années 1960, elle abandonna soudain des catégories de pensée dogmatiques par « stratégie de politique étrangère »[65], si bien qu'elle mina elle-même des éléments centraux de sa propre identité. L'entrée des historiens est-allemands sur la scène internationale est ainsi un exemple du fossé entre intention et réalité, c'est-à-dire de la prétention dictatoriale totalitaire du SED à jamais restée inachevée.

En qualifiant l'interaction entre politique et science en RDA, dans le cadre d'une histoire sociale du politique, de « relation symbiotique par influence et pression mutuelle »[66], l'historien berlinois Jürgen Kocka dépassa la question posée depuis longtemps par les sociologues et les philosophes des sciences de savoir dans quelle mesure les facteurs internes et externes déterminaient l'évolution de la science. Dans cette perspective sociologique, qui comprend la science comme un élément qu'il n'est plus possible d'abstraire de la société[67], l'historiographie est-allemande, vue à travers le prisme de l'entrée des historiens de RDA dans les congrès internationaux, apparaît elle aussi comme une « manifestation sociétale » (Peter Weingart), bornée par la „dictature des frontières "est-allemande. Dans toutes les évolutions contradictoires de la relation entre science et politique en RDA, il ne faut jamais perdre de vue qu'on ne peut séparer nettement les différentes rationalités systémiques de la politique et de la science, ni les mettre en harmonie au sein de l'identité idéologique du SED. Si, selon l'idéaltype formulé par Niklas Luhmann, le système politique tranche la question du décider ou du savoir en fonction du code du pouvoir, et le système scientifique en fonction de celui de la vérité, force est de constater qu'en RDA le « parti dominant » mobilisa des ressources considérables et exigea de ses scientifiques qu'ils dépassent dialectiquement cet antagonisme.

---

65.– Edgar WOLFRUM, *Geschichte als Waffe. Vom Kaiserreich bis zur Wiedervereinigung*, Göttingen, 2001, pp. 121s.
66.– KOCKA (note 36), p. 439.
67.– Peter WEINGART, *Wissenschaftssoziologie*, Bielefeld, 2003, p. 65.

# « Utopie apolitique dans l'espace olympique »
# L'histoire de l'équipe olympique panallemande de 1956 à 1969

Uta Andrea Balbier

« Tout le monde hochait la tête devant la petite guerre menée par l'Allemagne pour obtenir des fanions, des supports, des écussons, des repères, des symboles, des invitations, des hiérarchies et des passeports diplomatiques. C'était l'âge d'or des juristes ; le procès-verbal avait valeur de fait politique ; [...] l'inutilité n'était plus dépassée que par la gêne[1] ».

Alors que l'existence d'une équipe olympique panallemande a été célébrée par le mouvement olympique comme un exemple éclatant de la morale apolitique du sport, elle apparaît rétrospectivement comme un paradoxe ou plutôt comme la pomme de discorde par excellence dans les relations entre les deux Allemagnes[2]. Cela était dû, d'un côté, aux contradictions internes des Jeux Olympiques, qui prétendaient certes posséder une dimension internationale et servir de lien entre les peuples, mais dont la symbolique invitait surtout à l'autoreprésentation nationale avec hymne et drapeau. D'un autre côté, elle était, même du point de vue de la politique allemande, soit un symbole national de lien et d'unité, malgré l'existence de deux États, soit précisément la scène de manœuvres politiques antagonistes de ces deux États[3].

---

1.– Peter BENDER, *Episode oder Epoche ? Zur Geschichte des geteilten Deutschland*, Munich, 1996, p. 170.
2.– La contribution qui suit constitue un résumé de : Uta Andrea BALBIER, *Kalter Krieg auf der Aschenbahn. Deutsch-deutscher Sport 1950 – 1972. Eine politische Geschichte*, Paderborn, 2006. L'auteur remercie chaleureusement les éditions Schoening d'avoir autorisé la publication ainsi que les traducteurs, Ingrid et Marc Lacheny.
3.– Sur l'histoire de l'équipe olympique panallemande, voir Martin H. GEYER, « Der Kampf um nationale Repräsentation. Deutsch-deutsche Sportbeziehungen und die ›Hallstein-Doktrin‹ », in : *Vierteljahrshefte für Zeitgeschichte*, 44 (1996) 1, pp. 55 – 86 ; Andreas HÖFER, « Querelles d'Allemands. Die gesamtdeutsche Olympiamannschaft (1956 – 1964) », in : NOK (éd.), *Deutschland in der Olympischen Bewegung. Eine Zwischenbilanz*, Francfort/M., 1999, pp. 209 – 260 ; Tobias BLASIUS, *Olympische Bewegung, Kalter Krieg und Deutschlandpolitik : 1949 – 1972*, Francfort/M., 2001. Sur la dimension symbolique de la politique allemande, voir les réflexions stimulantes de Johannes PAULMANN, « Deutschland in der Welt. Auswärtige Repräsentationen und reflexive Selbstwahrnehmung nach dem Zweiten Weltkrieg – eine Skizze », in : Hans

Depuis la première tentative, en vue de donner naissance à une telle équipe, au début des années 1950, et jusqu'à sa division en 1965 et aux querelles protocolaires qui ne cessèrent d'y être associées pour perdurer jusqu'en 1969, l'équipe olympique panallemande fut une sorte d'arène de diplomatie sportive. Les responsables des sports de RDA, d'abord autour de Kurt Edel et, depuis le milieu des années 1950, autour du président de la « Fédération allemande de gymnastique et des sports) (« Deutscher Turn- und Sportbund »), Manfred Ewald, et du président du Comité national olympique (« Nationales Olympisches Komitee » – NOK) de RDA, Heinz Schöbel, tentèrent résolument de mettre en œuvre dans le domaine sportif les principes du SED en matière de politique allemande. Ils travaillèrent à saboter la prétention panallemande à la représentation exclusive dans l'espace culturel. Ce faisant, ils suivirent à la lettre les directives du SED qui visaient au départ l'ensemble de l'Allemagne mais qui, au cours des années 1950, changèrent radicalement pour se concentrer strictement sur la reconnaissance et l'égalité des droits de la RDA Ainsi comprend-on que la politique de Bonn ait pressé les responsables des sports réunis autour du président de la « Fédération sportive allemande » (« Deutscher Sportbund »), Willi Daume, et du président du NOK depuis 1951, Karl Ritter von Halt, de maintenir à un niveau aussi bas que possible la liberté de manœuvre de la RDA au sein du sport international. Toutefois, les responsables des sports de l'Allemagne de l'Ouest s'opposèrent de plus en plus, au cours des années 1950, à la prise d'influence de la politique. Cette zone conflictuelle le devint encore davantage du fait que le Comité international olympique (CIO) associait totalement ses propres intérêts à l'équipe olympique panallemande.

Dans la première partie de cet article, il sera question de la naissance et des premières entrées en scène de l'équipe olympique panallemande aux Jeux Olympiques de 1956, quand les responsables du sport ouest-allemand dominaient encore clairement le champ de la diplomatie sportive. La deuxième partie traitera de la façon dont la RDA s'est battue à l'intérieur du mouvement olympique pour acquérir de la considération par ses performances sportives remarquables et a, de plus en plus, profité de la renommée déclinante des responsables des sports au niveau fédéral qui reprirent à la RDA le rôle de trouble-fête en matière de politique sportive. La dernière partie analysera les conséquences de la division de l'équipe olympique panallemande en 1965 sur la politique allemande au plan fédéral, en ce qui concerne le rapport aux symboles de la RDA dans le domaine du sport.

---

Günter HOCKERTS (éd.), *Koordinaten deutscher Geschichte in der Epoche des Ost-West-Konflikts*, Munich, 2004, pp. 63 – 78.

## Harmonie mais difficultés initiales :
## Le chemin menant à l'équipe olympique panallemande

La course à la réintégration du mouvement olympique débuta par la fondation des deux Comités olympiques nationaux allemands. Le NOK de la RFA, créé en 1949, afficha dès le début sa prétention à la représentation exclusive, ne voyant aucune contradiction dans la mise en avant de sa neutralité politique et, en même temps, son adhésion aux valeurs politiques fondamentales de la République fédérale nouvellement créée[4]. D'autant plus grande fut la stupéfaction des olympiens d'Allemagne de l'Ouest lorsqu'en avril 1951 un NOK vit le jour en RDA, présidé par Kurt Edel. Ce NOK ne dévia pas non plus de la ligne du SED en matière de politique allemande et s'en tint à son acte constitutif : vouloir travailler à la fondation d'un Comité national olympique panallemand, ce qui correspondait à la ligne fixée par le bureau politique : « Les Allemands autour d'une même table »[5].

De fait, il fallut attendre jusqu'en 1955 pour voir la RDA enregistrer ses premiers succès sur le terrain politico-sportif. Jusqu'alors les olympiens ouest-allemands avaient réussi à faire jouer leurs bonnes relations au sein du CIO et à mettre la RDA à l'écart par des propositions de compromis inacceptables. Après la reconnaissance, en 1951, par le CIO uniquement, du NOK ouest-allemand mais pas du NOK est-allemand, la première participation olympique de la RDA, en 1952, fut un échec du fait qu'elle n'était pas prête à se soumettre à un capitanat d'équipe ouest-allemand[6].

Mais qu'un pays disposant d'un Comité olympique propre fût exclu pour des raisons manifestement politiques de la participation aux Jeux contredisait la morale apolitique du mouvement, et c'est ainsi qu'après l'entrée en fonction de l'Américain Avery Brundage en 1952, le besoin se fit de plus en plus sentir au sein du mouvement olympique d'intégrer malgré tout la RDA Dans cet esprit on décida de fonder en 1955 une équipe olympique panallemande qui devait occuper, au cours des années suivantes, le gouvernement fédéral à Bonn, le bureau politique à Berlin-Est, l'OTAN et le CIO, et qui ne fut, à aucun moment, « apolitique ».

---

4.– À ce sujet, voir Giselher SPITZER, « Die Gründung des Nationalen Olympischen Komitees », in : NOK (éd.), *Rückkehr nach Olympia*, Munich, 1989, pp. 110 – 126 ; sur les antécédents de cette fondation, voir BLASIUS (note 3), pp. 7 – 61.

5.– « Gründungsurkunde des NOK der DDR », 22 avril 1951, in : Wolfhard FROST et al., *Studienmaterial zu Sportwissenschaft. Quellenauszüge zur Sportgeschichte Teil II : 1945 – 1970 (DDR-Sport)*, Braunschweig, Magdebourg, 1991, p. 89.

6.– Ce contexte est présenté de manière exhaustive dans BALBIER (note 2), pp. 76 – 79.

Lors de sa séance parisienne du 13 au 18 juin 1955 le CIO décida de reconnaître, au moins provisoirement, le NOK de la RDA, ce qui perdrait toutefois sa validité s'il s'avérait impossible d'envoyer une équipe olympique panallemande aux Jeux Olympiques de 1956 à Melbourne[7]. Étant donné que la RDA avait, depuis 1952, acquis une reconnaissance au sein d'un nombre croissant d'associations du sport professionnel internationales, la constitution d'une équipe commune restait le seul pas encore imaginable avant une reconnaissance complète de son NOK. Ainsi Brundage avait-il donné naissance au projet qui lui tenait le plus à cœur. Ce projet était né de sa ferme conviction qu'il fallait tenir le sport à l'écart des conflits politiques et en faire un espace d'entente entre les peuples[8]. Mais le difficile compromis d'une équipe olympique panallemande déclencha une phase de luttes et de manoeuvres du côté ouest- comme est-allemand, phase qui entra dans l'histoire du mouvement olympique sous le nom de « querelles allemandes »[9].

Avec la conférence parisienne les deux États allemands avaient pris pied sur la scène olympique. Une reconnaissance provisoire des deux Comités olympiques nationaux issus d'un même pays contredisait les statuts du CIO Connaissant ces règlements, la délégation de RDA se rendit en août 1955 à Hinterzarten aux premières négociations sur la constitution d'une équipe panallemande et de son protocole sportif : hymne, drapeau et direction d'équipe. Mais même les responsables du sport d'Allemagne de l'Ouest purent se présenter presque sans faire de compromis, car, après l'expérience de 1952, les représentants de RDA devaient éviter à tout prix d'être à nouveau exclus des Jeux Olympiques du fait de leur propre entêtement[10].

On trancha sans trop de heurts la question du drapeau, dans la mesure où les deux États affichaient encore les couleurs noir – rouge – or. La constitution de l'équipe sur la base de la performance sportive fut également réglée d'une façon unanime. Seule la question de l'hymne suscita des oppositions insurmontables entre les deux délégations sportives[11]. Celle de RDA

---

[7].– Minutes of the 50st Session of the International Olympic Committee, Paris, June 13 – 18, 1955 ; *IOC Historical Archives*, Samaranch Olympic Studies Centre, Olympic Museum, Lausanne, Suisse.

[8].– Sur le personnage controversé et contradictoire de Brundage, voir Allen GUTTMANN, *The Games must go on. Avery Brundage and the Olympic Movement*, New York, 1984 ; Astrid ENGELBRECHT, *Avery Brundage. « The all-American boy ». Die amerikanische Antwort auf die olympische Frage*, Göttingen, 1997.

[9].– HÖFER (note 3).

[10].– Voir Peter KÜHNST, *Der mißbrauchte Sport. Die politische Instrumentalisierung des Sports in der SBZ und DDR 1945 – 1957*, Cologne, 1982, p. 87.

[11].– Voir à ce sujet GEYER (note 3), pp. 65 – 70.

tenta d'abord d'imposer que l'on renonçât aux deux hymnes en faveur d'un motif classique neutre. Les représentants de l'Allemagne de l'Ouest n'ignoraient pourtant pas que la RDA argumentait, d'une part en sachant pertinemment qu'elle ne gagnerait de toute façon aucune médaille d'or au cours des futurs Jeux d'hiver et, d'autre part, qu'un hymne olympique neutre eût constitué un pas symbolique vers l'égalité des droits entre les deux parties de l'équipe. La délégation d'Allemagne de l'Ouest finit par imposer sa proposition : préserver les deux hymnes, mais, en cas de victoire commune de l'équipe, on ne jouerait aucun des deux[12].

S'ensuivirent d'autres négociations, le 12 novembre 1955 à Berlin-Est et le 7 janvier 1956 à Garmisch, pour clarifier la question de la direction de l'équipe. Pour la première fois on fit appel à l'arbitrage d'Avery Brundage. Tandis que la délégation de la République fédérale d'Allemagne persistait à vouloir mener l'équipe commune dans les deux stades, étant donné qu'elle en fournissait la plus grande partie, les représentants de la RDA exigèrent de désigner le chef de mission pour les Jeux d'hiver, la République fédérale le faisant pour les Jeux d'été. Représentation exclusive contre parité : tel était le cœur du conflit, et Brundage imposa la solution proposée par la RFA. À l'avenir l'équipe fournissant la plupart des membres actifs devait aussi prendre la tête de l'équipe[13].

Lors des Jeux d'hiver à Cortina d'Ampezzo en 1956, la République fédérale présenta effectivement au monde entier son hymne national, officiellement en vigueur depuis 1952. On joua l'hymne ouest-allemand pour Ossi Reichert, première médaillée d'or olympique d'Allemagne fédérale après son succès en slalom géant. L'unique médaille olympique est-allemande revint à Harry Glas, en saut à ski, mais elle ne fut que de bronze[14]. Bien que les choses eussent pris un tour positif du point du vue du gouvernement fédéral la question des hymnes soulevée à propos des Jeux à Cortina d'Ampezzo devint au cours des mois suivant le sujet central du conflit. Car, d'après le règlement en vigueur à cette époque, il était également possible d'honorer le succès d'un athlète de RDA en jouant son propre hymne.

Cela inquiéta profondément Bonn, car les sportifs très performants de RDA étaient pour ainsi dire sûrs d'obtenir une médaille d'or aux Jeux Olympiques d'été à Melbourne. Mais l'idée qu'on jouerait l'hymne national de RDA lors

---

12.– Voir le communiqué commun : « Gesamtdeutsche Mannschaften nach Cortina und Melbourne », in : *Theorie und Praxis der Körperkultur* 4 (1955), pp. 721ss.
13.– BLASIUS (note 3), pp. 137 – 142.
14.– Ulrich PABST, *Sport – Medium der Politik ? Der Neuaufbau des Sports in Deutschland nach dem 2. Weltkrieg und die innerdeutschen Sportbeziehungen bis 1961*, Berlin, 1980, p. 239.

d'une cérémonie protocolaire olympique à laquelle participerait l'ensemble du corps diplomatique du pays hôte ne correspondait en aucune façon à la doctrine Hallstein[15]. Même si le ministère des Affaires étrangères et de hauts représentants de l'OTAN s'immisçaient de plus en plus souvent dans la discussion[16], le NOK ouest-allemand eut de plus en plus de difficultés à tirer le signal d'alarme : lors de la séance du CIO de Cortina d'Ampezzo, le représentant ouest-allemand, von Halt, ne parvint pas en effet à amener le CIO à revenir sur la reconnaissance provisoire du NOK de RDA[17].

Aussi les deux Comités nationaux olympiques étaient-ils dans l'obligation de s'accorder sur la question de l'hymne. Le 15 octobre 1956, ils finirent par opter pour la proposition est-allemande, rejetée au départ par la République fédérale, optant avec « L'hymne à la joie » de Beethoven pour un motif classique et neutre. À cette époque, les responsables des sports d'Allemagne fédérale subissaient déjà une forte pression politique, étant donné que leur gouvernement envisageait de ne pas participer aux Jeux Olympiques de Melbourne[18]. Il y renonça toutefois pour empêcher une représentation sportive de l'Allemagne par la seule RDA. On s'accorda sur la constitution d'une équipe olympique réunissant l'ensemble de l'Allemagne[19]. Lors de l'ouverture des Jeux Olympiques à Melbourne, Avery Brundage célébra la création de l'équipe allemande unique avec l'idéalisme qui lui était propre : « En l'occurrence, un exemple convaincant de la force olympique constitue la réponse à un problème qui préoccupe les hommes politiques du monde entier »[20].

---

15.– La doctrine Hallstein, nommée ainsi d'après Walter Hallstein, le secrétaire d'État aux Affaires étrangères, codifia en 1955 que le gouvernement fédéral réagirait de son côté, vis-à-vis de tout pays reconnaissant diplomatiquement la RDA, par un refus ou une rupture des relations diplomatiques avec lui. Sur les antécédents, voir Rüdiger M. BOOZ, *Hallsteinzeit. Deutsche Außenpolitik 1955 – 1972*, Bonn, 1995.
16.– Krapf (suppléant de Blankenhorn) Paris (OTAN) à AA, 14 décembre 1955 ; cité dans GEYER (note 3), p. 67. Voir aussi le compte rendu de la réunion du 20 février 1956 dans le BMI, p. 8 ; Bundesarchiv Koblenz (BAKo), B 136/5551.
17.– GEYER (note 3), p. 68.
18.– KÜHNST (note 10), p. 88 ; le ministre de l'Intérieur Gerhard Schröder envisageait de supprimer les subventions de l'équipe olympique pour montrer avec ostentation la distance séparant le gouvernement fédéral des décisions prises par le NOK. Voir à ce sujet GEYER (note 3), p. 69.
19.– PABST (note 14), p. 243.
20.– Cité dans « Deutschland als Beispiel », in : *FAZ*, 20 novembre 1956, p. 16.

## Les haies se font plus hautes : La conscience de soi croissante de la RDA au sein du monde olympique.

À peine l'équipe olympique allemande était-elle née que les aspirations à l'unité baissèrent nettement d'intensité du côté de la RDA car, depuis 1955, les responsables du sport de RDA ne devaient plus œuvrer en vue de l'« unité » mais l'« autonomie » ou, plus précisément, de la reconnaissance internationale de la RDA. Ce changement de paradigme avait été induit par l'Union Soviétique d'un côté, avec la proclamation de la théorie des deux États, et de l'autre par Khrouchtchev lui-même et ses déclarations sur la « coexistence pacifique » devant le 20e Congrès du parti communiste de l'Union Soviétique[21]. Pour affirmer l'autonomie de la RDA, son NOK tenta, au cours des années suivantes, de sortir peu à peu de l'ombre du sport ouest-allemand. Le succès devait passer par une « mobilisation générale » du sport de compétition en RDA, les performances sportives étant un capital majeur sur le chemin semé d'embûches qui mènerait à une pleine reconnaissance olympique. La RDA s'efforça aussi d'afficher son propre protocole sportif lors de compétitions européennes et mondiales, et de faire en sorte que des manifestations sportives internationales d'importance se passent en RDA[22].

Le NOK est-allemand fit un petit pas de plus vers la reconnaissance olympique lors de la 55e session du CIO, en mai 1959. Certes, ses délégués n'avaient pas pouvoir de modifier la reconnaissance provisoire de la RDA, mais Avery Brundage les assura qu'il soulèverait à nouveau cette question en 1960 à Rome ou à Squaw Valley. Il souligna toutefois que, même si les conceptions devaient évoluer, il s'en tiendrait au principe d'une équipe allemande unique[23]. Cette nouvelle perspective aida la RDA au plus fort des querelles protocolaires, en octobre 1959.

---

21.– Sur la nouvelle orientation insidieuse de la politique allemande de la RDA au milieu des années 1950, voir Michael LEMKE, *Einheit oder Sozialismus ? Die Deutschlandpolitik der SED 1949 – 1961*, Cologne, Weimar, Vienne, 2001, pp. 338 – 414.
22.– Adjonction du marteau et de la faucille. NOK de la RDA, texte de la présidence, numéro du 2 mai 1959 concernant l'ébauche d'une conception sur le travail continu dans le domaine olympique, 20 janvier 1959, pp. 143 – 159, ici p. 154 ; Stiftung Archiv der Parteien und Massenorganisationen der DDR im Bundesarchiv Berlin-Lichterfelde (SAPMO-BArch), DY12/758.
23.– Avery Brundage au NOK de la RDA et au NOK pour l'Allemagne, 29 mai 1959 ; SAPMO-BArch, DY30/IV 2/18/27.

Le 1er octobre 1959, la RDA compléta son drapeau[24]. Dès lors, le drapeau noir-rouge-or ne pouvait plus être commun à l'équipe olympique. Des voix s'élevèrent, dans la presse ouest-allemande, annonçant un éventuel renoncement aux Jeux Olympiques. Même l'opinion publique d'Allemagne fédérale commençait à se lasser des affrontements politiques permanents que Berlin-Est provoquait à propos du sport[25]. Après que le NOK fédéral eut signalé au Comité international olympique que ce dernier devait accepter même un drapeau olympique neutre, Avery Brundage intervint de nouveau dans le conflit et décida en sa qualité de médiateur d'utiliser en guise de drapeau olympique les cinq anneaux blancs olympiques situés dans la partie rouge du drapeau allemand[26]. Face à cette décision contraignante du CIO prise dans leur dos, les représentants du NOK fédéral rencontrèrent à nouveau les délégués de RDA le 18 novembre. Le nouveau président du NOK Est, Heinz Schöbel, et ses compagnons Manfred Ewald, Rudi Reichert, Alfred Heil et Helmut Behrendt protestèrent certes contre la décision du CIO tout en sachant que la partie de l'équipe qui ne se plierait pas à la décision du CIO risquerait son billet pour Squaw Valley et Rome.

Mais la décision du CIO concernant le drapeau eut d'abord des conséquences négatives considérables sur le NOK fédéral. Le 20 novembre 1959 parut dans la « Frankfurter Allgemeine Zeitung » une glose[27] qui suscita l'impression que l'Allemagne de l'Ouest était,, prête à céder sur cette question. Le gouvernement du chancelier Adenauer réagit immédiatement par un décret dans lequel le il désigna le drapeau fédéral comme l'unique drapeau olympique allemand possible. Prendre pour drapeau de l'équipe olympique allemande un drapeau noir-rouge-or doté de cinq anneaux olympiques « était inconciliable avec la dignité nationale »[28].

Ce geste maladroit du point de vue tactique tenait au fait que Bonn n'avait perçu ni le prestige croissant du NOK de la RDA ni le danger de voir la RDA se rendre seule à Squaw Valley et à Rome si la République fédérale

---

24.– Directive visant à imposer le drapeau d'État de la RDA dans les États qui ne font pas partie du camp socialiste ou n'entretiennent pas de relations diplomatiques avec la RDA Directive confirmée par la séance de la Commission de la politique extérieure du 18 novembre 1959 ; SAPMO-BArch, DY30/IV 2/18/34. Au point 5, la directive réglemente explicitement le fait de hisser le drapeau d'État lors de manifestations sportives à l'étranger.
25.– PABST (note 14), p. 250.
26.– Cité dans « Kanzler Mayers Irrtum », in : *Der Spiegel*, 49 (1959), pp. 21 – 23, ici p. 22.
27.– « Heraldische Spitzfindigkeiten », in : *FAZ*, 20 novembre 1959, p. 1.
28.– Citation tirée de Martin H. GEYER, « On the Road to a German ›Postnationalism‹ », in : *German Politics and Society*, 25 (2007), pp. 140 – 167. Dans cette attitude se reflétait aussi une nouvelle conscience de soi de la République fédérale, comme Geyer le montre avec précision dans ces pages.

en venait à rejeter l'arbitrage de Brundage[29]. Le NOK Est perçut aussitôt sa chance. Le président Heinz Schöbel télégraphia dès le 23 novembre à Brundage pour lui signaler que la RDA donnait son assentiment au drapeau qu'elle avait jusque-là refusé avec véhémence[30]. Le large écho propagandiste dans la presse de RDA poussa définitivement le NOK fédérale vers une position défensive. L'ultime espoir des représentants sportifs fédéraux était un entretien personnel avec le chancelier Adenauer, le 25 novembre 1959.

Mais même cet entretien au Palais Schaumburg, auquel étaient conviés les ministres Heinrich von Brentano et Gerhard Schröder, le chef du service de presse Felix von Eckart et le secrétaire d'État Hans Globke ainsi que les deux représentants sportifs Daume und von Halt, n'apporta aucune avancée[31]. Adenauer ne voulait pas exclure l'idée d'un renoncement aux Jeux Olympiques et resta inflexible, même s'il redoutait la trivialisation d'un symbole d'État : « Si vous intégrez maintenant les anneaux olympiques dans le drapeau, le cirque Sarrasani rappliquera et voudra mettre un éléphant, la corporation des bouchers une tête de porc sur le drapeau »[32].

Les dirigeants sportifs d'Allemagne fédérale assurèrent certes avoir pris connaissance de l'attitude de leur gouvernement tout en voulant, néanmoins, résoudre de manière autonome le problème du drapeau lors de la conférence sur le sport de Hanovre, en décembre 1959. C'est là que les comités directeurs du DSB et du NOK décidèrent d'accepter l'arbitrage du CIO Le NOK fédéral avait, expressément et conformément à la règle 25 du CIO qui exige sa neutralité politique, prouvé son indépendance vis-à-vis du gouvernement fédéral, geste qui eût été impensable en RDA.

Dans l'année qui suivit l'entrée de l'équipe olympique allemande dans le stade de Rome la construction du Mur de Berlin créa de nouvelles réalités politiques allemandes qui ne manquèrent pas de toucher le sport. Trois jours plus tard seulement le mouvement sportif fédéral réagit. Le 16 août 1961, les

---

29.– GEYER (note 3), p. 72. Voir aussi le compte rendu du débat par la direction de la CDU dans Konrad Adenauer, «... um den Frieden zu gewinnen ». Die Protokolle des CDU-Bundesvorstands 1957 – 1961, remanié par Günter BUCHSTAB, Düsseldorf, 1994, pp. 556 – 573. Pourtant, le chancelier du CIO Mayer avait très clairement menacé : « L'équipe qui refuse de marcher derrière ce drapeau doit renoncer à participer », in : « Kanzler Mayers Irrtum », in : Der Spiegel, 49 (1959), pp. 21 – 23, ici p. 23.

30.– Texte imprimé dans Neues Deutschland, 24 novembre 1959, p. 3.

31.– Voir la présentation proposée dans « Keine Einigung beim Flaggengespräch mit dem Kanzler », in : FAZ, 26 novembre 1959, p. 1. Sur l'attitude du gouvernement fédéral sur la question du drapeau, voir aussi « Zur Frage der Olympia-Flagge », in : Bulletin des Presse- und Informationsamtes der Bundesregierung, 28 novembre 1959, p. 2255.

32.– Cette citation provient d'un rapport que Willi Daume remit au directoire du NOK à la suite de l'entretien. La citation figure dans PABST (note 14), p. 252.

représentants généraux du comité directeur du DSB et NOK se réunirent à Düsseldorf ; ils proclamèrent peu après, lors d'une conférence de presse, la rupture de toute relation sportive avec la RDA[33]. Cela signifiait qu'à l'avenir les athlètes ouest-allemands ne participeraient plus à des compétitions nationales et internationales sur le sol est-allemand et qu'on n'accorderait à aucun sportif est-allemand l'autorisation de participer à des compétitions nationales en République fédérale. Cette décision des dirigeants sportifs fédéraux cédait aussi bien à l'opinion publique qu'aux revendications de la classe politique, formulées par Willy Brandt et Heinrich von Brentano[34]. Même l'OTAN réagit, sur le conseil du gouvernement fédéral, et empêcha jusqu'en 1964 l'entrée des sportifs de RDA dans les pays qu'il regroupait, l'Allied Travel Office de Berlin-Ouest leur refusant les documents nécessaires[35].

Ainsi débuta une phase politico-sportive de la cohabitation germano-allemande marquée essentiellement par des inconséquences fatales, fruit des divergences croissantes entre le déclin des sentiments panallemands des deux sociétés et la rigidité du gouvernement fédéral en matière de politique allemande. Elles furent attisées par le Comité international olympique qui rejeta de nouveau, lors de sa session de juin 1961 à Athènes, la demande est-allemande de reconnaissance totale, obligeant les deux NOK à une chose presque impossible : malgré la rupture des relations sportives interallemandes, ils étaient censés, une fois de plus, mettre sur pied une équipe olympique allemande commune pour les Jeux Olympiques de 1964.

Conformément aux directives du Comité international olympique le secrétaire général du CIO Mayer invita les deux NOK en mai 1962 à reprendre les négociations dans ce but. Mais cette fois Willi Daume hésita et se montra prêt à tenir compte de l'opinion publique[36]. En revanche, le gouvernement fédéral se prononça le 28 novembre 1962 en faveur d'une équipe unique qui,

---

33.– Sur les pourparlers, voir PABST (note 14), pp. 297 – 299. L'ensemble du texte figure dans Walter UMMINGER, « Stadion hinter Stacheldraht », in : *Olympisches Feuer*, 11 (1961), pp. 1 – 3, ici p. 1.
34.– Cités dans PABST (note 14), p. 296.
35.– Gunter HOLZWEISSIG, *Diplomatie im Trainingsanzug. Sport als politisches Instrument der DDR*, Munich, Vienne, 1981, p. 20. Lorsque des athlètes de RDA se présentaient dans des pays de l'OTAN, c'était uniquement dans le cadre d'équipes panallemandes. À cette époque, les sportifs de RDA ne participèrent pas, en tout, à douze championnats du monde couvrant des disciplines olympiques.
36.– Willi Daume à von Halt, 10 septembre 1962 ; archives du Comité national olympique 4a/10, citées dans BLASIUS (note 3), p. 226.

selon lui, cachait l'existence de la RDA et représentait ainsi un « revers pour Ulbricht »[37].

Au cours de la phase préparatoire à la première rencontre des délégations des deux NOK, en décembre 1962 à Lausanne, Willi Daume ébaucha une proposition de compromis pour les futurs Jeux Olympiques qui prévoyait que deux parties d'équipe séparées se présenteraient, réunies par un hymne et un drapeau. On tomba effectivement d'accord sur ce compromis. Mais Daume avait sous-estimé à la fois le gouvernement fédéral et Avery Brundage. De retour à Bonn, on lui fit remarquer sans aménité lors d'un entretien au ministère de l'Intérieur que cette proposition n'était rien d'autre que la mise en œuvre dans le domaine politico-sportif du modèle de confédération que Walter Ulbricht venait d'inscrire sur l'agenda de la RDA en matière de politique allemande[38]. La proposition de compromis de Willi Daume finit par échouer à cause du président du CIO qui plaça les deux Comités nationaux olympiques face à la quadrature du cercle en leur demandant de préserver l'équipe olympique allemande. Après cet acte d'autorité il ne fallut pas moins de 96 séances pour les associations professionnelles, 15 pour les NOK et, au total, plus de 1 000 heures de négociations pour parvenir à une véritable équipe. À cela s'ajoutèrent 60 compétitions éliminatoires acharnées qui ne concernèrent pas seulement l'identité des athlètes de l'Est et de l'Ouest qui pourraient participer, mais aussi l'identité de celui qui porterait le drapeau commun en entrant dans le stade de Tokyo. Les rares réactions attestées du public lors des compétitions éliminatoires à l'Est et à l'Ouest témoignent clairement d'une tension et d'une rivalité croissantes entre les deux nations sportives allemandes. Ainsi le gymnaste Kurt Friedrich, qui s'était enfui à l'Ouest, fut-il hué lors des qualifications à Magdebourg, en République fédérale, on jeta des œufs sur les gymnastes de RDA[39].

## La diplomatie du sport soumise à rude épreuve : La fin de l'équipe olympique panallemande et les Jeux de Munich

Si l'équipe olympique allemande tournait de plus en plus à la farce, le Comité international olympique, compte tenu des fondements de la « poli-

---

37.– Courrier du secrétaire d'État Lahr au ministre des Affaires étrangères, 8 novembre 1962 ; PA/AA, 604/n° 1069, cité dans GEYER (note 3), p. 82. Un changement d'attitude s'amorça dès 1960 du côté du gouvernement. Voir « Heckenschützenkrieg gegen die Olympia-Mannschaft », in : *Bulletin des Presse- und Informationsamtes der Bundesregierung*, 2 août 1960, pp. 1405ss.
38.– BLASIUS (note 3), p. 240.
39.– Grit HARTMANN, *Goldkinder. Die DDR im Spiegel ihres Spitzensports*, Leipzig, 1997, p. 53.

tesse olympique », se voyait dans l'impossibilité de traduire dans les faits la séparation des deux équipes allemandes envisagée en 1963/64. Le 60e congrès du CIO, initialement prévu à Nairobi, fut déplacé au dernier moment en raison des tensions liées à la politique intérieure. La délégation ouest-allemande perçut immédiatement sa chance et proposa de le faire à Baden-Baden. Lorsque les olympiens les plus éminents s'y rencontrèrent effectivement, à l'automne 1963, il ne leur fut guère possible de brusquer leur hôte en décidant de se séparer. De plus, le président du CIO ne renonçait pas à une équipe réunissant les deux Allemagnes[40].

Évaluant la situation avec réalisme la RDA indiqua les difficultés[41] liées à un tel projet, et travailla juste avant les Jeux Olympiques de Tokyo à sa reconnaissance complète. Un catalogue de mesures, de juillet 1964, prévoyait aussi, en marge d'une rencontre à Moscou avec les membres russes du CIO, de consulter tous les autres dirigeants sportifs des pays socialistes[42]. En outre, il était prévu de voyager dans les pays de la délégation olympique : au Japon, en Égypte, en Finlande, en Suède et éventuellement en Islande. À cette occasion, on devait en appeler à l'influence du représentant égyptien au CIO, irrité par la politique du gouvernement fédéral en faveur d'Israël. De plus, toutes les associations sportives et les organes de propagande étrangère furent associés à la lutte pour la reconnaissance[43].

Dans le même temps commença du côté de l'Allemagne fédérale une campagne semblable contre la reconnaissance du Comité national olympique de RDA Le ministère des Affaires étrangères exigea de ses ambassadeurs d'agir dans un sens panallemand sur les membres du CIO de leurs pays respectifs. Ce fut un succès, car les représentants du CIO des 22 pays finirent par accepter de voter à Tokyo contre une pleine reconnaissance du Comité national olympique de RDA Mais contrairement à ce qui se passait en RDA, des voix critiques s'élevèrent des rangs du sport ouest-allemand contre cette intervention politique. C'est pourquoi Willi Daume n'envoya la liste des membres du CIO dont il était question qu'après y avoir été sommé à plusieurs reprises par le ministère des Affaires étrangères[44]. Il savait que la famille olympique réagirait vivement à une politisation si évidente de sa

---

40.– Mayer s'adressant au NOK de RDA le 8 juillet 1964, p. 235 ; SAPMO-BArch, DY12/519.
41.– Schöbel à Mayer, s.d., pp. 236ss. ; SAPMO-BArch, DY12/519.
42.– DTSB/Secrétaire aux relations internationales, voir la feuille du secrétariat n° 25/1/64 concernant les mesures de soutien de notre demande, adressée au congrès du CIO à Tokyo, de participation autonome aux Jeux Olympiques, le 9 juillet 1964, pp. 39 – 42, ici p. 40 ; SAPMO-BArch, DY12/519.
43.– *Ibid.*, pp. 41ss.
44.– BLASIUS (note 3), p. 253.

sphère d'influence. Finalement, on régla le problème à Tokyo dans le sens du ministère des Affaires étrangères. La demande de reconnaissance complète du Comité national olympique de RDA, présentée par Andrianov, membre russe du CIO, fut rejetée et reportée à la session suivante, en 1965[45].

En juin 1965, Avery Brundage en appela une dernière fois, dans une lettre personnelle, aux deux Comités olympiques allemands, leur demandant de s'en tenir à la solution qui avait fait ses preuves. Il y soulignait d'un côté son lien personnel à l'équipe olympique panallemande, tout en y voyant une victoire de l'idée olympique sur la politique[46]. Les réactions à cette lettre furent conformes aux attentes des deux côtés du Mur. Tandis que Willi Daume accepta immédiatement l'offre de Brundage et proposa, en outre, de débattre de la reprise des relations sportives interallemandes, la réponse de Berlin-Est fut plutôt froide[47]. Heinz Schöbel se réclama dans sa réponse de la règle 7 du règlement olympique d'après laquelle non seulement les pays et les nations mais également les territoires et les régions peuvent acquérir une pleine reconnaissance olympique à condition que ce territoire ait disposé pendant un laps de temps raisonnable d'un gouvernement stable[48]. Il démontra de nouveau à Brundage, en faisant référence à l'influence croissante du gouvernement fédéral et du ministère des Affaires étrangères sur le sport, qu'une équipe allemande unique n'était plus appropriée depuis longtemps aux relations entre les deux États allemands. Le Comité national olympique de la RDA inscrivit même à l'ordre du jour de la 63e Session du CIO, le 8 octobre 1965 à Madrid, le problème de sa reconnaissance[49]. C'est là que le CIO décida certes de reconnaître pleinement le Comité national olympique de la RDA, mais les deux équipes, désormais séparées, devraient, lors des Jeux Olympiques de 1968, se présenter une fois encore sous le même drapeau, avec le même hymne et le même emblème[50]. Le procès-verbal, qui

---

45.– Proposition de M. Constantin Andrianov, annexe n° 5. Minutes of the 62nd Session of the International Olympic Committee, Tokyo, 6 – 8 octobre 1964 ; IOC Historical Archives, Samaranch Olympic Studies Centre, Olympic Museum, Lausanne, Suisse.
46.– Brundage aux deux NOK allemands, 3 juin 1965, pp. 394 – 398, ici p. 395 ; SAPMO-BArch, DY12/780.
47.– Sid, « bieten umfassenden Neubeginn an ». Première déclaration de Willi Daume, 14 juin 1965, p. 399 ; SAPMO-BArch, DY12/780.
48.– Schöbel à Brundage, 23 juin 1965, pp. 400 – 405, ici p. 401 ; SAPMO-BArch, DY12/780.
49.– Voir aussi Minutes of the 63rd Session of the International Committee, Madrid, 6 – 8 octobre 1965, pp. 9ss. ; IOC Historical Archives, Samaranch Olympic Studies Centre, Olympic Museum, Lausanne, Suisse.
50.– Ibid., p. 3.

ne compte que cinq voix défavorables, montre la large acceptation de cette solution[51].

La décision prise à Madrid faisait cas de la réalité des deux Allemagnes. Les 1000 heures de négociations avant Tokyo avaient montré qu'il n'était plus possible de constituer une équipe commune par-delà le Mur de Berlin. Tandis que le sport de RDA consolida logiquement par la suite sa reconnaissance, par exemple en élisant Heinz Schöbel en avril 1966 premier membre est-allemand du CIO, les olympiens d'Allemagne fédérale reçurent la même année un lot de consolation d'importance : Munich fut choisie comme ville olympique pour les Jeux de 1972.

Le compromis de Madrid, qui assurait certes à la RDA le droit de devenir équipe autonome mais qui continuait à la lier au drapeau et à l'hymne olympiques, ne fut pour les diplomates sportifs est-allemands qu'une étape. Ils restèrent fidèles, même après la décision de Madrid, à leur tactique efficace et ils mirent à l'ordre du jour la question du drapeau avant chaque manifestation sportive internationale. Leur action connut un succès grandissant étant donné que le climat politique international donnait des signes de détente et que le sport international se lassait aussi de plus en plus au cours des années 1960 de ces formes diverses de « querelles allemandes ».

Dès 1963 la fédération internationale de ski attribua le championnat du monde de ski nordique à Oslo au lieu de Garmisch, les responsables du sport fédéral étant certes en mesure de garantir que toutes les équipes étrangères pourraient participer sans réserve, mais cette déclaration excluant la délégation de RDA Le ministère des Affaires étrangères pria les responsables du sport de bien vouloir comprendre cette décision, car les États membres de l'OTAN n'avaient trouvé un accord sur la fermeture de leurs frontières aux sportifs de RDA qu'à la demande pressante de Bonn, en septembre 1961. Désormais, il était impossible à la République fédérale de délivrer elle-même un visa[52]. Ce cercle vicieux, que l'ingérence du ministère des Affaires étrangères dans l'organisation des manifestations sportives internationales avait créé même à l'étranger, pesait pourtant de plus en plus fré-

---

51.– Par cette sage décision, le CIO alla en particulier à l'encontre de l'organisateur français des Jeux d'hiver. Car, dès avant la session de Madrid, le ministre français des sports Maurice Herzog avait déclaré que seule une équipe panallemande aurait le droit de participer aux Jeux d'hiver à Grenoble. Avec la scission complète de cette équipe, le CIO aurait déjà engendré un autre problème. Voir à ce sujet « Letzte Brücke », in : *Der Spiegel*, 41 (1965), pp. 132 – 135, ici p. 135.

52.– Overbeck à BMI concernant le championnat du monde de ski nordique à Garmisch-Partenkirchen en 1966, 6 avril 1963 ; BAKo, B 106/17778. Sur la décision du conseil de l'OTAN, voir aussi HOLZWEISSIG (note 35), pp. 37ss.

quemment sur les dirigeants sportifs ouest-allemands eux-mêmes. C'est pourquoi, dans le flot des querelles protocolaires, la RDA était devenue le lieu phare de divers grands événements sportifs. Elle comblait le vide laissé par la République fédérale comme lieu de rencontres sportives. Même les associations fédérales du sport professionnel étaient pour la première fois prêtes à quitter le front diplomatico-sportif anti-RDA qui les isolait de plus en plus au sein du sport international. Lorsque le gouvernement fédéral somma la fédération allemande d'athlétisme de renoncer à participer au championnat d'Europe de Budapest en 1966, son organisateur ayant accordé à la RDA le droit de participer aux compétitions en tant qu'équipe autonome dotée de son propre drapeau et de son propre hymne, le président Max Danz opposa une fin de non-recevoir[53]. L'année suivante, la fédération allemande de hockey sur glace se retrouva sous le feu de la critique du ministère des Affaires étrangères pour ne pas s'être, selon lui, suffisamment efforcée d'empêcher, en appliquant le protocole à la lettre, une rencontre entre les deux équipes allemandes lors du championnat du monde Vienne[54].

Dans le monde du sport international aussi, une résistance à de telles frasques germano-allemandes se fit sentir. Cela valut en particulier pour le CIO Lors de l'ouverture de son 66e congrès, à Rome, le 24 avril 1966, Avery Brundage invita les associations professionnelles à déplacer les manifestations internationales dans les pays non membres de l'OTAN, étant donné que les restrictions d'entrée fixées par l'alliance à l'égard des sportifs de RDA seraient toujours en vigueur. En réalité, il suffisait d'attendre que la meilleure réputation de la RDA dans le monde du sport international conduise à la pleine reconnaissance de celle-ci au sein du mouvement olympique. C'est pourquoi Avery Brundage, dès le mois de décembre 1967, laissa entrevoir à la délégation est-allemande qu'elle pourrait, même sans renouveler sa demande, acquérir sa pleine souveraineté en 1968[55]. Or cela concernait aussi la question, soulevée depuis longtemps, du protocole de 1972 au stade olympique de Munich.

Le 12 octobre 1968, le CIO montra une fois de plus qu'il était moins intéressé par la politique pragmatique que par la politique de force interne au sport. Malgré la présence des blindés soviétiques à Prague la question allemande fut inscrite à l'ordre du jour après que la Corée du nord et Formose (Taïwan) eurent à nouveau insisté pour se présenter à l'avenir sous les noms

---

53.– Sid, Daume : Keine Stellungnahme, 31 août 1966 ; BAKo, B 106/17779.
54.– AA au service des sports du BMI concernant la question du drapeau, 15 mars 1967 ; BAKo, B 106/17784.
55.– Récit d'un voyage du président du CIO, Avery Brundage, ayant eu lieu du 11 au 22 décembre 1967, p. 3 ; SAPMO-BArch, DY30/IV A2/18/6.

de « République populaire de Corée du Nord » ou de « République de Chine »[56]. Par ce biais, le CIO eut la possibilité de se libérer d'un seul coup de toutes ses querelles protocolaires. Lors des élections qui suivirent, le NOK de RDA obtint par 44 voix contre 4 le droit de disposer en propre d'un hymne, d'un drapeau et d'un emblème. La future équipe porterait le nom « Allemagne-RDA ». En outre, le CIO invita le Comité d'organisation des Jeux Olympiques de Munich à remettre, au plus tard à la fin de l'année, un texte sur la question du déroulement sans encombre des Jeux dans le cadre de cette nouvelle réglementation.

En étant pleinement reconnue par le mouvement olympique, la RDA avait atteint son but. Désormais, les responsables sportifs de l'Allemagne fédérale devaient agir s'ils ne voulaient pas perdre les Jeux. À Bonn, après le choix de Mexico, les responsables se sentirent abusés par le NOK et se voyaient dorénavant placés dans une situation difficile en matière de politique allemande. Spontanément, ils envisagèrent de renoncer aux Jeux. Pourtant, malgré les fortes réserves du ministère des Affaires étrangères et de la Chancellerie, le gouvernement fédéral adopta le 18 décembre 1968 un projet du ministère de l'Intérieur et remit le lendemain au CIO une déclaration sur le déroulement optimal des Jeux. Derrière cette décision se trouvaient surtout les ministres Willy Brandt et Herbert Wehner qui voulaient régler définitivement le problème de l'hymne et du drapeau[57]. Bien que l'on pût reconnaître déjà ici les débuts de la nouvelle politique envers les États de l'Europe de l'Est, le ministère fédéral de l'Intérieur souligna encore que cette déclaration en faveur de Munich représentait une exception absolue. Le projet du gouvernement mettait en outre l'accent sur le fait que cette décision n'aurait aucune répercussion sur la politique de non-reconnaissance de la République fédérale. Car, en fin de compte, la RDA n'était reconnue sur le plan olympique que comme territoire, et non comme État ou nation[58].

Toutefois, ces subtilités allemandes ne pouvaient guère être déjà communiquées à la population. C'est pourquoi la presse se demanda le lendemain, légitimement, pourquoi un règlement valable à l'été 1972 devait être proscrit jusque-là. Ainsi la question protocolaire des Jeux de Munich finit-elle par

---

56.– À côté des deux NOK allemands, la Chine et Taïwan, ainsi que deux NOK coréens, luttèrent pour acquérir du crédit et obtenir une représentation exclusive. Sur ces deux cas, voir la brève présentation proposée dans HÖFER (note 3), p. 212.

57.– Ébauche de note au gouvernement, s.d. ; BAKo, B 136/5565.

58.– Projet de loi du BMI concernant les répercussions de la décision du CIO du 17 octobre 1968 sur la préparation et l'organisation des Jeux Olympiques de 1972, ainsi que sur les relations sportives au niveau international et panallemand, 17 décembre 1968, p. 7 ; BAKo, B 136/5565.

devenir exactement ce que l'on avait redouté : un tournant politique pour l'Allemagne dans le domaine du sport. Car même les *Länder* renouvelèrent lors de la réunion de leurs ministres de l'Intérieur du 6 février 1969 leurs réserves sur l'action du gouvernement fédéral. Ils constatèrent qu'il y avait de l'inconséquence à traiter différemment les Jeux Olympiques et d'autres manifestations sportives internationales[59]. Le 22 juin 1969, le gouvernement fédéral finit par prendre la seule décision encore possible : il se déclara disposé à tolérer le drapeau et l'hymne de la RDA lors des manifestations sportives internationales sur le sol de la République fédérale. Ainsi prit fin l'histoire des tensions interallemandes dans le domaine du sport.

## Conclusion

L'histoire de l'équipe olympique allemande montre à quel point la politique des deux États s'axait sur les symboles et les représentations. Le sport, en particulier le mouvement olympique, s'avérera propice à ces querelles protocolaires. Le CIO n'eut certes de cesse de souligner qu'il offrait un espace culturel « apolitique », mais il tenta en même temps de fournir des contrepoints aux faits politiques. Ce faisant il ouvrit toute grande la porte à une politisation progressive.

Tandis que le sport fédéral allemand se dégagea au cours des années 1950 de son fardeau politique allemand et se défendit avec succès contre des tentatives d'influence du gouvernement et du ministère des Affaires étrangères, les responsables des sports de RDA n'eurent de cesse de chercher à séduire par leur fidélité idéologique au parti. L'efficacité croissante du sport de RDA contribua à une plus grande renommée olympique.

L'histoire, riche en tensions, des deux États allemands dans le domaine du sport, oscille entre les deux pôles de la démarcation et de l'entrelacement. En cela elle est exemplaire d'une démarche d'histoire intégrée des deux Allemagnes.

(Traduction : Ingrid et Marc LACHENY)

---

59.– BMI à AA, BMG et au chef de la Chancellerie fédérale au sujet des répercussions de la décision du CIO du 12 octobre 1968, s.d. ; BAKo, B 136/5565.

# Le renouveau du cinéma allemand dans les années 1960. Entre modernité et reconnaissance internationale

Caroline Moine

À l'Est comme à l'Ouest, les années 1960 furent une période de grande effervescence politique, sociale et culturelle. Le cinéma en fut l'une des expressions les plus riches. Il connut en quelques années de profondes évolutions, symbolisées par les différentes Nouvelles Vagues qui se développèrent de par le monde[1].

En France, il s'agissait de développer un cinéma d'auteur et de lui frayer un chemin face au système de production déjà en place. En Grande-Bretagne, le « free Cinema » prit une forme politiquement et socialement plus engagée. Aux États-Unis se développa un cinéma indépendant des grandes sociétés de production. À l'Est aussi, en Tchécoslovaquie, en Pologne, en Hongrie, en URSS, de jeunes réalisateurs de fiction remirent en cause les conventions de l'art officiel, changeant de ton et de thèmes[2]. Les films du Printemps de Prague en sont l'exemple sans doute le plus connu[3].

Au début de cette décennie si importante, le 25 juin 1961, le ministre de l'Intérieur de la République fédérale d'Allemagne annonça que le Prix fédéral du cinéma (« Bundesfilmpreis »), décerné chaque année depuis 1951 pour récompenser un film ouest-allemand dans le cadre de la « Berlinale », le festival qui se tenait à Berlin-Ouest, ne pourrait être remis. La qualité de la production annuelle était bien trop mauvaise[4]. Cet incident ne fit qu'officialiser une crise du cinéma en RFA, latente depuis le milieu des années 1950. Quelques semaines plus tard, dans la nuit du 12 au 13 août 1961, commençait la construction du Mur de Berlin par la République démocratique allemande pour, consolider la frontière entre les deux Allemagnes et limiter les départs de plus en plus nombreux de RDA vers le voisin ouest-allemand. Les années 1960 témoignèrent donc de l'espoir d'une nouvelle génération de réalisateurs allemands, à l'Est comme à l'Ouest, de répondre à

---

1.– Jean DOUCHET, *Nouvelle Vague*, Paris, 2004.
2.– Antonin et Mira LIEHM, *Les cinémas de l'Est de 1945 à nos jours*, Paris, 1989.
3.– Eva ZORALOVA, Jean-Louis PASSEK, *Le cinéma tchèque et slovaque*, Paris, 1996.
4.– John SANDFORD, *The New German Cinema*, Londres, 1980, p. 13.

une telle situation de crise tout à la fois économique, politique et esthétique. Des deux côtés, on note non seulement la même volonté de rompre avec le cinéma en place, avec ses structures et ses codes, mais aussi l'aspiration à une reconnaissance internationale. Deux enjeux dominent en effet la période pour le cinéma allemand dans son ensemble, la question de la modernité d'une part et, de l'autre, de la place qu'il convient de tenir au sein des évolutions internationales dans le domaine cinématographique.

Il ne s'agit pas tant ici d'offrir une histoire parallèle des deux productions nationales[5]. Cette contribution souhaiterait plutôt s'interroger, dans un effort de comparaison, sur la question des jeux de concurrence, d'influence et de transferts éventuels entre les cinémas ouest- et est-allemands[6]. En cela, elle s'inscrit dans une interrogation plus large : en quoi l'analyse du domaine du cinéma et de la culture, arme majeure dans la confrontation idéologique de l'époque, permet-elle, ou non, de suivre les relations entre les deux Allemagnes au cours des années 1960 dans toute leur complexité, mêlant niveau institutionnel et réseaux individuels plus ou moins officieux ?

S'interroger dans une approche comparative sur le devenir du cinéma des deux Allemagnes durant cette période impose de s'intéresser à la production, mais aussi aux pratiques, aux conditions de travail des cinéastes et à la diffusion des films, de l'échelle nationale à l'échelle internationale. Pour cela, il convient de dresser dans un premier temps un état des lieux à l'aube des années 1960 de la situation des deux cinématographies allemandes et de leurs contacts éventuels. L'émergence d'une nouvelle génération de jeunes cinéastes et de producteurs implique ensuite de suivre un renouveau auquel on assiste aussi bien dans les studios étatiques de la RDA, à la DEFA[7], qu'en RFA, mais sur des modes et selon des rythmes différents. Enfin, au tournant des années 1970, à la suite de la vague de censure est-allemande de décembre 1965, des événements de 1968 et de la politique d'ouverture à l'Est

---

[5].— Sur le cinéma en RFA, parmi l'abondante production, voir notamment Hans Günther PFLAUM, Hans Helmut PRINZLER, *Film in der Bundesrepublik. Der neue deutsche Film*, Munich, 1992 ; Wolfgang JACOBSEN, *Geschichte des deutschen Films*, Stuttgart, 2004 ; Roland SCHNEIDER (éd.), *Cinéma allemand*, dossier de *CinémAction*, Paris, 1984 ; sur la RDA, voir Ralf SCHENK (éd.), *Das zweite Leben der Filmstadt Babelsberg*, Berlin, 1994 ; Sean ALLAN, John SANDFORD (éd.), *DEFA. East German Cinema, 1946 – 1992*, New York, Oxford, 1999 ; Cyril BUFFET, *Défunte DEFA. Histoire de l'autre cinéma allemand*, Paris, 2007.

[6].— Il faut saluer ici l'étude comparative menée par Matthias STEINLE dans le domaine de la télévision entre la RFA et la RFA, *Vom Feindbild zum Fremdbild. Die gegenseitige Darstellung von BRD und DDR im Dokumentarfilm*, UVK/Haus des Dokumentarfilms, Constance, 2003.

[7].— Les studios de la DEFA furent créés en 1946 en zone d'occupation soviétique. Pour un aperçu de leur histoire, voir Caroline MOINE, « Gels et dégels à l'Est. Le cinéma en RDA (1946 – 1990) », in : Thomas WIEDER, Raphaël MÜLLER (éd.), *Cinéma et régimes autoritaires au XXe siècle*, Paris, 2008, pp. 167 – 184.

(*Ostpolitik*) menée par le chancelier social-démocrate ouest-allemand Willy Brandt, ont conduit à la revendication de nouvelles pratiques et conception du cinéma, ouvrant une nouvelle phase dans la production et les relations culturelles et cinématographiques entre les deux Allemagnes.

## Au tournant des années 1960, deux voies distinctes

Au cours des années 1950, des tentatives avaient vu le jour non seulement pour relancer la production cinématographique allemande mais aussi pour maintenir un lien dans ce domaine entre les deux Allemagnes. Au tournant des années 1960, le cinéma ouest-allemand se trouve cependant dans une situation peu florissante, la décennie précédente n'étant pas parvenue à lui faire surmonter la rupture profonde de la période nazie et de l'après-guerre. Du côté est-allemand, la crainte restait largement partagée de tomber dans un provincialisme l'isolant du reste des grands mouvements culturels. La construction du Mur de Berlin en août 1961 ne fit qu'accentuer cette crainte, représentant pour le cinéma une césure parmi d'autres aussi bien en RFA qu'en RDA.

Dans l'Allemagne occupée de l'après-guerre, le redressement de la production culturelle et plus précisément cinématographique avait représenté un enjeu important. En témoigne la création d'une série de festivals de cinéma qui avaient pour ambition de relancer sur la scène nationale et internationale un cinéma allemand en quête de légitimité. En juin 1951, alors que s'accroissaient les tensions entre les Alliés autour de la question allemande, la « Berlinale » fut créée avec le soutien des Américains, désireux d'empêcher l'isolement culturel, politique et économique de Berlin-Ouest, symbole de l'Allemagne divisée[8]. Ce festival était le premier du genre dans l'histoire du pays et représentait un véritable défi. La date de juin avait été fixée pour devancer le Festival mondial de la jeunesse prévu à Berlin-Est pour l'été. Autre écho des enjeux de guerre froide, dont la « Berlinale » est directement issue : aucun pays de l'Est, y compris la RDA, ne devait être représenté dans la sélection. Si la concurrence interallemande était bien au cœur des enjeux du projet né à Berlin-Ouest, les autres festivals de cinéma allemands créés à l'époque furent conçus à la fois comme des vitrines de la production nationale et comme des passeurs entre les deux cinématographies allemandes des années 1950.

Un an après la « Berlinale », en 1952, le festival international de Mannheim vit le jour, financé par le gouvernement fédéral, par la municipa-

---

8.– Wolfgang JACOBSEN, *50 Jahre Berlinale. Internationale Filmfestspiele Berlin*, Berlin, 2000, pp. 11 – 32.

lité et l'Union des ciné-clubs allemands[9]. Il devait contribuer avant tout au renouveau esthétique du genre des courts-métrages et du documentaire, production très dépréciée depuis la période nazie[10]. La DEFA y participa pour la première fois en 1954. Le festival d'Oberhausen, créé en 1954, était financé avant tout par la municipalité, l'un des bastions de gauche de la Ruhr, et présenta une programmation de courts-métrages plus engagée politiquement et d'emblée ouverte aux pays de l'Est[11]. Les organisateurs du festival, Hilmar Hoffmann et le journaliste Will Wehling, premier critique ouest-allemand à se rendre après 1945 en Tchécoslovaquie, véritable passeur entre l'Est et l'Ouest, jouèrent un rôle déterminant. La devise du festival, « un chemin vers le voisin » – surtout de l'Est, lui valut le surnom de « festival rouge » par Bonn. La DEFA y participa pour la première fois en 1956[12].

Du côté de la RDA, un projet original vit le jour à l'automne 1955 à Leipzig. Signe des efforts de dialogue encore présents, ce fut un réalisateur ouest-allemand, Ludwig Thomé, qui avança l'idée d'un festival, en réponse non pas à la « Berlinale » mais au festival de Mannheim, autour du genre documentaire et dans une perspective uniquement interallemande. Malgré la doctrine Hallstein et la dénonciation au niveau diplomatique de tout contact avec la RDA, nombreux furent les réalisateurs, producteurs et journalistes ouest-allemands qui se rendirent à Leipzig pour tenter de maintenir des contacts entre les deux Allemagnes.

Or au début des années 1960, force fut de constater que les trois festivals allemands de documentaires et de courts-métrages ne remplissaient plus leur fonction de passeurs entre les deux cinématographies et la « Berlinale » continuait à ne présenter aucun film des pays de l'Est. Plus largement, depuis 1954 la programmation en RFA de tout film de la RDA ou d'un autre pays socialiste devait recevoir l'accord d'une commission d'évaluation interministérielle créée par Bonn. Les festivals étaient également concernés par cette mesure. De plus, la RDA n'étant pas reconnue comme un État par la RFA, il était interdit d'annoncer officiellement les films de la DEFA comme venant de RDA. Le terme de « RDA » était en effet formellement interdit par le ministre fédéral de l'Intérieur[13]. Pour le festival de février 1960 à Oberhausen, il fallut ainsi de délicates tractations avant qu'une solution ne fût trou-

---

9.– Voir Michael KÖTZ, Günter MINAS, *Zeitgeist mit Eigensinn. Eine Filmfestivalgeschichte Internationales Filmfestival Mannheim-Heidelberg*, 2001, non paginé.
10.– *Ibid.*
11.– Ronald et Dorothea HOLLOWAY, *O. is for Oberhausen. Weg zum Nachbarn*, Oberhausen, 1979, pp. 15s., ainsi que l'ouvrage collectif, *Kurz und klein. 50 Jahre Kurzfilmtage Oberhausen*, Ostfildern, 2004.
12.– HOLLOWAY (note 11), p. 130.
13.– Aktennotiz, 15.1.1960, Werner Rose, SAPMO-BArch, DY 30 IV/2.906/248.

vée pour désigner les films produits en RDA qui y seraient diffusés. Finalement, les films de la RFA furent annoncés comme « Films d'Allemagne », suivi du nom des sociétés de production, indiquant ainsi clairement qu'il s'agissait de films ouest-allemands, et ceux de la RDA par « Films d'Allemagne. Studios de la DEFA ». Il s'agissait là non pas de points de détails, mais de questions de vocabulaire essentielles dans la guerre froide menée entre les deux États allemands, si soucieux d'être soigneusement distingués l'un de l'autre et, pour la RDA, d'être traité précisément comme un État. Une commission spéciale fut même formée à Bonn pour suivre les problèmes de dénomination des délégations des deux Allemagnes lors de rencontres internationales[14].

Alors que les tensions se faisaient de plus en plus fortes entre les deux États dans la suite de la crise de Berlin, ce fut à Mannheim en mai 1960 qu'éclata un incident qui compromit plus sérieusement la collaboration entre la DEFA et le festival ouest-allemand. À la demande du ministère fédéral de l'Intérieur, le maire de la ville interdit la projection de deux films de la DEFA[15], accusés de colporter une histoire de l'Allemagne partisane selon laquelle Bonn était l'héritière du passé nazi[16]. L'éclat ainsi provoqué accéléra en RDA le choix de transformer à l'automne 1960 le festival de Leipzig en événement international et d'abandonner l'idée de parité RFA/RDA.

Pour le gouvernement de Berlin-Est, une telle ouverture du festival de cinéma visait à conquérir une légitimité internationale, et pour les cinéastes de la DEFA elle se présentait comme une chance nouvelle d'ouverture que le projet de 1955 avait manquée. Régulièrement, les délégués envoyés à des festivals et des conférences à l'étranger continuaient en effet de revenir inquiets du retard pris par la DEFA, comme en 1960 : « Nous sommes plongés dans un provincialisme profond, qui ne permet ni de travailler au niveau

---

14.– Jens Niederhut le souligne également dans son travail sur les échanges scientifiques et les colloques scientifiques internationaux où la RFA et la RDA devaient être représentées : Jens NIEDERHUT, *Wissenschaftsaustausch im Kalten Krieg : die ostdeutschen Naturwissenschaftler und der Westen*, Vienne, Cologne, 2007.

15.– Andrew et Annelie THORNDIKE, *Du und mancher Kamerad*, 104 mn, 35 mm, nb, 1955. Film de compilation, le documentaire retraçait les 50 dernières années de l'histoire de l'Allemagne, visant à démontrer que la RDA se situait dans la continuité du passé de lutte socialiste et démocratique en Allemagne. Joachim HELLWIG, *Ein Tagebuch für Anne Frank*, 20 mn, 35 mm, nb, 1959. À partir du sort d'Anne Frank, le documentaire mettait en garde contre les assassins encore présents en RFA. Le film fut interdit en France et en Grande-Bretagne.

16.– Bericht über die Internationale Filmwoche Mannheim 1962, Club der Filmschaffenden, 29.10.1962, SAPMO-BArch, DY 30 IV 2/906/248.

national ni de s'imposer au niveau international »[17]. Le durcissement de la confrontation avec l'Allemagne de l'Ouest n'avait fait qu'accélérer le mouvement qui jouait en défaveur du projet initial d'un festival uniquement interallemand et servant de lieu de dialogue et d'échange entre les deux cinémas allemands.

Lors de la seconde édition internationale du festival, en novembre 1961, quelques mois après la construction du Mur de Berlin, ils étaient 24 invités de la RFA à défier l'Union des producteurs ouest-allemands, hostile à une telle participation. Ils ne purent donc apparaître comme une délégation officielle. Parmi eux, se trouvait Will Wehling, le directeur des programmes d'Oberhausen, qui souligna dès 1960 « le désir de la population [est-allemande] d'avoir un aperçu de l'Allemagne telle qu'elle est, et non comme la presse, la radio et la télévision la représent [ai] ent, avec toutes les déformations possibles »[18] et le chef opérateur Peter Hellmich, en réalité un collaborateur de la DEFA. Malgré ces invités, la rupture était consommée et plus aucun Allemand de l'Ouest ne participa au jury international du nouveau festival.

La construction du Mur le 13 août 1961 ne fit ainsi qu'aggraver un ralentissement déjà perceptible des contacts entre cinéastes et producteurs des deux Allemagnes. Les spectateurs allemands furent également touchés, puisque le temps était désormais révolu où les Berlinois de l'Est par exemple pouvaient aller à l'Ouest au cinéma, ou vice-versa. Il fut même évoqué en 1964, le déplacement de la « Berlinale » à Munich[19]. Pour tenter de pallier la fin de cette circulation des spectateurs, il fut décidé en 1965 par le sénat de Berlin-Ouest et la direction du festival de diffuser à la télévision ouest-allemande cinq des fictions sélectionnées à la « Berlinale » pour que les habitants de Berlin-Est puissent les découvrir[20]. Outre un contexte politique défavorable à des contacts et échanges, la concurrence croissante de la télévision dans les deux Allemagnes, encore plus marquée que dans le reste de l'Europe, s'avérait préoccupante pour le cinéma de l'Est comme de l'Ouest.

Quelques chiffres peuvent donner la mesure de la tendance générale. Le taux d'équipement en téléviseurs s'accrut rapidement, à l'Est comme à l'Ouest. La RDA comptait ainsi en 1972 4,8 millions de téléviseurs contre un million en 1960. En Allemagne de l'Ouest, il y avait un million de téléviseurs recensés en 1957, quatre millions en 1960 et dix ans plus tard plus de

---

[17].– Klaus Wischnewski, chef dramaturge du studio des fictions à la DEFA, Bericht des III. Konferenz der Filmschaffenden aus den sozialistischen Ländern in Sofia, 15. – 22.11.1960, SAPMO-BArch, DR1/4610.
[18].– Will WEHLING, « Auch im Osten ist man gegen Experimente », in : *Die Welt*, 26.11.1960.
[19].– JACOBSEN (note 8), p. 12.
[20].– *Ibid.*, p. 116.

16 millions[21]. Les pratiques culturelles des Allemands s'en trouvèrent modifiés. En RDA, le nombre de spectateurs atteignit son plus haut niveau au milieu des années 1950 avant une chute très nette, avec une fréquentation annuelle moyenne des salles par habitant de 9,7 % en 1950, 13,8 % en 1960 puis 5,4 % en 1970[22]. La RDA se trouvait en 1970 loin derrière la Tchécoslovaquie, à 8 %, alors qu'en RFA le taux, égal à sa voisine en 1950, était passé de 11 % en 1960 à 2,6 % en 1970, pour atteindre le taux le plus bas de la Communauté européenne[23].

Toutefois, alors que les échanges et partenariats entre réalisateurs, producteurs des deux Allemagnes semblaient compromis, que le cinéma se voyait concurrencé par d'autres loisirs et médias, une génération apparut qui tenta de développer de part et d'autre du Mur de Berlin un nouveau cinéma pour répondre à la situation de crise constatée. Suivant chacun leur voie, dépendant en effet toujours de contextes de réalisations, de production et de diffusion très différents, cinémas est- et ouest-allemands n'en suivirent pas moins des aspirations semblables, mais selon une chronologie distincte.

## Les jeunes gens en colère de Babelsberg

En RDA, dans le domaine culturel, ce furent tout d'abord la naissance du « chemin de Bitterfeld » (« Bitterfelder Weg ») en 1959, appelant au rapprochement entre intellectuels et officialisant l'entrée de la vie culturelle de la RDA dans le champ du réalisme socialiste, puis le XIe Plenum du SED en décembre 1965, qui étouffa l'effervescence du début des années 1960 dans une vague de censure inattendue, et enfin l'arrivée d'Erich Honecker au pouvoir en 1971, qui constituèrent les dates charnières de la période pour une politique culturelle officielle mouvante.

Le Mur de Berlin, s'il représenta un nouvel obstacle indéniable vis-à-vis des échanges et contacts avec l'Ouest, s'accompagna en RDA dans un premier temps d'une relative ouverture sur le plan intérieur, qui se traduisit notamment dans le domaine de la culture et du cinéma. L'arrivée d'une nouvelle génération aux postes de direction au tournant des années 1960 laissa ainsi espérer une évolution de la politique cinématographique du régime, qui serait moins asservie au dogme du réalisme socialiste. Hans Bentzien, ministre de la Culture de 1961 à 1966, Günter Witt, chargé de l'Administration centrale du Cinéma au ministère de 1960 à 1965, ou encore Jochen Mückenberger directeur général des studios de la DEFA de 1961 à

---

21.– SANDFORD (note 4), p. 12.
22.– BUFFET (note 5), p. 202.
23.– PFLAUM, PRINZLER (note 5), p. 225.

1966, étaient des trentenaires partageant la même volonté de privilégier le primat artistique sur l'importance politique[24]. Une relative décentralisation des studios, inspirée des évolutions en cours en Pologne notamment, favorisa cette dynamique nouvelle de la production. Le renouveau toucha également les cinéastes eux-mêmes. Les jeunes réalisateurs de la nouvelle génération se montrèrent impatients de tourner leurs propres films et de prendre la relève : en témoignent pour la fiction les parcours de Joachim Kunert né en 1929, Ralf Kirsten né en 1930 ou encore Frank Beyer né en 1932. Leurs films allaient tenter de donner la parole à la jeunesse et préférer à la problématique de la guerre froide une observation nuancée voire critique de la société est-allemande.

La production cinématographique des « jeunes gens en colère de Babelsberg »[25] fut marquée par une même volonté de retrouver un public qui se détournait des films des studios étatiques de la DEFA[26]. Il en ressortit des œuvres d'une grande diversité, relevant de plusieurs genres, de la comédie à la satire, en passant par le film policier. Des acteurs déjà reconnus, comme Manfred Krug, Erwin Geschonneck, Armin Müller-Stahl, Angelika Domröse, Jutta Hoffmann, tournèrent des rôles plutôt légers, comiques, ouvrant la voie à un cinéma populaire. La plupart des films s'emparèrent de thèmes jusque-là délaissés, comme la question du conflit de génération, des difficultés de la vie quotidienne, notamment pour les jeunes gens. En 1964 sortit sans doute l'un des films les plus importants de la période, « Le Ciel partagé » (« Der geteilte Himmel ») de Konrad Wolf. Adapté d'un roman de Christa Wolf paru en 1963, il suit les errements de Rita, une jeune étudiante qui hésite à suivre à Berlin-Ouest le chimiste Manfred et qui finit par choisir, avec une certaine résignation, et non sans vivre une profonde dépression, de rester en RDA où l'attendent ses amis et son travail. À l'individualisme du jeune homme s'oppose ainsi la communauté représentée par la décision finale de la jeune fille. L'histoire de la division de l'Allemagne est présentée ici en respectant le récit officiel est-allemand – notamment le caractère inévitable de la construction du Mur – et n'évite pas la caricature dans la représentation de Berlin-Ouest, mais les personnages principaux sont malgré tout montrés de manière complexe et la douleur de la séparation du couple comme de la division des deux Allemagnes n'est nullement atténuée. En outre, la structure même du récit n'est pas linéaire, Konrad Wolf multiplie, de manière exigeante pour le spectateur, les ellipses, les ruptures chronologiques et les flash-back. Or ce film

---

24.– BUFFET (note 5), p. 147.
25.– L'expression est de Klaus Wichnewski, directeur littéraire à la DEFA de 1960 à 1966 : Klaus WICHNEWSKI, « Die zornigen jungen Männer von Babelsberg », in : Günter AGDE (éd.), Kahlschlag. Das 11. Plenum des ZK der SED 1965, Berlin, 1991, pp. 171 – 188.
26.– Ibid., p. 176.

connut un grand succès public en RDA, avec 1,5 millions de spectateurs en quatre mois, même si ses choix esthétiques furent controversés. Il fut montré dès septembre 1965 en RFA, où les critiques furent partagées, débattant moins de la forme que de la question de l'identité allemande que posait « Le Ciel partagé »[27]. La première moitié des années 1960 fut ainsi dominée en RDA par une grande créativité, qui témoignait, malgré le Mur, de la place prise par la DEFA et par la vie quotidienne est-allemande dans un espace culturel dépassant les seules frontières de l'État[28].

Puis le couperet tomba, en décembre 1965. De nombreuses voix s'élevèrent au sein du Parti contre « l'immoralité » de la musique et des danses alors en vogue, ou contre la mode des cheveux longs et des vêtements à l'occidentale comme les jeans. Des incidents qui se produisirent en marge de concerts servirent de prétexte aux tenants d'une morale socialiste stricte pour dénoncer un mode de vie « dégradant ». En décembre 1965, le XIe plenum du Comité central du SED, vit triompher les idéologues conservateurs. « Notre RDA est un État propre » déclara Erich Honecker, qui rappela que l'éthique, la morale et le souci des bonnes mœurs devaient prévaloir en Allemagne de l'Est. Or les influences néfastes qui venaient de l'Ouest et de la RFA avaient gagné plusieurs romans, émissions de radio et de télévision, journaux, mais aussi les films de la DEFA, jugés « modernistes », « sceptiques », « anarchistes », « nihilistes », « pornographiques »[29]. Plus que les valeurs, les arguments utilisés pour condamner toute une production culturelle révélaient, les inquiétudes des accusateurs. En sacrifiant tout ce pan de la production culturelle, il s'agissait d'endiguer toute influence non orthodoxe pour témoigner de la fidélité de Berlin-Est vis-à-vis de Moscou, au moment de réformes économiques controversées et alors que Leonid Brejnev avait remplacé Nikita Khrouchtchev au Kremlin et imposait une nouvelle ligne générale à l'Est[30].

La censure fit disparaître douze films de fiction de la DEFA, encore en montage ou déjà dans les salles. On les appela les « Films-lapins » (« Kaninchenfilme ») d'après le titre de la fiction « C'est moi le lapin » (« Das Kaninchen bin ich » de Kurt Maetzig qui avait été dénoncée nommément par Erich Honecker dans son discours. Parmi eux, « Berlin um die Ecke » de Gerhard Klein, mêlant fiction et aspect documentaire sur la vie de jeunes ouvriers à

---

27.– Wolfgang JACOBSEN, Rolf AURICH, *Der Sonnensucher. Konrad Wolf*, Berlin, 2005.
28.– Erika RICHTER, « Zwischen Mauerbau und Kahlschlag 1961 – 1965 », in : SCHENK (note 5), p. 159.
29.– Erich HONECKER, « Bericht des Politbüros an das XI. Plenum des ZK der SED, Dezember 1965 », in : *Neues Deutschland*, 16.12.1965.
30.– Detlef ECKERT, « Die Volkswirtschaft der DDR im Spannungsfeld der Reformen », in : AGDE (note 25), pp. 20 – 31.

Berlin-Est et qui mettait en scène la confrontation entre deux jeunes gens et un ouvrier de la génération des fondateurs de la RDA qui était même frappé par l'un de ses jeunes collègues pour avoir dénoncé son ami à la police. On reprocha au film sa « bêtise et son arrogance », « l'individualisme des personnages », une représentation anarchique du travail à l'usine[31]. Le documentariste Jürgen Böttcher vit censurer son premier – et dernier – essai de fiction, « Génération 45 » (« Jahrgang 45 »), un fragment de la vie du jeune héros, Al [fred], âgé d'une vingtaine d'année, qui erre sans but dans Berlin-Est, incapable de communiquer ni avec ses parents ni avec sa femme dont il finit par divorcer. Le portrait fut taxé d'anticonformisme et jugé trop sombre par les autorités[32]. La vague de censure s'acheva avec l'interdiction de projection, juste après sa sortie, de « La Trace des pierres », (« Spur der Steine ») de Frank Beyer, en juin 1966. Enfin, à la suite du XIe Plenum, des têtes tombèrent. Günter Witt, fut démis de ses fonctions, de même que Jochen Mückenberger. Nul ne se fut épargné par cette coupure qui mit fin au printemps est-allemand, bien avant l'écrasement du Printemps de Prague en août 1968.

Alors que le régime est-allemand interrompait brutalement les promesses de renouveau du cinéma et plus largement de la vie culturelle est-allemande, l'année 1966 fut au contraire en RFA le moment de la sortie sur les écrans des premiers films qui représentèrent un tournant pour le cinéma ouest-allemand.

## Le Nouveau Cinéma allemand en RFA

Au cours des années 1966 et 1967 de jeunes cinéastes comme Alexander Kluge, Peter Fleischmann, Jean-Marie Straub ou Werner Herzog, auteurs jusque-là de courts-métrages, purent réaliser leurs premiers longs métrages et atteindre à une légitimé internationale. L'émergence du Jeune Cinéma (« Junger Deutscher Film ») ou Nouveau Cinéma allemand date toutefois d'une autre année charnière, lorsque, le 28 février 1962, 26 jeunes réalisateurs signèrent, durant le festival de courts-métrages de la Ruhr, le Manifeste d'Oberhausen[33]. Ce dernier ouvrit une période clé puisque de 1962 à 1971 on assista en RFA à des mutations importantes non seulement des structures de formation, de production mais aussi de diffusion des films, en réponse précisément aux exigences posées par le Manifeste.

---

31.– RICHTER (note 28), p. 203.
32.– Thomas HEIMANN, « Zwischen Alltäglichkeit und Nonkonformismus. Jürgen Böttchers *Jahrgang 45* », in : Peter ZIMMERMANN, Gebhard MOLDENHAUER (éd.), *Der geteilte Himmel. Arbeit, Alltag und Geschichte im ost- und westdeutschen Film*, vol. 13, Close Up, Constance, 2000, pp. 351 – 360.
33.– Le texte en est reproduit notamment dans PFLAUM, PRINZLER (note 5), p. 9.

Certes, peu de signataires présents à Oberhausen en février 1962 devinrent des réalisateurs phares du Nouveau cinéma ouest-allemand. Alexander Kluge et Edgar Reitz en sont sans nul doute restés les représentants les plus importants. Les autres réalisateurs qui firent beaucoup pour ce renouveau apparurent ensuite, comme Rainer Werner Fassbinder, Werner Herzog ou Wim Wenders. Il n'en reste pas moins que le Manifeste demeure une étape essentielle pour formaliser une évolution amorcée à la fin des années 1950 par des cinéastes alors encore isolés. Il ne faut pas oublier bien sûr l'influence de la Nouvelle vague française dans les aspirations des signataires du Manifeste, ainsi que celle du « Free cinéma » britannique : il s'agissait bel et bien de lancer en RFA un « cinéma des auteurs » (« Kino der Autoren »). La « Berlinale » en juin 1962 servit de forum aux discussions très vives ainsi ouvertes par les signataires.

L'enjeu premier pour ces jeunes cinéastes fut de répondre à la chute commerciale du cinéma en RFA. La volonté de mettre fin au « cinéma de Papa » (« Der alte Film ist tot. Wir glauben an den neuen » concluait le Manifeste) a été le plus souvent souligné comme le point commun de ces différents réalisateurs. Signe précurseur de cette mort annoncée, en janvier 1962, quelques semaines donc avant la signature du Manifeste, avait eu lieu la faillite de l'UFA, symbole du cinéma traditionnel et académique allemand[34]. On ne peut cependant nullement parler d'école pour un ensemble de films dont les choix esthétiques furent très divers et que seul unissait un regard critique sur la société ouest-allemande. La société bourgeoise devint la cible des films qui proposaient une contestation souvent provocatrice de la société de consommation et abordaient volontiers les conflits de génération. Le souci de l'authenticité était aussi largement partagé, comme en témoigne par exemple l'usage de plans documentaires dans de nombreuses fictions.

Une réflexion fut menée dans le même temps pour modifier en profondeur le système de production en place. En février 1965, premier résultat du manifeste d'Oberhausen, un Comité du Jeune Cinéma allemand (« Kuratorium junger deutscher Film ») vit le jour, soutenu par le ministère de l'Intérieur qui subventionna largement ses premiers films. Il s'accompagnait de la mise en place d'un système de primes fédérales à la production, accordées au vu du scénario. L'année 1966, *annus mirabilis*[35], put ainsi voir réelle-

---

34.– L'UFA (« Universum Film-AG ») fut créée en 1917 et devint le plus grand groupe de production allemand, symbolisant le cinéma allemand de l'entre-deux-guerres mais aussi de la période du nazisme et de la guerre ; cf. Klaus KREIMEIER, *Une histoire du cinéma allemand : la UFA*, Paris, 1993.

35.– SANDFORD (note 4), pp. 13 – 15.

ment émerger en nombre les premières productions du jeune cinéma allemand qui connurent un succès critique et commercial.

La reconnaissance internationale fut immédiate. « Anita G. » (« Abschied von gestern ») d'Alexander Kluge (1966) emporta huit récompenses dont un Lion d'argent au festival de Venise. Pour la première fois depuis 1945 un film allemand emportait un prix à la « Mostra ». Quelques mois plus tôt, au festival de Cannes, les cinéastes ouest-allemands reçurent un accueil tout aussi chaleureux avec « Es » de Ulrich Schamoni (1965), « Les désarrois de l'élève Törless » (« Der junge Törless ») de Volker Schlöndorff (1966), et « Non réconciliés » (« Nicht Versöhnt ») de Jean-Marie Straub (1965). À la « Berlinale » de juin, « La Chasse au renard est fermée » (« Schonzeit für Füchse ») de Peter Schamoni, signataire du Manifeste, se vit décerner le prix spécial du jury, après avoir emporté deux prix du cinéma allemand. Devant ce succès national et international, dès le printemps 1967, une exposition itinérante accompagnée d'un livret présentait ce jeune cinéma allemand à un large public. En octobre le festival de Mannheim proposa une programmation qui lui fut entièrement consacrée. La diffusion se poursuivit à travers toute l'Europe, à l'Ouest (Londres, Rome, Paris) comme à l'Est, à Prague et Bratislava où l'ouverture de la vie culturelle tchécoslovaque qui allait donner naissance au Printemps de Prague en 1968 favorisait de telles projections[36].

Cependant, les opposants à ce renouveau du cinéma allemand ripostèrent. Fin 1967 une loi sur la promotion du cinéma fut votée (« Filmföderungsgesetz ») établissant le principe d'un prélèvement sur les entrées, qui prévoyait le reversement automatique aux producteurs proportionnellement à l'audience de leurs films. Cela signifia le triomphe de la série, des produits standardisés. En 1974, une nouvelle loi établit cependant que la taxe parafiscale ne devait pas servir seulement les intérêts du secteur le plus commercial, mais qu'elle devait aider également le cinéma d'auteur et protéger l'exploitation prioritaire dans les salles de cinéma[37]. Elle s'accompagna d'accords signés entre la télévision et le secteur du cinéma qui s'engageaient à développer une production nationale de qualité. De fait, les jeunes cinéastes avaient appris à multiplier les formules de production. Certains devinrent leurs propres producteurs : en 1971 Fassbinder, Thomas Schamoni et Peter Lilienthal fondèrent le « Filmverlag der Autoren » à Munich, Hambourg accueillit des coopératives. Nombreux furent ceux qui réalisèrent en coproduction avec des chaînes de télévision. La télévision ouest-allemande représenta

---

36.– *Ibid.*, p. 14.
37.– R. SCHNEIDER, «... Aux années de lumière », dossier Cinéma allemand de *Cinémaction*, pp. 16 – 19, ici p. 19.

en effet un soutien parfois crucial au jeune cinéma, se montrant innovante et audacieuse, notamment la chaîne « Westdeutscher Rundfunk » (WDR).

Outre une réforme du système de production, de nouveaux lieux de formation furent créés dans la RFA des années 1960. En septembre 1966 s'ouvrit à Berlin-Ouest l'Académie allemande du Cinéma et de la Télévision (DFFB) et un an plus tard, en novembre 1967, l'École Supérieure de la Télévision et du Cinéma de Munich. En RDA la fameuse École de cinéma de Babelsberg avait déjà plus de 10 ans : dès 1954 le régime de Berlin-Est s'était soucié de former une relève cinématographique. Elle connut cependant elle aussi une réforme durant cette période, étant rebaptisée, signe du poids croissant pris par la suite par la télévision en RDA, l'École Supérieure de Cinéma et de Télévision de la RDA (« Hochschule für Film und Fernsehen » ou HFF)[38]. Ces institutions devinrent rapidement des viviers pour le Jeune cinéma allemand, maintenant des identités très différentes les unes des autres. De fait, si Oberhausen eut le mérite de créer une dynamique et d'engendrer des réformes structurelles importantes, dès le départ les routes se séparèrent, entre Munich, Hambourg ou Berlin-Ouest[39].

Dans cette période, s'est toutefois imposé peu à peu, au-delà des différences une « utopie d'un nouveau cinéma »[40], porteuse de nouvelles fonctions, correspondant à une conception bien plus large de la politique, notamment dans le domaine de la culture. Cela se traduisit par le lancement de nombreux cinémas d'art et d'essai, des « Kommunal Kinos », qui souhaitaient développer une nouvelle culture cinématographique, cinéphile, à travers le pays. Au tournant des années 1970 de nouveaux changements s'imposèrent, dans un paysage politique et culturel national et international bien différent de celui qui avait accueillit la construction du Mur dix ans plus tôt.

## Le tournant des années 1970, vers un nouveau dialogue cinématographique ?

La politique d'ouverture à l'Est menée par Willy Brandt, comme ministre des Affaires étrangères de 1966 à 1969 puis comme chancelier de 1969 à 1974, représenta un tournant diplomatique qui eut de multiples répercussions, y compris dans le domaine culturel et les relations culturelles entre les deux Allemagnes. À ce contexte diplomatique vinrent s'ajouter les suites des débats

---

38.– Parmi les cinéastes qui y étudièrent, notons Claudia von Alemann (née en 1943), Jeannine Meerapfel ; Daniel SAUVAGET, « L'école d'Ulm », in : CinémAction (note 5), pp. 30s.
39.– R. SCHNEIDER, « Les routes parallèles : Munich, Hambourg, Berlin », in : CinémAction (note 5), pp. 32 – 34.
40.– Ulrich GREGOR, « Berlinale im Umbruch », in : JACOBSEN (note 8), p. 180.

et revendications nées au cours des événements et mobilisations de 1968, qui s'emparèrent de manière inédite du cinéma comme moyen d'action.

En RDA, au rythme des crises successives qui mirent fin aux espoirs d'un socialisme à visage humain au cours des années 1960, à commencer par la coupure de 1965/1966, le cinéma est-allemand apprit à parler une autre langue que celle imposée par le réalisme socialiste officiel. Le mouvement du réalisme documentaire de jeunes réalisateurs de fiction au tournant des années 1970 servit ainsi de trait d'union entre la production étouffée de la Nouvelle Vague, à visage humain, et cette nouvelle tendance d'un film abandonnant toute dimension idéologique pour choisir l'observation sensible d'une réalité quotidienne. Les jeunes réalisateurs Rainer Simon, Lothar Warneke avec « Dr. med. Sommer II » (1970), Roland Gräf avec « Mon cher Robinson » (« Mein lieber Robinson ») (1970) en sont les principaux représentants. Leurs films, dénués de toute dimension spectaculaire, montrent des personnages cherchant leur place dans la société est-allemande, entre leurs aspirations professionnelles et privées et la réalité souvent désenchantée, routinière.

Avec l'arrivée au pouvoir en 1971 d'Erich Honecker, le régime est-allemand décida de resserrer les liens avec l'URSS tout en augmentant la légitimation et la stabilité du régime, sur le plan intérieur et extérieur, afin d'obtenir la reconnaissance internationale de la RDA. L'énorme succès commercial de « La Légende de Paul et Paula » d'Heiner Carow, en 1973, rendit toutefois parfaitement compte des attentes de la population est-allemande dans cette période-clé de la RDA[41]. Le film raconte l'amour entre Paula, une jeune caissière vivant dans un appartement ancien au-dessus d'un vieux cinéma, élevant toute seule deux enfants nés de deux pères différents, et Paul, modèle parfait du cadre supérieur habitant un immeuble moderne, marié et père d'un enfant. Leur passion va provoquer une série de bouleversements qui remettent notamment en cause le modèle officiel (petit-) bourgeois du mode de vie de Paul. Loin de tout horizon utopique, la production culturelle s'ancrait ainsi dans un quotidien, révélant une image contrastée de la société est-allemande. Les satisfactions matérielles et spirituelles revendiquée par la nouvelle politique économique et sociale du régime depuis l'arrivée d'Erich Honecker ne trouvèrent que peu d'écho dans les films à succès de la DEFA. La société est-allemande dynamisée autour d'une mobi-

---

41.– Plus d'1,7 millions de spectateurs, sur une population d'environ 17 millions de personnes, virent le film en un an.

lisation générale vers un futur commun laissait place à une société intéressée à des problèmes individuels et immédiats[42].

Il s'agissait en outre, pour Berlin-Est, de compenser les effets déstabilisateurs de l'*Ostpolitik*. Il lui fallait développer des relations « normales » avec Bonn tout en maintenant une politique de stricte distanciation d'avec elle (« Abgrenzung »). Cette position délicate prédomina également dans le domaine des relations culturelles. Il fallut ainsi attendre 1975, et le compromis enfin obtenu entre la « Berlinale » et Moscou pour que le premier film de la DEFA soit en compétition au festival, en 1975, un an après la première production soviétique qui avait dû ouvrir la voie[43]. « Jakob le menteur » (« Jakob der Lügner ») de Frank Beyer, sélectionné également pour l'Oscar du meilleur film étranger, permettait au réalisateur de faire un retour triomphal à la DEFA après sa mise à l'écart de 1966[44]. L'ouverture à l'Est de la « Berlinale » marqua ostensiblement les récompenses : l'Ours d'or revint au film hongrois « Adoption » de Marta Meszaros, l'Ours d'argent du meilleur réalisateur au film soviétique et celui du meilleur acteur à Vlastimil Rodsky pour le rôle principal dans « Jakob le menteur ».

La programmation désormais en compétition de films des pays de l'Est à la « Berlinale » répondait aux attentes de tout un ensemble d'acteurs, individuels ou non, institutionnels ou non, de la vie culturelle et cinématographique ouest-allemande. Parmi eux, Ulrich et Erika Gregor jouèrent un rôle crucial de passeurs et de médiateurs entre l'Est et l'Ouest, entre le cinéma de la DEFA et celui de la RFA.

Ulrich Gregor, né en 1932, critique de cinéma, avait publié en 1962 une « Histoire du cinéma » en collaboration avec Enno Patalas, qui est encore de nos jours une œuvre de référence, et enseignait à la DFFB. À Berlin-Ouest il créa, précisément, en 1963, avec Erika Gregor et d'autres, l'Association des Amis de la cinémathèque allemande (« Freunde der deutschen Kinemathek »), mêlant cinéphilie et activisme politique. Il s'agissait de se donner les moyens de projeter des films, de les faire connaître, de les faire circuler, et de les archiver[45]. Pour cela, ils ouvrirent en 1970 un cinéma, l'« Arsenal ». Ce

---

42.– Sigrid MEUSCHEL, *Legitimation und Parteiherrschaft. Zum Paradox vom Stabilität und Revolution in der DDR 1945 – 1989*, Francfort/M., 1992, p. 221 – 229.
43.– JACOBSEN (note 8), p. 223.
44.– D'après un scénario de Jurek Becker, le film, qui se déroule dans un ghetto durant la Seconde guerre mondiale, raconte comment Jakob, qui prétend posséder une radio, abreuve ses voisins de fausses nouvelles pour leur faire garder espoir.
45.– Heiner ROSS, « Für ein Gedächtnis des Kinos – Die Filme, das Forum, der Verleih », in : *Zwischen Barrikaden und Elfenbeinturm. Zur Geschichte des unabhängigen Kinos. 30 Jahre Internationales Forum des Jungen Films*, édité par les Freunde der deutschen Kinemathek Berlin, 2000, pp. 8 – 14.

dernier devint une tribune dans l'après-68 où purent être montrés les cinématographies restées à l'écart des circuits de diffusion traditionnels et commerciaux : films du tiers-monde, productions féministes etc. Leur activité profita d'un environnement très favorable. C'est ainsi que se tint à Berlin-Ouest, en 1973 le premier séminaire international des films de femmes sous l'impulsion des réalisatrices Helke Sander et Claudia von Alemann. La présence de la DFFB et de ses étudiants, mais aussi la « Berlinale », étaient autant d'éléments nourrissant un tel activisme cinématographique.

Or, les Amis de la Cinémathèque contribuèrent à la remise en question du mode de fonctionnement de la « Berlinale » qui traversa une grave crise en 1969 et 1970, à la suite du festival de Cannes qui avait été lui-même interrompu en 1968. L'Arsenal organisa notamment une programmation lui faisant concurrence, refusant l'idée de compétition et de remise des prix, mais multipliant les discussions et échanges autour des films. Devant le succès remporté par cette formule, les organisateurs du festival décidèrent en 1971 d'intégrer officiellement cette programmation parallèle au festival officiel. Le Forum vit ainsi le jour, sous la houlette des Amis de la Cinémathèque. Le festival de Berlin-Ouest était ainsi sauvé, s'étant montré prêt à se renouveler, ne serait-ce que partiellement. Ulrich Gregor et ses collègues disposaient quant à eux d'une nouvelle tribune, de qualité, sur la scène internationale pour défendre leur propre conception du cinéma, héritière tout à la fois du Manifeste d'Oberhausen, autour des films de Fassbinder ou de Rosa von Praunheim, et des revendications d'ouverture aux pays de l'Est et du Sud. Ulrich et Erika Gregor se rendirent ainsi régulièrement au festival tchécoslovaque de Karlovy Vary mais aussi de Leipzig.

## Conclusion

En l'espace de dix ans, le cinéma allemand connut en RFA comme en RDA des bouleversements profonds, qui font de cette période un moment charnière de leur histoire, malgré les différences qui les séparent. La DEFA s'ouvrit à une nouvelle génération qui contribua à un renouveau esthétique et thématique de sa production et la fit comparer aux autres Nouvelles Vagues européennes de par sa qualité. La censure de l'hiver 1965/66, qui demeura unique par son ampleur, surprit et représenta une rupture dans les rapports, alors encore de confiance pour beaucoup, entre les cinéastes, les studios et le gouvernement. Elle empêcha en outre d'ancrer dans la durée et dans l'organisation même de la production le renouveau ainsi amorcé. Le gouvernement est-allemand ne parvint pas à transformer l'essai de la modernisation en RDA[46]. Il voulut moderniser les usines, encourager les progrès technologiques, augmenter la productivité, faciliter la vie quotidienne. Cependant, aucun débat public conséquent ne fut possible, le régime se montra hostile à la modernité venant d'en-bas, d'initiatives individuelles, venant des milieux intellectuels et culturels[47]. Le Jeune Cinéma allemand qui s'imposa sur les écrans de la RFA et étrangers se traduisit au contraire par un renouveau non seulement des films, mais aussi du système de production et de diffusion. Les œuvres des jeunes cinéastes ouest-allemands purent ainsi pour la plupart rencontrer un large public, ce qui demeura de longues années impossible pour leurs collègues de la DEFA. Finalement, les échanges et transferts entre les deux cinématographies allemandes resteront limités au travail de quelques passeurs ouest-allemands, qui demeurèrent, même lorsqu'ils furent institutionnellement reconnus, isolés sur la scène ouest-allemande. Leur rôle n'en resta pas moins essentiel : c'est au Forum de la « Berlinale » que le public de l'Ouest put découvrir les documentaires et les fictions de certains réalisateurs de la DEFA comme Volker Koepp qui au cours des années 1970 et 1980 contribuèrent à faire découvrir un autre visage, en partie plus familier, de l'autre Allemagne.

---

46.– Wolfgang ENGLER, *Die Ostdeutschen. Kunde vom verlorenen Land*, Berlin, 1999, pp. 61s.
47.– Cf. André STEINER, *Von Plan zu Plan. Eine Wirtschaftsgeschichte der DDR*, Munich, 2004.

# Politisations du théâtre des deux côtés du Mur

Florence Baillet

À partir du milieu des années 1990, il est question d'un retour du théâtre politique sur les scènes allemandes[1], qui surviendrait après une phase de « dépolitisation » dans les deux décennies précédentes. Est alors évoquée, sur un ton nostalgique, telle l'incarnation d'un âge d'or du théâtre politique, la période des années 1960 en RFA. On peut citer à cet égard le metteur en scène Thomas Ostermeier, en juillet 1999, juste avant qu'il ne prenne la direction du théâtre berlinois de la « Schaubühne » :

> « A un moment où il semble être devenu impossible de penser une alternative, le théâtre […] sombre dans les pleurnicheries ou le cynisme ou bien il est simplement insignifiant. Le théâtre politique de la génération de 68 est mort ». Et Ostermeier de faire cependant appel au théâtre pour inventer un « nouveau réalisme » et offrir « des expériences qui peuvent remettre en question ma manière de vivre, m'encourager à penser autrement[2] ».

Ce type de discours, déplorant la disparition et souhaitant la renaissance d'un théâtre politique dont l'art théâtral des années 1960 constituerait le paradigme (du moins dans la représentation qui en est donnée *a posteriori*), semble récurrent dans la bouche de praticiens ou de critiques de théâtre de RFA. Il s'y ajoute, après la Réunification, le constat de l'extinction d'un autre théâtre dit « politique », celui d'hommes de théâtre est-allemands qui exprimaient à travers un texte ou un spectacle, par des jeux d'allusions, leurs désillusions face au « socialisme réel » : après 1989, leur théâtre perd sa fonction de substitut du débat public, disant en catimini ce qui n'avait pas ouvertement droit de cité, si bien qu'il est obligé de redéfinir son rôle dans la société. Tout se passe comme si la fin de la RDA avait apporté de l'eau au moulin du discours ouest-allemand sur l'effacement du théâtre politique, ou, du moins, comme si elle entrait en résonance avec ce dernier, dans un télescopage parfois curieux. Dans la revue « Theater heute », des parallèles sont établis entre, d'une part, le déclin du théâtre émancipateur des années 1960

---

[1].– Ingrid GILCHER-HOLTEY, Dorothea KRAUS, Franziska SCHÖSSLER (éd.), *Politisches Theater nach 1968*, Francfort/M., 2006, p. 15.

[2].– Thomas OSTERMEIER, « Das Theater im Zeitalter seiner Beschleunigung », in : *Theater der Zeit*, 7/8 (1999), p. 11.

et, d'autre part, l'abolition, avec la Réunification, de la dimension politique spécifique que pouvait revêtir le théâtre en RDA :

> « La position importante occupée par les théâtres en RDA, qui avaient une fonction compensatoire : c'est du passé. Le jeu subversif, entre les lignes : il n'est plus nécessaire [...] ni possible, étant donné le débat public permissif, ouvert à tous les sujets, tel qu'il existe à l'Ouest. Le théâtre en tant qu'institution d'émancipation, qui connut un essor insoupçonné dans les années soixante : c'est aussi du passé [...]. Pour la politique dans son ensemble, le théâtre est devenu inintéressant[3] ».

On souhaiterait s'interroger sur ce qu'étaient, des deux côtés du Mur, ces « théâtres politiques » auxquels il est fait référence. A propos de la RFA, il s'agit du théâtre des années 1960 : 1968 est présenté comme l'apogée d'une politisation qui aurait commencé au début de la décennie et prendrait fin dans la première moitié des années 1970[4]. On tentera de préciser les formes de théâtre politique de cette époque-là, qui paraissent avoir eu pour modèle l'idée d'un théâtre critique, prenant part au débat public tout en questionnant conceptions et ordre établis. En RDA, le rapport entre art et politique s'articulait de manière différente, mais le théâtre n'en constituait pas moins, dans un autre contexte, un enjeu politique. Le pouvoir officiel lui demandait en effet de soutenir le cours choisi par le gouvernement et d'apporter sa contribution au socialisme réel. Face à cette instrumentalisation de la scène, des voix critiques se manifestèrent au cours des années 1960, marquant le désenchantement croissant de bien des hommes de théâtre face à la manière dont se réalisait le socialisme en RDA.

Il peut sembler paradoxal d'examiner dans le cadre d'une même étude les paysages théâtraux ouest- et est-allemands à un moment où ils sont apparemment plus séparés que jamais, entre la Construction du Mur en 1961 et l'*Ostpolitik* du début des années 1970. Cependant, une analyse conjointe, sans nier les différences, permet de faire surgir aussi des similitudes, ne serait-ce qu'en raison d'échanges entre l'Est et l'Ouest, ayant lieu malgré tout : la vie théâtrale ouest-allemande s'enrichit grâce à l'apport d'hommes de théâtre est-allemands ayant quitté la RDA (comme l'auteur dramatique Heinar Kipphardt en 1959 ou le metteur en scène Peter Palitzsch en 1961) ; bien des pièces de dramaturges est-allemands (tels que Heiner Müller) sont représentées à l'Ouest avant d'être montées à l'Est ; certains auteurs et textes de théâtre franchissent le Mur dans l'autre sens (des pièces de Rolf Hochhuth et de Peter Weiss sont mises en scène entre 1965 et 1968 au théâtre de

---

3.— Michael MERSCHMEIER, « Endstation Sehnsucht », in : *Theater heute*, Jahrbuch 1994, p. 15.
4.— Pour une critique de cette perspective quasi téléologique, qui constitue 1968 en point d'orgue de la décennie précédente : Wilfried BARNER (éd.), *Geschichte der deutschen Literatur von 1945 bis zur Gegenwart*, Munich, 1994, p. 341.

Rostock, sous la houlette de Hanns Anselm Perten). De plus, les théâtres de RFA et de RDA ont un passé et des traditions en commun, si bien que dans une perspective plus globale, il est possible de souligner des effets de « symétrie », concernant notamment le rôle du théâtre dans la cité : loin d'être conçu comme un pur divertissement, « le théâtre est une institution politique en Allemagne, parce qu'il a contribué à former le peuple et la nation[5] », s'étant vu, au moins depuis Schiller, attribuer une fonction d'éducation. Dans les deux Allemagnes, qui se caractérisent, au-delà des différences de leurs politiques culturelles, par un nombre important d'établissements théâtraux[6], tout se passe comme si le théâtre s'efforçait en permanence de justifier son « utilité » au sein de la société, peut-être en raison des subventions conséquentes qui lui sont allouées, ainsi que de la concurrence des nouveaux médias (en particulier la télévision) qu'il doit affronter.

## Expérimentations théâtrales en RFA, ou comment conjuguer art et politique

Une nouvelle génération d'hommes de théâtre émerge dans la RFA du début des années 1960, qui, au lieu de se retirer loin des bruits du monde et d'affirmer la séparation entre « l'esprit » et le « pouvoir », n'hésite pas à prendre parti, face à l'immobilisme de l'ère Adenauer : en 1961, le romancier et dramaturge Martin Walser publie un recueil de textes intitulé « L'Alternative, ou avons-nous besoin d'un nouveau gouvernement ? », dans lequel vingt écrivains plaident en faveur d'un gouvernement SPD. Cette jeune génération, celle des « fils », qui n'ont pas vraiment connu le Troisième Reich ni la Seconde Guerre mondiale, vécus par les « pères », s'empare en outre de la problématique du passé nazi et du « deuil impossible », avec la volonté de lutter contre tout processus de refoulement[7].

## Engagement et désir de briser les tabous

Le 20 février 1963, au théâtre ouest-berlinois de la « Freie Volksbühne », a lieu la première de la pièce de Rolf Hochhuth, « Le Vicaire », dans une mise

---

5.– Günther RÜHLE, *Was soll das Theater ?*, Francfort/M., 1992, pp. 14s.

6.– En 1974, en RFA, il existait 75 lieux scéniques subventionnés (par les communes et les Länder), dont 48 étaient des établissements polyvalents, regroupant au même endroit, selon le principe du *Mehrspartentheater*, à la fois théâtre, opéra, ballet et/ou orchestre. Cf. BARNER (note 4), p. 598. À la même période, la RDA disposait de 65 établissements théâtraux, gérés de manière centralisée. Cf. Christa HASCHE, Traute SCHÖLLING, Joachim FIEBACH, *Theater in der DDR*, Berlin, 1994, p. 187.

7.– Le sujet est d'actualité : en 1961 a lieu le procès Eichmann, puis le procès d'Auschwitz débute le 20 décembre 1963 à Francfort/M., avant que ne s'engage, en 1964, un débat sur la prescription des crimes nazis.

en scène d'Erwin Piscator. L'auteur dramatique y attaque l'Institution de l'Église et son attitude sous le Troisième Reich, à travers son représentant le plus haut placé, le Pape Pie XII, lequel a passé sous silence l'extermination des Juifs. La réception du « Vicaire », joué dans 25 pays et traduit en 17 langues, en fait un phénomène de société : c'est une source de scandale, l'Église catholique proteste, et l'ensemble des réactions suscitées par la pièce remplit un volume entier[8].

Cependant, si l'irruption du « Vicaire » dans le paysage théâtral ouest-allemand crée une rupture par la problématique abordée, ce texte « engagé » n'offre pas vraiment de renouvellement formel. Hochhuth a repris le modèle classique du drame schillérien en cinq actes, avec de longues scènes dialoguées et versifiées, lors desquelles le héros idéaliste et idéalisé est représenté comme un individu doté de libre arbitre et responsable de ses actes. Les choix esthétiques opérés par l'auteur sont, de fait, en harmonie avec sa vision de l'homme et confèrent à la pièce une dimension plus morale que politique. L'« engagement » dont témoigne « Le Vicaire », relève en définitive d'une critique très générale de la société, comme bien des œuvres de la même époque. Hochhuth a par ailleurs ajouté, à la fin de son texte, des documents historiques dépeignant les faits sur lesquels il s'est appuyé, mais cet aspect de « théâtre documentaire » reste comme extérieur à la pièce, dans la mesure où il n'est pas tant perçu par le spectateur que par le lecteur, seul susceptible de consulter les matériaux édités en annexe.

## Un retour au réel ? L'essor du théâtre documentaire

Le succès du « Vicaire » n'en inaugure pas moins un type de théâtre politique qui, prenant ses distances avec les paraboles de Bertolt Brecht ou de Max Frisch, rend compte du monde qui l'entoure grâce à des fragments de réalité introduits sur la scène : il s'agit de montrer plus que de démontrer. En un sens, il n'y a pas là non plus élaboration d'une forme nouvelle, mais plutôt la reprise de traditions théâtrales, en particulier du théâtre politique des années 1920, tel que l'avait conçu Piscator quand, dans sa revue intitulée « Malgré tout », en 1925, il avait recours à des documents bruts, des articles, des tracts, des photographies ou des films, afin de confronter son public à la réalité. Le théâtre documentaire des années 1960 use par ailleurs de procédés épiques à la manière de Brecht, créant un effet de distanciation pour stimuler la réflexion et éclairer le spectateur, dans le cadre d'un théâtre anti-illusionniste qui rompt avec le modèle de la pièce bien faite, pensée comme une totalité organique.

---

8.– Cf. Fritz J. RADDATZ (éd.), *Summa Iniuria oder Durfte der Papst schweigen ? Hochhuths* Stellvertreter *in der öffentlichen Kritik*, Hambourg, 1963.

Dans « L'Instruction » (1965) Peter Weiss effectue ainsi un montage de matériaux authentiques : il reprend les déclarations de témoins ou d'accusés lors du procès d'Auschwitz auquel il a lui-même assisté. S'il refuse la fiction, s'il cite ses sources sans les modifier, avec une précision quasi scientifique, l'auteur intervient cependant dans la composition de son œuvre. En sélectionnant et en organisant les documents sous la forme d'un oratorio de onze chants, Weiss propose une œuvre polyphonique qui fait entendre alternativement les voix des assassins et celles des victimes. Ce théâtre est politique dans la mesure où il « vise à déconstruire un point de vue imposé par un groupe dominant[9] ». Dans cette perspective il s'empare de problèmes liées à l'actualité et faisant débat : Weiss s'attaque à la question de la colonisation et des guerres d'indépendance avec « Le chant du fantoche lusitanien », en 1966, et « Discours sur le Vietnam », en 1968 ; Heinar Kipphardt aborde la course à l'armement entre les grandes puissances, ainsi que les rapports entre science, éthique et politique, quand, en 1964, il rédige « En cause : J. Robert Oppenheimer », en s'appuyant sur les 3000 pages d'une enquête menée en 1954 par une commission américaine à l'énergie atomique contre le physicien J. Robert Oppenheimer.

Dans un texte théorique de 1968, intitulé « Notes sur le théâtre documentaire », Weiss attribue de plus à la scène une fonction de contre-pouvoir face aux mass médias : elle permettrait une critique des mensonges, des vérités dissimulées et de la manipulation caractérisant une presse, une radio et une télévision qui serviraient en réalité les intérêts de groupes dominants. L'auteur de « L'Instruction » insiste sur la dimension réflexive du théâtre documentaire, lequel chercherait à susciter une prise de conscience chez son public, à la différence du happening davantage fondé sur l'émotion ; mais il n'en souligne pas moins la distinction entre un spectacle, qui se veut œuvre d'art, et une action politique concrète, telle qu'une manifestation dans la rue. Ce théâtre fut d'ailleurs épinglé par les mouvements contestataires plus virulents de la deuxième moitié des années 1960, qui considérèrent qu'il était insuffisant, tout engagé qu'il fût, car incapable de changer la réalité qu'il dénonçait.

## La remise en cause de l'Institution Théâtre

La « politisation » du théâtre des années 1960 est en réalité un phénomène ambigu qui n'a rien d'une lune de miel entre théâtre et politique : certes, l'opposition extraparlementaire, qui s'est développée à partir de la Grande Coalition et nourrit la contestation de 1968, a sans doute été stimulée par la production théâtrale engagée des années 1960, mais ses éléments les

---

9.– Christian KLEIN, « Théâtre documentaire », in : Elisabeth DÉCULTOT, Michel ESPAGNE, Jacques LE RIDER (éd.), *Dictionnaire du monde germanique*, Paris, 2007, p. 115.

plus radicaux expriment de la méfiance à l'égard de l'art en général, soupçonné d'être une « marchandise de l'industrie de la conscience », peu apte à l'action politique directe[10]. Tandis que l'organisation étudiante SDS occupe des théâtres en protestant contre un art dit « bourgeois », qui se confinerait dans l'esthétisme et l'autocélébration, une partie des artistes, notamment les « jeunes », se solidarise avec les mouvements contestataires, mais d'autres peuvent craindre d'être instrumentalisés, d'où, selon les cas, des réticences. Leurs interrogations s'expriment sur les planches, à travers la mise en scène de pièces sur la révolution (« Marat/Sade » de Weiss en 1964, « Les Plébéiens répètent l'insurrection » de Günter Grass en 1966 ou « Toller » de Tankred Dorst en 1968), qui dressent le constat d'un échec ou des difficultés de tout changement, évoquant le thème de la « misère allemande » : l'Allemagne n'accomplirait de révolution que dans ses pièces de théâtre.

Cependant, une partie du monde théâtral se remet également en question et accomplit une forme de révolution qui affecte directement ses pratiques. Il faut dire que des artistes avaient déjà développé des aspects de la critique contre le théâtre « bourgeois » : la pièce de Peter Handke, « Outrage au public », écrite en 1966, peut se lire comme un manifeste contre le théâtre culinaire et conventionnel (déjà dénoncé par Brecht). Handke, qui a pris la « politisation » de ses contemporains à rebrousse-poil, donnant pour titre à un ouvrage de 1967 « J'habite dans une tour d'ivoire », comme par provocation à l'égard d'un certain conformisme de l'anticonformisme, propose lui aussi un théâtre politique, mais d'une autre manière : au lieu de transmettre quelque message, il contredit les attentes et les modes de perception traditionnels du public, opérant une critique du langage et de son fonctionnement dans la société.

Le « théâtre des metteurs en scène » (« Regie-Theater ») des années 1960 et 1970 relève d'un désir analogue de rompre avec une conception figée de l'art théâtral : à l'opposé des mises en scène des années 1950, qui, par le biais de textes classiques, renvoyaient à des questions universelles et intemporelles, les praticiens cherchent désormais à parler de l'actualité à travers une relecture de ces mêmes classiques et refusent la notion de « fidélité » à une œuvre, qui scellerait à jamais le sens de cette dernière. Ainsi, dans l'interprétation débridée, parfois provocante, axée sur le corps, de « Mesure pour mesure » par Peter Zadek au théâtre de Brême[11] en 1967, Botho Strauß dit percevoir les

---

10.– GILCHER-HOLTEY et al. (note 1), p. 26.
11.– Le théâtre de Brême, sous la houlette de Kurt Hübner, joua un grand rôle pour de jeunes metteurs en scène tels que Peter Zadek ou Peter Stein, auxquels il permit d'exprimer leur talent, au point qu'on parla d'un « style de Brême ».

« forces émancipatrices et antiautoritaires[12] » de l'époque. La représentation s'affranchit du texte littéraire, on assiste à une « autonomisation[13] » du théâtre. Cette évolution correspond à un changement de génération : Gustav Gründgens, qui incarnait la conception « classique » de la mise en scène, meurt en 1963, tandis qu'arrivent sur le plateau Peter Zadek, Claus Peymann ou Peter Stein. La scène ouest-allemande bénéficie en outre de l'apport de metteurs en scène venus de RDA, qui, comme Peter Palitzsch ou Egon Monk, ont été influencés par le travail de Brecht au « Berliner Ensemble ».

Le désir d'expérimenter un nouveau théâtre dans les années 1960, plus politique, conduit aussi ce dernier en-dehors de l'Institution théâtrale. Il se développe des théâtres de rue, animés par des troupes d'amateurs. Leurs spectacles, qui ont pour modèle à la fois la tradition d'Agitprop de la République de Weimar et le « Bread and Puppet Theatre » de New York, sont associés à des distributions de tracts ou à des discussions avec le public. Ce désir d'un théâtre hors-les-murs gagne des milieux professionnels : certaines représentations peuvent déboucher sur des appels politiques ou sur des happenings improvisés, on envisage de jouer dans la rue, dans un hangar ou un stade ; on se penche sur d'autres esthétiques, mêlant la musique, la danse ou la pantomime, et faisant intervenir le corps et le rituel, sous l'influence d'Artaud et de son théâtre de la cruauté.

Les changements touchent aussi le mode d'organisation des établissements théâtraux, dont la structure est jugée « autoritaire[14] ». Des troupes de théâtre off, appelées « Freie Gruppen », qui se développent, souhaitent se libérer du carcan institutionnel et des hiérarchies afin d'inventer une autre forme de spectacle, fondée sur le travail de groupe : le collectif ainsi constitué est perçu comme un microcosme de société, devant incarner l'utopie d'une communauté idéale ou du moins un modèle alternatif. Ces évolutions structurelles affectent également des théâtres dits « établis » : la troupe de Stein s'installe en 1970 dans un établissement privé, la « Schaubühne am Halleschen Ufer », et met en place une organisation bâtie sur des principes de co-gestion, selon laquelle l'ensemble des membres du théâtre participe à toutes les décisions, qu'elles soient artistiques ou techniques[15]. Ce modèle se révèle néanmoins difficile à transposer, notamment au sein de théâtres sub-

---

12.– *Theater heute*, octobre 1970, p. 62.
13.– Hans-Thies LEHMANN, *Postdramatisches Theater*, Francfort/M., 1999, p. 83.
14.– Deux jeunes comédiens font alors paraître un texte sur le caractère autoritaire du théâtre allemand : Jens JOHLER, Barbara SICHTERMANN, « Über den autoritären Geist des deutschen Theaters », in : *Theater heute*, 4 (1968), pp. 2 – 4.
15.– Peter IDEN, *Die Schaubühne am Halleschen Ufer 1970 – 1979*, Francfort/M., 1982, pp. 33 – 37.

ventionnés de plus grande taille, dans lesquels le trop grand nombre de participants paralyse le travail en commun[16].

À cette démocratisation interne s'ajoute une volonté de démocratisation externe : à une vision élitiste de la culture on oppose l'idée d'un théâtre populaire tout public. Des troupes (surtout des « Freie Gruppen ») proposent des spectacles destinés à des catégories particulières, considérées comme marginales ou « dominées » : c'est l'essor des théâtres pour enfants et adolescents ou pour ouvriers, pour femmes ou pour étrangers, pour handicapés... Reprenant les principes antiautoritaires des mouvements contestataires de la fin des années 1960, ces artistes cherchent à « émanciper » leurs spectateurs, parfois en les faisant jouer eux-mêmes pour articuler leurs problèmes, sous l'influence de la théorie brechtienne de la « pièce didactique » (« Lehrstück »). Sont ainsi expérimentées de nouvelles relations entre la scène et son public.

## À l'heure du bilan : un reflux du théâtre politique au début des années 1970 ?

L'après-1968 semble marqué par un « renversement de tendance », un phénomène de désenchantement après avoir cru au grand soir, une « nouvelle subjectivité » ou « nouvelle intériorité », avec l'avènement d'un théâtre axé sur le quotidien et l'intime. Le critique Georg Hensel choisit l'antithèse pour dépeindre cette évolution qui conduit, selon lui, « de la révolution à la résignation » : « du Pop Art et de la politique à la psychologie et la sphère privée. 1970 : la scène, tribune de l'agitation politique – 1980 : la scène, confessionnal pour révélations individuelles[17] ».

Cette reconstruction du passé paraît néanmoins schématique : d'une part, le théâtre, comme on l'a vu, était déjà en proie aux interrogations quant à son rôle politique au moment de 1968 ; d'autre part, l'art théâtral des années 1970 développe des formes qui peuvent elles aussi revêtir une dimension politique, même si elle est moins flagrante. Certes, un processus de « dépolitisation » affecte les modèles alternatifs nés dans les années 1960 : le principe de cogestion est souvent abandonné, les « Freie Gruppen » n'ont plus vraiment de socle idéologique, la « Schaubühne » « s'embourgeoise » en quittant, en 1981, le quartier populaire de Kreuzberg pour le centre-ville plus chic de Berlin-Ouest. Il est vrai aussi que, de sa remise en question par une

---

16.– Dorothea KRAUS, « Zwischen Selbst- und Mitbestimmung. Demokratisierungskonzepte im westdeutschen Theater der frühen siebziger Jahre », in : GILCHER-HOLTEY (note 1), pp. 125 – 152.

17.– Georg HENSEL, « Von der Revolution zur Resignation », in : *Das Theater der siebziger Jahre*, Stuttgart, 1980, p. 65.

partie de l'opposition extraparlementaire, le monde du théâtre semble avoir tiré la conclusion selon laquelle « les changements sur la scène ne peuvent être que de nature esthétique, et le théâtre ne peut employer de manière révolutionnaire que ses propres moyens[18] ». Le théâtre renonce désormais à faire passer quelque message que ce soit et évoque plutôt la fin des « grands récits », puisqu'on aurait non seulement perdu tout espoir de changer le monde mais aussi toute croyance en la possibilité de lui conférer un sens. En témoignent les textes de Botho Strauß, dont les personnages, qui subissent plus qu'ils n'agissent, errent mélancoliquement sur la scène, en mal d'une signification à donner aux choses : sa pièce « Grand et petit », de 1978, prend la forme d'un « drame à stations » régressif, dans lequel la figure centrale, Lotte, sombre dans la déréliction.

Toutefois, même si on assiste à une réduction de la perspective, le théâtre s'intéressant désormais aux petites histoires des individus plus qu'à la Grande Histoire, la scène n'en livre pas moins son commentaire de la société, mettant en lumière les microstructures plutôt que les macrostructures. Se développe ainsi dans les années 1970, après la redécouverte des œuvres d'Ödön von Horváth et de Marieluise Fleisser, un théâtre populaire critique (par exemple celui de Franz Xaver Kroetz), qui se penche sur la complexité des rapports sociaux à travers des trajectoires singulières, souvent celles de marginaux. Si cet intérêt pour le « peuple » peut paraître ambigu, dans la mesure où ces spectacles n'atteignent pas vraiment la masse populaire à laquelle ils prétendent s'adresser, les auteurs du théâtre populaire critique réinterrogent en tout cas, une fois de plus, la notion de théâtre politique et témoignent en ce sens de la continuité de cette problématique dans le paysage théâtral ouest-allemand d'après-1945.

## Les enjeux politiques du théâtre en RDA : entre instrumentalisation et subversion

De l'autre côté du Mur, on assiste également à une « politisation » du théâtre, cette fois-ci en raison du rôle qui lui est attribué par le régime : selon la revue est-allemande « Theater der Zeit », l'art de la scène est doté d'une « fonction d'acclamation », consistant à applaudir les résultats obtenus par le gouvernement, et d'une « fonction d'anticipation », visant à annoncer l'avenir idéal de la société est-allemande[19]. En ce sens, le théâtre est censé devenir l'instrument du politique.

---

18.– Henning RISCHBIETER, *Theater im Umbruch – Eine Dokumentation aus « Theater heute »*, Munich, 1970.
19.– « Theater als Instanz revolutionären Weltgewissens », in : *Theater der Zeit*, 4 (1975), pp. 2 – 4.

## Une scène sous surveillance

Le poids de l'appareil du pouvoir et de la censure (laquelle n'existe pas, officiellement, en RDA) est constamment perceptible sur les scènes est-allemandes : des membres du parti SED veillent, jusque dans les théâtres, au respect de la ligne prescrite ; la Stasi envoie des agents assister aux répétitions ou à la première ; les répertoires et le programme de la saison doivent être présentés aux instances dirigeantes, la décision au sujet des créations relevant d'une section particulière du Ministère de la Culture ; à partir de 1966, l'encadrement idéologique est de surcroît assuré par une organisation « d'en haut », l'« Union des hommes de théâtre de RDA » (« Verband der Theaterschaffenden der DDR »)[20]. Néanmoins aux différents niveaux de décision, il existe des possibilités de contournement ou des failles de ce contrôle : des dissensions naissent entre le pouvoir central et les autorités locales, ou bien des relations personnelles entre artistes et hommes politiques permettent d'assouplir la rigidité du système. Des espaces de liberté parfois surprenants s'offrent, par exemple dans de petits théâtres de province qui, en étant plus éloignés de la capitale, disposent d'une plus grande marge de manœuvre.

La scène de RDA est par conséquent aussi le lieu d'une autre forme de théâtre politique, fondée sur la subversion et la critique du régime. Comme l'ensemble des médias ne dispose que d'une liberté d'expression fort restreinte, l'art théâtral tente, non pas de se constituer en contre-pouvoir (le terme serait excessif), mais du moins de développer une sorte de double langage, qualifié aussi de « langue des esclaves », qui repose sur une complicité entre la scène et la salle, permettant aux artistes de livrer, grâce à des sous-entendus, un discours critique à l'égard du pouvoir, tout en échappant à la censure. De telles pratiques suscitent toutefois des interrogations : ce théâtre n'est-il pas un simple substitut des médias ? Ne sert-il pas uniquement de « soupape » au mécontentement ? La scène bénéficierait de ce que Heiner Müller appelle une « tolérance répressive », qui s'apparente à une forme de récupération et vise à désamorcer le caractère potentiellement subversif d'une oeuvre en ne la censurant pas directement. Il n'existe cependant pas, en RDA, de véritable dissidence, dont l'art théâtral serait un mode d'expression : maints hommes de théâtre croient en la RDA et en son projet politique, même s'ils sont déçus par le régime.

On ne peut par conséquent opposer deux formes de théâtre, l'une assurant la propagande du pouvoir et l'autre s'installant dans l'opposition : le paysage théâtral de RDA est complexe et pétri d'ambiguïtés. Mais dans tous

---

20.– Cf. Ralph HAMMERTHALER, « Die Position de Theaters in der DDR », in : HASCHE (note 6), pp. 151 – 273.

les cas, l'art de la scène est un enjeu politique, comme le souligne la dramaturge Irene Böhme : « en RDA presque personne ne fait du théâtre uniquement pour faire du théâtre[21] ». Or dans les années 1960, ce théâtre devient un lieu de tension : après la fermeture des frontières en 1961, les artistes se concentrent sur ce qui se passe désormais, en RDA, et ils dressent un inventaire des résultats, si bien que pour le domaine littéraire, la critique a parlé d'une « littérature de l'arrivée » (« Ankunftsliteratur »[22]). Ce bilan est à double tranchant : si le discours officiel proclame solennellement l'arrivée dans le socialisme, bien des œuvres théâtrales de la même décennie témoignent en revanche d'un atterrissage sur le sol de la réalité et du quotidien, qui ne correspondent pas vraiment aux réussites proclamées.

## L'emprise de la politique culturelle dans les années 1960

Les normes à la fois idéologiques et esthétiques que le régime est-allemand impose au théâtre se traduisent par la prééminence de la doctrine du « réalisme socialiste », même si celle-ci, notamment depuis la disgrâce du théoricien Georg Lukács en 1956, perd peu à peu de son caractère strict[23]. Sont avant tout encouragées par le pouvoir des œuvres qui témoignent d'une harmonie, selon un schéma caractéristique des comédies de Claus Hammel, Rainer Kerndl ou Rudi Strahl : le personnage principal, s'il n'est pas de suite un héros positif, a adopté provisoirement un comportement négatif, risquant de le marginaliser ; mais il parvient, au cours de la pièce, à surmonter ce pseudo-conflit pour retrouver le droit chemin de la vertu et du progrès, en rejoignant le collectif. La fin est obligatoirement optimiste, quitte à nécessiter l'intervention d'un *deus ex machina* au dernier acte. Le monde du travail est par ailleurs au centre de ce théâtre, qu'il s'agisse de « pièces de production », concernant le milieu de l'usine, ou de « pièces agraires », portant, comme « Madame Flinz » de Helmut Baierl en 1961, sur les petits conflits nés de la collectivisation de l'agriculture qui vient de s'achever.

Cette politique culturelle dirigiste a connu différentes inflexions au cours des années 1960 : la conférence de Bitterfeld de 1959, avec le slogan « Prends la plume, camarade ! » tend à resserrer les liens entre les travailleurs et l'art, par exemple en développant des théâtres amateurs au sein des usines. Le paradoxe est que ceux qui prennent au mot les directives de Bitterfeld et vont sur

---

21.– Wolfgang EMMERICH, *Kleine Literaturgeschichte der DDR*, Berlin, 2000, p. 347.
22.– Cette dénomination fait allusion au titre d'un roman : Brigitte REIMANN, *Ankunft im Alltag*, Berlin, 1961.
23.– Le réalisme socialiste, qui est un héritage de l'Union Soviétique (où il a été défini dans les années 1930) s'est combiné en RDA avec les idées du théoricien Georg Lukács, pour lequel l'esthétique classique et le réalisme bourgeois des 18e et 19e siècles constituaient le modèle à suivre. Lukács ayant participé au gouvernement hongrois d'Imre Nagy, il ne fut plus en odeur de sainteté à partir de 1956.

le terrain montrent des réalités du monde du travail qui entrent en contradiction avec l'image idéalisée promue par le régime : une œuvre comme la pièce du mineur Horst Salomon « Mica jaune », en 1964, doit donc être remodelée pour correspondre aux principes de la dramaturgie socialiste. À partir de 1963, lors du VIe Congrès du SED puis de la seconde conférence de Bitterfeld en 1964, le but est de conférer plus d'autonomie aux individus afin que le système économique soit plus performant : l'art théâtral est sommé de mettre l'accent sur les figures des nouveaux cadres. La scène prend ainsi en compte les impulsions données par le régime, ce qui passe par une mise à l'écart des spectacles ne correspondant pas au discours du pouvoir. De ce point de vue, la ligne officielle se durcit à partir du 11e plénum du Comité central du SED en décembre 1965 : on assiste, sur le plan culturel, à un repli sur elle-même d'une RDA qui ne publie presque plus d'auteurs ouest-allemands[24], et redoute les influences possibles du Printemps de Prague ou des mouvements de contestation de 1968 en Europe de l'Ouest.

## Un théâtre subversif ? Des voix critiques se font entendre par d'autres voies

L'histoire du théâtre est-allemand est aussi celle d'œuvres interdites et laissées au fond des tiroirs, ainsi que de décalages entre l'écriture d'un texte et sa réception par le public (citons le cas de « La Mort de Lénine » de Volker Braun, rédigée en 1970 et créée en 1988). « Celui qui n'est ni publié ni joué reste éternellement jeune », note en 1987 Lothar Trolle[25], qui souligne le drame d'une génération de soi-disant « jeunes auteurs » dont les pièces restent du théâtre lu parce que le discours officiel, jugeant ces écrivains trop « pessimistes », invoque la nécessité d'une maturation et les consigne dans la fonction de débutants, même quand ils ne sont plus tout jeunes.

De fait, bien des artistes ne se sont pas pliés aux règles édictées par le pouvoir politique, aussi bien sur le plan thématique que formel, d'où l'élaboration d'un théâtre jugé subversif. C'est le cas de Heiner Müller, qui en subit les conséquences : il connaît une traversée du désert d'une dizaine d'années à compter de l'interdiction de « L'Emigrante ou Scènes de la vie de campagne » en 1961, cette « pièce agraire » qui révèle les contradictions du socialisme au lieu d'en présenter une vision idyllique. Müller, qualifié de « Beckett de l'Est », est alors exclu de l'Union des écrivains. Par la suite, sa « pièce de production » « La Construction », est publiée dans la revue « Sinn und Form » en 1965, mais sa mise en scène prévue au Deutsches Theater de Berlin-Est est annulée. De manière analogue, en janvier 1963, les représenta-

---

24.– Jusqu'en 1966, des auteurs dramatiques tels que Peter Weiss et Martin Walser étaient publiés à l'Est de Mur. Cf. EMMERICH (note 21), p. 183.
25.– Otto Fritz HAYNER, Jürgen VERDOFSKY, « Gespräch über Lothar Trolle », in : *Theater der Zeit*, 11 (1987), p. 40.

tions de la pièce de Peter Hacks « Les soucis et le pouvoir » sont suspendues, l'auteur doit renoncer à son poste de dramaturge au « Deutsches Theater », et Wolfgang Langhoff, en dépit de son autocritique, quitte sa fonction de directeur à la tête de ce même théâtre. Maintes œuvres de Müller, Hacks ou Braun ont par conséquent d'abord été montées à l'Ouest, pour un public auquel elles n'étaient pas vraiment destinées, si bien que ces auteurs se trouvaient dans une situation schizophrénique, écrivant en RDA, sur et pour la RDA, mais étant finalement joués et reconnus de l'autre côté du Mur.

La censure n'a pas empêché ces artistes de créer, mais ils recourent à des voies détournées pour se faire entendre. Il est vrai que dans le cadre du théâtre est-allemand, un simple écart par rapport à la norme imposée prend valeur de protestation politique. Dans le paysage théâtral des années 1960 ne pas reprendre l'interprétation harmonieuse des Classiques weimariens telle qu'elle est promue par le pouvoir produit aussitôt un effet. Tandis que Ulbricht développe en 1968 l'idée que la RDA parachèverait le « Faust » de Goethe en écrivant, grâce au socialisme, la troisième partie idéale qui lui faisait défaut[26], la mise en scène, la même année, de Faust I par Adolf Dresen et Wolfgang Heinz au Deutsches Theater prend une valeur subversive parce qu'elle présente un héros non pas « positif » mais déchiré et désespéré, tout en glissant des vers ironiques sur l'actualité, notamment sur le Printemps de Prague[27]. De même, Heiner Müller, confronté à la censure, se tourne- t-il pendant les années 1960 vers la traduction/adaptation de pièces de l'Antiquité ou de Shakespeare (par exemple, « Philoctète » en 1965 et « Macbeth » en 1972), dont il offre une relecture à rebours de la « fidélité à l'œuvre » et de l'interprétation « positive » prônées par le régime.

Au-delà des variations du canon classique, les hommes de théâtre font ainsi usage de mythes ou de paraboles pour critiquer indirectement leur présent. Il se produit à cet égard un changement de paradigme au cours des années 1960 et 1970 : les héros Prométhée et Héraclès, qui symbolisaient la foi dans le progrès de l'humanité, sont démythifiés ou bien remplacés par des figures plus ambiguës, celles de Sisyphe, Ulysse ou bien Cassandre. Dans son texte de 1966 intitulé « Héraclès 5 », Müller effectue un démontage satirique du demi-dieu grec, lequel, lors de son cinquième travail, consistant à nettoyer les écuries d'Augias, est ramené à la sphère du bas, à la boue et au purin, à l'opposé de toute célébration idéaliste et enjolivée d'un Homme Nouveau ou d'une Histoire sans failles. Loin de la comédie optimiste et réconciliatrice, c'est un autre type de comique qui surgit alors dans ce théâtre subversif, un rire grinçant et grotesque, prêt à faire éclater tous les cadres.

---

26.– Cf. Knut LENNARTZ (éd.), *Theater in der DDR. Vom Aufbruch zur Wende*, Velber, 1992, p. 32.
27.– LENNARTZ (note 26), pp. 32 – 34.

## La fin des tabous au début des années 1970 ?

Avec l'arrivée d'Erich Honecker au pouvoir en mai 1971, les artistes croient pendant un temps à une libéralisation, une plus grande liberté d'expression, qui se révèle être plutôt une illusion. Il est vrai que le successeur de Walter Ulbricht avait suscité des espoirs en déclarant, lors du VIIe Congrès du SED, en juin 1971 : « Si l'on part de la solide position du socialisme, il ne peut y avoir, à mon avis, de tabous dans le domaine de l'art et de la littérature. Cela concerne aussi bien les questions de contenu que de style[28] ». Tout se passe comme si le pouvoir relâchait la pression sur le plan culturel dans la mesure où il aurait le sentiment de bénéficier d'une stabilité et d'une reconnaissance sur le plan international (notamment avec la signature entre les deux Allemagnes du Traité fondamental en 1972). Il y a des preuves d'une certaine ouverture, loin de toute instrumentalisation du théâtre : Ruth Berghaus prend la direction du « Berliner Ensemble », après la mort d'Hélène Weigel en 1971, et insuffle une vie nouvelle à cet établissement, jusque-là figé dans la mémoire de Brecht ; Benno Besson, à la tête de la « Volksbühne » depuis 1969, se livre à des expérimentations en compagnie des metteurs en scène Fritz Marquardt, Matthias Langhoff et Manfred Karge[29]. Cependant, dès le 9e Plénum du Comité central du SED, en mai 1973, Honecker pose des limites à l'art de la scène, critiquant durement les auteurs Braun et Plenzdorf (sans pour autant prendre de mesure contre eux). En 1976, la destitution du chanteur Wolf Biermann de sa citoyenneté est-allemande met un terme aux espoirs de bien des hommes de théâtre est-allemands : beaucoup d'entre eux, tels que Müller, Braun et Plenzdorf, signent la lettre de protestation adressée au SED, et/ou quittent par la suite la RDA (comme Einar Schleef, Adolf Dresen et Matthias Langhoff).

Au début de l'ère Honecker, le théâtre bénéficie donc d'une liberté tout à fait relative. Néanmoins, le canon des pièces autorisées s'élargit, englobant désormais les œuvres des Romantiques et non seulement celles des Classiques de Weimar, tandis qu'une plus grande marge de manœuvre est accordée aux auteurs contemporains, lesquels mettent alors l'accent sur l'individu plutôt que sur le collectif, consommant la rupture avec le réalisme socialiste : le lieu de l'action, en particulier, a tendance à se transporter de l'entreprise dans la sphère privée. Les artistes expriment par ailleurs leurs critiques à l'égard du régime en s'interrogeant sur le sens de l'Histoire : l'éloge du mouvement fait place à une dramaturgie de la stagnation ; le motif de la révolution, très présent dans les œuvres de Heiner Müller, Volker

---

28.– Manfred JÄGER, *Kultur und Politik in der DDR. Ein historischer Abriß*, Cologne, 1982, p. 136.
29.– LENNARTZ (note 26), p. 42.

Braun ou Christoph Hein, sert avant tout à souligner les apories de cette dernière, un peu comme dans le théâtre ouest-allemand de la même époque.

L'œuvre symbole de cette période est sans doute la pièce « Les nouvelles souffrances du jeune W. » d'Ulrich Plenzdorf, mise en scène par Horst Hawemann à Halle en mai 1972. L'auteur y opère une relecture peu orthodoxe du texte de Goethe, ce qui suscite des polémiques, tout en rencontrant un grand succès (ce fut également la pièce la plus jouée de la saison 1974/75 en RFA) : le personnage principal, Edgar Wibeau, se retire dans un jardin afin de fuir la société et se consacrer à sa vie privée, son amour pour Lotte. Il a ainsi pu être question d'un désintérêt à l'égard du politique, d'une « Nouvelle Subjectivité » ou « Nouvelle Intériorité », qui auraient également touché la RDA, marquant une évolution conjointe avec le théâtre de RFA. Toutefois, cette manière de mettre le sujet au centre ne prend pas le même sens des deux côtés du Mur. Ce qui peut passer pour une forme de « dépolitisation » en RFA revêt en effet plutôt une dimension de protestation politique en RDA, témoignant du refus d'une idéologie qui a eu tendance accorder la priorité au collectif, fût-ce aux dépens de l'individu.

## Conclusion

Si, au lendemain de la Réunification, et jusqu'à nos jours, une certaine nostalgie d'un « théâtre politique » peut se manifester dans le monde théâtral allemand, évoquant le rôle qu'aurait joué l'art théâtral, des deux côtés du Mur, dans les années 1960 et au début des années 1970, on soulignera cependant que la question de la « politisation » du théâtre ne se pose pas dans les mêmes termes en RFA et en RDA : à l'Ouest du Mur, le théâtre, a priori autonome, cherche à se donner une fonction politique au cours des années 1960, mais en redoute les excès, ce qui conduit au retour à une séparation plus marquée de l'esthétique et du politique au début des années 1970 ; à l'Est, le théâtre se trouve instrumentalisé par le pouvoir, et les artistes tentent de l'en émanciper. Les mêmes choix formels peuvent par conséquent avoir une valeur différente des deux côtés du Mur : la déconstruction de la forme dramatique qu'entreprend, par exemple, Heiner Müller dans « Hamlet-machine » en 1977 ne doit pas seulement être interprétée comme un jeu « postmoderne », ainsi que peut le faire la critique d'Europe de l'Ouest, mais ce texte nécessite que l'on prenne en compte sa dimension subversive face à l'esthétique du réalisme socialiste imposée par le régime de RDA. D'où la nécessité d'une histoire conjuguée des théâtres est- et ouest-allemands qui soit aussi une histoire en contextes, permettant de prendre la mesure de la dimension politique que peuvent revêtir les partis pris esthétiques des artistes.

# Deux fois l'Allemagne – une seule histoire ?
## Pour l'intégration des deux histoires allemandes d'après-guerre

Konrad H. Jarausch

Vingt ans après l'Unification, le regard que l'Est et l'Ouest de l'Allemagne portent sur l'histoire de l'après-guerre est toujours *de facto* scindé en deux. Des sondages attestent que la population de l'Est comme de l'Ouest ne sait que peu de choses de l'évolution de son vis-à-vis et que seuls des événements majeurs tels que la construction du Mur ou la révolte des étudiants sont connus dans leurs grandes lignes[1]. Dans les manuels scolaires également le passé de la RDA est souvent présenté de manière vague et schématique, ce qui n'ouvre aux élèves à l'Ouest que peu de pistes pour une compréhension nuancée des phénomènes historiques tout en déclenchant à l'Est des réactions de rejet chez les professeurs plus âgés[2]. Les congrès et colloques qu'organisent les universités autour de la deuxième moitié du XXe siècle ne concernent en général que l'ancienne République fédérale, si bien que, lorsqu'elle est abordée, l'histoire de la RDA se limite la plupart du temps aux nouveaux Länder[3].

L'appel lancé par le vice-président du Bundestag, Wolfgang Thierse, invitant les uns et les autres, à l'Est comme à l'Ouest, à se raconter mutuellement leur propre histoire, ne semble pas avoir été suivi d'effet[4]. Si bien que des travaux pourtant de premier ordre se concentrent soit sur la RFA, soit sur la RDA, n'offrant jamais chaque fois qu'une « demi-histoire ». C'est ainsi que l'étiquette « Histoire de l'Allemagne après 1945 » ne signifie rien d'autre qu'une histoire de l'Allemagne de l'Ouest augmentée de quelques références à celle de l'Est ; à l'inverse, brosser le tableau de l'évolution de l'Allemagne

---

1.– Werner WEIDENFELD, Felix Ph. LUTZ, « The divided Nation : Historical Consciousness in Post-Unification Germany », in : *German Politics and Society*, 33 (1994), pp. 117 – 145.

2.– Günter BUCHSTAB (éd.), *Geschichte der DDR und deutsche Einheit. Analyse von Lehrplänen und Unterrichtswerken für Geschichte und Sozialkunde*, Schwalbach, 1999, pp. 240 – 246.

3.– Peer PASTERNACK, *Gelehrte DDR. Die DDR als Gegenstand der Lehre an deutschen Universitäten 1990 – 2000*, Wittenberg, 2001.

4.– Wolfgang THIERSE au Forum de l'Histoire, voir la documentation sur CD « Getrennte Vergangenheit – Gemeinsame Geschichte », édité par Ulrich MÄHLERT, Berlin, 1999.

de l'Est se résume en général à traiter de la RDA exclusivement[5]. S'il est vrai que l'accès aux archives a permis un essor extraordinaire de la recherche sur le régime unique de la RDA[6], il n'en reste pas moins que le discours dithyrambique qui célèbre l'occidentalisation et de la démocratisation réussies de la République fédérale – discours qui au final fixe les standards des jugements de valeur – n'inclut dans son argumentation la RDA qu'à titre de repoussoir[7]. La remarquable synthèse de Peter Graf Kielmansegg elle-même n'aborde la dictature du SED que sous l'angle de son échec et non comme alternative possible[8].

Diverses tentatives invitant à dépasser cet horizon[9] sont restées sans lendemain. Cela est sans doute dû au fait que leurs auteurs étaient en quête d'une formule magique capable de faire apparaître le dénominateur commun entre les phénomènes hétérogènes ayant caractérisé les évolutions à l'Est et à l'Ouest. Peter Bender, commentateur historique de l'Allemagne divisée, a tenté lui aussi de « surmonter la division de nos mémoires », ce qui ne manquait pas d'intérêt ; pour autant, ce ne fut pas une réussite totale, le récit segmenté par thèmes ne trouvant pas son principe fédérateur[10]. La formule proposée par Christoph Kleßmann, « une histoire parallèle interconnectée de façon asymétrique », qui a l'avantage de prendre à la fois en compte et la division de l'Allemagne et les relations inégales entre les deux États[11], paraît plus prometteuse. Malgré cela, l'initiative toute récente d'Udo Wengst d'examiner en priorité, outre les modalités des échanges interallemands, des rivalités réciproques et des luttes d'influence croisées, « la question de la réception des changements survenus dans l'autre État alle-

---

5.– Manfred GÖRTEMAKER, *Geschichte der Bundesrepublik Deutschland. Von der Gründung bis zur Gegenwart*, Munich, 1999 ; Ulrich MÄHLERT, *Kleine Geschichte der DDR*, Munich, 1999.
6.– Ulrich MÄHLERT (éd.), *Vademecum DDR-Forschung. Ein Leitfaden zu Archiven, Forschungsinstituten, Bibliotheken, Einrichtungen der politischen Bildung, Vereinen, Museen und Gedenkstätten*, Berlin, 2002.
7.– Axel SCHILDT, *Ankunft im Westen. Ein Essay zur Erfolgsgeschichte der Bundesrepublik*, Francfort/M., 1999 ; Anselm DOERING-MANTEUFFEL, *Wie westlich sind die Deutschen ? Amerikanisierung und Westernisierung im 20. Jahrhundert*, Göttingen, 1999.
8.– Peter GRAF KIELMANSEGG, *Nach der Katastrophe. Eine Geschichte des geteilten Deutschland*, Munich, 1996.
9.– Cf. Peter BENDER, *Episode oder Epoche ? Zur Geschichte des geteilten Deutschland*, Munich, 1996.
10.– BENDER (note 9), citation p. 1.
11.– Christoph KLESSMANN, Hans MISSELWITZ, Günter WICHERT (éd.), *Deutsche Vergangenheiten – eine gemeinsame Herausforderung. Der schwierige Umgang mit der doppelten Nachkriegsgeschichte*, Berlin, 1999 ; voir aussi Arnd BAUERKÄMPER, Martin SABROW, Bernd STÖVER, « Die doppelte Zeitgeschichte », in : ID. (éd.), *Doppelte Zeitgeschichte. Deutsch-deutsche Beziehungen 1945 – 1990*, Bonn, 1998, pp. 9 – 16.

mand et de leurs conséquences », n'a pas encore donné lieu à une étude globale convaincante[12].

L'absence d'écriture commune de l'histoire allemande depuis 1945 est bien la preuve qu'il existe des difficultés intrinsèques – sans parler de l'immobilisme scientifique. À l'inverse de ce que l'on constate à propos du concept de totalitarisme, valable aussi bien pour le nazisme que pour le communisme, des présupposés théoriques susceptibles de mettre en relation dictature et démocratie font défaut, si l'on exclut la comparaison désormais discréditée des systèmes. La question fondamentale est de savoir s'il est possible d'écrire une histoire intégrée de l'après-guerre ou si le passé et la mémoire de chacun des protagonistes sont trop différents pour pouvoir être ramenés à un dénominateur commun. Et dans l'affirmative, la « success-story » de l'Allemagne de l'Ouest doit-elle obligatoirement servir de fil directeur ? Et comment historiciser la République fédérale après son élargissement[13] ? Quel rôle serait alors dévolu à l'histoire de la RDA – deviendrait-elle, pour citer librement Stefan Heym, une note en bas de page de l'histoire universelle, en constituerait-elle au moins un chapitre ou demeurerait-elle un texte autonome, irréductible à toute tentative d'intégration[14] ? De la réponse à ces questions dépendent tout à la fois l'orientation de la recherche scientifique et l'orientation de la mémoire collective.

## Approche unidimensionnelle

Bien que les travaux de Heinrich August Winkler et Edgar Wolfrum constituent des synthèses de premier ordre, elles témoignent néanmoins d'une certaine étroitesse de vue dont les causes sont à rechercher dans la méconnaissance qu'ont les auteurs, formés en République fédérale, des changements intervenus en RDA[15]. Dans ces récits qui valorisent les succès enregistrés par l'Allemagne fédérale, certains facteurs jouent un rôle prépondérant : outre l'expérience propre des auteurs qui ont vécu à l'Ouest, la fierté légitime d'avoir su se réconcilier avec les ennemis d'hier, l'ancrage

---

12.– Udo WENGST, Hermann WENTKER (éd.), *Das doppelte Deutschland. 40 Jahre Systemkonkurrenz*, Berlin, 2008
13.– Axel SCHILDT, « Überlegungen zur Historisierung der Bundesrepublik », in : Konrad H. JARAUSCH, Martin SABROW (éd.), *Verletztes Gedächtnis. Erinnerungskultur und Zeitgeschichte im Konflikt*, Francfort/M., 2002, pp. 253 – 272.
14.– Jürgen KOCKA, « Der Blick über den Tellerrand fehlt », in : *Frankfurter Rundschau*, 22 août 2003, p. 7 ; Konrad JARAUSCH, « Die Zukunft der ostdeutschen Vergangenheit. Was wird aus der DDR-Geschichte ? », in : Peer PASTERNACK, Jens HÜTTMANN (éd.), *Die Zukunft eines untergegangenen Staates*, Berlin, 2004.
15.– Heinrich August WINKLER, *Der lange Weg nach Westen*, vol. 2 : *Deutsche Geschichte vom ›Dritten Reich‹ bis zur Wiedervereinigung*, Munich, 2000 ; Edgar WOLFRUM, *Geglückte Demokratie. Geschichte der Bundesrepublik von ihren Anfängen bis zur Gegenwart*, Stuttgart, 2006.

dans une démocratie stable et l'épanouissement d'une économie sociale de marché prospère. Il n'en reste pas moins qu'une telle écriture triomphaliste de l'histoire de l'Allemagne de l'Ouest passe totalement sous silence les combats douloureux qui ont jalonné ces conquêtes et en ignore du même coup les zones d'ombre comme par exemple, durant les premières années de la République fédérale, l'insuffisance du débat démocratique autour du passé nazi de l'Allemagne[16]. L'autre volet, négatif, en est une histoire entièrement défaitiste de l'Allemagne de l'Est, présentant la RDA comme une dictature d'emblée vouée à l'échec. On ne peut contester qu'une telle perspective historique, fondée sur les souvenirs douloureux des victimes du régime, ait pour elle l'évidence du « déclin à crédit » qui a frappé la RDA, elle n'en ignore pas moins les souvenirs positifs des Allemands de l'Est qui les expriment en une immense vague de nostalgie[17].

Une approche semble plus convaincante, celle qui consiste à présenter une histoire de la RDA et de la RFA en parallèle et par thèmes, prolongeant pour ainsi dire sur le plan historique la comparaison des systèmes politiques. Elle présente l'avantage de traiter de manière systématique des changements survenus dans les deux États allemands à l'intérieur de chapitres aux contenus clairement définis ; grâce à cette méthode, les changements observés en Allemagne de l'Est sont effectivement pris en compte et chaque fois confrontés aux événements qui dans le même temps ont marqué la République fédérale. C'est ainsi que Peter Bender analyse les divergences entre les façons d'assumer le passé à l'Est et à l'Ouest, l'émancipation de la politique étrangère ainsi que les conséquences de la division de l'Allemagne sur la politique intérieure[18]. La comparaison permet une prise de distance cognitive qui élimine les préjugés politiques négatifs tout en révélant les zones d'ombre à l'Ouest et les succès partiels à l'Est. Toutefois, procéder à une comparaison systématique n'est pas sans comporter certains dangers comme celui par exemple de se placer essentiellement au niveau de l'État au lieu de se situer sur le terrain plus ambivalent du quotidien, et de négliger par là même l'analyse des relations croisées entre les deux camps.

---

16.– Dans son ouvrage *Deutsche Gesellschaftsgeschichte*, vol. 5 : *Bundesrepublik und DDR, 1949 – 1990*, Francfort/M., 2008, Hans-Ulrich WEHLER n'a pas trouvé lui non plus de méthode pour relever ce défi : il propose une histoire globalement positive de la République fédérale à côté d'une histoire de la RDA presqu'entièrement négative.

17.– Armin MITTER, Stefan WOLLE, *Untergang auf Raten. Unbekannte Kapitel der DDR-Geschichte*, Munich, 1993 ; Klaus SCHROEDER, *Der SED-Staat. Partei, Staat und Gesellschaft 1949 – 1990*, Munich, 1998 et, en opposition Richard BESSEL, Ralph JESSEN (éd.), *Dictatorship as Experience : Towards a Socio-Cultural History of the GDR*, New York, 1992.

18.– Peter BENDER, *Deutschlands Wiederkehr. Eine ungeteilte Nachkriegsgeschichte 1945 – 1990*, Stuttgart, 2007 ; cf. Mary FULBROOK, *Divided Nation. A History of Germany 1918 – 1990*, New York, 1992.

Il n'en reste pas moins que les quelques approches que nous venons d'esquisser à grands traits donnent un certain nombre d'indications quant aux critères auxquels devrait satisfaire l'élaboration d'une histoire commune de l'après-guerre :

- Au lieu de considérer la nation comme un concept donné par nature, il serait préférable d'analyser le processus qui a conduit à la division de l'Allemagne, de même que l'existence assez paradoxale d'un sentiment d'appartenance commune, qui a perduré dans les deux États allemands.
- Sans ériger la « success-story » de la République fédérale en norme, il serait bon d'examiner les causes qui, dans cette partie de l'Allemagne, ont renforcé les circuits d'apprentissage de l'occidentalisation et de la démocratisation.
- En se gardant d'escamoter l'échec de la RDA, on devrait en même temps s'interroger sur les arrière-plans tant matériels qu'idéels qui ont permis sa longue période de stabilité.

## Une approche séquencée et plurielle

Dans la mesure où une approche unidimensionnelle n'a pas la profondeur de champ nécessaire pour rendre compte des phénomènes contradictoires qui ont jalonné la période de l'après-guerre, il faut trouver un autre angle d'attaque, moins uniforme et répondant aux exigences de l'évolution des grands problèmes auxquels l'Allemagne a successivement été confrontée. Malgré un point de départ commun, les processus qui ont abouti à la division puis à la formation de deux États rivaux (mais interdépendants) et enfin au dépassement inattendu de cette situation sont des phénomènes trop complexes pour pouvoir figurer sous une seule et même étiquette. C'est la raison pour laquelle il semble plus judicieux de procéder chronologiquement et de commencer par faire la lumière sur un certain nombre de séquences importantes qui ont marqué l'évolution à l'Ouest comme à l'Est tout en suscitant à chaque fois des réactions différentes au sein des deux systèmes concurrents[19].

De toute évidence, l'origine commune de l'histoire des deux États allemands est à rechercher dans la défaite du Troisième Reich et dans l'abolition de la souveraineté qui a entraîné la fin de l'État national. En 1945, les forces d'occupation s'étaient fixé pour but de neutraliser l'Allemagne par la démili-

---

19.– Pour plus de détails, voir Konrad H. JARAUSCH, Michael GEYER, *Shattered Past : Reconstructing German Histories*, Princeton, 2003, pp. 1 – 33.

tarisation, la dénazification et la décartellisation[20]. Dans le langage populaire, l'effondrement s'est traduit par la formule désormais célèbre de « Stunde Null » ou « année zéro » qui, en réalité, n'en était pas une. L'absence d'État, une société que l'effondrement général avait brassée, un individualisme rendu encore plus farouche par la lutte pour la survie : tous ces éléments avaient contribué au nivellement des traditionnelles couches sociales pour laisser place à un nouveau sentiment d'appartenance à une même communauté de destin. Bien qu'à l'époque les catégories de « nation » et de « nationalisme » n'aient apparemment plus eu droit de cité, les Alliés ont tellement insisté sur la notion de « responsabilité collective » qu'ils ont prolongé chez les Allemands leur rapport à la nation, *ex negativo*. Du fait des débats qui ont vu s'affronter du côté de l'occupant des interprétations contradictoires du passé ainsi que des représentations divergentes de l'avenir, les vaincus acquièrent finalement un sentiment nouveau d'appartenance communautaire et recommencèrent à formuler pour leur compte personnel des souhaits concernant leur propre avenir[21].

Un deuxième point à considérer est le fossé qui se creuse entre les deux Allemagnes, notamment du fait de la Guerre froide. On peut dire que l'affrontement idéologique, la formation de deux blocs antagonistes au niveau mondial et la polarisation à l'intérieur du pays même ont largement contribué à éloigner les unes des autres les diverses zones d'occupation. La politique étrangère devint le catalyseur de la politique intérieure et de ses options. Le conflit fondamental qui avait opposé depuis 1917 l'idéologie communiste à l'idéologie démocratique devint à partir de 1947/48 l'enjeu de la division de l'Allemagne[22]. Il ne faudrait cependant pas croire que la division se soit produite du jour au lendemain. Elle fut bien plutôt le résultat d'un long processus de démarcation auquel la RDA a contribué en priorité avec – pour prendre des exemples concrets – l'édification de la frontière interallemande et la construction du Mur en 1961, ce « rempart antifasciste » censé stopper l'hémorragie de main-d'œuvre vers l'Ouest[23]. Ce à quoi il faut ajouter les divergences toujours plus grandes entre les projets politiques des uns et des autres, l'incompatibilité des structures sociales et les contrastes

---

20.– Klaus-Dietmar HENKE, *Die amerikanische Besatzung Deutschlands*, Munich, 1995 ; Norman M. NAIMARK, *Die Russen in Deutschland. Die sowjetische Besatzungszone 1945 bis 1949*, Berlin, 1997.
21.– Geoffrey GILES (éd.), *Stunde Null. The End and the Beginning Fifty Years Ago*, Washington, 1997.
22.– Werner LINK, « Handlungsspielräume der USA in der Entstehung des Ost-West-Gegensatzes 1945 – 1950 », in : *Aus Politik und Zeitgeschichte*, 25 (1983), pp. 19 – 26.
23.– Hans-Hermann HERTLE, Konrad H. JARAUSCH, Christoph KLESSMANN (éd.), *Mauerbau und Mauerfall. Ursachen, Verlauf, Auswirkungen*, Berlin, 2002.

dans les usages linguistiques qui furent autant de frontières invisibles avec la RFA. C'est ainsi que les dernières enclaves interallemandes, les sociétés scientifiques, les rencontres sportives ou encore les contacts avec l'EKD, l'Église évangélique d'Allemagne, disparurent peu à peu.

Dans ce cadre de l'intégration de la double histoire de l'Allemagne après 1945, le troisième élément à prendre en compte est la dynamique centrifuge qui caractérise la division de l'Allemagne en deux États. À l'instar de la démocratie de Bonn qui fut au départ un cadeau des Alliés occidentaux, la dictature en RDA fut initialement une exportation soviétique. Mais la grande différence, c'est que l'adhésion au système et la conquête d'un certain nombre de libertés firent à l'Ouest des progrès beaucoup plus rapides qu'à l'Est, bien qu'il soit là aussi possible de percevoir, dans les formes que revêtirent les changements internes, au premier chef la marque des communistes allemands. Ce qui revient à dire qu'au niveau de la culture politique et de la société, l'impulsion décisive ne fut pas uniquement donnée par le modèle allié, mais aussi par une activité propre à chacun des deux États, même si là encore, entre eux des différences fondamentales se font jour. « L'ouverture à l'Ouest », de plus en plus largement acceptée en République fédérale, n'a pas réellement trouvé son pendant à l'Est, dans la mesure où la « soviétisation » a été ressentie comme une contrainte et s'est heurtée à un rejet massif[24].

Les difficultés de communication ont intensifié le sentiment de démarcation qui séparait les deux États allemands, si bien que la division de l'Allemagne, approuvée au niveau international, fut acceptée avec un fatalisme croissant. Les nouvelles générations avaient grandi avec la frontière interallemande et le Mur de Berlin qui constituaient un état de fait que l'on pouvait à la rigueur tenter de modifier mais certainement pas abolir. On pensait que la situation était sans issue, ce qui favorisait de chaque côté des arrangements avec l'État et réduisait l'intérêt que l'on aurait pu porter à la nation dans son intégrité. Il s'agissait avant tout de faire face aux soucis quotidiens et de préserver le modeste bonheur domestique. Justifiant leur position par la mise en perspective de la « question allemande » dans l'histoire à long terme et par une conscience accrue de la responsabilité de l'Allemagne dans l'holocauste, nombre d'intellectuels renoncèrent à appeler de leurs vœux l'unité allemande. Mais la division a été acceptée surtout par égard pour les pays voisins et parce qu'elle apparaissait comme le garant de la stabilité en Europe. Et tandis que le soulèvement de 1953 avait encore un retentissement au niveau de l'Allemagne tout entière, la révolte génération-

---

24.– Konrad H. JARAUSCH, Hannes SIEGRIST (éd.), *Amerikanisierung und Sowjetisierung in Deutschland 1945 – 1970*, Francfort/M., 1997.

nelle de 1968 fut ressentie comme une affaire presque exclusivement ouest-allemande[25].

Une quatrième approche nous amène en revanche à nous pencher sur une certaine asymétrie qui perdure au sein des relations croisées interallemandes. On pourrait considérer que la coexistence de deux États constitue une sorte de dichotomie, mais cela ne rendrait qu'imparfaitement compte de la situation très particulière dans laquelle se trouvait l'Allemagne, étant donné que cette situation était profondément marquée par l'histoire séquentielle de ces interconnexions. Il ne s'agit pas là d'une sorte d'histoire nationale latente mais d'une situation atypique dans l'Europe de l'après-guerre, inconnue des autres peuples, du moins sous cette forme. C'est ainsi qu'en République fédérale, même après que l'on eut mis en sourdine la rhétorique de la Réunification, le maintien du 17 juin comme jour de la fête nationale, la prise en charge immédiate des réfugiés de RDA et les rapports périodiques sur la situation de la nation étaient autant d'indices qui montraient un attachement inaltérable pour l'Allemagne de l'Est. De son côté, le gouvernement de RDA avait beau mettre l'accent sur la spécificité de la nationalité est-allemande, il restait tributaire de l'aide économique ouest-allemande et continuait à raisonner à l'échelle de l'Allemagne tout entière. À l'inverse de ce qui s'était passé avec l'Autriche, détachée de l'histoire de l'Allemagne, la RDA et la RFA ne se perdirent jamais de vue[26].

C'est dans les archives internes à la dictature SED que l'on trouvera le plus grand nombre de témoignages de l'influence massive exercée par la République fédérale sur l'évolution de la RDA. Prenons à titre d'exemple la lutte pour la reconnaissance de la RDA en tant qu'État : cette lutte demeure incompréhensible tant que l'on ne fait pas référence à la politique de Bonn. De même, la problématique de la frontière, y compris la construction du Mur, la question des voyages et la démarcation intérieure est-elle inséparable de l'attraction exercée sur la population de RDA par « l'ennemi de classe ». Et cela vaut aussi pour des domaines éloignés de la politique tels que la culture des jeunes, les Églises, le monde artistique et les habitudes consuméristes : le rayonnement de l'Ouest y était partout extrêmement présent[27]. À l'inverse, et plus difficile à cerner mais non moins efficace : l'influence de la RDA sur la République fédérale. Cette remarque ne con-

---

25.– Ehrhart NEUBERT, *Geschichte der Opposition in der DDR 1949 – 1989*, Berlin, 1997 ; Wolfgang KRAUSHAAR, *1968 als Mythos, Chiffre und Zäsur*, Hambourg, 2000.
26.– Christoph KLESSMANN, « Verflechtung und Abgrenzung. Aspekte der geteilten und zusammengehörigen deutschen Nachkriegsgeschichte », in : *Aus Politik und Zeitgeschichte*, 29/30 (1993), pp. 30 – 41.
27.– Stefan WOLLE, *Die heile Welt der Diktatur. Alltag und Herrschaft in der DDR 1971 – 1989*, Berlin, 1998.

cerne pas tant les révélations fracassantes parues dans la presse, et du reste en partie excessives, concernant le « travail à l'Ouest » (« Westarbeit ») du SED, de la Stasi et du FDGB (« Freier Deutscher Gewerkschaftsbund » = organisation syndicale unitaire de l'ex-RDA)[28], que les vecteurs d'influence indirecte. Car il ne faut pas perdre de vue que l'existence d'une dictature communiste à l'Est a facilité le choix de l'intégration à l'Ouest et d'un consensus en politique intérieure, d'autant que le « socialisme réellement existant » semblait discréditer les modèles alternatifs de société proposés par la gauche[29].

Un cinquième aspect de la double évolution des deux États allemands en ses divers stades concerne les problèmes auxquels, dans les années 1970, toutes les sociétés industrielles avancées sont confrontées, quel que soit le bloc auquel elles appartiennent : crises pétrolières ou pollution de l'environnement. La société allemande, à l'Est comme à l'Ouest, a dû lutter contre les mêmes problèmes nés de la troisième révolution industrielle[30].

Quant à l'ultime période de la division de l'Allemagne, il est difficile d'en donner une image homogène tant elle est marquée par des tendances contradictoires entre le maintien de deux nationalités distinctes, de nouvelles tentatives de rapprochement et le déclin du communisme[31]. D'où le sixième défi auquel est confronté l'historien, la prise en compte des contradictions qui affectent durant les années 1980 le réseau complexe des relations interallemandes entre la volonté de rapprochement et la stabilisation de la coexistence de deux nationalités distinctes, le tout de manière concomitante. La dernière phase de cette histoire parallèle aux multiples intrications trouve son point culminant, et c'est aussi là son point final, avec le renouveau démocratique de l'automne 1989 qui débouche sur l'Unification des deux États allemands. C'est pourquoi l'on considérera que la septième séquence concerne l'effondrement de l'Empire russe puisque le rétablissement d'un État national allemand aux dimensions réduites vient confirmer le principe adopté en 1945 du redécoupage territorial de l'Europe et ouvre de ce fait l'Est de l'Europe aux influences occidentales[32].

---

28.– Hubertus KNABE, *Die unterwanderte Republik. Stasi im Westen*, Berlin, 1999.
29.– WINKLER (note 19).
30.– Konrad H. JARAUSCH (éd.), *Das Ende der Zuversicht ? Die siebziger Jahre als Geschichte*, Göttingen, 2008.
31.– La prise en compte de ces divers aspects fait largement défaut dans l'historiographie de l'époque contemporaine ; cf. Eric J. HOBSBAWM, *Das Zeitalter der Extreme. Weltgeschichte des 20. Jahrhunderts*, Munich, 1995.
32.– Karl-Rudolf KORTE, *Deutschlandpolitik in Helmut Kohls Kanzlerschaft*, Stuttgart, 1998 ; Charles MAIER, *Das Verschwinden der DDR und der Untergang des Kommunismus*, Francfort/M., 1997.

Ces quelques réflexions sur le cours des événements illustrent les innombrables difficultés auxquelles se heurte une histoire intégrée de l'après-guerre en Allemagne. En lieu et place d'une perspective narrative linéaire, l'évolution contradictoire qu'ont connue les deux États allemands exige une multiplicité des points de vue, à moduler selon la nature des problèmes qui se sont succédé. Toutefois, les conjonctions d'événements qui viennent d'être évoquées et qui ont donné à l'histoire allemande après 1945 son double visage ne doivent pas être considérés comme constitutives d'une périodisation figée, mais bien plutôt comme des facteurs permanents se superposant les uns aux autres dans une hiérarchisation variable selon les diverses époques. Concernant l'histoire de l'après-guerre dans son ensemble, ces idées-forces sont autant de conditions changeantes qui ont contraint les Allemands – dans leur dimension individuelle et sociétale – à une remise en cause permanente leur permettant de définir leur existence[33].

## Expériences vécues et méthodes d'analyse

Écrire une histoire intégrée de l'Allemagne de l'après-guerre signifie également faire face à un autre défi, la différence qui sépare le vécu historique à l'Est du vécu historique à l'Ouest. S'il est bien vrai que les épisodes évoqués précédemment ont affecté les Allemands de l'Est comme ceux de l'Ouest, le cadre dans lequel ils se sont déroulés a été mis en place par des systèmes idéologiques antagonistes, de sorte qu'entre les blocs et à l'intérieur des blocs, le vécu des uns et des autres présente des divergences fondamentales. Et il ne faut pas oublier que l'effondrement de la RDA a fait naître « du côté est-allemand le sentiment d'une profonde rupture qui remettait en cause toute la vie d'avant », tandis que le côté ouest-allemand bénéficiait d'une « continuité apparemment intacte »[34]. En vertu de quoi le mélange d'analogies et de différences qui caractérise les expériences fondamentales évoquées exige une méthode discriminante au moyen d'approches analytiques modulées.

L'expérience que tout un chacun a pu faire d'emblée de la défaite nazie a été celle de l'occupation militaire par les forces alliées. Durant toute la période 1945 – 1990 il était impossible, à l'Est comme à l'Ouest, de ne pas s'apercevoir de la défaite, ne serait-ce qu'à cause de la présence d'un nombre considérable de soldats alliés, bien que les deux nouveaux États aient pu reconquérir peu à peu des parts de leur souveraineté grâce au réarmement et

---

33.– Hans Günter HOCKERTS, « Einführung », in : ID. (éd.), *Koordinaten deutscher Geschichte in der Epoche des Ost-West-Konflikts*, Munich, 2003, pp. VII – XV.

34.– Annette LEO, « Keine gemeinsame Erinnerung. Geschichtsbewusstsein in Ost und West », in : *Aus Politik und Zeitgeschichte*, 40/41 (2003), pp. 27 – 32.

à l'essor économique. On remarque que, sous cet aspect, la République fédérale a beaucoup mieux réussi que la RDA[35]. Dans la mesure où elles sont directement issues du national-socialisme, les premières années de l'après-guerre peuvent encore être considérées comme une sorte de prolongement de l'histoire nationale dont les grands thèmes seraient l'échec d'un principe national exacerbé et les conséquences des deux tentatives malheureuses d'exercer un pouvoir hégémonique en Europe[36]. Dans le même temps s'impose à l'esprit la comparaison avec la défaite beaucoup moins radicale de 1918, notamment du fait que les leçons tirées de l'effondrement total de 1945 furent, à l'Ouest du moins, beaucoup plus positives[37]. De manière analogue, le contraste avec d'autres vaincus de la Seconde Guerre mondiale comme le Japon et d'un certain point de vue l'Italie, ouvre des perspectives intéressantes sur les singularités allemandes[38]. La dimension nationale demeure donc présente dans les premiers temps de l'après-guerre – mais au vu de la disparition de l'État national, elle exige la mise en place d'une nouvelle problématique.

Un événement absolument central de la division du pays qui, dans le sillage de la guerre froide, se creuse de plus en plus, fut à coup sûr l'édification de la frontière interallemande, tout d'abord au stade de sa consolidation puis, par la suite, dans sa période de fragilisation. Le bouclage de la frontière de la zone orientale en 1952 jusqu'à sa transformation en véritable frontière infranchissable avec la construction du Mur de Berlin en 1961 a rendu physiquement palpable la coupure entre la RDA et la RFA[39]. Tandis que la Guerre froide a inspiré une abondante historiographie, l'étude de la division de l'Allemagne sous son aspect socio-culturel n'en est qu'à ses débuts. Si l'ouverture partielle des archives soviétiques a permis un semblant d'objectivité dans la controverse entre ceux que l'on appelle les révisionnistes, qui rejettent la responsabilité des événements sur la politique améri-

---

35.– Hermann-Josef RUPIERER, *Der besetzte Verbündete. Die amerikanische Deutschlandpolitik 1949 – 1955*, Oplanden, 1991.
36.– Hans-Ulrich WEHLER, *Deutsche Gesellschaftsgeschichte*, vol. 4 : *Vom Beginn des Ersten Weltkrieges bis zur Gründung der beiden deutschen Staaten 1919 – 1949*, Munich, 2003.
37.– Gottfried NIEDHART, Dieter RIESENBERGER (éd.), *Lernen aus dem Krieg ? Deutsche Nachkriegszeiten 1918 und 1945. Beiträge zur historischen Friedensforschung*, Munich, 1992.
38.– Sebastian CONRAD, *Auf der Suche nach der verlorenen Nation. Geschichtsschreibung in Westdeutschland und Japan 1945 – 1960*, Göttingen, 1999 ; Christoph CORNELISSEN, Lutz KLINKHAMMER, Wolfgang SCHWENTKER (éd.), *Erinnerungskulturen. Deutschland, Italien und Japan seit 1945*, Francfort/M., 2003.
39.– Thomas LINDENBERGER, « Die Diktatur der Grenzen. Zur Einleitung », in : ID. (éd.), *Herrschaft und Eigensinn in der Diktatur. Studien zur Gesellschaftsgeschichte der DDR*, Cologne, 1999, pp. 13 – 44.

caine, et les post-révisionnistes qui s'en prennent à Moscou[40], il n'en reste pas moins que le rôle de la politique menée dans les deux blocs par les deux États allemands n'a pas bénéficié d'une étude aussi approfondie. Des perspectives intéressantes s'ouvrent par ailleurs grâce à la mise en place de nouveaux concepts qualifiant la confrontation en question de « guerre froide civile », ce qui privilégie la dimension culturelle bien plus que ne le font des travaux d'histoire politique classiques[41].

Un autre aspect très important de la coexistence des deux États indépendants fut la concurrence idéologique qui s'établit entre les systèmes des deux blocs, concurrence directement perceptible à travers les diverses formes que prirent les politiques sociales dans chacun des deux camps. L'attachement de la population aux valeurs respectives de démocratie et de socialisme était au départ assez faible, si bien que les deux États se livrèrent à une véritable course à l'État-providence pour fidéliser leurs citoyens, une compétition que les possibilités de fuir la RDA, jusqu'en 1961 du moins, ont rendu encore plus acharnée[42]. À la condition que son caractère normatif reste discret, le concept d'« histoire contrastive » pourrait très bien fournir un outil intéressant au service de l'analyse de la division de l'Allemagne en deux États indépendants. Il conviendrait de commencer par les différences affectant les réalités quotidiennes afin de mettre en lumière les conséquences pratiques générées par l'opposition entre les deux systèmes idéologiques. Tandis que les expériences positives liées aux processus de démocratisation et d'occidentalisation sont la clé qui permet de comprendre le succès de la République fédérale, celles (la plupart du temps négatives) qui ont accompagné la mise en place de la dictature constituent un début d'explication pour les revers subis par le régime du parti unique SED[43]. Le tout sans pour autant passer sous silence ni les crises à l'Ouest ni le pouvoir d'attraction exercé par les espoirs que l'Est a fait naître.

Dans chacun des camps, la manière d'assumer le passé prit des formes opposées bien que tributaires les unes des autres, ce qui fonde également l'originalité de l'asymétrie qui a régné dans les relations croisées entre les deux États. Le passé commun a donné naissance à des récits antagonistes de la catastrophe survenue en Allemagne, chacun des deux systèmes rejetant la

---

40.– John Lewis GADDIS, *We Now Know : Rethinking Cold War History*, New York, 1997.
41.– Patrick MAJOR, *The Workers' and Peasants' State : Communism and Society in East Germany under Ulbricht 1945 – 71*, Manchester, 2002.
42.– *Geschichte der Sozialpolitik in Deutschland seit 1956*, édité par le Bundesministerium für Arbeit und Sozialordnung und dem Bundesarchiv, 10 vol., Darstellung und Dokumente, Baden-Baden, 2001ss.
43.– Ulrich HERBERT (éd.), *Wandlungsprozesse in Westdeutschland. Belastung, Integration, Liberalisierung 1945 – 1980*, Göttingen, 2002 ; SCHROEDER (note 17).

faute sur l'essence même de l'autre (le prétendu fascisme inhérent au capitalisme occidental et le pouvoir totalitaire exercé par le SED)[44]. Si, dans cette histoire des relations croisées entre les deux États, le pan de la politique étrangère a été étudié avec soin, l'analyse des relations sociales et culturelles entre l'Est et l'Ouest n'en est encore qu'à ses balbutiements[45]. Cela s'avère vrai en particulier des organisations transfrontalières telles que l'Église évangélique, de la réception des media occidentaux et aussi de l'impact des échanges commerciaux interallemands. D'où la piste prometteuse d'une histoire en miroir (« Spiegelgeschichte ») qui permettrait d'évaluer plus précisément et de manière empirique le degré de perception des problèmes et de leurs solutions dans le camp d'en face et, dans le droit-fil, les choix politiques qui en ont découlé. Néanmoins, cela ne paraît réalisable que dans certains domaines politiques bien précis, par exemple celui de la politique de l'histoire (« Geschichtspolitik »)[46] et, même sur ce point, la prudence est de mise : il ne faudrait pas que les similitudes qui perdurent entre l'Est et l'Ouest de l'Allemagne masquent les différences entre les deux systèmes.

Les trois derniers volets évoqués (occupation militaire, frontière interallemande et concurrence idéologique) sont autant de défis qu'il serait intéressant d'approfondir, mais, pour des raisons de place évidentes, nous nous bornerons à quelques brèves remarques.

La méthode qui semble adéquate pour cerner cet ensemble de problèmes liés aux dimensions transnationales – comme par exemple l'américanisation de la culture des jeunes – est celle de la comparaison systématique. Elle doit toutefois tenir compte de la différence fondamentale entre les arrière-plans politiques qui sous-tendent la démocratie et la dictature[47]. À propos de l'érosion que subit le « socialisme réellement existant », il existe à présent une abondante littérature critique – relevant en partie des sciences sociales et en partie des études historiques – qui, pour expliquer l'enchaînement des causes à long terme et le court terme de la crise finale, privilégie des modèles

---

44.– Jeffrey HERF, *Zweierlei Erinnerung. Die NS-Vergangenheit im geteilten Deutschland*, Berlin, 1998.
45.– Heinrich POTTHOFF, *Die ›Koalition der Vernunft‹. Deutschlandpolitik in den 80er Jahren*, Munich, 1995.
46.– Peter REICHEL, *Vergangenheitsbewältigung in Deutschland. Die Auseinandersetzung mit der NS-Dikatatur von 1945 bis heute*, Munich, 2001 ; Martin SABROW, *Das Diktat des Konsenses. Geschichtswissenschaft in der DDR 1949 – 1969*, Munich, 2001.
47.– Uta POIGER, *Jazz, Rock and Rebels. Cold War Politics and American Culture in a Divided Germany*, Berkeley, 2000 ; Günther HEYDEMANN, Eckhard JESSE (éd.), *Diktaturvergleich als Herausforderung, Theorie und Praxis*, Berlin, 1998.

complexes d'interaction en lieu et place d'explications monocausales[48]. Quant à l'étude du renouveau démocratique, elle pourrait être stimulée par les recherches en sciences sociales sur les mouvements de société, tandis que pour l'étude du processus d'unification, tant du point de vue de la politique intérieure que de la politique étrangère, on peut avoir recours à un certain nombre de monographies qui ont à présent fait leurs preuves[49]. Mais en raison de la proximité temporelle des événements considérés, des implications idéologiques qu'ils sous-entendent et des crises liées aux bouleversements de 1989/1990, l'interprétation des causes de l'Unification, de son déroulement et de ses conséquences continuera d'être l'objet de polémiques.

Voici donc balisés très succinctement quelques champs thématiques et, malgré l'extrême brièveté du propos, la preuve est faite que l'hétérogénéité des événements qui ont marqué l'armée, la politique intérieure comme extérieure, la société, l'économie et la culture exige chaque fois une approche scientifique particulière et que seule la combinaison de ces approches est à même, dans sa flexibilité, de fournir une interprétation satisfaisante de l'ensemble des événements. Le constat qui en découle est, on l'aura compris, mitigé, car des similitudes se télescopent avec des différences fondamentales, l'évolution qui semblait inhérente à un camp se heurte à des références communes, des problèmes qui se posent à l'identique de part et d'autre amènent des réactions contraires, la « binationalisation » débouche paradoxalement sur l'Unification, etc. L'avantage que présente ce changement de perspective que nous venons de le décrire est qu'il permet de remettre en question les deux histoires séparées écrites en parallèle grâce au contraste que fournit l'exemple de l'autre camp, contraste qui éclaire d'un nouveau jour les relations que ces deux histoires entretiennent et que la recherche a souvent négligées. Il est évident que dans ces conditions, les deux histoires partielles ont chacune besoin de l'autre pour présenter la situation dans sa globalité[50].

---

48.– Konrad H. JARAUSCH, « Implosion oder Selbstbefreiung ? Zur Krise des Kommunismus und Auflösung der DDR » in : ID., Martin SABROW (éd.), *Weg in den Untergang. Der innere Zerfall der DDR*, Göttingen, 1999, pp. 15 – 40.

49.– Steven PFAFF, *Exit-Voice Dynamics and the Collapse of East Germany. The Crisis of Leninism and the Revolution of 1989*, Durham, 2006 ; Alexander VON PLATO, *Die Vereinigung Deutschlands – ein weltpolitisches Machtspiel*, Berlin, 2002.

50.– Lutz NIETHAMMER, « Methodische Überlegungen zur deutschen Nachkriegsgeschichte. Doppelgeschichte, Nationalgeschichte oder asymmetrisch verflochtene Parallelgeschichte ? », in : KLESSMANN, MISSELWITZ, WICHERT (note 11), pp. 307 – 327.

## Vers une histoire commune ?

Si une nouvelle approche de l'histoire intégrée de l'après-guerre s'avère nécessaire, c'est aussi parce que la faculté de coopérer en Europe est fonction des progrès réalisés par l'unité interne en Allemagne. Du point de vue global actuel, l'ouverture vers une histoire mondiale transnationale peut paraître plus importante, mais ce que le système éducatif, la formation politique et le grand public réclament avant toute chose, c'est une histoire crédible de leur propre pays, la République fédérale élargie[51]. Il s'agit d'une part de se pencher attentivement sur les souvenirs divergents concernant les deux régimes, ce qui revient à dire qu'il faut tâcher de réinsérer les parcours individuels dans de plus grands ensembles pour en percevoir les failles. D'autre part, les documents, divergents eux aussi, transmis par les institutions, les associations ou les groupements d'intérêt, doivent être coordonnés par-delà le changement de système, afin qu'il soit possible de regarder en arrière sans en permanence déclencher des conflits. Et pour finir, il est essentiel de porter un regard critique sur la mémoire collective marquée différemment à l'Est et à l'Ouest, ce qui permet de célébrer avec l'attitude qui convient des événements comme la construction du Mur, le 17 juin ou la fin de la guerre dans une société plurielle[52].

Relier l'histoire de la démocratie et de la dictature dans la deuxième moitié du XXe siècle constitue un immense défi que les historiens n'ont pas encore relevé. Bien que cet antagonisme des systèmes ait concerné l'Europe entière, il fut ressenti de manière particulièrement aiguë dans l'Allemagne divisée, les autres peuples appartenant à l'un ou l'autre des deux camps[53]. Pourquoi un projet capable d'intégrer les deux histoires est-il si difficile à élaborer ? Sans doute parce qu'il suppose que l'on réponde d'abord à toute une série de questions fondamentales : quels thèmes, quels événements ou personnages sélectionner dans ce foisonnement qui caractérise les deux passés ? Comment rendre compte de l'existence de deux États indépendants par un récit qui ne soit pas un va-et-vient incessant entre Bonn et Berlin-Est ? Comment comparer les réponses que les deux systèmes ont apportées aux problèmes sans mettre sur un pied d'égalité dictature et démocratie ? De

---

51.– Matthias MIDDELL, « Europäische Geschichte oder *global history* ? *Master narratives* oder Fragmentierung ? », in : Konrad H. JARAUSCH, Martin SABROW (éd.), *Die historische Meistererzählung. Deutungslinien deutscher Nationalgeschichte*, Göttingen, 2002, pp. 214 – 252.

52.– Cf. Konrad H. JARAUSCH, « Zeitgeschichte und Erinnerung. Deutungskonkurrenz oder Interdependenz ? », in : ID., SABROW (note 13), pp. 9 – 37.

53.– Peter GRAF KIELMANSEGG, « Konzeptionelle Überlegungen zur Geschichte des geteilten Deutschlands », et Konrad H. JARAUSCH, « Geschichte der Deutschen ›diesseits der Katastrophe‹. Anmerkungen zu einem großen Werk », in : *Potsdamer Bulletin für Zeithistorische Studien*, 23/24 (Oktober 2001), pp. 7 – 15 et pp. 16ss.

quelles nuances dans le jugement une relation des faits doit-elle faire preuve pour être crédible sans que sa complexité puisse être confondue avec une posture relativiste ? Il n'est que trop évident que pour de tels problèmes, il n'existe pas de solutions simples.

Parmi les diverses interprétations récentes qui sont proposées, l'approche par le biais d'une « histoire nationale latente » sous une forme démocratisée semble de prime abord tout à fait acceptable[54]. La perspective qu'elle offre débouche sur une parabole quasi religieuse d'ascension rapide, d'aveuglement catastrophique suivi de punition, de purification par la division et, au bout du compte, de rédemption finale de la nation : on a rarement vu récit aussi schématique, en revanche le discours moralisateur qui l'accompagne est monnaie courante. Cette présentation a l'avantage de mettre en lumière les modes d'apprentissage concurrentiels qui ont succédé aux crimes nazis, rendant ainsi possible une conversion radicale au bien durant l'époque de la division. Dans la mesure où elle se concentre sur les efforts qui ont abouti à l'Unification, sur l'humanisation de l'*Ostpolitik* et sur le maintien des relations entre l'Est et l'Ouest, elle propose, tout comme en Pologne, l'histoire d'une « Nation sans État » qui lutte pour sa survie pour finalement reconquérir son unité[55]. Le problème que pose toutefois cette approche est son nationalisme sous-jacent et sa surévaluation de l'aspect national par rapport à d'autres tendances.

C'est pourquoi le modèle multiséquentiel diversifié qui a été ébauché précédemment et qui tente de tenir compte du caractère contradictoire de la marche des événements à l'Est et à l'Ouest semble le plus adapté à l'histoire allemande de 1945 à 1990. Au lieu de se concentrer uniquement sur la rivalité entre les deux États, il faudrait partir des diverses expériences vécues par les hommes et les femmes de l'Est et de l'Ouest qui, contraints d'assumer l'héritage catastrophique de la première moitié du siècle, ont voulu, dans des conditions difficiles, développer de nouvelles formes de sociabilité. Au lieu de se borner à ne considérer que le système de la République fédérale, plus fertile en réussites, une approche plus ouverte pourrait tout aussi bien essayer d'intégrer la mémoire des expériences vécues en RDA. Au lieu de considérer une période de la Guerre froide ou de la Détente comme représentative de l'époque tout entière, un angle d'attaque plus sensible à la subtilité des variations s'efforcerait enfin de prendre en compte la dynamique mul-

---

54.– Diethelm PROWE, « A New National History ? The Reunification Epic and the Problematic of an East-West History », conférence au colloque annuel de la « German Studies Association », 2002.
55.– Konrad H. JARAUSCH, « Nation ohne Staat. Von der Zweistaatlichkeit zur Vereinigung », in : *Praxis Geschichte*, 13 (2000), pp. 6 – 12.

tiple et changeante de la marche des événements. Le résultat n'en serait pas un nouveau grand récit historique national de la République fédérale dans toute son extension, mais un outil pour comprendre les ruptures et les impondérables de l'histoire allemande dont la reconstruction exige une certaine humilité[56].

(Traduction : Danielle LAFORGE)

---

[56].– Pour une tentative de mise en œuvre de ce programme, voir Christoph KLESSMANN, Peter LAUTZAS (éd.), *Teilung und Integration. Die doppelte deutsche Nachkriegsgeschichte als wissenschaftliches und didaktisches Phänomen*, Göttingen, 2006.

# Bibliographie choisie

Pour les ouvrages couvrant l'histoire de ou des Allemagnes depuis 1945, voire aussi la bibliographie du 1er tome de cette série : Jean-Paul CAHN, Ulrich PFEIL (éd.) : *Allemagne 1945 – 1961. De la « catastrophe » à la construction du Mur*, Villeneuve d'Ascq, 2008.

## Ouvrages généraux

BENDER, Peter : *Deutschlands Wiederkehr. Eine ungeteilte Nachkriegsgeschichte, 1945 – 1990*, Stuttgart, 2007.

BRACHER, Karl Dietrich et al. (éd.) : *Geschichte der Bundesrepublik Deutschland*, 5 vol., Stuttgart, 1989/90.

CAHN, Jean-Paul et al. (éd.) : *La République fédérale d'Allemagne. De la souveraineté retrouvée à la souveraineté partagée (1955 – 1974)*, Nantes, 2005.

FRITSCH-BOURNAZEL, Renata : *L'Allemagne depuis 1945*, Paris, 1997.

GROSSER, Alfred : *L'Allemagne en Occident*, Paris, 1987.

LORRAIN, Sophie, *Histoire de la RDA*, Paris, 1994.

MICHEL, Franck (éd.) : *Allemagne multiple*, Paris, 2002.

PIÉTRI, Nicole : *L'Allemagne de l'Ouest (1945 – 1969). Naissance et développement d'une démocratie*, Paris, 1987.

WAHL, Alfred : *Histoire de la République fédérale d'Allemagne*, Paris, 1991.

WEHLER, Hans-Ulrich : *Deutsche Gesellschaftsgeschichte, vol. 5 : Bundesrepublik und DDR, 1949 – 1990*, Munich, 2008.

## Débats historiographiques

BAUERKÄMPER, Arnd et al (éd.) : *Doppelte Zeitgeschichte. Deutsch-deutsche Beziehungen 1945 – 1990*, Bonn, 1998.

DEFRANCE, Corine, ECHTERNKAMP, Jörg, MARTENS, Stefan : « Pour une histoire des sociétés allemandes d'après-guerre : une introduction », in : *Revue d'Allemagne et des pays de langue allemande*, 40 (2008) 2, pp. 179 – 188.

FABRE-RENAULT, Catherine, GOUDIN, Elisa, HÄHNEL-MESNARD, Carola (éd.) : *La RDA au passé présent. Relectures critiques et réflexions pédagogiques*, Paris, 2006.

FAULENBACH, Bernd : « ›Modernisierung‹ in der Bundesrepublik und in der DDR während der 60er Jahre. Möglichkeiten und Grenzen eines Vergleichs. Zu den Fragestellungen », in : *Zeitgeschichte*, 25 (1998) 11/12, pp. 282 – 294.

FAULENBACH, Bernd : « Die DDR als Gegenstand der Geschichtswissenschaft », in : Jens HÜTTMANN (éd.) : *DDR-Geschichte vermitteln. Ansätze und Erfahrungen in Unterricht, Hochschullehre und politischer Bildung*, Berlin, 2004, pp. 65 – 79.

FAULENBACH, Bernd, JELICH, Franz-Josef (éd.) : *›Asymmetrisch verflochtene Parallelgeschichte ?‹ Die Geschichte der Bundesrepublik und der DDR in Ausstellungen, Museen und Gedenkstätten*, Essen, 2005.

FREI, Norbert (éd.) : *Was heißt und zu welchem Ende studiert man Geschichte des 20. Jahrhunderts ?*, Göttingen, 2006.

HOCKERTS, Hans Günter : « Zugänge zur Zeitgeschichte. Primärerfahrung, Erinnerungskultur, Geschichtswissenschaft », in : *Aus Politik und Zeitgeschichte*, B 28 (2001), pp. 15 – 30.

HÜTTMANN, Jens, MÄHLERT, Ulrich, PASTERNACK, Peer (éd.) : *DDR-Geschichte vermitteln. Ansätze und Erfahrungen in Unterricht, Hochschullehre und politischer Bildung*, Berlin, 2004.

HÜTTMANN, Jens : « ›DE-DE-Errologie‹ im Kreuzfeuer der Kritik. Die Kontroversen um die ›alte‹ bundesdeutsche DDR-Forschung vor und nach 1989 », in : *Deutschland Archiv*, 40 (2007) 4, pp. 671 – 681.

HÜTTMANN, Jens : *DDR-Geschichte und ihre Forscher. Akteure und Konjunkturen der bundesdeutschen DDR-Forschung*, Berlin, 2008.

JARAUSCH, Konrad H. : « ›Die Teile als Ganzes erkennen‹. Zur Integration der beiden deutschen Nachkriegsgeschichten », in : *Zeithistorische Forschungen*, 1 (2004) 1, pp. 10 – 30.

KLESSMANN, Christoph et al. (éd.) : *Deutsche Vergangenheiten – eine gemeinsame Herausforderung. Der schwierige Umgang mit der doppelten Nachkriegsgeschichte*, Berlin, 1999.

KLESSMANN, Christoph : « Verflechtung und Abgrenzung. Aspekte der geteilten und zusammengehörigen deutschen Nachkriegsgeschichte », in : *Aus Politik und Zeitgeschichte*, 29/30 (1993), pp. 30 – 41.

METZLER, Gabriele : « Breite Straßen, schmale Pfade. Fünf Wege zur Geschichte der Bundesrepublik », in : *Neue politische Literatur*, 46 (2001) 2, pp. 244 – 267.

METZLER, Gabriele : *Einführung in das Studium der Zeitgeschichte*, Paderborn, 2004.

MÖLLER, Frank, MÄHLERT, Ulrich (éd.) : *Abgrenzung und Verflechtung. Das geteilte Deutschland in der zeithistorischen Debatte*, Berlin, 2008.

SABROW, Martin : « Die DDR in der Geschichte des 20. Jahrhunderts », in : *Deutschland Archiv*, 41 (2008) 1, pp. 121 – 130.

SCHILDT, Axel : « Überlegungen zur Historisierung der Bundesrepublik », in : Konrad H. JARAUSCH (éd.) : *Verletztes Gedächtnis. Erinnerungskultur und Zeitgeschichte im Konflikt*, Francfort/M., New York, 2002, pp. 253 – 272.

SCHÖNHOVEN, Klaus : « Kontinuitäten und Brüche. Zur doppelten deutschen Geschichte nach 1945 », in : *Tel Aviver Jahrbuch für deutsche Geschichte*, 28 (1999), pp. 237 – 255.

SCHWARZ, Hans-Peter : « Die neueste Zeitgeschichte », in : *Vierteljahrshefte für Zeitgeschichte*, 51 (2003) 1, pp. 5 – 28.

SCHWARZ, Hans-Peter : « Wo steht die Geschichtsschreibung über die Bundesrepublik ? Ist ein Paradigmenwechsel angezeigt ? », in : *Historisch-politische Mitteilungen*, 13 (2006), pp. 1 – 23.

WENGST, Udo, WENTKER, Hermann (éd.) : *Das doppelte Deutschland. 40 Jahre Systemkonkurrenz*, Berlin, 2008.

WOLFRUM, Edgar : « Geglückte und missglückte Erzählungen über die Bundesrepublik », in : *Vorgänge*, 46 (2007) 1, pp. 12 – 21.

## Les années 1960

CLASSEN, Christoph : « Die sechziger Jahre als Suchbewegung », in : *Potsdamer Bulletin für Zeithistorische Studien*, 13 (juillet 1998), pp. 42 – 47.

ELLWEIN, Thomas : *Die Bundesrepublik seit den Sechzigerjahren*, Munich, 1989.

FRESE, Matthias, PAULUS, Julia, TEPPE, Karl (éd.) : *Demokratisierung und gesellschaftlicher Aufbruch. Die sechziger Jahre als Wendezeit der Bundesrepublik*, Paderborn, 2003.

HAUPT, Heinz-Gerhard, REQUATE, Jörg (éd.) : *Aufbruch in die Zukunft. Die 1960er Jahre zwischen Planungseuphorie und kulturellem Wandel. DDR, ČSSR und Bundesrepublik Deutschland im Vergleich*, Weilerswist, 2004.

HERBERT, Ulrich (éd.) : *Wandlungsprozesse in Westdeutschland. Belastung, Integration, Liberalisierung 1945 bis 1980*, Göttingen, 2002.

HEYDEMANN, Günther : « Die Entwicklung der DDR in den Jahren 1965 bis 1975 », in : Rudolf HILLER VON GAERTRINGEN (éd.) : *Werner Tübkes ›Arbeiterklasse und Intelligenz‹. Studien zu Kontext, Genese und Rezeption*, Petersberg, 2006, pp. 29 – 39.

KORTE, Hermann : *Eine Gesellschaft im Aufbruch. Die Bundesrepublik Deutschland in den Sechzigerjahren*, Francfort/M., 1987.

METZLER, Gabriele : « ›Wir schaffen das moderne Deutschland‹. Sozialer Wandel in den sechziger Jahren zwischen Gesellschaftspolitik und Emanzipation », in : Marie-Luise RECKER (éd.) : *Bilanz. 50 Jahre Bundesrepublik Deutschland*, St. Ingbert, 2001, pp. 279 – 294.

METZLER, Gabriele : « Am Ende aller Krisen ? Politisches Denken und Handeln in der Bundesrepublik der sechziger Jahre », in : *Historische Zeitschrift*, 275 (2002) 1, pp. 57 – 103.

METZLER, Gabriele : « Revolte und Reformen. Die Bundesrepublik in den sechziger und siebziger Jahren », in : Klaus-Michael BOGDAL (éd.) : *Innovation und Modernisierung. Germanistik von 1965 – 1980*, Heidelberg, 2005, pp. 17 – 31.

METZLER, Gabriele : « Der lange Weg zur sozialliberalen Politik. Politische Semantik und demokratischer Aufbruch », in : Habbo KNOCH (éd.) : *Bürgersinn mit Weltgefühl. Politische Moral und solidarischer Protest in den sechziger und siebziger Jahren*, Göttingen, 2007, pp. 157 – 180.

REIMER, Uwe : *Die Sechziger Jahre. Deutschland zwischen Protest und Erstarrung (1962 – 1972)*, Francfort/M., 1993.

SCHILDT, Axel : *Rebellion und Reform. Die Bundesrepublik der Sechzigerjahre (Zeitbilder, édité par la Bundeszentrale für politische Bildung)*, Bonn, 2005.

SCHILDT, Axel : « Die 60er Jahre. Eine Dekade im Schatten des Mythos von '68 », in : Monika ESTERMANN (éd.) : *Buch, Buchhandel und Rundfunk 1968 und die Folgen*, Wiesbaden, 2003, pp. 9 – 29.

SCHILDT, Axel : « Die 60er Jahre. Politik, Gesellschaft und Kultur am Ende der Nachkriegszeit », in : Bernd HEY (éd.) : *Kirche, Staat und Gesellschaft nach 1945. Konfessionelle Prägungen und sozialer Wandel*, Bielefeld, 2001, pp. 11 – 22.

SCHILDT, Axel : « Vor der Revolte. Die sechziger Jahre », in : *Aus Politik und Zeitgeschichte*, B 22/23 (2001), pp. 7 – 13.

SCHILDT, Axel, SIEGFRIED, Detlef, LAMMERS, Karl Christian (éd.) : *Dynamische Zeiten. Die 60er Jahre in den beiden deutschen Gesellschaften*, Hambourg, 2000.

SCHÖNHOVEN, Klaus : « Aufbruch in die sozialliberale Ära. Zur Bedeutung der 60er Jahre in der Geschichte der Bundesrepublik », in : *Geschichte und Gesellschaft*, 25 (1999) 1, pp. 123 – 145.

SCHÖNHOVEN, Klaus : « Auf- und Umbrüche in der Bundesrepublik Deutschland während der 1960er Jahre », in : Oliver VON MENGERSEN (éd.) : *Personen, Soziale Bewegungen, Parteien. Beiträge zur Neuesten Geschichte. Festschrift für Hartmut Soell*, Heidelberg, 2004, pp. 445 – 461.

WOLFRUM, Edgar : *Deutschland im Fokus, Bd. 2 : Die 60er Jahre. Eine dynamische Gesellschaft*, Darmstadt, 2006.

WOLLE, Stefan : *Vom Aufbruch in die Stagnation. Die DDR in den Sechzigerjahren (Zeitbilder, édité par la Bundeszentrale für politische Bildung)*, Bonn, 2005.

## L'Allemagne dans les relations internationales

BOSSUAT, Gérard, WILKENS, Andreas (éd.) : *Jean Monnet, l'Europe et les chemins de la paix*, Paris, 1999.

GADDIS, John L. : *We Know Now. Rethinking Cold War History*, Oxford, 1997.

GRAU, Andreas : *Gegen den Strom. Die Reaktion der CDU/CSU-Opposition auf die Ost- und Deutschlandpolitik der sozialliberalen Koalition 1963 – 1973*, Düsseldorf, 2005.

HERTLE, Hans-Hermann : *Die Berliner Mauer = The Berlin wall. Monument des Kalten Krieges*, Berlin, 2007.

LE GLOANNEC, Anne-Marie : *La nation orpheline. Les Allemagnes en Europe*, Paris, 1990.

LEMKE, Michael : *Die Berlinkrise 1958 bis 1963. Interessen und Handlungsspielräume der SED im Ost-West-Konflikt*, Berlin, 1995.

LINDEMANN, Hans, MÜLLER, Kurt : *Auswärtige Kulturpolitik der DDR. Die kulturelle Abgrenzung der DDR von der Bundesrepublik Deutschland*, Bonn, 1974.

LUDWIG, Bernard : « Le Mur de Berlin, dernier rempart de l'antifascisme et ultime frontière du communisme », in : Sophie COEURÉ, Sabine DULLIN (éd.) : *Frontières du communisme*, Paris, 2007, pp. 286 – 309.

MAASS, Kurt-Jürgen (éd.) : *Kultur und Außenpolitik. Handbuch für Studium und Praxis*, Baden-Baden, 2005.

MAJOR, Patrick : *Behind the Berlin Wall. East Germany and the Frontiers of Power*, Oxford, 2009.

MÉNUDIER, Henri (éd.) : *La République fédérale d'Allemagne dans les relations internationales*, Bruxelles, 1990.

PAULMANN, Johannes (éd.) : *Auswärtige Repräsentationen. Deutsche Kulturdiplomatie nach 1945*, Cologne, 2005.

POTTHOFF, Heinrich : *Im Schatten der Mauer. Deutschlandpolitik 1961 bis 1990*, Berlin, 1999.

REVUE, Magdalaine : « L'Allemagne, glacis des puissances occidentales ? La ›Zonengrenze‹ et la lutte pour l'influence allemande sur la stratégie de l'OTAN 1949 – 1965 », in : Frédéric DESSBERG (éd.) : *Sécurité européenne : Frontières, glacis et zones d'influence. De l'Europe des alliances à l'Europe des blocs, fin XIX$^e$ siècle – milieu XX$^e$ siècle*, Rennes, 2007, pp. 231 – 243.

STEININGER, Rolf : *Der Mauerbau. Die Westmächte und Adenauer in der Berlinkrise 1958 – 1963*, Munich, 2001.

VAÏSSE, Maurice : *Les relations internationales depuis 1945*, Paris, $^4$1995.

WETTIG, Gerhard : *Chruschtschows Berlin-Krise 1958 bis 1963. Drohpolitik und Mauerbau*, Munich, 2006.

WILKENS, Andreas (éd.) : *Interessen verbinden. Jean Monnet und die europäische Integration der Bundesrepublik Deutschland*, Bonn, 1999.

WILKENS, Andreas : « Westpolitik, Ostpolitik and the Project of the Economic and Monetary Union. Germany's European Policy in the Brandt Era (1969 – 1974) », in : *Journal of European Integration History/Revue d'histoire de l'intégration européenne* 5 (1999), pp. 73 – 102.

WILKENS, Andreas : « Willy Brandt, Egon Bahr et la naissance du concept d'un ›ordre de paix européen‹ », 1963 – 1969, in : Gérard BOSSUAT (éd.) : *Inventer l'Europe. Histoire nouvelle des groupes d'influence et des acteurs de l'unité européenne*, Francfort/M., 2003, pp. 273 – 284.

WILKENS, Andreas : « Désir d'Europe et réalités nationales : l'opinion publique allemande et la construction européenne », in : Anne DULPHY, Christine MANIGAND (éd.) : *Les opinions publiques face à l'Europe communautaire : entre cultures nationales et horizon européen*, Bruxelles, 2004, pp. 65 – 79.

## Évolutions politiques, sociales et économiques

ABELSHAUSER, Werner : *Deutsche Wirtschaftsgeschichte seit 1945*, Munich, 2004.

ANDERSEN, Arne : *Der Traum vom guten Leben. Alltags- und Konsumgeschichte vom Wirtschaftswunder bis heute*, Francfort/M., 1997.

BAFOIL, François : *Entreprises et syndicats en RDA. Une histoire de l'émulation socialiste*, Paris, 1991.

BAUERKÄMPER, Arnd : *Die Sozialgeschichte der DDR*, Munich, 2005.

BESSEL Richard, JESSEN, Ralph (éd.) : *Die Grenzen der Diktatur. Staat und Gesellschaft in der DDR*, Göttingen, 1996.

ERKER, Paul : « Zeitgeschichte als Sozialgeschichte. Forschungsstand und Forschungsdefizite », in : *Geschichte und Gesellschaft*, 19 (1993) 2, pp. 202 – 238.

FAULENBACH, Bernd : « Hoffnungen und Enttäuschungen : Das ›doppelte‹ 1968 und seine Folgen », in : Silke FLEGEL (éd.) : *Aufbau, Umbau, Neubau. Studien zur deutschen Kulturgeschichte nach 1945*, Francfort/M., 2008, pp. 221 – 234.

FAULENBACH, Bernd, LEO, Annette, WEBERSKIRCH, Klaus (éd.) : *Zweierlei Geschichte. Lebensgeschichte und Geschichtsbewußtsein von Arbeitnehmern in West- und Ostdeutschland*, Essen, 2000.

FLEMMING, Thomas : *Die Berliner Mauer. Geschichte eines politischen Bauwerks*, Berlin, 2008.

FRANÇOIS, Étienne (éd.) : *1968 – ein europäisches Jahr ?*, Leipzig, 1997.

FREI, Norbert : *1968. Jugendrevolte und globaler Protest*, Munich, 2008.

GIESEKE, Jens (éd.) : *Staatssicherheit und Gesellschaft. Studien zum Herrschaftsalltag in der DDR*, Göttingen, 2007.

GILCHER-HOLTEY, Ingrid (éd.) : *1968. Vom Ereignis zum Mythos*, Francfort/M., 2008.

GILCHER-HOLTEY, Ingrid : *Die 68er Bewegung. Deutschland, Westeuropa, USA*, Munich, $^4$2008.

GRAFE, Roman : *Die Grenze durch Deutschland. Eine Chronik von 1945 bis 1990*, Munich, 2008.

HAU, Michel : *Histoire économique de l'Allemagne, XIX$^e$ – XX$^e$ siècles*, Paris, 1994.

HÜBNER, Peter : « Les ouvriers en RDA. Étude d'histoire sociale », in : *Annales HSS*, 53 (1998), pp. 41 – 68.

HOCKERTS, Hans Günter (éd.) : *Drei Wege deutscher Sozialstaatlichkeit. NS-Diktatur, Bundesrepublik und DDR im Vergleich*, Munich, 1998.

JARAUSCH, Konrad, H., SIEGRIST, Hannes (éd.) : *Amerikanisierung und Sowjetisierung in Deutschland, 1945 – 1970*, Francfort/M., 1997.

KAELBLE, Hartmut (éd.) : *Der Boom 1948 – 1973. Gesellschaftliche und wirtschaftliche Folgen in der Bundesrepublik und in Europa*, Opladen, 1992.

KOHSER-SPOHN, Christiane : *Mouvement étudiant et critique du fascisme en Allemagne dans les années soixante*, Paris, 2000.

KLESSMANN, Christoph (éd.) : *Geschichte der Sozialpolitik in Deutschland seit 1945, t. 9 : 1961 – 1971. Deutsche Demokratische Republik. Politische Stabilisierung und wirtschaftliche Mobilisierung*, Baden-Baden, 2006.

KOTT, Sandrine : « Pour une histoire sociale du pouvoir en Europe communiste », numéro spécial de la *Revue d'histoire moderne et contemporaine*, 2 (2002).

KRAUSHAAR, Wolfgang : *Achtundsechzig. Eine Bilanz*, Berlin, 2008.

LINDENBERGER, Thomas (éd.) : *Herrschaft und Eigen-Sinn in der Diktatur. Studien zur Gesellschaftsgeschichte der DDR*, Cologne, 1999.

LUDWIG, Bernard : « La propagande anticommuniste en Allemagne Fédérale. Le ›VFF‹ pendant allemand de ›Paix et liberté‹ ? », in : *Vingtième siècle*, 80 (2003), pp. 33 – 42.

METZLER, Gabriele : *Konzeptionen politischen Handelns von Adenauer bis Brandt. Politische Planung in der pluralistischen Gesellschaft*, Paderborn, 2005.

NÜTZENADEL, Alexander : *Stunde der Ökonomen. Wissenschaft, Politik und Expertenkultur in der Bundesrepublik, 1949 – 1974*, Göttingen, 2005.

RUCK, Michael, BOLDORF, Marcel (éd.) : *Geschichte der Sozialpolitik in Deutschland seit 1945, t. 4 : 1958 – 1966. Bundesrepublik Deutschland. Sozialpolitik im Zeichen des erreichten Wohlstandes*, Baden-Baden, 2007.

SCHILDT, Axel : *Die Sozialgeschichte der Bundesrepublik Deutschland bis 1989/90*, Munich, 2007.

SCHILDT, Axel, SIEGFRIED, Detlef (éd.) : *Between Marx and Coca-Cola. Youth culture in changing European societies, 1960 – 1980*, New York, 2006.

SCHNEILIN, Gérard, SCHUMACHER, Horst : *Économie de l'Allemagne depuis 1945*, Paris, 1992.

SCHÖNHOVEN, Klaus : *Wendejahre. Die Sozialdemokratie in der Zeit der Großen Koalition, 1966 – 1969*, Bonn, 2004.

STEINER, André : *Die DDR-Wirtschaftsreform der sechziger Jahre. Konflikt zwischen Effizienz- und Machtkalkül*, Berlin, 1999.

STEINER, André : *Von Plan zu Plan. Eine Wirtschaftsgeschichte der DDR*, Munich, 2004.

STEINER, André (éd.) : *Überholen ohne einzuholen. Die DDR-Wirtschaft als Fußnote der deutschen Geschichte ?*, Berlin, 2006.

WEE, Herman van der : *Der gebremste Wohlstand. Wiederaufbau, Wachstum, Strukturwandel 1945 – 1980*, Munich, 1984.

WOLLE, Stefan : *Der Traum von der Revolte. Die DDR 1968*, Berlin, 2008.

## Identité, mémoire et culture

ASSMANN, Aleida : *Der lange Schatten der Vergangenheit. Erinnerungskultur und Geschichtspolitik*, Munich, 2006.

BALBIER, Uta Andrea : *Kalter Krieg auf der Aschenbahn. Der deutsch-deutsche Sport, 1950 – 1972. Eine politische Geschichte*, Paderborn, 2007.

BARNER, Wilfried (éd.) : *Geschichte der deutschen Literatur von 1945 bis zur Gegenwart*, Munich, 1994.

BUFFET, Cyril : *Défunte DEFA. Histoire de l'autre cinéma allemand*, Paris, 2007.

FAULSTICH, Werner (éd.) : *Die Kultur der sechziger Jahre*, Munich, 2003.

GENTON, Bernard : *Les Alliés et la culture. Berlin 1945 – 1989*, Paris, 1998.

GLASER, Hermann : *Die 60er Jahre. Deutschland zwischen 1960 und 1970*, Hamburg, 2007.

GLASER, Hermann : *Deutsche Kultur 1945 – 2000*, Berlin, 1999.

GROSSE KRACHT, Klaus : *Die zankende Zunft. Historische Kontroversen in Deutschland nach 1945*, Göttingen, 2005.

HERMAND, Jost : *Die Kultur der Bundesrepublik Deutschland 1965 – 1985*, Munich, 1988.

JACOBSEN, Wolfgang : *Geschichte des deutschen Films*, Stuttgart, 2004.

LENNARTZ, Knut (éd.) : *Theater in der DDR. Vom Aufbruch zur Wende*, Velber, 1992.

LINDENBERGER Thomas (éd.) : *Massenmedien im Kalten Krieg. Akteure, Bilder, Resonanzen*, Cologne, 2006.

LINDENBERGER, Thomas : « Vergangenes Hören und Sehen. Zeitgeschichte und ihre Herausforderung durch die audiovisuellen Medien », in : *Zeithistorische Forschungen*, 1 (2004) 1, pp. 72 – 85.

PFEIL, Ulrich (éd.) : *Die Rückkehr der deutschen Geschichtswissenschaft in die ›Ökumene der Historiker‹. Ein wissenschaftsgeschichtlicher Ansatz*, Munich, 2008.

SABROW, Martin : *Das Diktat des Konsenses. Geschichtswissenschaft in der DDR 1949 – 1969*, Munich, 2001.

SABROW, Martin : « Sozialismus als Sinnwelt. Diktatorische Herrschaft in kulturhistorischer Perspektive », in : *Potsdamer Bulletin für zeithistorische Studien*, 40/41 (2007), pp. 9 – 23.

SANDFORD, John (éd.) : *DEFA. East German Cinema, 1946 – 1992*, New York, Oxford, 1999.

SCHAARSCHMIDT, Thomas (éd.) : *Historisches Erinnern und Gedenken im Übergang vom 20. zum 21. Jahrhundert*, Francfort/M., 2008.

SCHILDT, Axel : « Aufarbeitung und Aufbruch. Die NS-Vergangenheit in der bundesrepublikanischen Öffentlichkeit der 1960er Jahre », in : *Vorgänge*, 41 (2002) 1, pp. 122 – 133.

WEINKE, Annette : *Die Verfolgung von NS-Tätern im geteilten Deutschland. Vergangenheitsbewältigung 1949 – 1969 oder : Eine deutsch-deutsche Beziehungsgeschichte im Kalten Krieg*, Paderborn, 2002.

# Les auteurs

BAILLET, Florence, née en 1970 ; Maître de conférences en études germaniques à l'Université de Paris 8.

BALBIER, Uta Andrea, née en 1974 ; Chercheuse à l'Institut historique allemand de Washington.

BERGER, Françoise, née en 1958 ; Maître de conférences en histoire contemporaine à l'IEP de Grenoble.

BOLDORF, Marcel, né en 1965 ; Chercheur à l'Université de la Ruhr, Bochum.

BUFFET, Cyril, né en 1958, historien ; Lecturer à l'Université de Reading.

CAHN, Jean-Paul, né en 1945 ; Professeur d'études germaniques à l'Université de Paris IV-Sorbonne.

DEFRANCE, Corine, née en 1966 ; Chercheuse au CNRS (UMR : IRICE-Paris).

JARAUSCH, Konrad H., né en 1943 ; Professeur d'histoire contemporaine à l'Université de Chapel Hill/North Carolina et ancien directeur du Zentrum für Zeithistorische Forschungen (ZZF) à Potsdam.

KUHN, Franz, né en 1974 ; ATER en études germaniques à l'Université de Bourgogne, Dijon.

LUDWIG, Bernard, né en 1973 ; ATER à l'Université Paris I, Doctorant en histoire (Paris I/FSU Jena).

MARCOWITZ, Reiner, né en 1960 ; Professeur d'études germaniques à l'Université Paul Verlaine, Metz.

METZLER, Gabriele, née en 1967 ; Professeur d'histoire contemporaine à l'Université Humboldt de Berlin.

MOINE, Caroline, née en 1973 ; Maître de conférences à l'Université de Versailles Saint-Quentin-en-Yvelines.

PFEIL, Ulrich, né en 1966 ; Professeur d'études germaniques à l'Université Jean Monnet, Saint-Étienne.

RUDLOFF, Wilfried, né en 1960 ; Chercheur à l'Akademie der Wissenschaften und der Literatur, Mayence.

WAGNER, Armin, né en 1968 ; Chercheur à l'Institut für Friedensforschung und Sicherheitspolitik de l'Université de Hambourg.

WILKENS, Andreas, né en 1957 ; Professeur d'histoire contemporaine à l'Université Paul Verlaine, Metz.

WOLLE, Stefan, né en 1950 ; Collaborateur scientifique du Forschungsverbund SED-Staat de l'Université libre de Berlin et directeur scientifique du DDR-Museum à Berlin.

Ouvrage composé par
Nicolas Delargillière

Achevé d'imprimer - juillet 2009
Imprimerie de l'Université Charles-de-Gaulle – Lille 3

Dépôt légal - septembre 2009

Ce livre est le 1 168e au catalogue des
Presses Universitaires du Septentrion
Villeneuve d'Ascq – France